JOHANNES VON NEPOMUK 1393 * 1993

Die Ausstellung steht unter der
Schirmherrschaft von VÁCLAV HAVEL,
Präsident der Tschechischen Republik,
und RICHARD VON WEIZSÄCKER,
Präsident der Bundesrepublik Deutschland

JOHANNES VON NEPOMUK 1393 * 1993

Herausgegeben von
Reinhold Baumstark,
Johanna von Herzogenberg
und Peter Volk

München 1993

BAYERISCHES NATIONAL MUSEUM

Eine Ausstellung des Bayerischen Nationalmuseums, München, in Zusammenarbeit mit dem Prämonstratenserkloster Strahov, Prag, und dem Nationalmuseum, Prag

Konzept: Dr. Reinhold Baumstark, Dr. Johanna von Herzogenberg und Dr. Peter Volk in Zusammenarbeit mit Dr. Jan Royt

Prag, Kloster Strahov:
17. Mai – 15. August 1993

München, Bayerisches Nationalmuseum:
17. September – 14. November 1993

Gesamtherstellung Passavia Druckerei GmbH Passau

ISBN 3-925058-27-3

Ehrenkomitee:

Dr. Jindřich Kabát, Kulturminister der Tschechischen Republik

Rudolf Seiters, Innenminister der Bundesrepublik Deutschland

Hans Zehetmair, Staatsminister für Unterricht, Kultus, Wissenschaft und Kunst des Freistaats Bayern

S. Exc. Miloslav Vlk, Erzbischof von Prag

S. Em. Friedrich Kardinal Wetter, Erzbischof von München und Freising

S. Exc. Dr. Jaroslav Škarvada, Generalvikar der Erzdiözese Prag

Arbeitsausschuß:

Dr. Reinhold Baumstark, Generaldirektor des Bayerischen Nationalmuseums, München

S.G. Abt Michael Josef Pojezdný O. Praem., Kloster Strahov, Prag

Dr. Milan Stloukal, Direktor des Nationalmuseums, Prag

Dr. Peter Volk, Landeskonservator am Bayerischen Nationalmuseum, München

P. Dr. Evermod Gejza Šidlovský O. Praem., Kloster Strahov, Prag

Dr. Lubomír Sršeň, Nationalmuseum, Prag

Dr. Johanna von Herzogenberg, München

Dr. Jan Royt, Karlsuniversität, Prag

Regierungsdirektor Jürgen Martens, Bundesministerium des Inneren, Bonn

Ministerialdirektor a.D. Dr. Rainer Keßler, Vorsitzender des Vorstands der Bayerischen Landesstiftung

Ausstellungssekretariat:

Dr. Johanna von Herzogenberg
Dr. Peter Volk
Dr. Susanne Wagini

Katalogredaktion:

Deutsche Ausgabe: Dr. Johanna von Herzogenberg,
Dr. Peter Volk,
Dr. Susanne Wagini
Tschechische Ausgabe: Dr. Jana Kybalová

Konservatorische Betreuung:

In Prag: Brandl, Restaurátorská Umělecká Agentura, Prag
In München: Werkstätten des Bayerischen Nationalmuseums unter der Leitung von Joachim Haag

Übersetzungen:

Ins Deutsche: Gudrun Heissig, Dr. Johanna von Herzogenberg, Prof. Dr. Karel Mácha, Dr. Michaela Marek, P. Angelus Waldstein-Wartenberg OSB
Ins Tschechische: Ota Filip, Dr. Jana Kybalová, Johana Muchková

Gestaltung der Ausstellung:

In Prag: Ak. Arch. Josef Dvorský, Prag
In München: Petra Winderoll & Klaus Würth, München

Gestaltung von Plakat und Katalogumschlag:

Uwe Göbel, Klaus Meyer, München

Leihgeber

Aschau, Kath. Kirchenstiftung »Darstellung des Herrn«

Augsburg, Städtische Kunstsammlungen

Bautzen, Domschatzkammer St. Petri

Český Brod, Katholisches Pfarramt

Coburg, Kunstsammlungen der Veste

Dresden, Kathedrale des Bistums Dresden-Meißen

Ettal, Benediktinerabtei

Ettal, Katholische Kirchenstiftung Mariä Himmelfahrt

Hradec Králové/Königgrätz, Ehem. Jesuitenkirche Mariä Himmelfahrt

Innsbruck, Universitätspfarre, Universitätskirche St. Johannes

Kašperské Hory/Bergreichenstein, Böhmerwald-Museum

Konstanz, Katholisches Münsterpfarramt

Lugano-Castagnola, Thyssen-Bornemisza Collection

Mělník, Landwirtschaftsschule Neuberk

München, Bayerische Staatsgemäldesammlungen, Alte Pinakothek

München, Bayerisches Nationalmuseum

München, Metropolitankirchenstiftung zu Unserer Lieben Frau

München, Staatliche Graphische Sammlung

Nürnberg, Germanisches Nationalmuseum

Obříství, Katholisches Pfarramt

Passau, Bischöfliches Ordinariat

Poříčí nad Sázavou, Katholisches Pfarramt

Prag, Archiv des Metropolitankapitels von St. Veit

Prag, Domkapitel von St. Veit

Prag, Der Erzbischof von Prag

Prag, Galerie der Hauptstadt Prag

Prag, Kanzlei des Präsidenten der Tschechischen Republik

Prag, Kloster der Kreuzherren mit dem Roten Stern

Prag, Kunstgewerbemuseum

Prag, Museum der Hauptstadt Prag

Prag, Nationalbibliothek der Tschechischen Republik

Prag, Nationalgalerie

Prag, Nationalmuseum

Prag, Katholisches Pfarramt St. Maria am Teyn

Prag, Prämonstratenserkloster Strahov

Prag, Zentralstaatsarchiv

Regensburg, Bischöfliches Domkapitel

Rom, Galleria Borghese

Rom, San Giovanni in Laterano, Archiv

Rom, San Lorenzo in Lucina

Salzburg, Erzbischöfliche Mensa

Sezemice, Katholisches Pfarramt

Stará Boleslav/Altbunzlau, Kapitel der Wallfahrtskirche St. Marien

Trient, S. Maria Maggiore

Turin, Galleria Sabauda

Vatikanstadt, Biblioteca Apostolica Vaticana

Venedig, Biblioteca Nazionale Marciana

Wien, Graphische Sammlung Albertina

Wien, Niederösterreichisches Landesmuseum

Wien, Österreichische Nationalbibliothek, Handschriften- und Inkunabelsammlung

Wien, Bundesmobilienverwaltung

Wien/Bregenz, Dr. Karl Josef Steger

Würzburg, Mainfränkisches Museum

und private Leihgeber

Grußwort

Hunderte von Kirchen, die dem heiligen Johannes von Nepomuk geweiht sind, Tausende von Figuren, Bildern, liturgischen Geräten und Devotionalien zeugen von der grenzenlosen Verehrung und Beliebtheit, welche diesem böhmischen Heiligen nicht nur bei uns, sondern auf der ganzen Welt zuteil wurde und zuteil wird.

Die internationale Ausstellung, die das Bayerische Nationalmuseum in München in Zusammenarbeit mit dem Nationalmuseum Prag und dem Prämonstratenserkloster Strahov vorbereitet hat, gibt der Öffentlichkeit die einmalige Gelegenheit, die Person des Johannes von Nepomuk im größeren Zusammenhang der böhmischen Geschichte und in der Vielgestalt der Kunstwerke, welche ihn verherrlichen, kennenzulernen.

So übernehme ich gerne die Schirmherrschaft über diese Ausstellung.

Václav Havel

Präsident der
Tschechischen
Republik

Vorwort

Wir eröffnen eine Ausstellung, deren Veranstalter eine so vieldiskutierte und geliebte wie geschmähte Heiligengestalt in Erinnerung rufen, die die katholische Kirche als Vorbild eines priesterlichen Lebens gesetzt hat.
Schon viel wurde über das Leben des Mannes geschrieben, dessen sechshundertjähriger Wiederkehr seines Martertods wir in diesem Jahre gedenken. Über die Auseinandersetzungen der Geschichtsschreibung um die Geschichtlichkeit seiner Existenz, über die Wertung seiner moralischen Qualitäten, über die unterschiedliche Beurteilung seines Wirkens, über die umstrittenen und sich widersprechenden Meinungen zu seiner Sendung für Volk und Welt sind wir heute in eine Situation gelangt, in der viele von neuem versuchen, mehr oder weniger objektiv die Persönlichkeit Johannes von Pomuk und seine Bedeutung als Nationalheiliger, aber auch als katholischer Heiliger im universalen Sinn zu würdigen.
Heute sind dank des Fortschritts der Wissenschaften die historischen wie die medizinischen Fakten geklärt, und an den Schlußfolgerungen daraus gibt es keinen Zweifel mehr. Dennoch ist das nicht alles. Es muß zu einer Gesamtwertung führen, und das auf Grund der Bestimmung seines Platzes in unserer Geschichte, vor allem der Geistesgeschichte. Von welcher Seite auch immer wir auf die Gestalt des heiligen Johannes von Nepomuk blikken, müssen wir feststellen, daß er eine unteilbare und große Gestalt unserer geistigen Geschichte ist. Mögen wir Katholiken sein oder nicht, sofern wir objektiv sein wollen, müssen wir anerkennen, daß das ein Mann war, der sein Leben hingab, um seine Treue zu erweisen, Treue zu Gott, aber auch Treue zu seiner Berufung. Er war und ist das Beispiel eines Menschen, der unter Einsatz seines Lebens seine priesterliche Pflicht erfüllte und ein treuer Verteidiger der Rechte der Kirche blieb. Selten ist eine Gestalt unserer Geschichte dank ihrer Bedeutung so häufig dargestellt worden, sowohl in Kunstwerken von höchstem Rang als auch in volkstümlichen Arbeiten. Diese Ausstellung ist nur eine Auswahl des Besten, was zur Ehre dieses Heiligen geschaffen worden ist.
Ich möchte mir wünschen, daß der Finger, den St. Johann von Nepomuk an seine Lippen legt, wie wir das von vielen Abbildungen kennen, ein Symbol und Zeichen für unsere künftigen Tage sei. Es ist dies ein Symbol der Schweigsamkeit und des Stillewerdens in unserer heutigen stürmischen Welt, ein Symbol für die Fähigkeit, Geheimnisse zu wahren und Wort zu halten. Zugleich ist es aber auch Symbol und Erinnerung daran, daß Gottes Gerechtigkeit ewig ist und der gerechte Mensch seinen Lohn erhält.
Ich danke allen, die nach Betrachtung dieser Ausstellung innehalten und nachdenken, über sich, über die Welt, und die sich bewußt machen, daß unser kleines Land der Welt einen so großen Heiligen gegeben hat, der allen ein Beispiel und Vorbild für die Erfüllung ihrer Standespflichten und ihrer Liebe zu Gott ist.

Michael Josef Pojezdný O. Praem.
Abt Prämonstratenserkloster Strahov

Vorwort

Am 20. März des Jahres 1393 wurde Johannes von Pomuk, der Generalvikar des Erzbischofs von Prag, auf Geheiß des böhmischen Königs Wenzel IV. nach erlittener Folter von der Karlsbrücke gestürzt und in der Moldau ertränkt. Damit hatte ein seit längerem schwelender Konflikt zwischen König und Domklerus in einem Gewaltakt geendet, Böhmen aber war die historisch bezeugte Gestalt eines großen Märtyrers geschenkt. Die Verehrung des Heiligen setzte früh ein, und lange bevor die Kanonisation die kirchenrechtliche Grundlage hierfür schuf, wurde Johannes von Nepomuk unter die böhmischen Landespatrone aufgenommen, wurden Bilder ihm zu Ehren gemalt und aus Anlaß der 300. Wiederkehr seines Todestages am Ort des Martyriums in Prag die erste der Brückenstatuen errichtet, die seither die Flußübergänge Europas schützen. Mit der Seligsprechung 1721 und der Kanonisation 1729 entfaltete sich der Kult des Heiligen in Böhmen, den habsburgischen Ländern und dem katholischen Europa mit einer so nie zuvor gekannten Dynamik und Breitenwirkung. Gefördert von den Höfen, propagiert durch den Jesuitenorden und getragen von vielfältigen Formen der Volksfrömmigkeit errang dieser Patron der Verschwiegenheit innerhalb nur weniger Jahre eine erstaunliche Popularität: In der Gestalt des Johannes von Nepomuk kulminiert die Heiligenverehrung des Spätbarock.

Die aus Anlaß der 600. Wiederkehr des Todestages in Prag und München veranstaltete Ausstellung dokumentiert das rasche Aufblühen des Kultes und seine vielfältige Ausprägung in der Kunst. Sie vereint die heute noch greifbaren Spuren der historischen Gestalt und die Zeugnisse der frühen Verehrung; sie schildert den Prozeß der öffentlichen Anerkennung durch Selig- und Heiligsprechung und zeigt erstmals kürzlich aufgefundene Teile der Festarchitekturen für die Kanonisationsfeiern von 1729 in Rom und Prag. Schließlich präsentiert sie, ausgehend von der Neugestaltung des Märtyrergrabes im Prager Veitsdom, bedeutende Werke aus allen Bereichen künstlerischen Schaffens. Diese lassen das Ausmaß einer europaweiten Begeisterung für den neuen Heiligen erkennen.

Erstmals ist es möglich geworden, für einen Überblick über diese Thematik die reichen Bestände des tschechischen Museums- und Kirchenbesitzes heranzuziehen und an den Heiligen mit einer Ausstellung in Prag zu erinnern. Das Bayerische Nationalmuseum, das diese Ausstellung konzipiert und erarbeitet hat, ist dankbar, jetzt nach dem Fall des Eisernen Vorhangs mit dieser Ausstellung ein Zeichen nachbarschaftlicher Zusammenarbeit setzen zu können, und dies bei einem Thema, das seit jeher wie ein Brückenschlag Grenzen in Europa überwunden hat. Schon wenige Wochen nach der Kanonisation wurde der Prager Heilige zum Landespatron Bayerns bestimmt. In München hat sich mit der Kirche der Brüder Egid Quirin und Cosmas Damian Asam das wohl beeindruckendste Zeugnis für die gläubige Hingabe erhalten, mit welcher der neue Heilige im 18. Jahrhundert aufgenommen worden war. Böhmen und Bayern, Prag und München, der einstige Nährboden nepomucenischer Verehrung, sind daher geeignete Stationen für die Darstellung von Entstehung und Ausbreitung des Kultes und seiner Spiegelung in den Werken der Kunst.

Daß der Vorschlag, die Ausstellung vor allem und zuerst in Prag zu zeigen, bereitwillig aufgenommen wurde, danke ich der freundschaftlichen Kollegialität des Direktors des Prager Nationalmuseums, Dr. Milan Stloukal. Als Mitveranstalter wie als Leihgeber hat er sich um das Zustandekommen der Ausstellung in Prag verdient gemacht. Mein besonderer Dank gilt dem Hochwürdigen Abt Michael Josef Pojezdný O. Praem., der das erst vor kurzem wieder von seiner Ordensgemeinschaft in Besitz genommene, altehrwürdige Prämonstratenserkloster Strahov als Schauplatz der Prager Ausstellung zur Verfügung stellte. Innerhalb kürzester Zeit ist es den Prämonstratensern von Strahov gelungen, die für die Ausstellung vorgesehenen Räume um den Kreuzgang zu restaurieren, das Sommerrefektorium als architektonischen Höhepunkt in den Rundgang einzubinden und die organisatorischen wie technischen Vorarbeiten für die Durchführung der Prager Veranstaltung zu erbringen. Damit leisten die Mönche einen weiteren Beitrag, neues Leben in Kloster und Kirche von Strahov, der Grablege des heiligen Ordensgründers und einstigen Bischofs von Magdeburg, Norbert von Xanten, einziehen zu lassen.

Dankbar verbunden sind das Bayerische Nationalmuseum wie die Veranstalter in Prag den Leihgebern aus der Tschechischen Republik, aus Italien, Österreich, der Schweiz und Deutschland. Diese haben sich von kostbaren Zeugnissen der Johannes von Nepomuk-Verehrung für einen längeren Zeitraum gerade während des Erinnerungsjahres getrennt. Die Zusammengehörigkeit der einstigen Landschaften, in welchen der Kult des Heiligen blühte, spiegelt sich in der Herkunft der Exponate. Dabei sei besonders hervorgehoben, daß die Ausstellung durch Leihgaben aus dem Vatikan sowie aus dem Kathedralbesitz der Erzbistümer und Bistümer Prag, München-Freising, Salzburg, Trient, Dresden-Meißen, Passau und Regensburg unterstützt wurde.

Zu aufrichtigem Dank bin ich darüber hinaus den Förderern verpflichtet, die mit der Bereitstellung anders nicht aufbringbarer Mittel die Finanzierung der Ausstellung ermöglicht haben. Allen voran ist dabei das Bundesministerium des Inneren in Bonn zu nennen, das dem Ausstellungsvorhaben besonderes Interesse entgegengebracht und es mit der Aufnahme unter die von ihm nachdrücklich geförderten Projekte ausgezeichnet hat. Ferner werden namhafte Zuwendungen S.E. Kardinal Friedrich Wetter, Erzbischof von München und Freising, und der Bayerischen Landesstiftung in München verdankt, ohne die gerade der Brückenschlag der Ausstellung nach Prag kaum durchführbar gewesen wäre. Auch hat sich die Bayerische Vereinsbank, München, dankenswerterweise zur Übernahme von Werbekosten in Prag bereit erklärt.

Zum Gelingen der Ausstellung, die am 16. Mai 1993, dem kanonischen Festtag des Heiligen, im Kloster Strahov eröffnet und ab dem 17. September 1993 im Bayerischen Nationalmuseum in München gezeigt wird, haben viele Helfer beigetragen. Ihnen allen, die hier nicht namentlich genannt werden können, gilt mein herzlicher Dank für den Einsatz, den sie auf allen Ebenen des so vielschichtigen Projektes einer länderübergreifenden Ausstellung geleistet haben. Wenn ich dennoch drei von ihnen eigens hervorhebe, so deshalb, weil ihre Erfahrung, Kennerschaft und ihre persönliche Hingabe das Werden der Ausstellung erst hat möglich werden lassen: Dr. Johanna Baronin von Herzogenberg, Dr. Peter Volk und in Prag Dr. Jan Royt. Der Katalog ist ein Werk tschechischer und deutscher Autoren. Diese haben sich in einer Atmosphäre vertrauensvoller und gegenseitig befruchtender Arbeit zusammengefunden und damit erneut bewiesen, wie verbindend über Sprachen und Grenzen hinweg der Gegenstand der gemeinsamen Forschung noch immer ist.

Der Präsident der Tschechischen Republik, Václav Havel, und der deutsche Bundespräsident, Richard von Weizsäcker, haben die Ausstellung zu Ehren des Heiligen Johannes von Nepomuk in Prag und München unter ihr hohes Patronat gestellt und damit ein gemeinsames Anliegen zum Ausdruck gebracht. Als eine der Brücken, die zwischen Völkern und Kulturen stets neu zu schlagen sind, als Bindeglied, das gemeinsame Überlieferungen in Erinnerung ruft, mag auch die Gestalt des Johannes von Nepomuk gelten, über den sein Zeitgenosse Ludolf von Sagan nur wenige Jahre nach dem Martyrium schrieb, er sei Deutschen und Tschechen lieb, »Teutonicis et Bohemis amabilem«.

Reinhold Baumstark
Generaldirektor des Bayerischen Nationalmuseums

Für Rat und Hilfe danken wir herzlich:

Prof. Dr. Gert Ammann, Innsbruck; Dr. Vácslav Babička, Dr. Juliána Boublíková-Jahnová, beide Prag; Dr. Sigrid Canz, München; Dr. Zdenko Čumlivský, Dr. Ladislav Daniel, beide Prag; Dr. Volker Duvigneau, Dr. Jozo Džambo, beide München; S. Exc. Dr. Franz Xaver Eder, Passau; S. Exc. Dr. Georg Eder, Salzburg; Ing. Petr Ettler, Ing. Jiří Fajt, Dr. Jaroslav Fatka, Marie Fialová, alle Prag; Msgr. Stanislav Fišer, Altbunzlau; Dr. Eliška Fučíková, Prag; S. Exc. Vinzenz Guggenberger, Regensburg; Dr. Miroslava Hejnová, Dr. Martin Herda, beide Prag; Dr. Georg Himmelheber, München; Dr. Vladimír Horpeniak, Bergreichenstein; Jindra Hubená, Dr. Helena Koenigsmarková, Dr. Marie Kostilková, alle Prag; P. Alois Kubý, Obřiství; Dr. Miroslav Kunst, Dr. Jana Kybalová, beide Prag; P. Jaroslav Lima, Poříčí nad Sázavou; S. Exc. Dr. Antonin Liška, Böhmisch Budweis; P. Jaroslav Lízner, Poříčí nad Sázavou; S. Exc. Dr. František Lobkovicz O. Praem., Prof. Dr. Jan Matějka, beide Prag; P. Ladislav Michalička, Sezemice; Dr. Zdeněk Mika, Prag; S. Exc. Manfred Müller, Regensburg; Prof. Dr. Johannes Neuhardt, Salzburg; Werner Neumeister, München; Ing. Milada Novotná, Vlastimil Onderka, beide Prag; S. Exc. Dr. Karel Otčenášek, Königgrätz; Dr. Pavel Pokorný, Prag; Prof. Dr. Jaroslav Polc, Rom; Prof. Dr. Pavel Preiss, Prag; Dr. Hans Ramisch, München; Dr. Hermann Reidel, Regensburg; S. Exc. Joachim Reinelt, Dresden-Meißen; Rektor Michael Reingruber, Wien; Dr. Jiří Reinsberg, Dr. Alena Richterová, Dr. Hana Rousová, alle Prag; Konrad Schatz, Konstanz; Dr. Erich Schleier, Berlin; Dr. Annette Schommers, Ralf Schürer M. A., beide München; Dr. Siegfried Seifert, Dresden-Bautzen; Dr. Eduard Šimek, Dr. Lubomír Slavíček, beide Prag; P. Josef Socha, Königgrätz; Dr. Dana Stehlíková, Dr. Miloš Suchomel, Ing. Josef Svoboda, alle Prag; Dr. Cornelia Syre, Dr. Andrea Teuscher, beide München; Dr. Hans-Peter Trenschel, Würzburg; Dr. Vít Vlnas, Prag; P. Jaroslav Vyskočil, Český Brod; P. Angelus Waldstein-Wartenberg OSB, Ettal; Dr. Martin Zlatohlávek, Prag.

Aufsätze

Johannes von Nepomuk und seine Zeit

Ivan Hlaváček

Die böhmisch-mährische ecclesia coelestis ist – gerade im Mittelalter – nicht eben reich bevölkert. Aus zeitlichem Abstand betrachtet, stellt man mit Erstaunen fest, daß diese Heiligen bzw. Seligen nur in bestimmten Zeiten auftreten und hauptsächlich auf Böhmen konzentriert bleiben, während Mähren, seit Anfang des 11. Jahrhunderts ein untrennbarer Teil des böhmischen Staates, keine eigenen Heiligen hat, wenn man von den hll. Konstantin und Method, den Glaubensboten des großmährischen Zeitalters, absieht. Von der Sozialgeschichte her ist das leicht zu erklären, da das 10. Jahrhundert nur zwei Heilige kennt, die Mitglieder des regierenden böhmischen Fürstenhauses waren, die beiden Märtyrer Wenzel und Ludmila, sowie den zweiten Prager Bischof, Adalbert, ebenfalls ein Märtyrer in der Zeit, als es in Mähren kein Bistum gab. Dieser war ein Mitglied des zweitwichtigsten Fürstenhauses im Lande, der Slawnikinger, welches um diese Zeit durch die Přemysliden ausgerottet wurde.

Im 11. Jahrhundert kamen zwei Geistliche hinzu, der hl. Prokop, der Gründer des Sazawa-Klosters, und der Einsiedler Gunther, der enge Kontakte mit dem Kloster Břevnov pflegte. Erst der sel. Hroznata, Gründer des Prämonstratenserstiftes in Tepl, setzte zu Ende des 12. Jahrhunderts die Reihe fort, und nach der Mitte des 13. Jahrhunderts folgten zwei hochgeborene Frauen, die hl. Agnes aus dem Přemyslidenhause und die sel. Zdislava aus einer Magnatenfamilie. Damit ist die Reihe für lange Zeit unterbrochen, obwohl gerade das 14. Jahrhundert ein Zeitalter besonderer Spiritualität in Böhmen war, wobei sich die allgemeinen Tendenzen in der Gesellschaft verschiedentlich mit dem Streben des Hofes, besonders unter Karl IV., trafen. Dabei ist klar, daß wir die Person des Kaisers als die Schlüsselfigur der Epoche bezeichnen können. Der anfangs weltzugewandte Fürst wandelte sich allmählich zum Moralisten, der jedoch in der Politik skrupellos handelte, als kühler Pragmatiker, trotz seines tiefen Glaubens. Man kann ihm sicher viele, ja vielleicht sogar allzu viele Äußerlichkeiten vorwerfen, doch auf der anderen Seite fühlt man, daß sie für ihn keine leeren Posen waren. Es genügt allein, seine kontemplativen Neigungen kennenzulernen oder auch seinen Arbeitsrhythmus. Karls Pilgerfahrten im Zusammenhang mit seinen großen Reisen durch das Reich, das Sammeln von Reliquien, seine verschiedensten frommen Stiftungen usw. sind hier zu beachten, und es versteht sich von selbst, daß er großen Wert darauf legte, Personen um sich zu haben, die nicht nur als Fachleute etwas galten, sondern die zugleich seiner Weltanschauung nahe standen. Und wirklich, wenn man seine nächste Umgebung genauer beobachtet, findet man dort Leute, die seinen Ansprüchen in hohem Maße genügten, was besonders für Bischof Ernst von Pardubitz († 1364) gilt, der bald der erste Erzbischof von Prag wurde. Er war Karls engster Vertrauter sowohl in politicis als auch in privatis. Und da Prag um die Mitte des 14. Jahrhunderts eine große Umwandlung erfuhr, die Karl initiierte, ist eine solche Stütze für ihn von unschätzbarem Wert gewesen. Nach dem eben Gesagten ist es eigentlich verwunderlich, daß sich in dieser Zeit kein böhmischer Heiliger durchgesetzt hat.

Prag, auf das wir nun unsere Aufmerksamkeit richten wollen, war zwar schon immer das Herz des böhmischen Staates gewesen, doch mit Karls Krönung zum Kaiser stieg die Bedeutung der Stadt in mehrerlei Hinsicht, und Karl sorgte systematisch dafür, der neuen Lage gerecht zu werden. Aus der Mannigfaltigkeit der Schritte, die hier zu verzeichnen wären, genügt es, drei hervorzuheben, die symptomatisch erscheinen. Zuerst ist es die Erhebung des Prager Bistums zum Erzbistum im Jahre 1344, ein lang gehegter Wunsch der böhmischen Herrscher, die unbedingte kirchliche Voraussetzung für einen Aufstieg. Die geistige Vorrangstellung festigte sich in Prag durch die Gründung einer Universität. Für die Sicherung der materiellen und wirtschaftlichen Basis sorgte Karl mit der Gründung der großzügig angelegten Prager Neustadt und durch die Ausdehnung der Prager Kleinseite am linken Flußufer, auch die Kleinstadt unter der Burg genannt, und nicht zuletzt auch durch die Belebung der Stadt Hradschin im westlichen Vorfeld der Burg, die der oberstburggräflichen Herrschaft unterstand. Diese entstand zwar schon zur Zeit seines Vaters, konnte sich jedoch erst zu seiner Zeit wirklich entfalten. Durch all das wurde Prag zur flächenmäßig größten Stadt bzw. Stadtkonglomerat in Mitteleuropa. Aber nicht nur durch die Stadtvergrößerung, sondern besonders als Residenz strebte Prag eine führende Rolle an, als Sitz des königlichen und seit 1355 kaiserlichen Hofs. Karl selbst wußte diese Tatsache entsprechend zu nützen, obwohl er und sein Hof oft unterwegs waren. Er gründete auch verschiedene kirchliche Institutionen, wobei großer Wert auf Mannigfaltigkeit gelegt wurde. Seine Fürsorge galt jedoch vor allem dem Prager Domkapitel, das durch den Bau einer neuen Domkirche, aber auch durch reiche Geschenke ausgezeichnet wurde, vornehmlich durch Reliquien, die buchstäblich aus allen Himmelsrichtungen kamen, so daß er Prag zu einem bedeutenden Wallfahrtsort machte, was die Stadt lange Zeit bleiben sollte. Dieses rege Leben, das durch die längere Abwesenheit des Herrscherhofes nicht beeinträchtigt werden konnte, wurde zusätzlich durch Einrichtungen in der Stadt angeregt, die von außerhalb kamen. Nur auf zwei solche Aspekte sei hingewiesen. Einerseits waren es Häuser bzw. Höfe, die der Herrscher mehreren Reichsfürsten geschenkt hatte, die dadurch in Prag eine Residenz erhielten, andererseits bauten sich hier fast alle wichtigeren Landklöster Böhmens (nur sie allein) ihre Niederlassungen, die sowohl wirtschaftlichen als auch kulturellen und politischen Zwecken dienen konnten und auch gedient haben. Dies alles blieb nicht auf die Zeit Karls IV. beschränkt, sondern setzte sich nach seinem Tod im Spätherbst 1378 fort, als sein Sohn Wenzel seine beiden vornehmsten Würden, nämlich die des böhmischen und des römischen Königs, übernahm, obwohl er theoretisch schon seit 1363 König von Böhmen war und seit 1376 auch König des Römischen Reiches. Während dessen Regierung verstärkten sich die Spannungen in vielen Bereichen, hinzu kamen schließlich nationale Widersprüche, und auch die tschechische Reformbewegung begann sich zu formieren.

Die Schlüsselfigur des Landes war und blieb selbstverständlich der Herrscher, also nach Karls Tod sein Sohn aus dritter Ehe mit Anna von Schweidnitz. Der vielversprechende Jüngling, dem eine harte Schule des Lebens erspart blieb, wie sie sein Vater hatte durchstehen müssen, war auf sein Amt nur bedingt vorbereitet. In weniger turbulenten und spannungsreichen Zeiten und bei einer kürzeren Regierungszeit wäre er vielleicht ohne größeres Echo durch das Leben und durch die »Geschichte« gegangen. Aber in den über vierzig Jahren seiner Regierungszeit, davon mehr als die Hälfte als amtierender Römischer König (den Titel behielt er bis zu seinem Tod bei, und er versuchte auch nach 1400 noch wenigstens einmal, ihn zurückzuerlangen) wurde er vor große, zum Teil für sein Naturell unlösbare Probleme gestellt. Wenzel hielt Abstand sowohl zu den Mitgliedern des heimischen Hochadels, die ihn mehrmals entmachteten und sogar zweimal in Haft nahmen. Sein Verhältnis zu den Reichsfürsten war ebenfalls distanziert. Die Auseinandersetzung mit den böhmischen Ständen bedeutete für ihn sicher Frustration auf lange Sicht, wie wir noch sehen werden. Seine Reichspolitik richtete sich freilich nach den Interessen der Reichsfürsten, obwohl ihm das städtische Milieu eigentlich näher lag.

Karl stützte sich während seiner Regierungszeit auf die Führer der böhmischen Geistlichkeit, besonders auf die Prager Oberhirten, die oft während seiner Abwesenheit auch die Landverweserschaft ausübten. Besonders der erste der beiden Erzbischöfe, Ernst von Pardubitz, stand ihm sehr nahe, was sich aber merkwürdigerweise in den entsprechenden königlich-kaiserlichen Akten und Urkunden nicht so sehr niederschlägt, wie man erwarten möchte. Auch der zweite Prager Erzbischof war Karl sehr verbunden, und es sah zunächst so aus, als ob es sich mit dem dritten Prager Oberhirten, Johann von Jenstein, einem Neffen seines Vorgängers, unter Wenzel ähnlich fortsetzen würde. Am Anfang stand Johann König Wenzel sehr nahe, was sich darin spiegelt, daß ihm die entsprechende Würde verliehen wurde. Als einer der wichtigsten Hofbeamten, als Kanzler, stand er stets im centrum rerum. Aber das gegenseitige Verstehen hielt nicht lange vor. Schon zu Beginn der achtziger Jahre kam es zur inneren Wandlung Jensteins, mit der die Vorstellung vom Vorrang des geistlichen vor dem weltlichen Amt verbunden war. Das verursachte immer wieder Konflikte zwischen Erzbischof und König, die schließlich sogar in kriegerische Auseinandersetzungen mündeten. Der König war nämlich eine sehr unausgeglichene Persönlichkeit, die zwischen autokratischen Methoden und einem laisser faire schwankte und sich dann völlig auf seine Räte verließ. Endlich kam es so weit, daß der Erzbischof 1396 sein Amt niederlegen mußte, die Heimat verließ, um vier Jahre später vergessen in Rom zu sterben.

Während sich die Verwaltung des Bistums Prag nur zögernd mit den wachsenden Forderungen und Ansprüchen auseinandersetzte, kam es mit der Gründung des Erzbistums zu einem grundlegenden Wandel. Bereits zur Zeit der elfjährigen Abwesenheit des letzten Prager Bischofs Johannes IV. (ca. 1250–1343; Bischof ab 1301; in Avignon 1318–1329) haben sich in Prag etliche Ämter institutionalisiert, vor allem das Offizialat. Mit Ernst von Pardubitz wurden diese Strukturen systematisch ausgebaut, wozu man eine größere Zahl von qualifizierten Beamten benötigte. Der Erzbischof legte großen Wert auf einen umfassenden Umbau der Verwaltung, weil die Kirche neben den eigenen auch Verpflichtungen des Staates zu erfüllen hatte. So hatte der Prager Erzbischof beispielsweise die Oberaufsicht über die Universität, das Recht zur Ernennung der Notare, das ihm vom König delegiert worden war, sowie die Auswahl qualifizierter Personen für diese Posten. Und eben hier begegnen wir zum ersten Mal der Gestalt des Johannes von Pomuk, von dem wir wie bei den meisten Menschen im Mittelalter und noch in der frühen Neuzeit weder Geburtsjahr noch Geburtstag kennen. Wie üblich können wir dies nur indirekt aus den ersten Nennungen in den Quellen erschließen und lediglich grob abschätzen. Die früheste Erwähnung stammt von 1369. Am 20. Juni dieses Jahres transsummierte er als öffentlicher Notar von kaiserlichen Gnaden die päpstliche Bulle vom 24. November 1368 über die Besetzung des Sakristeiamtes am Prager Domkapitel. Das im Original leider in sehr schlechtem Zustand erhaltene Schriftstück (Kat. 2) ist von Johannes eigenhändig geschrieben und trägt sein eigenhändig beigefügtes Notarssignet. Der Inhalt des Schriftstückes und mehr noch der Name des Auftraggebers, des Prager erzbischöflichen Offizials Jenczo, deuten an, daß Johannes von Pomuk, »Johannes olim Welflini de Pomuk«, wie er genannt wird, schon zum engeren Kreis des erzbischöflichen Hofs oder wenigstens zu seiner Beamtenschaft gehörte. Das ist ein sehr wichtiger Ausgangspunkt für weitere Überlegungen, besonders auch zur Ermittlung von Johannes' Alter, sowie von seiner Herkunft und Abstammung. Geht man davon aus, daß er damals mindestens zwanzig Jahre alt war, ist seine Geburt um 1345 anzusetzen. Vielleicht könnte man sogar einige Jahre weiter zurückgehen, da die Erstnennung nicht zu viel bedeuten muß, zumal bis zur nächsten urkundlichen Nachricht wieder ein Jahr verstrich. Die Formulierung von 1370, daß er des Erzbischofs »domesticus commensalis« sei, wird uns noch beschäftigen. Deshalb könnte man bei seinem Geburtsjahr leicht noch ein lustrum weiter zurückgehen. Für Johanns Herkunft gibt nur der Name seines damals schon verstorbenen Vaters einen Hinweis. Demnach stammte er aus dem westböhmischen Pomuk/Nepomuk (der Name schwankte lange, bis sich schließlich die zweite Form durchsetzte). In diesem Marktdorf des berühmten, vom fränkischen Ebrach um die Mitte des 12. Jahrhunderts gegründeten Zisterzienserklosters, war sein Vater mit größter Wahrscheinlichkeit Richter. Die deutsche Form seines Namens deutet an, daß er wohl Deutscher war. Die Region um Nepomuk war damals ein Mischgebiet, das den Forschungen von Ernst Schwarz zufolge im 15. Jahrhundert jedoch fast vollkommen tschechisiert worden ist. Das führt zu dem Schluß, daß Johannes höchstwahrscheinlich zweisprachig aufwuchs. In der Elementarschule – wohl im Kloster selbst – wurde ohnehin lateinisch gesprochen, am erzbischöflichen Hof in Prag neben dem vorherrschenden Latein jedoch wahrscheinlich vorwiegend tschechisch. Die siebziger Jahre verlebte Johannes noch in untergeordneter Stellung im Umkreis der höchsten kirchlichen Würdenträger der Erzdiözese. Nur langsam festigte er seine Position durch verläßliche und akkurate Arbeit. Für jemanden von niederer Herkunft wie er war dies die einzige Möglichkeit zum Aufstieg, denn am erzbischöflichen Hof auf der Prager Kleinseite dominierten die Geistlichen adeliger Abstammung. Die höhere Bildung bildete für den Begabten aus den unteren Schichten die einzige Chance zur Verbesserung ihrer Position innerhalb der Kirche, und diesen Weg hat auch Johannes beschritten. Sein höheres Studium begann er an der Prager alma mater, wo er Ende der siebziger Jahre an der juristischen Universität das Rechtsbakkalaureat erwarb, was auch ein kurzes Studium an der Artistenfakultät voraussetzte. Das Bakkalaureat konnte nicht das Ziel seines Strebens sein, seine Ambitionen innerhalb des Prager Klerus waren größer. Irgendwann vor 1380 muß er die höheren Weihen erhalten haben, da er damals ein Benefizium erwarb. Zuerst handelte es sich um die Stelle eines Altaristen in der Kapelle der hll. Erhard, Ottilie und Alban in der Kathedrale, die Očko von Vlašim als seine letzte Ruhestätte ausbauen ließ. Schon diese Tatsache zeigt Johannes' enge Verbindung zum Erzbischof, mit dem ihn gemeinsame Vorstellungen und Ansichten verbanden, wie es die erwähnte Bezeichnung »domesticus commensalis« bezeugt. Das war im Prager Mikrokosmos nicht unbedeutend, denn seine weitere Karriere muß aus dieser Sicht beurteilt werden. Johanns Bedeutung zeigte sich u. a. bei der Behandlung des ersten tschechischen Reformators, Milíč von Kremsier. Im Zusammenhang mit dessen verschiedenen Aktivitäten war er ex officio verschiedentlich eingeschaltet. Wie er persönlich dazu stand, wissen wir freilich nicht. Nur korrektes Handeln kann aus den Quellen abgelesen werden, was leider kaum weiterführt.

Neben solchen »heimischen« oder regionalen Problemen, die durch die Folgen des Schwarzen Todes um 1380 verstärkt wurden, wirkte auch das eben entstandene Schisma bedrückend auf das Prager Milieu. Die Anfänge davon hatte Karl IV. noch erlebt. Wenn es in den ersten Monaten zunächst scheinen konnte, daß sich die Konflikte noch schlichten lassen würden, zeigte sich schon in den ersten Monaten der selbständigen Regierung seines Sohnes und Nachfolgers deutlich, daß dies nicht der Fall war. Der Prager Hof hat klar für die römische Seite Partei ergriffen, und am Prager erzbischöflichen Stuhl war dies vielleicht sogar noch eindeutiger der Fall, obwohl sich Clemens VII. um beide Institutionen bemühte. Die eindeutige und aktive Parteinahme wurde in Prag durch den Wechsel auf dem erzbischöflichen Stuhl noch bestärkt. Als Očko von Vlašim nach seiner Ernennung zum Kardinal – überhaupt der erste aus Böhmen und Mähren – als Erzbischof von Prag resignierte, wurde sein Neffe Johann von Jenstein, bisher Bischof von Meißen, am 19. März 1379 von Papst Urban VI. dorthin versetzt. Das geschah im vollen Einvernehmen mit dem Prager Königshof, der sicher in diesen Wechsel große Hoffnungen setzte. Bester Beweis dafür ist die schon erwähnte Ernennung Jensteins, noch als er Bischof von Meißen war, zum Hofkanzler des jungen Wenzel. Seine Kanzlei war die zentrale »Behörde« sowohl für das Reich als auch für Böhmen, und deren Leiter hatte beträchtliche Kompetenzen.

Zunächst hatte es den Anschein, als ob sich die beiden jungen Würdenträger, Wenzel und Jenstein, nicht nur gut vertragen und verständigen würden, sondern daß sie die gleiche Gesinnung hätten und gar ein Team bilden könnten, das alle Probleme im Einvernehmen zu lösen imstande wäre, wie es ähnlich bei Karl IV. der Fall gewesen war. Aber dieser Traum verwirklichte sich nicht, weil sich bei Johann von Jenstein eine innere Wandlung zu einer strengen Spiritualität vollzog, die zu einem harten und entsagungsvollen Leben führte, und er begann nunmehr, den König zu kritisieren. Diesen, der allerdings gerade in dieser Hinsicht sehr empfindlich war, konnte man freilich leicht und zu Recht kritisieren, und es war eine Frage der Zeit, wann deshalb ein offener Konflikt ausbrechen würde. Zuerst verlor Jenstein seinen Posten als Kanzler und damit zugleich den direkten Einfluß am Hof und auf Wenzel selbst. Da die Hofhaltung des Königs irgendwann vor der Mitte der achtziger Jahre von der Prager Burg am linken Moldauufer in die Altstadt am anderen Ufer wechselte, vergrößerte sich zusätzlich der geographische Abstand zwischen beiden Höfen. Der Erzbischof residierte nach wie vor auf der Kleinseite. Die erzbischöfliche Administration hatte sich schon längst – sit venia verbo – zum gut funktionierenden Verwaltungsapparat entwickelt und umfaßte nicht allein alle Bereiche des innerkirchlichen Lebens, sondern berührte vielfach, besonders in Streitfällen, außerkirchliche Belange. Gleichzeitig fand auch am Hof des Königs ein bedeutender Wandel statt. Die alte Garde der Räte Karls schied nach und nach aus, und mit den neuen Kräften war auch ein politischer Wechsel verbunden. Daß der König dabei nur selten eine glückliche Hand hatte, sei nur nebenbei angemerkt.

Aber kehren wir wieder zu den privaten Geschicken des Johannes von Pomuk zurück, den wir an der Prager juristischen Universität und im mittleren Kanzlei- und Kirchendienst als Inhaber eines Benefiziums und damit als Priester verlassen haben. Nunmehr setzte seine eigentliche kirchliche Karriere ein, beginnend mit der Berufung zum Pfarrer von St. Gallus in der Altstadt, einer der ältesten Kirchen in Prag. Gemeinsam mit anderen Priestern organisierte er ein reges kirchliches Leben, ohne dabei allzu sehr in den Vordergrund zu treten. Er hat sich unter anderem um die Vermehrung des Kirchenschatzes seiner Pfarre verdient gemacht, wie aus dem von ihm verfaßten Inventar (Kat. 4) hervorgeht, das einen guten Einblick in den Alltag seiner Kirche gewährt. Wenig später verliert sich in Prag jede Spur von ihm. Er begab sich auf Reisen, und nach kurzer Zeit treffen wir ihn in einer der Hochburgen der Jurisprudenz, in Padua, an. Vermutlich studierte er dort seit den Jahren 1382–1383 und trat 1386 als Rektor der ultramontanen Juristen hervor, eine Stellung, die man erst nach dreijähriger Anwesenheit an der Universität bekleiden konnte. Aus welchen Ressourcen er für alle seine Verpflichtungen und die mit diesem Amt verbundenen hohen Kosten aufkommen konnte, wissen wir nicht. Die Pfründe von St. Gallus reichten wohl kaum dafür aus. Johann war damals auch noch Kanoniker des Kollegiatstiftes bei St. Ägidien, und er bemühte sich um das Amt des Dekans an der Prager Metropolitankirche, allerdings vergeblich. Die Paduaner Zeit dauerte mehr als fünf Jahre und an ihrem Ende stand sein Examen in kanonischem Recht. Damit wurde er Doktor des kanonischen Rechts, und seiner Rückkehr nach Prag stand kein Hindernis mehr im Wege. Dort treffen wir ihn schon vor dem Jahresende 1387/88 wieder. Nach knapp zweijährigem Schweigen der Quellen begegnet er uns wieder im Herbst 1389, nunmehr als Generalvikar des Erzbischofs, zugleich Kanoniker des Wyschehrader Kollegiats, des nach dem Domkapitel ehrwürdigsten und wohl auch reichsten Stiftes in Böhmen. Das bedeutet zugleich, daß er auf seine früheren Pfründe hatte verzichten müssen.

In der Zeit seines Generalvikariats, das er gemeinsam mit Nikolaus Puchnik versah, der aber zugleich erzbischöflicher Offizial und deshalb als Generalvikar weniger engagiert war, spitzten sich die Differenzen zwischen dem König und dem Prager Domklerus immer mehr zu. Der König und der Erzbischof verpaßten die letzte Chance zur Verständigung, eine der Hauptvoraussetzungen zu einer friedlichen Entwicklung im Lande. Die Zeit war auch sonst sehr bewegt, sowohl in Böhmen, als auch im Reich, das der König allerdings selten bereiste, obwohl dies für die Zukunft seiner Herrschaft unbedingt erforderlich gewesen wäre. Das hing auch mit dem oben angedeuteten Wechsel in der Umgebung Wenzels zusammen, wo an die Stellen der alten Räte Karls weniger fähige homines novi berufen worden waren. Es handelte sich meist um Mitglieder des niederen Adels bzw. um Personen bürgerlicher Herkunft, die manchmal zwar durchaus begabt waren, aber ihren eigenen Nutzen allzu sehr in den Vordergrund stellten. Der schwache König stand oft zu stark unter ihrem Einfluß und ließ sich leicht manipulieren. Die ehemalige, im allgemeinen friedliche Symbiose von geistlicher und weltlicher Gewalt ging damals endgültig zugrunde, nicht zuletzt aus

Mangel an Kompromißbereitschaft auf erzbischöflicher Seite. Ein fast banaler Anlaß, der Streit um ein Flußwehr, führte schließlich zum Konflikt, der in eine Katastrophe mündete.
Ob beide Seiten über die blutigen Ereignisse im damaligen England, nämlich über den Konflikt zwischen dem Parlament und dem König in der zweiten Hälfte der 80er Jahre, informiert waren, sich gar durch diese inspirieren ließen, wie man gelegentlich gemeint hat (F.M. Bartoš), ist schwer zu sagen. Der Vorgang von 1381 und den folgenden Jahren, als der Erzbischof seine Position als Kanzler verloren hatte, weil er zu schroff gegen Wenzels Günstlinge eingeschritten war und in der Folge seines Amtsverlustes verheerende Schäden am kirchlichen Gut hinnehmen mußte, wiederholte sich nun mit teilweise anderen Nebenschauspielern. Die Protagonisten blieben natürlich dieselben. In den achtziger Jahren war es um die Nichtachtung von Wirtschaftsrechten des Erzbistums gegangen, 1393 ging es um einen einschneidenden Eingriff in die weltliche Integrität und damit zugleich in die geistliche Immunität des Gesamtklerus durch Wenzels Familiare, an ihrer Spitze der rücksichtslose Prager Bürger Sigismund Huler, der wohl mit Absicht die Konfrontation durch seine gewalttätige Ausübung des Unterkämmereramts verschärfte. Doch spielten auch andere Probleme eine Rolle, die hier nur angedeutet werden können und die miteinander in der Sache und auch personell verzahnt waren; zum einen die antijüdische Propaganda der Kirche, deren Folgen sich letztlich gegen den König auswirkten und die im Jahre 1389 zum wohl größten Pogrom führte; außerdem die wachsende Nervosität wegen des päpstlichen Schismas und gelegentliche geheime Kontakte der königlichen Partei mit Clemens VII. in Avignon und noch anderes mehr. Der Erzbischof konnte und wollte nicht schweigen. Er war überzeugt vom übergeordneten Rang der geistlichen Gewalt gegenüber der weltlichen und wandte sich ganz undiplomatisch und sehr schroff mit einer nachdrücklichen Beschwerde an den König. Er zitierte Huler vor sein Gericht, d.h. vor das der Generalvikare, und verhängte über ihn, weil er sich ihm nicht unterwarf, den Kirchenbann. Dieser wurde freilich mißachtet, ja sogar ins Lächerliche gezogen. Beachtenswert erscheint es, daß diese Beschwerden später in ganz ähnlicher Form in den Klagen der Fronde der Barone gegen Wenzel wiederholt wurden, woraus man vielleicht schließen kann, daß Jenstein mit dem Hochadel in engem Kontakt stand und wohl sogar nach dessen Intentionen verfuhr, wenngleich sich der Adel damals nicht in den Streit zwischen König und Erzbischof einmischte.
Das auslösende Ereignis kam von außen. Die Besetzung der Szene blieb dabei unverändert. Es handelte sich um die Errichtung eines neuen Bistums in Böhmen. Nicht alle Einzelheiten lassen sich dabei heute noch klären und verstehen. Die Prager Diözese war bekanntlich sehr groß und umfaßte bis zum Jahre 1344 so gut wie ganz Böhmen. Daß winzige Teile zu anderen Diözesen gehörten, wurde durch die Zugehörigkeit der gesamten Grafschaft Glatz reichlich aufgewogen. Im Jahre 1344 trennte man das ziemlich kleine Bistum Leitomischl in Ostböhmen ab, das im wesentlichen aus den Gütern des aufgehobenen Prämonstratenserstiftes Leitomischl bestand. Karls Versuche, im Lande neue Bistümer zu gründen, waren seinerzeit gescheitert. Es war ihm auch nicht gelungen, benachbarte Bistümer wie Breslau und Meißen dem Prager Erzbistum einzugliedern. Der Gedanke, die Zahl der Bistümer in Böhmen zu vergrößern, war also nicht neu. Aber der König verband diese an sich legitime Idee mit dem Nebengedanken, die Macht des Erzbischofs, besonders auf wirtschaftlichem Gebiet, zu schwächen und den Gewinn, d.h. das neue Bischofsamt, auf einen seiner Günstlinge zu übertragen. Zur materiellen Ausstattung eines westböhmischen Bistums wurde das reiche und altehrwürdige Benediktinerkloster Kladrau ausersehen, das zudem die Grablege des Přemyslidenfürsten Wladislavs I. beherbergte. Dort lag damals der alte Abt Raczko im Sterben. Zwar mußte die beabsichtigte Bistumsgründung durch den Hof auch dem Erzbischof und seiner Umgebung vernünftig erscheinen, aber in einer Zeit erregter Animositäten, ja Leidenschaften, wollte man dies von Seiten des Erzbischofs nicht akzeptieren. Als dann Ende Februar der Kladrauer Abt starb, beeilte sich der Konvent mit der Neuwahl, die bereits kurz vor dem 7. März durchgeführt wurde. Der König weilte damals gerade, wie oft, in seiner geliebten Burg Bettlern (Žebrák), wohl in Begleitung seiner Günstlinge, und erfuhr zunächst nichts von dem Ereignis. Um so eiliger hatte es Jenstein damit, die Nachricht über diese Wahl sofort zu publizieren, mit der Aufforderung, eventuelle Einwände gegen sie vorzubringen. Allerdings war die dafür vorgesehene Zeit viel zu knapp bemessen, denn schon am 10. März bestätigte er die Wahl und ließ sie durch die beiden Generalvikare Johann von Pomuk und Nikolaus Puchnik verbriefen. Da das Kloster ziemlich dicht an der bayerischen Grenze lag, und man für die Übermittlung der Nachricht nach Prag drei bis vier Tage brauchte, war die eingeräumte Einspruchsfrist nur symbolisch. Die Wahl und ihre Bestätigung mußte also – nach bescheidenen Versöhnungsversuchen im Vorjahr – als bewußter und schwerer Affront nicht nur gegen Wenzels Umgebung, sondern gegen den König selbst aufgefaßt werden. Der Erzbischof hat den Ernst der so entstandenen Situation sichtlich unterschätzt. Überdies wollte man in Prag gerade das von

Papst Bonifaz IX. bewilligte Jubeljahr begehen, das der Erzbischof bzw. sein Bevollmächtigter eröffnen sollte. Jenstein hatte dagegen aber Vorbehalte, durch die das große Fest bedroht war, was den königlichen Zorn zusätzlich noch verstärkte und in eine unkontrollierbare Wut verwandelte, die wohl von Huler und vielleicht auch anderen Räten noch genährt wurde. Wenzel kehrte unverzüglich nach Prag zurück, wo er urkundlich zwar erst ab 22. März belegt ist, jedoch spätestens ab 18. zugegen gewesen sein muß. Inzwischen hatte Jenstein mit seiner Begleitung in Voraussicht der Reaktion des Königs Prag verlassen und war nach Raudnitz, eine feste erzbischöfliche Burg an der Elbe, geflohen. Der König schickte dem Erzbischof sofort Boten mit schweren Drohungen nach und befahl ihm, nach Prag zurückzukehren. In Jensteins Bericht, dem die lateinische Übersetzung des ursprünglich deutschen Briefs König Wenzels eingefügt ist, heißt es: »recedas michi de terra mea Boemie. Et si aliquid contra me attendabis vel meos, volo te submergere litesque sedare«. Dem Erzbischof blieb daraufhin nichts anderes übrig, als wieder in Prag zu erscheinen, wo ihn nach einer ersten Kontaktnahme zwischen beiden Parteien der König in der Kommende der Malteserritter auf der Kleinseite empfing und sofort heftig attackierte, und ihm erneut mit dem Ertränken drohte.

Die Verhandlungen führten wohl wegen der Hartnäkkigkeit auf beiden Seiten nicht weiter, und der König erließ daraufhin einen Haftbefehl gegen vier Personen: den Erzbischof selbst, Johannes von Pomuk, Nikolaus Puchnik und Wenzel Knobloch, einen Verwandten Jensteins und Probst von Melnik. Eine Versöhnung war nicht mehr möglich, die Reue des Erzbischofs kam zu spät. In der entstandenen Verwirrung konnte der Erzbischof zwar entweichen, stattdessen wurde aber zusätzlich noch sein Hofmeister und Rat, Ritter Něpr, verhaftet. Von dem Fortgang der Ereignisse beschränken wir uns auf das Wichtigste. Nun wird Johannes von Pomuk zur Hauptgestalt der Tragödie, nicht als handelndes Subjekt, sondern als Objekt des Geschehens, das bedauerlich eskalierte. Am 20. März befahl der König die Folter, an der er persönlich teilnahm. Im Hause des Altstädter Richters kam es zu den Verhören, von denen er sich versprach, Neues zu erfahren. Der »peinlichen Befragung« entgingen gerade noch der erzbischöfliche Hofmeister Něpr und in allerletzter Minute der Melniker Propst Knobloch. Bei der eigentlichen Tortur wurde Puchnik offenbar »geschont«, im Gegensatz zu Johannes von Pomuk, der bei der Unterbrechung der Prozedur mehr tot als lebendig war. Erst jetzt kam es zur Ernüchterung des Königs, wohl in doppeltem Wortsinn, und zugleich vergegenwärtigte er sich die möglichen Folgen seines Vorgehens. Die drei anderen von der Folter betroffenen Personen mußten dem König schriftlich schwören, über die Ereignisse der letzten Stunden zu schweigen. Dem schwerverletzten Johannes von Pomuk war nicht mehr zu helfen.

Nun aber zur Schlüsselfrage, auch wenn sie kaum zu beantworten ist: Was wollte der König eigentlich wissen? In diesem Punkt sind die verläßlichen Unterlagen sehr dürftig, und wir sind durch jüngere, meist halb legendäre Überlieferungen »indoktriniert«. Über die Ereignisse der Kladrauer Wahl war kaum Neues zu erfahren, obwohl der König in seiner Wut die Protagonisten vielleicht auch nach bekannten Dingen fragte. Weitere Aspekte ergeben sich, wenn man berücksichtigt, daß die junge Königin, Wenzels zweite Gemahlin Sophie, in ihren Privatangelegenheiten Verständnis und Rat im Umkreis des Erzbischofs suchen konnte. Es kursierten Gerüchte über eine mögliche Scheidung. Allerdings ist es recht unwahrscheinlich, daß Johannes ihr Beichtvater war. Es ist in diesem Zusammenhang daran zu erinnern, daß Sophias Krönung in Prag erst nach Jahren stattfand, und Wenzel diesem Akt ostentativ fernblieb. Engere Kontakte zum erzbischöflichen Generalvikar sind demnach nicht völlig auszuschließen. Vielleicht zeigte sich Johannes von Pomuk beim Verhör auch »härter« als die übrigen und machte dem König wegen seinem Regierungsstil und seiner Verhaltensweise Vorwürfe, was dieser, sich seiner Schwächen wohl bewußt, umso weniger hören wollte.

Der Epilog dieser düsteren Geschichte ist ebenso traurig wie ihr Verlauf. Der Körper des Johannes von Pomuk, in dem vielleicht noch ein Funken Leben war, wurde am Abend desselben Tages zur Moldaubrücke geschleppt, um von dort in den Fluß geworfen zu werden. Ein nicht eben glänzendes Kapitel von Wenzels Regierungszeit war damit abgeschlossen. Am 22. März quittierte der König der Stadt Frankfurt am Main eine Summe von 1000 Gulden. Der Alltag war weitergegangen, aber diese grausame Geschichte hat ihre Spur in der böhmischen Geschichte hinterlassen.

Es ist nicht unsere Absicht, die weiteren Geschicke zu skizzieren, und wir haben hier auch nicht die Möglichkeit dazu. Angefügt sei aber, daß sich der Erzbischof – wie zu erwarten – einschüchtern ließ und Wenzel damit einen Pyrrhussieg errang, unter dessen Unstern die ganze weitere Regierung dieses »gescheiterten Königs« (Graus) stand. Die Kladrauer Wahl wurde nicht mehr revidiert, und der König unternahm in dieser Richtung nichts mehr. Die Spannungen blieben bestehen, man konnte sie nicht mehr abbauen. Den Widerhall der Ereignisse dieser erregten Tage zu verfolgen, wäre ein Kapitel für sich. Böhmen – sowohl das Land als auch die

Kirche – profitierte allerdings auf lange Sicht aus dieser traurigen Episode. Es erhielt einen der berühmtesten Heiligen der Welt.

Bibliographie:
Die Literatur über das böhmische späte 14. Jahrhundert ist kaum noch zu überblicken. Dagegen sind die konkreten Quellen zur Johannes von Pomuk-Frage nicht eben ergiebig und stammen fast ausschließlich von erzbischöflicher Seite. Sie sind alle in den unten angeführten Arbeiten enthalten, besonders bei Bartoš und Polc, und brauchen deshalb nicht einzeln angeführt zu werden. Die Literatur wird in allgemeine Literatur zur Zeit und in Arbeiten zur Biographie unterteilt. Die tschechische Literatur ist natürlich zahlreicher, doch versuche ich, die Angaben im Gleichgewicht zu halten. Der Nachkriegsliteratur wird Vorzug gegeben.
Allgemein: P. Moraw, Propyläen Geschichte Deutschlands, 3, Von offener Verfassung zu gestalteter Verdichtung. Berlin 1985 (allgemeine Übersicht aus der Sicht des Reiches). – F. M. Bartoš, České dějiny II-6, Čechy v době Husové. Prag 1947. – F. Seibt in: K. Bosl (Hrsg.), Handbuch der Geschichte der böhmischen Länder. Stuttgart 1967. – R. E. Weltsch, Archbishop John of Jenstein 1348–1400. Den Haag 1969. – J. Spěváček in: Přehled dějin Československa I/1. Prag 1980. – Ders., Václav IV. 1361–1419. Prag 1986.
Biographisch: J. Weißkopf, Johann von Nepomuk. München 1948. – J. V. Polc, Život, in: J. V. Polc – V. Ryneš, Svatý Jan Nepomucký, 1. Rom 1972 (grundlegend). – F. Seibt, Johannes von Nepomuk, ein schweigender Heiliger. In: Kat. 1971, S. 16–24. – P. de Vooght, Jean de Pomuk. In: Ders., L'hérésie de Jean Huss. Löwen 1975, S. 952–974. – J. Kadlec, Svatý Jan Nepomucký. In: J. Kadlec (Hrsg.), Bohemia sancta. Životopisy českých světců a přátel Božích. Prag 1989.

Bericht an Papst Bonifaz IX. (1393)

Johannes von Jenstein

Heiliger Vater! Alleruntertänigster und Eurer Heiligkeit ergebener Bittsteller Johannes, Erzbischof von Prag, erleidet schon lange die verschiedensten Bedrängnisse und Repressalien wegen der Verteidigung der Rechte der Kirche. Der Feind des Menschengeschlechtes hat sie angeheizt und geschürt. Er (der Erzbischof) hat den durchlauchtesten Fürsten Wenzeslaus, römischer König und König von Böhmen, bei der Lehre des Evangeliums unter vier Augen liebevoll ermahnt, daß er von den Belästigungen, Quälereien, Beunruhigungen und dem verschiedenen anderen Unrecht, die er aufgrund verleumderischer Hetze der Kirche von Prag zugefügt hatte, in eigener Person immer wieder zuzufügen pflegt und sie anderen gestattet, ablasse und daß er die Schäden und Beleidigungen ersetze und wiedergutmachen lasse.

Der Erzbischof ist eifrig danach bestrebt, wirkungsvoll Sorge zu tragen für das Heil und die Ehre des Königs und seiner Prager Kirche sowie für die Entschädigungen und konsequenten Behebungen der angerichteten Schäden.

Der König überging jedoch geringschätzig solche Mahnung, von seinem Treiben abzulassen, vielmehr – aufgereizt von seinen Unkraut-Säleuten – häufte er Unrecht auf Unrecht und bedrückte weiterhin wie gewohnt die Kirche von Prag und den Erzbischof, verletzte und schädigte sie. Der Erzbischof ist (deshalb) nicht imstande, die gewissenlosen Gottesfrevel, solch offenkundiges Treiben hinzunehmen und forderte in Gegenwart seiner Räte und einiger Vornehmer und Adeliger den König ernsthaft auf, daß er nach solchem Treiben in sich gehe und sowohl der Kirche als auch dem Erzbischof und den anderen Geschädigten Ersatz leiste und dem Recht Genüge tue. Er (der Erzbischof) gab ihm manche schriftliche Weisungen darüber und forderte ihn auf, mit Überlegung an jenen Geprüften, über die geschrieben wurde, zu tun, was des Rechtes wäre.

Der König nahm zwar alles zur Kenntnis, getan wurde aber nichts; vielmehr wurde es bedauerlicherweise noch schlimmer. Sowohl er selbst als auch seine Hetzer trieben die unerhörten Gemeinheiten noch weiter. Denn, Heiliger Vater, der Sündensohn Sigismund, ein Unterkämmerer des böhmischen Königs, erdreistete sich unter Mißachtung jeglicher Gottesfurcht sogar bei gegebenen Gelegenheiten des Sakrilegs an drei angesehenen Klerikern. Ihnen hat er unterschoben, der eine hätte einen Raub begangen, der andere hätte außerhalb der Diözese als Apostolischer Exekutor Entscheidungen getroffen und der dritte einen Prozeß für einen apostolischen ausgegeben; von diesen dreien ließ er einen verbrennen, den zweiten enthaupten, den dritten auf erbärmliche Weise ertränken. Und – was besonders abscheulich ist – er scheute sich nicht, öffentlich zu sagen, der Glaube der Juden sei besser als der der Christen; und manche Juden, die zum Glauben gekommen waren, hat er wieder umkehren lassen und sie so zu Apostaten gemacht. In einigen hat er den katholischen Glauben aufs äußerste verwirrt und sich so der Häresie verdächtig und der Ehre verlustigt gemacht.

Daher wurde vom Erzbischof durch die ehrwürdigen Männer Nikolaus, genannt Puchník, einen Amtsmann von Prag, den Doktor Johannes seligen Andenkens, durch Vikare und Amtsleute des Erzbischofs, der Unterkämmerer vorgeladen, daß er persönlich vor dem Erzbischof erscheine und über die Punkte des Glaubens Rede und Antwort stehe. Nachdem ihm die Vorladung zur Kenntnis gebracht worden war, hetzten der besagte Unterkämmerer sowie (sein) Bruder Nikolaus, der Erwählte (Bischof) von Lavant, Sulko, der Propst von Chotieschau, Wenzeslaus, genannt Kralik, der Dekan von Wyschehrad, und viele andere Geistliche, die Sigismund angestiftet hatte, auch Marschall Czucho, von Haß und Ranksucht erfüllt mit ihren Verleumdungen den König gegen den Erzbischof und seine genannten Amtsleute und Vikare zur Vertreibung, die sie beabsichtigten, auf, so lange, bis der König wutentbrannt öffentlich androhte, den Erzbischof, die Amtsleute und seine Vikare ertränken und töten zu lassen, während doch gute Männer, die von den Obgenannten geduldet wären, für Eintracht und Versöhnung mit dem König sorgen würden.

Dem Herrn Erzbischof und den Seinigen brachten einige Boten aus der Partei des Königs, z. B. der genannte Erwählte von Lavant und der königliche Marschall, genannt Czucho, als Abgesandte einen königlichen Brief (Dekret) – im Zorn verfaßt –, der Erzbischof müsse alle Liegenschaften der Kirche von Prag dem König selbst abliefern und das Land verlassen, andernfalls würde er (der König) ihn selbst ertränken und andere Maßnahmen gegen ihn und seine Leute ergreifen. Nach diesen bedrohlichen Unternehmungen kam es zu dem Schluß,

daß der Erzbischof mit den erwähnten Amtsleuten und dem ehrwürdigen Kurienmagister, Herrn Něpr, mit anderen Amtsleuten und Vornehmen sowie mit der Dienerschaft des Erzbischofs nach Prag zum König kam und ihm und seinen Leuten den Gruß entbot.
Der Erzbischof erstrebte den Frieden und die Bekehrung des Königs und setzte sich dabei Gefahren aus, wie der Ausgang zeigt. Er ging also persönlich mit seinen Leuten nach Prag zum König, daß er ihn zur Bekehrung bereit mache. In offenkundiger Demut und Ehrfurcht forderte er ihn auf, den bösartigen Verleumdungen nicht zu glauben. Darauf ließ sich der wutentbrannte König nach grauenhaften Flüchen zu den gottlosesten Verbrechen hinreißen und befahl seinen verleumderischen Hetzern, die bei ihm waren, daß der Erzbischof, weiters der ehrenwerte Dekan von Prag, Herr Bohuslaus, die erwähnten ehrwürdigen Offiziale und Vikare, der Propst von Meißen, Herr Wenzeslaus, sowie der genannte Kurienmagister verhaftet und gefangen ins Gerichtshaus geführt werden, wo sie den Laienrichtern ausgeliefert sind.
Aber schon vor alldem hat der König im Haus des Dekans mit sakrilegischer Hand den ehrwürdigen Mann, Herrn Bohuslaus, Dekan von Prag, einen ehrenhaften und hochbetagten Mann, mit dem Schwertknauf so oft und heftig auf den Kopf geschlagen, daß viel Blut geflossen ist; den Ritter und Hofmeister Něpr ließ er ins Gerichtshaus führen, und nachdem die dort Gefangenen entlassen worden waren, ließ er den erwähnten Nikolaus und den Johannes sowie den Propst von Meißen in das Haus des Laienrichters der Stadt Prag schleppen, wo ihnen die Hände auf dem Rücken gefesselt und sie gefoltert wurden. Auf verwegen sakrilegische Weise ließ er sie mit verschiedenen qualvollen Torturen vor seinen Augen martern, und zwar – was besonders erschaudernd ist – völlig ungeachtet der Ehre seiner königlichen Majestät. Der König hielt in seiner Hand eine große Fackel, und mit ihr brannte er die Lenden der Vikare und Offiziale und zerfleischte sie so auf erbärmliche Weise; auch andere Stellen ihrer Körper brannte er bis zum Bewußtseinsverlust des Vikars Johannes und des Offizials.
Schließlich befahl der Herr König seinen gottlosen Gefolgsleuten und seinen gotteslästerlichen Ratgebern, den zu Tode gequälten ehrwürdigen Doktor und Vikar Johannes, gebunden an Händen und Füßen, ein Holz in den Mund gesteckt, durch einige seiner königlichen Leibwächter, die für solche Befehle ausersehen waren, nächtlicherweise zum Stadtfluß, Moldau genannt, zu schleppen, von der Brücke des Flusses zu stürzen und in den Fluten zu ertränken.
Und diese Leibwächter fesselten den ehrwürdigen Priester Johannes an Händen und Füßen und trugen ihn, wie man einen Klumpen trägt, zum besagten Fluß, entsprechend dem frevelhaften Auftrag, und warfen ihn in den Fluß. Also wurde er in den Fluten ertränkt und seine Tage auf erbarmenswürdige Weise beendet. – Dem Erzbischof drohte der König, ganz ähnlich mit ihm zu verfahren.
Heiliger Vater! Aus diesem geschilderten Tun des Königs auf Empfehlung seiner Mittäter haben die Kirche von Prag und der Erzbischof arge Verluste bis zu einer Schadenssumme von 130000 Gulden erlitten. So schwere Sakrilegien und Verbrechen geschahen gerade durch den, der doch ein Anwalt und Verteidiger der Kirche sein müßte. So grundschlechte und abscheulich ausgeführte Frevel gegen die göttliche Majestät sind nicht nur ein Ärgernis für den ganzen Klerus und zum Verderben der eigenen Seele des Königs, sondern eine Schande für das ganze Vaterland. Nicht ohne größere Beleidigung Gottes kann das alles einfach schweigend übergangen werden; der Erzbischof aber ersehnt die Bekehrung des Königs und sein eigenes Seelenheil. Er kann beim König jedoch mit väterlichen und frommen Mahnungen und Forderungen nichts ausrichten, deshalb tritt der Erzbischof unter großen Hemmungen und Unkosten persönlich an Eure Heiligkeit heran und bittet demütig, daß Ihr Euch würdigen möget, in der römischen Kurie jemanden zu beauftragen und anzuweisen, daß man den geschilderten Vorfällen gegen die Person des Herrn Vikars Johannes seligen Andenkens und der anderen erwähnten Kleriker nachgehe und, wenn sich dabei öffentliche Sakrilegien bestätigt finden, diese sachlich festgestellt und öffentlich angeprangert werden. Er (der Beauftragte) möge den Herrn König und seine Komplizen als Gotteslästerer, als Mörder, als Exkommunizierte erklären und die entsprechenden Strafen verhängen – sowohl des Rechtes wegen als auch vom menschlichen Standpunkt her. Er wolle promulgieren, daß sie von selbst der Strafe verfallen sind; er möge androhen, was anzudrohen ist, und veröffentlichen, was zu veröffentlichen ist, so lange, bis sie sich bereit gefunden haben, dem Recht zu entsprechen; er soll ausgestattet sein mit der Vollmacht, die Strafen zu erschweren und weitere hinzuzufügen, ja das ganze Land Böhmen dem Interdikt zu unterwerfen und gegen diese Leute einfach summarisch und außergerichtlich vorzugehen, ohne viel Lärm und ohne Richter; er soll also amtlich gegen sie einschreiten und auch die Vollmacht besitzen, jene Gotteslästerer an die römische Kurie vorzuladen. Durch Bekanntmachung in der Kurie selbst und in den benachbarten Gebieten, wenn man anders nicht an sie herankommt, sollen die genannten Kleriker aller und jeglicher Würden, persönlicher Einkünfte, Ämter und Pfründen für verlustig erklärt und sie mit hinreichenden Bußgel-

dern belegt werden. Auch sind zur Verwaltung jener Benefizien Vorkehrungen zu treffen bezüglich geeigneter Personen, die durch den Herrn Erzbischof zu benennen sind und bereits ein oder zwei Benefizien innehaben, sowie jene anderen für unfähig zu erklären, diese weiterhin zu verwalten.

Daher sind alle diese oben genannten Personen gemäß den kanonischen Bestimmungen zu bestrafen, und der König und seine Komplizen sind durch kirchliche Zensuren und andere Rechtsmittel zur Wiedergutmachung bzw. Rückerstattung aller durch ihn und seine Mittäter der Kirche von Prag und dem Erzbischof zugefügten Schäden zu veranlassen. Er (der Beauftragte) erhalte die Vollmacht, dem König unter schwersten Strafen und Zensuren zu verbieten, weiterhin die kirchliche Freiheit in der Prager Provinz in irgendeiner Weise zu verletzen und der besagten Kirche von Prag und deren Erzbischof irgendeinen Schaden zuzufügen oder durch seine Leute zufügen zu lassen. Wenn er gegenteilig handelt, soll er von selbst den Strafen verfallen, ungeachtet dessen, ob derartige Rechtsfälle entweder ihrer Natur nach oder sonstwie in der römischen Kurie zu behandeln und abzuschließen sind, und unbeschadet jedweder anderslautenden Verfügungen.

(Aus: Vatikanstadt, Biblioteca Apostolica Vaticana, cod. vat. lat. 1122 (Kat. 5), fol. 162r–169r. Die Übersetzung wurde aus Kat. 1979, S. 5–8 übernommen.)

Johannes von Nepomuk, böhmischer Landespatron – Verehrung und Widerspruch

P. Angelus Waldstein-Wartenberg OSB

Im Jahre 1370 stand Johannes Welfflin aus Pomuk nachweislich als junger Kleriker in Prag am Anfang seiner Karriere. Er wird das grandiose venezianische Mosaik über der Porta Aurea des St. Veitsdoms, das gleichfalls urkundlich für 1370 gesichert ist, als eben erst vollendetes Kunstwerk erlebt haben, samt seinem böhmischen Spezifikum: Zwischen der Auferstehung der Seligen und dem Sturz der Verdammten knien da nämlich zu Füßen des Weltenrichters, durch ihre Interzession das »spatium fructuosae poenitentiae« – die Frist zu fruchtbarer Buße noch offen haltend, sechs heilige Schutzpatrone des Landes, der Stadt, der Kathedrale.

Einer darunter, der heilige König Sigismund, gehörte erst seit kurzem zu dieser erlesenen Gruppe, nachdem 1354 Kaiser Karl IV. die Gebeine dieses legendären Herrschers aus ferner Völkerwanderungszeit von St. Maurice hierherbrachte, wie auch 1355 aus Pavia die Reliquien des hl. Vitus aus noch fernerer Zeit römischer Christenverfolgung, der dem Dom endgültig seinen Namen gab. Die anderen vier Heiligen waren altvertraut: Ludmila und Wenzel aus den Anfängen der Přzemysliden-Dynastie, Vojtěch-Adalbert, der letzte Slavnikide und Prags zweiter Bischof, aber auch Prokop, Mönch und im 11. Jahrhundert Anwalt der Landessprache im Gottesdienst.

Heilige haben ihre Zeiten, manchmal auch ihre Gezeiten: Als 350 Jahre später die Karlsbrücke begann, ihren Figurenschmuck zu bekommen, dominierte dort längst, neben dem noch älteren Kruzifix, die Statue des noch gar nicht heiliggesprochenen Johannes von Nepomuk, während die Heiligen Prokop und Sigismund nur in Gruppen mit anderen Platz fanden, nicht anders der böhmische Einsiedler St. Iwan, der noch an der Prager Domtüre von 1620 zusammen mit »S. Johan. d. Beichtiger« (Abb. S. 82) die Zahl der böhmischen Schutzpatrone auf acht erweitert hatte.

Diese eichenen Türflügel zeigen übrigens die älteste erhaltene plastische Darstellung des Domherren Johannes von Nepomuk, dessen Grab und dessen Todesort durch die vorausgehenden Jahrhunderte tatsächlich immer wieder schriftlich bezeugt sind und so eine der wichtigsten Bedingungen für seine 1729 endlich vollzogene Heiligsprechung erfüllten. Aber erst 23 Jahre danach kam jener gewichtige Beschwerdebrief des Prager Erzbischofs Johann von Jenstein an den Papst (S. 20–22) zutage, der die Historizität des gemarterten Generalvikars und seines Brückensturzes aus der unmittelbaren Nähe des Zeitzeugen bestätigt.

Sein Zeugnis ist um so glaubwürdiger, als dem Opfer trotz der Bezeichnung »martyr sanctus« (manche lasen »martyr factus«) hier noch keine Gloriole um sein Haupt gelegt, sondern nach Aufzählung der erlittenen Qualen lediglich mit Empörung festgestellt wird, daß er ein elendes Ende gefunden habe: »miserabiliter dies suos finivit«. Es ist aber auch ebensowenig ein Wort oder Hinweis in diesem aufschlußreichen Brief zu finden, die auf das bewahrte Beichtgeheimnis zu deuten wären, von dem in Schriften ab dem 15. Jahrhundert berichtet wird. Dennoch um ein Geheimnis ist es gegangen, dessen Preisgabe das Ziel des hochnotpeinlichen, von einem der Gefolterten eben nicht überlebten Verhörs war: Nach einem heftigen Zusammenstoß mit dem Erzbischof wollte König Wenzel, eigenhändig sich beteiligend, herausbekommen, »auf wessen Rat und Veranlassung das (gemeint ist die Wahl des Abtes von Kladrau) alles geschehen ist«.

Geheimnis und Todesmarter des Generalvikars sind denn auch in der päpstlichen Heiligsprechungs-Bulle die einzigen historisch gesicherten Tatsachen, denn die dort genannte Jahreszahl 1383 stimmt nicht und nicht einmal die Person des Heiligen, weil nach damaligem Wissensstand von zwei in Frage kommenden Männern ausdrücklich gerade jener mit der falschen Jahreszahl verbundene, den es in Wirklichkeit gar nicht gab, für den echten Johannes von Pomuk oder Nepomuk gehalten wurde.

Bei einer so schmalen, ja durch Irrtümer noch geschmälerten Ausgangsposition war es ganz natürlich, daß eines Tages die leidenschaftliche Auseinandersetzung um den Heiligen aufbrechen konnte und mußte, zumal auf böhmischem Boden, wo so manche geistige Aufbrüche und Auseinandersetzungen früher als anderswo begannen.

So haben wir einerseits das Phänomen eines gewissermaßen eruptiven Aufblühens der Nepomuk-Verehrung im

18. Jahrhundert, weit über Böhmens Grenzen hinausgreifend, eines Kultes, der, wenn auch auf frommer lokaler Überlieferung fußend und durch Selig- und Heiligsprechung gefördert, dennoch daraus allein noch nicht zu erklären ist.
Und es erhob sich demgegenüber später der ebenso bis in unsere Gegenwart reichende Zweifel nicht nur an der Verehrungswürdigkeit, sondern auch – bis zur Abstreitung – an der puren Existenz des Verehrten, unter Heranziehung einer Fülle plausibler, vorwiegend im 19. Jahrhundert gewonnener Argumente, mögen sie auch inzwischen weitgehend widerlegt sein. Die historische wie künstlerische Dokumentation über diesen somit lange umstrittenen Patron dürfte jedoch manche neue Perspektiven eröffnen und zum tieferen Verständnis führen.
So fällt zunächst auf, daß Johannes von Nepomuk außer Maria, der Mutter Jesu, der einzige Heilige ist, der an Stelle eines Heiligenscheins einen Sternenkranz ums Haupt trägt, was damit begründet wird, daß der Überlieferung nach die im Moldauwasser blinkenden Sterne seinen darin treibenden Leichnam entdecken ließen. Aber zugleich konnte der Sternenkranz jahrzehntelang den Heiligenschein ersetzen, der ihm, seit es dafür die strengen Regeln Papst Urbans v. gab, erst nach der Kanonisation zustand. Die stürmische Verehrung fand hier einen einmaligen und unbekümmert beschrittenen Weg, die noch fehlende kirchliche Approbation vorwegzunehmen. Der Kranz von fünf Sternen ist auch weiterhin sein Kennzeichen geblieben.
Des weiteren ist darauf hinzuweisen, wie wenig stichhaltig ein weit verbreitetes Argument für die Behauptung ist, Johann von Nepomuk sei nichts als eine von den Jesuiten schlichtweg erfundene Gegenfigur zum bekämpften Jan Hus: Sogar die Gesichtszüge des Reformators habe man diesem falschen Heiligen gegeben, um den Ketzer solcherart auszustechen, zu überblenden. Man muß aber nur die frühen Darstellungen des Jan Hus in Betracht ziehen, um zu erkennen, daß er da noch stets mit einem bartlosen, runden Gesicht wiedergegeben ist und eher umgekehrt selbst später die Züge eines Nepomuk erhielt.
Darüber hinaus scheint einiges dafür zu sprechen, daß die Ikonographie des Johannes von Nepomuk von einem Gemälde ihren Anfang nahm, das in der einst moldauabwärts gelegenen Kirche »Zum Größeren Heiligen Kreuz« den Heiligen abgebildet haben soll, wie er dort nach seiner Auffindung zunächst aufgebahrt war.
Von daher läßt sich nicht nur das als »vera effigies« ausgegebene Porträt des Heiligen erklären, sondern auch die so oft wie bei keinem anderen gebräuchliche Darstellung des auf der Totenbahre oder im Sarg liegenden, wenn nicht auf den Wellen schwimmenden Märtyrers. Und nicht zuletzt läßt sich von daher auch die ganz eigenartig entrückte Haltung des Prototyps aller Brückenfiguren verstehen, der Nepomuk-Statue auf der Karlsbrücke, die in vielem wie eine hochgestellte liegende Figur anmutet, das Kruzifix vor der Brust in den Händen haltend, ohne es anzublicken.
Damit ist aber auch schon angesprochen, was den Schutzpatron Böhmens aus der Zeit der Gegenreformation unvermeidlich zur umstrittenen Gestalt machen mußte, mochten die Jesuiten nun seinen Kult absichtsvoll und entscheidend gefördert haben oder nicht: Es ist seine Nähe wie sein Gegensatz zu Johannes Hus, dem auf seine Weise geschichtsmächtigen Magister und Rektor der Prager Universität.
Von der Nähe der beiden zueinander mag heute womöglich schon etwas unbeschwerter zu reden sein als früher, angefangen damit, daß die beiden Zeitgenossen waren und wenigstens ein Jahrzehnt lang dasselbe Prag nach Karls iv. Tod erlebten. Seltsamerweise wird auch beiden zugeschrieben, Beichtvater der aus Bayern stammenden Königin gewesen zu sein – für Hus behauptet dies 1520 der baierische Geschichtsschreiber Turmair, genannt Aventinus.
Beide sind eines gewaltsamen Todes gestorben, für den die Söhne Kaiser Karls iv. verantwortlich zu machen sind, Wenzel und Sigismund, von denen übrigens keiner daraus einen Vorteil zog: Wenzel wurde 1400 unter anderem deswegen als deutscher König abgesetzt, Kaiser Sigismund mußte jahrelang gegen die Hussiten um sein Land kämpfen.
Nepomuk wie Hus waren schließlich Opfer des Streites um Macht und Einfluß der Kirche, dies zwar vor dem gleichen zeitlichen Hintergrund, aber schon von gegensätzlichen Positionen her, und wollte man diese den gängigen Kategorien heutiger Auseinandersetzung zuweisen, so wäre von »Amtskirche« und »Charisma« zu reden, mit dem vereinfachenden Unterton, daß beides sich gegenseitig ausschließen muß.
Schon allein um dieser Aktualität willen behält die Beschäftigung mit Hus wie mit Nepomuk ihre Brisanz – über das Anliegen ökumenischer Annäherung hinaus, für das die Jahre gemeinsamer Unterdrückung der Christen verschiedener Konfession einen fruchtbaren Boden bereitet haben – in Deutschland zunächst wie danach in der Tschechischen Republik.
Jan Hus ist in seinem Wort, in den zahlreich erhaltenen Schriften aus seiner Hand bis heute machtvoll gegenwärtig, und daß seine Asche in Konstanz in den Rhein geschüttet wurde, kommt seinem leidenschaftlichen Kampf für ein vergeistigteres Christentum eigentlich genau entgegen. Daß die »Wahrheit Gottes«, wie seine

Parole vollständig heißen muß, »siegt«, kann Menschen-Wort allein nicht vollbringen, das mißdeutbar bleibt, mißbrauchbar, wie es mit der Botschaft Jan Hus' geschehen ist, die zum revolutionären, nationalistischen, sozialistischen Programm gemacht wurde, sein persönliches Beispiel für Freund und Feind überschattend: Noch vom Scheiterhaufen her hörte man ihn doch nicht den Haß predigen, sondern singen und beten.
Für die gebotene Wiedergutmachung an Hus mag zuletzt stehen, was Papst Johannes Paul II. am 21. April 1990 auf der Prager Burg über »diesen Priester« erklärte, »der so große Bedeutung hatte in der religiösen und kulturellen Geschichte des böhmischen Volkes. Es wird die Aufgabe der Experten sein – in erster Linie der tschechischen Theologen –, genauer den Platz zu bestimmen, den Johannes Hus unter den Reformatoren der Kirche einnimmt ... Jedoch jenseits der von Hus vertretenen theologischen Überzeugungen kann man Hus Integrität im persönlichen Leben und Engagement für die moralische Bildung und Erziehung der Nation nicht absprechen. Sind dies nicht Elemente, die statt zu trennen, die an Christus Glaubenden eher verbinden müßten? Und die Suche nach einer derartigen Einheit – stellt sie nicht in dieser Stunde eines neuen Anfangs eine Herausforderung an Ihre Geschichte dar?«
Für das gegenläufige Anliegen, auch dem religiösen Phänomen der Verehrung Johannes von Nepomuks gerecht zu werden, es zu rehabilitieren, läßt sich ebenso manche Stimme zitieren, nicht erst aus jüngster Zeit, wo hinter allen seit der Barockzeit wuchernden Legenden und Wundergeschichten seine historische Gestalt wieder faßbar geworden ist.
Mag es auch nicht direkt als Gebet gemeint sein, was Havlíček-Borovský noch um die Mitte des 19. Jahrhunderts gedichtet hat, so klingt es doch so recht aus dem Herzen des Volkes und stellt eine tiefe Beziehung her zwischen dem Schicksal des Brückenheiligen und der um den Erhalt ihrer Sprache – und damit ihrer Identität – besorgten Nation:

Svatý Jene z Nepomuku,	Sankt Johann von Nepomuk,
drž nad námi svoji ruku,	Deine Hand halt' Böses z'ruck;
by nám Bůh dál, co dál tobě,	Geb uns Gott, was er dir gab:
by náš jazyk nezhnil v hrobě.	unversehrt die Zung' im Grab.

Was aber bei Erhebung seiner Gebeine im Jahre 1724 nach dem gemeinsamen Urteil der anwesenden Ärzte für seine unverwest gebliebene Zunge gehalten und seither, in einem kostbaren Ostensorium geborgen, zur wichtigsten Reliquie und zum Attribut des schweigsamen Schutzpatrons für des Beicht-Sakrament wurde, stellte sich 1972 bei einer neuerlichen wissenschaftlichen Untersuchung als die zusammengeschrumpft erhaltene Hirnsubstanz heraus, wie sie sich auch in anderen Totenschädeln manchmal findet.
Der unverwüstliche tschechische Volkswitz wußte auch darauf sofort seinen Reim: Ging es seinerzeit um den drohenden Verlust der »tschechischen Zunge«, so ging es jetzt – mitten in der Phase der »Normalisierung« nach dem Jahr 1968 – darum, den Verstand nicht zu verlieren. Der Heilige hat auch diesmal seine fürbittende Macht erwiesen, ist man versucht, heute hinzuzufügen.
Fruchtbar weitergedacht haben aber auch zur gleichen Zeit die 1945 aus ihrer böhmisch-mährisch-schlesischen Heimat vertriebenen Deutschen, wenn sie, schmerzvoll unterwegs ins Ungewisse, auf mancher Brücke ihrem Landesheiligen als einem anheimelnden Trostbild begegneten. Die mitgebrachte Tradition belebte an vielen ihrer neuen Wohnorte religiöses Brauchtum und weckte die Verehrung des Heiligen in der gleichfalls neu gewonnen, symbolkräftigen Sicht eines gemeinsamen »Brükken«-Heiligen auf dem Weg zur Versöhnung zwischen den so schrecklich entzweiten Völkern.
Es ist das Sinnfällige, das Bildhafte, ja das Leibhaftige, das zum Wort hinzukommen muß, um seine Wahrheit zu vermitteln, mag damit auch immer die andere Gefahr verbunden sein, daß Gleichnis und Veranschaulichung zur Legende wird, die Legende sich zur Wundergeschichte auswächst und diese zum Aberglauben verführt.
Die nüchternen Unterschriften des Generalvikars Johannes unter zahlreichen kirchenamtlichen Dokumenten und sein Schweigen bis in den Tod sind das genaue Gegenteil dessen, was uns von Hus erhalten ist; lediglich ein Wortspiel wird ihm bald in den Mund gelegt – und als Ursache seiner Ertränkung angegeben: nur der verdiene den Namen eines Königs, der sein Reich gut regiert – »hunc esse dignum nomine regis, qui bene regna regeret«.
Um so deutlicher sprechen heute seine Reliquien, an denen 1972 die Spuren der erlittenen Folter nachgewiesen wurden. Zu Unrecht hatten sich jene gefreut, die von ihm »in dieser Zeit im allgemeinen Bewußtsein nur noch einen irgendwie unverständlichen Heiligen« übrig zu lassen meinten, »einen geprügelten, geduckten Hampelmann aus Stein, wie es ihrer über Böhmen hin noch Tausende gibt.« So urteilt Petr Pithart in einem 1984 im Ausland (»ohne Wissen und Erlaubnis des Autors«) gedruckten Essay »Über die Zertrümmerung der Götter«, in dem er als unverzichtbaren Wert unterstreicht, was an ihm seit je verehrt wurde: »die beispielhaft erfüllte

moralische Pflicht auch um den Preis äußerer Bedrohung, Aug in Aug mit der brutalen Gewalt.«
Und weiter heißt es dort: »Dieser gemarterte Mann war im Gedächtnis des Volkes lange ein Hüter für den Quell ihres inneren Lebens. Des Heiligen ›Schweigen über den Wassern‹ war eine Aufforderung zur kontemplativen Umsetzung des Geistes der Nation, die in ihrer Geschichte vielleicht allzu weit eine gegenteilige Neigung entfaltete, nämlich die reformatorische, die die Welt rundherum verändert, aber vergißt, bei sich selbst anzufangen.«
Rettung, Bewahrung, Versöhnung, Vertiefung – vermittelt durch einen, der die Wirkung des Bösen auf sich lädt, es in seinen eigenen Tod hineinnimmt, der das Böse so aufhebt und zunichtemacht, ja auch zunichtemachen kann – das trauten und trauen die Bedrängten dem Heiligen zu, in dessen Gestalt der Erlöser selbst sichtbar wird, der »hinwegnimmt die Sünde der Welt«. Die Christus-Ähnlichkeit bestimmt so auch die innigsten und intensivsten Darstellungen des Heiligen, der im Blick auf den Gekreuzigten Kraft gewinnt, ihm nachzufolgen, und dem Betrachter Kraft spendet, seinerseits nicht zu verzagen.

Nepomukstatuen – Bemerkungen zu den Darstellungsformen

Peter Volk

Als etwas ganz Besonderes, ja Einzigartiges erscheint uns die Nepomukstatue auf der Prager Karlsbrücke (vgl. Kat. 24 ff., Abb. 1). Sie ist die erste ihrer Art, und sie prägte in erstaunlichem Maße das Aussehen aller jener Figuren, die man danach an Flüssen und Brücken aufstellte, vor und in Kirchen, auf Plätzen, an Marien- und Dreifaltigkeitssäulen, auf Altären oder auch im Haus zur privaten Andacht.[1] Fast ein halbes Jahrhundert vor der Selig- und Heiligsprechung Johannes von Nepomuks wurde mit dieser Statue die gültige Darstellungsform gefunden, wurde die Kanonikertracht, wurden Kreuz und Märtyrerpalme als wichtigste Attribute festgelegt. Die formale Zurückhaltung im Verzicht auf weitere Attribute scheint Programm zu sein. Der Heilige, ein vorbildlicher Priester, präsentiert allein den Gekreuzigten und konfrontiert damit den Betrachter mit der fundamentalen Botschaft der christlichen Heilslehre. Als marianischer Bezug wurde der Sternenkranz, durch den Johannes von Nepomuk als einziger Heiliger neben der Muttergottes ausgezeichnet wird, erst später hinzugefügt. Die erzählerische Ausschmückung von Nepomukstatuen, etwa des Heiligen aktive Hinwendung zu dem von ihm gehaltenen Kreuz, seine Darstellung als Almosengeber, der Schweigegestus des verschwiegenen Beichtvaters, Attribute, wie die unverweste Zunge, Bücher oder Vorhängeschloß, Fisch, Muschel, Wasserurne oder Flußgott, sie konnten letztlich alle zur zentralen Aussage nichts Wesentliches hinzufügen, sondern minderten eher die Signifikanz der Darstellung.

In den vielen Charakterisierungen der Statue auf der Karlsbrücke wird zu Recht die Introvertiertheit und Entrücktheit des Heiligen hervorgehoben. Aber mitunter schwingt ein leiser kritischer Ton mit, wenn man sich über die »unbarocke« Darstellungsweise wundert, »die in ihrer statuarischen Isolation die Raumbezüge barokker Skulptur weitgehend vermissen läßt«.[2] Vielleicht ist diese Vorstellung zu einseitig an den Hauptwerken des römischen Hochbarock orientiert, etwa an Berninis pathetisch-großartigem Longinus in St. Peter oder an dessen ausdrucksstarken Engelsgestalten auf der Engelsbrücke in Rom. Auf mich wirkt die empfindsame Stille und Intimität von Rauchmillers Nepomukfigur, besonders beim Bozzetto, wie eine Vorahnung der gefühlsbetonten Kunst des Rokoko.

Die Statue auf der Prager Karlsbrücke wurde am 31. August 1683, im Jahr des vermeintlichen dreihundertjährigen Jubiläums des Martyriums, aufgestellt. Sie ist das Votiv eines Privatmannes, des Barons Matthias von Wunschwitz, aber sie erhebt gleichwohl einen Anspruch, der weit über ein Zeichen privater Frömmigkeit hinausgeht. Die Errichtung im Jubiläumsjahr deutet auf eine längere, überlegte Vorbereitung hin, und es waren zur Durchsetzung des Projekts wohl einflußreiche Befürworter aus der Geistlichkeit und dem Kreis der höchsten weltlichen Würdenträger notwendig, denn Wunschwitz allein wäre dazu wohl kaum in der Lage gewesen. Wir sind darüber bisher nicht informiert, auch nicht darüber, wie man die rechtlichen Voraussetzungen für die Aufstellung der Statue eines noch nicht kanonisierten Märtyrers und Landespatrons schuf. Von einer Beschäftigung mit solchen historischen Fragen sind noch wichtige Aufschlüsse zu erwarten für das Verständnis dieser Stiftung, der man einen so prominenten Platz eingeräumt hat. Daß man das Denkmal an dem Ort errichtete, von wo der erzbischöfliche Generalvikar 1393 in den Fluß gestürzt worden war, sicherte ihm allgemeine Aufmerksamkeit. Es wurde zum Ausgangspunkt für das einzigartige Skulpturenensemble auf der Brücke.

Die Umstände für die künstlerische Realisation des aufwendigen Monuments waren immer bekannt, denn der Stifter und seine Nachkommen sorgten dafür, daß die Nachrichten über diese, das Ansehen ihrer Familie steigernde Investition verbreitet wurden. Schon Publikationen aus dem frühen 18. Jahrhundert informieren ausführlich darüber. Demnach wurde das eineinhalb Schuh hohe Tonmodell in Wien von dem »weltberühmten kaiserlichen Bildhauer« Matthias Rauchmiller geschaffen. Johann Brokoff schnitzte nach diesem Muster während eines Aufenthaltes in Ronsperg (Ronžperk), dem Familiensitz der Freiherrn von Wunschwitz, eine Holzfigur, die zunächst als Gußmodell diente, später in der Schloßkapelle von Ronsperg zur Aufstellung kam und heute auf dem Hochaltar von St. Johann am Felsen in Prag steht (vgl. Kat. 34). Der Guß wurde in Nürnberg von dem Stück- und Glockengießer Hieronymus Herold ausgeführt.

Man gewinnt den Eindruck, daß Wunschwitz für sein ehrgeiziges Unternehmen die besten verfügbaren Künst-

ler zu gewinnen trachtete, und die gute Wahl spricht für seinen Sachverstand. Rauchmiller[3] war damals mit Sicherheit der talentierteste und originellste Bildhauer, den er engagieren konnte. Auch Brokoff und Herold erwiesen sich als fähige Kräfte. Rauchmillers Modell wird in seiner künstlerischen Bedeutung oft unterschätzt, wohl nicht zuletzt wegen seiner störenden Reparaturen und der verunklärten Oberfläche, die die Wirkung der sensiblen Modellierung beeinträchtigen. Rauchmillers Darstellung, die von gläubiger Demut und sanfter Melancholie erfüllt ist, strahlt andächtige Stille aus. Der nur wenig betonte Kontrapost der Figur bewirkt eine leichte S-förmige Schwingung des Körpers und eine leichte Drehung. Die rieselnden Falten des Chorhemds und der Soutane kontrastieren mit dem glatten Schultermantel, dem »Variulum Canonicale« des Kanonikers[4], der um die abfallenden schmalen Schultern gelegt ist. Der zarten und feingliedrigen Gestalt entspricht das schmale, leicht zur Seite geneigte Haupt; der Blick ist nach oben zum Himmel gerichtet. Mit der Linken umfaßt der Heilige ein Kruzifix und drückt es an sich, wobei er die Hand schützend auf den Leib des toten Heilands legt. Das Ende des rechten Kreuzbalkens schiebt sich unter den Schultermantel, als müsse dieses kostbare Gut besonders behutsam behandelt und geborgen werden. In seiner gesenkten rechten Hand hält Johannes die (erneuerte) Märtyrerpalme.

Das Stimmungshafte und auch die Zartheit der sorgsam nuancierten Bewegung und Modellierung hätten angemessen wohl nur von Rauchmiller selbst ins große Format umgesetzt werden können. Brokoffs holzgeschnitztem Gußmodell fehlt die Inspiriertheit des Bozzetto. Er hält sich zwar eng an sein Vorbild, aber doch eher mechanisch, mit spürbaren Härten und deutlichem Verlust an Ausdruck. Dabei hat Brokoff die Komposition nur in einem Punkt wirklich verändert: Der Heilige hält nicht mehr das Kreuz allein mit seiner linken Hand, sondern unterstützt es zusätzlich mit der rechten, die auch noch die Märtyrerpalme fassen muß, welche nun etwas unglücklich hinter dem senkrechten Kreuzbalken steckt. Der Bronzeguß ist von vorzüglicher handwerklicher Qualität. Die Metalloberfläche wirkt aber gegenüber der Brokoffschen Holzfigur kühler und weniger belebt. Von der Zartheit und dem edlen Sentiment des Bozzetto ist wenig übriggeblieben. Gleichwohl strahlt die Brückenstatue noch die kontemplative Ruhe eines Andachtsbildes aus, und sie behauptet sich als vollrund konzipierte Skulptur ohne Mühe an ihrem Aufstellungsort, obwohl sie überhaupt nicht auftrumpft. Die von Rauchmiller intendierte Freiheit in der räumlichen Entfaltung des menschlichen Körpers, die trotz der Geschlossenheit der Form wirksam wird und die alles Formelhafte von Schöpfungen der Spätrenaissance endgültig abgestreift hat, konnte bei der Bronze umgesetzt worden. So erscheint diese Figur in ihrem Stil innerhalb der damaligen Prager Plastik durchaus fortschrittlich, auch ohne ins Auge springenden »barocken« Bewegungsdrang. Der Allgäuer Bildhauer Franz Ferdinand Ertinger hat die Bronzestatue etwa zehn Jahre nach ihrer Aufstellung im Tagebuch seiner Gesellenreise als eines von wenigen Bildhauerwerken aufgeführt, ausdrücklich als eine Skulptur, »welche der Kunst beriembt Mathias rauchmiller verfertiget«.[5]

Rauchmillers Darstellung des verschwiegenen Priesters wirkte weiter, man modifizierte jedoch bei den Nepomukstatuen der Folgezeit Einzelheiten, vor allem das

2. Johann Brokoff, Johannes von Nepomuk, 1709/10. Prag, Treppe am Kleinseitner Rathaus

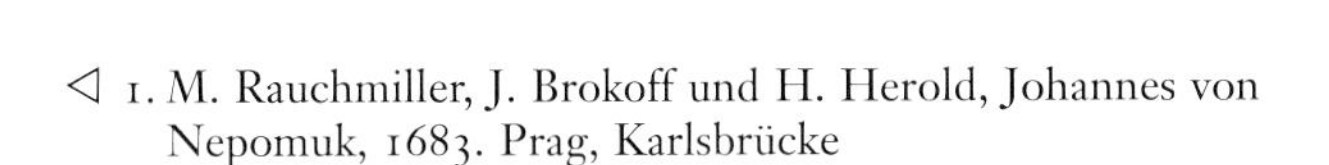

◁ 1. M. Rauchmiller, J. Brokoff und H. Herold, Johannes von Nepomuk, 1683. Prag, Karlsbrücke

Kreuz in seiner Größe und in seiner Neigung. Oft wird es höher vor den Leib gehalten, manchmal fast waagrecht, mitunter auch ganz steil. Bei einer prominenten Nachfolgerin, der Bekrönungsfigur des Grabmals im Veitsdom auf dem großen, um 1694 entstandenen Stich (Kat. 94), steht das Kreuz fast waagrecht, und die Märtyrerpalme wird in der ausgestreckten Linken gehalten. Selbst Johann Brokoffs Steinfigur von 1709/10 an der Rathausstiege der Hradschinstadt in Prag[6] (Abb. 2), bei der das Kreuz seitlich neben Oberkörper und Kopf aufragt, behält wesentliche Züge der Brückenfigur bei. Matthäus Wenzel Jäckels weißgefaßte Statue von 1705 in der Prager Kreuzherrenkirche[7] geht allerdings in ihrer bewegten Komposition mit wie beteuernd vor die Brust geführter linker Hand neue Wege, wenn auch bei ihr Johannes sein Kreuz nach wie vor in der gewohnten Weise dem Betrachter präsentiert.

Anders ist das bei der überlebensgroßen vergoldeten Statue von Franz Preiss im Veitsdom (vor 1700) (Abb. 3), die zu einer Folge von böhmischen Landespatronen gehört, die früher an den Chorpfeilern angebracht war.[8] Preiss machte das Kruzifix zum Gegenstand der inbrünstigen Zuwendung; der Gekreuzigte ist von unten für den Betrachter kaum noch zu sehen. Es lag nahe, das Kreuz bei den Statuen in unmittelbaren Handlungszusammenhang mit dem Heiligen zu setzen, wie es in der Malerei üblich war, wo die Szene seines Gebets vor dem Kruzifix zu den beliebtesten Darstellungen aus seinem Leben gehörte. Sie zeigt ihn, nachdem er vor König Wenzel das Beichtgeheimnis der Königin verteidigt hatte und deshalb mit dem Tode bedroht worden war, vor dem Kruzifix kniend und ins Gebet versunken. Zu erinnern ist noch an eine andere Beziehung des Heiligen zum Kreuz, an das Sterbekreuz, das der aus der Moldau geborgene tote Märtyrer auf der »Vera Effigies« des 17. Jahrhunderts hält[9] (Abb. S. 83).

Unter den Statuen von Johannes in Betrachtung des Kreuzes begegnet man vielen Varianten. Hervorheben möchte ich die eindrucksvolle weißgefaßte Holzfigur von Ferdinand Maximilian Brokoff in der kleinen Kirche von Petrovice (um 1720).[10] Sie zeigt ihn in ruhiger Betrachtung eines kleinen Kruzifixes, das er in der gesenkten Linken vor sich hin hält. Einen Sonderfall bilden Statuen mit großem Standkreuz, wie bei Lünenschloß (Abb. S. 206) oder Asam (Kat. 135). Den gültigen Typus für das Prag der Rokokozeit, bei dem sich der Heilige tief über das Kreuz in seinem Arm beugt, formulierte Franz Ignaz Platzer in zahlreichen, nur wenig variierten Fassungen (Kat. 125).

Ein wie ein Jesuitenheiliger triumphierender Johannes von Nepomuk mit dem Kreuz in der hoch erhobenen Hand findet sich nur gelegentlich. Hier ist besonders Matthias Bernhard Brauns Altarfigur in Dux/Duchcov (1719)[11] zu nennen mit ihren Nachfolgerinnen oder auch das Nepomukdenkmal von Christoph Tausch mit der Steinfigur des Heiligen von Johann Georg Urbanskí vor der Kreuzkirche in Breslau (1730/32)[12].

Eine Möglichkeit zur szenischen Erweiterung der Darstellung zeigt uns die Sandsteinfigur Ferdinand Maximilian Brokoffs über dem Portal der Nepomukkapelle bei St. Georg auf dem Hradschin in Prag (1721/22).[13] Bei ihr bleibt der damals gerade Seliggesprochene mit einem Sternenkranz um sein Haupt ohne weiteres Attribut. Seitlich stehen auf gesonderten Sockeln kleine Engel auf Wolken. Der rechte von ihnen hält ein Kruzifix, dem sich Johannes zuwendet und auf das er mit der ausgestreckten Linken hinweist. Auch sonst wird dem Heiligen gelegentlich das Kreuz von einem Engel im Himmel

3. Franz Preiss, Johannes von Nepomuk, vor 1700. Prag, Veitsdom

4. Agostino Cornacchini, Johannes von Nepomuk, 1731. Rom, Milvische Brücke

dargeboten, besonders eindrucksvoll bei Egid Quirin Asams Altar der Nepomukkapelle im Freisinger Dom (1737).[14]

Nur wenig Beachtung haben bisher zwei Nepomuk-Darstellungen gefunden, die im Jahrzehnt nach der Heiligsprechung in Rom aufgestellt worden sind, die Marmorstatuen von Agostino Cornacchini am Ponte Molle[15] (Abb. 4) und von Gaetano Altobelli auf dem Altar der Nepomukkapelle in S. Lorenzo in Lucina[16] (Abb. 5). Beide sind Schöpfungen italienischer Künstler, verdanken ihre Entstehung aber Auftraggebern von jenseits der Alpen. Im Fall der Brückenfigur handelt es sich um Kardinal Michael Friedrich von Althann, der als Ponens bzw. Relato beim Prozeß der Kanonisierung eine wichtige Rolle gespielt hat. Sein Onkel, Graf Michael Karl von Althann, war 1721 in Rom bei einem Balkoneinsturz wie durch ein Wunder unverletzt geblieben, was man dem Eingreifen Johannes von Nepomuks zuschrieb, und seine Heilung von der Gicht im Jahre 1728 hielt man ebenfalls für ein Ergebnis von dessen Fürsprache. Die als Exvoto oder als nachträglicher Dank für die erwiesene Hilfe gestiftete Statue wurde von Kardinal Alvaro Cienfuegos am 26. Juni 1731 feierlich eingeweiht. Sie blieb bis heute das einzige öffentliche Monument des Heiligen in der Ewigen Stadt.

Johannes trägt die übliche Kanonikertracht und darüber noch die Stola, mit der sein Priesteramt betont wird. Intensiv ist sein Blick auf das Kreuz gerichtet, das er schräg in seinen Armen hält; mit der Linken unterstützt er den senkrechten Balken. Das rechte Bein hat er angewinkelt, so daß der Körper – von der Skulptur aus gesehen – nach links ausschwingt und diese sanfte Kurve in dem nach rechts herabgeneigten Haupt endet. Durch das Vorstrekken des Knies und das leichte Zurückneigen des Oberkörpers entfaltet sich die Figur stärker im Raum als bei den meisten böhmischen Beispielen, die wir bisher be-

5. Gaetano Altobelli, Johannes von Nepomuk, um 1737(?). Rom, S. Lorenzo in Lucina

trachtet haben. Diese Raumhaltigkeit wird noch verstärkt durch den Kinderengel, der auf Büchern kniet, Zeichen der Gelehrsamkeit des Heiligen. Er stellt eine Blickverbindung zum Betrachter her, den er mit der Geste des vor die Lippen gelegten Zeigefingers auf die Verschwiegenheit des Beichtigers als Ursache von dessen Martyrium hinweist; mit der Linken hält er die Märtyrerpalme hoch. Der Umriß der Skulptur ist ornamental aufgelockert, die Schrägansichten vermitteln eigene Aspekte der Komposition, die Form ist durch tiefe Schattenschluchten gegliedert, zwischen denen gleichsam gespachtelte Partien mit scharfen Kanten und stumpfwinkligen Knicken stehen bleiben. Diese Pointierung des Ausdrucks und der Reichtum an wirkungsvollen Kontrasten zeigen Cornacchini als einen der führenden Repräsentanten des Rokoko unter den römischen Bildhauern.

Über die Geschichte der Nepomukkapelle von S. Lorenzo in Lucina (siehe auch Kat. 109) wissen wir noch wenig. Die etwa lebensgroße Marmorfigur auf dem Hochaltar ist von Gaetano Altobelli signiert, einem sonst mit Werken kaum faßbaren Mitarbeiter von Giuseppe Mazzuoli. Ihre Entstehung könnte zusammenhängen mit der 1737 erfolgten Gründung einer Nepomuk-Bruderschaft bei der Kirche unter dem Patronat des sächsischen Kurprinzen Friedrich Christian (1722–1763).[17] Aufgrund formaler Gemeinsamkeiten mit Cornacchinis künstlerisch überlegener Brückenstatue ist eine Entstehung nach 1731 zu vermuten. Haltung und Kleidung, einschließlich der Stola, stimmen bei beiden Werken überein, nur trägt der Heilige bei Altobellis Version das Birett nicht auf dem Kopf, sondern es liegt zu seinen Füßen. Auch die Armhaltung wurde verändert. Die Position gewechselt hat der Putto, der auf die andere Seite gewandert ist. Anstelle des Schweigegestus weist er auf ein Buch mit einem Zitat aus Psalm 38,3 das sich auf Verschwiegenheit in der Not bezieht. Der Gesamtcharakter beider Marmorskulpturen ist allerdings unterschiedlich. Der Räumlichkeit von Cornacchinis Statue mit ihrem spannungsvollen Hell-Dunkel steht bei Altobelli eine ruhige, reliefhafte Komposition gegenüber mit wenig individuellem, elegischem Ausdruck.

Von Altobellis Nepomukfigur ist eine wohl von einem nordischen Künstler ausgeführte Marmorkopie in kleinerem Format in der Klosterkirche von Reichersberg am Inn bekannt[18], und auch Cornacchinis Statue ist nördlich der Alpen nicht ohne Echo geblieben. Kein Geringerer als Ignaz Günther, der führende Münchner Rokokobildhauer, hat unter seinen auffallend zahlreichen Nepomukdarstellungen (siehe Kat. 140–142) einen Typus geschaffen, von dem mehrere, untereinander leicht differierende Fassungen existieren und der von der römischen Brückenfigur angeregt zu sein scheint.[19] Allerdings hat Günther den Putto weggelassen, hingegen unter dem rechten Fuß eine muschelartige Volute hinzugefügt, aus der Wasser fließt, als Abbreviatur für das Element, in dem der Märtyrer den Tod gefunden hat. Der Entwurfszeichnung (Kat. 140) am ähnlichsten ist eine wohl nicht ganz eigenhändige Statuette in Privatbesitz[20] (Abb. 6). Besonders innig hat Günther hier die Hinwendung zum Gekreuzigten geschildert. Die gegenüber Cornacchini gesteigerte Sensitivität und größere Zierlichkeit sind weder allein durch die andere Kunstlandschaft und die Unterschiede der Persönlichkeit der beiden Künstler bedingt, noch ausschließlich die Folge von anderem Material und der Differenz in der Größe, sondern sie bezeichnen nicht zuletzt auch den allgemeinen Stilwandel im Laufe einer Generation.

Bei Günthers Hochaltar der Alten Pfarrkirche in Starnberg stehen sich die hll. Johannes von Nepomuk und Franz Xaver als Pendants gegenüber.[21] Dabei hat der

6. Ignaz Günther, Johannes von Nepomuk, um 1760–1765. Privatbesitz

7. Ignaz Günther, Johannes von Nepomuk, Auszug des linken Seitenaltars, um 1770–1775. München-Bogenhausen, St. Georg

Künstler den ursprünglich für die Nepomukdarstellungen geschaffenen Typus des in Devotion verharrenden Heiligen auf Franz Xaver übertragen und Johannes von Nepomuk bei seiner neuen Konzeption mit dem Kreuz in der Rechten zum Himmel aufschauen lassen. Zu Günthers letzten Arbeiten gehören die beiden Seitenaltäre von St. Georg in München-Bogenhausen (um 1770 bis 1775). Bei dem Auszug des linken (Abb. 7) ist die Halbfigur Johannes von Nepomuks als himmlische Erscheinung in eine effektvolle Szene eingebunden, und der göttliche Gnadenstrahl fällt auf ihn herab. Er hält als Priester den eucharistischen Kelch und wendet sich dem Kreuz zu, das ihm ein Putto darbietet, während weitere Kinderengel eine Fackel halten, eines der Marterinstrumente, und auf die Verschwiegenheit verweisen.

In Annäherung an Christusdarstellungen gibt Günther Johannes von Nepomuk als ideal-schönen jungen Mann wieder, ähnlich wie auch die hll. Joseph, Sebastian und andere. Und in Böhmen und andernorts wandelte sich seit dem frühen 18. Jahrhundert ebenfalls das Bild des Heiligen vom reifen Mann mit längerem Bart, als der er im 17. Jahrhundert allgemein begegnet, oder mit dem fast modisch wirkenden Spitzbart der Vera Effigies, die am Prager Festgerüst von 1729 im Zentrum angebracht war (Abb. S. 76), zu einer idealisierten jugendlicheren Erscheinung. Ein schönes Beispiel dieser Rokokoversion aus dem Bereich der Münchner Kunst ist ein unveröffentlichter, Johann Baptist Straub zuzuschreibender Kopf in Privatbesitz (Abb. 8), das Fragment einer Statue, bei der Johannes gläubig-sehnsuchtsvoll aufblickte. Die Wiedergabe des Alters war aber offenbar bei Straub nicht genau festgelegt, denn bei der bewegten Gruppe des verklärten Heiligen auf Wolken mit Engeln, die der

8. Johann Baptist Straub zugeschrieben, Johannes von Nepomuk, Fragment einer Statue, um 1750–1760. Privatbesitz

Künstler 1739 für die Kirche seines Geburtsortes Wiesensteig schuf,[23] sieht man einen längeren Bart wiedergegeben, wodurch der Dargestellte älter wirkt. Die plastische Darstellung Johannes von Nepomuks in der Glorie hatte bereits in der Bekrönung des Grabmals im Veitsdom (1721–1725) (Kat. 95) eine Ausprägung an prominentem Ort erhalten, doch steht Straubs Schöpfung formal in engem Zusammenhang mit der Bekrönung seiner in Wien entstandenen und nach Laxenburg gelangten Kanzel (um 1730–1732) aus der Schwarzspanierkirche in Wien.[24] In der Wiener Skulptur jener Jahre, die wesentlich von Lorenzo Mattielli bestimmt wurde, findet sich im Charakter nichts Vergleichbares. Lediglich für Einzelmotive gibt es Entsprechungen, wie etwa für den großen, an den Wolken hängenden Engel bei Benedikt Stögers hl. Florian in der Glorie (1707) in der Leopoldauer Kirche in Wien.[25] Straubs bewegte Ensembles aus Sockel, Wolken und Figuren wirkten in Oberbayern anregend, etwa auf eine kleinplastische Nepomukgruppe in Privatbesitz[26] (Abb. 9), bei der der Heilige allerdings herabblickt und nicht aufschaut wie bei Straubs Version in Wiesensteig. Unmittelbar mit dieser anonymen Kleinplastik stimmt wiederum eine großformatige Gruppe in der Klosterkirche von Benediktbeuern (um 1770–1780) überein, die aus der 1735 errichteten Nepomukkapelle auf dem Friedhof des Klosters stammt.[27] Auch Franz Xaver Schmädls Nepomukgruppe (vor 1755) auf der Emporenbrüstung der Kloster- und Wallfahrtskirche Andechs[28] wurde offensichtlich von derartigen Erfindungen Straubs angeregt.

Brechen wir unsere Betrachtung an dieser Stelle ab. Verzichten wir auf die Aufzählung von Sonder- und Einzelfällen, darunter zahlreichen Analogien zu Darstellungen anderer Heiliger. Das Gesamtbild der Wiedergabe des hl. Johannes von Nepomuk wird an seinen Rändern unscharf, doch dominierte bis ins 19. Jahrhundert hinein der populäre »Ur-Nepomuk« auf der Prager Karlsbrücke mit seinen Modifikationen, die den Heiligen in der Betrachtung des Kreuzes zeigen, so eindeutig über alle anderen Vorbilder, daß auch heute noch fast allein von ihm unsere Vorstellung von der Erscheinung dieses böhmischen Landespatrons geprägt ist, der – so schon Ludolf von Sagan im 15. Jahrhundert (Kat. 8) – »bei Deutschen und Tschechen gleichermaßen beliebt« war und nach seiner Heiligsprechung auch zum Patron Bayerns erklärt worden ist.

Anmerkungen:

[1] F. Matsche, Die Darstellungen des Johannes von Nepomuk in der barocken Kunst. Form, Inhalt und Bedeutung. In: Kat. 1971, S. 35–62.
[2] Ebd., S. 43.
[3] V. Birke, Mathias Rauchmiller. Freiburg i. Br. 1981.
[4] Matsche 1976, S. 106.
[5] E. Tietze-Conrat (Hrsg.), Des Bildhauergesellen Franz Ferdinand Ertingers Reisebeschreibung durch Österreich und Deutschland. Wien und Leipzig 1907, S. 85.
[6] O.J. Blažíček, Ferdinand Brokof. Prag 1976, S. 92 mit Abb.
[7] Blažíček 1958, S. 101, Abb. 62.
[8] Ebd., S. 106.
[9] Šittler-Podlaha 1896, Taf. 4. – Matsche (wie Anm. 1), S. 42 f.
[10] Blažíček (wie Anm. 6), S. 116 f., Taf. 86.
[11] M. Suchomel, in: Matyáš Bernard Braun 1684–1738, Nationalgalerie Prag 1988, S. 98, Abb. 60–63.
[12] K. Kalinowski, Rzeźba borokowa na Śląsku. Warschau 1986, S. 132, Abb. 133. – Ders., Barock in Schlesien, München 1990, S. 97, Abb. 15.
[13] Blažíček (wie Anm. 6), S. 123, Taf. 95–97.
[14] B. Rupprecht, Die Brüder Asam. Regensburg 1980, S. 138, Abb. S. 139. – Zuletzt: B. Volk-Knüttel, Die Entstehung der Johann-Nepomuk-Kapelle von Egid Quirin Asam im Freisinger Dom. In: Ars bavarica 67/68, 1993, S. 34–52.
[15] R. Kultzen, Der hl. Johannes von Nepomuk in der italienischen Kunst. In: Kat. 1979, S. 121, Abb. S. 118 (Piranesis Radierung der Brücke mit Cornacchinis Statue, 1756). – R. Engass, Early Eighteenth-Century Sculpture in Rome. University Park und London 1976, S. 204, Abb. 222 f.
[16] Šittler-Podlaha 1896, Taf. 49. – Kultzen (wie Anm. 15), S. 120. – S. Ihle, G. A. In: Saur, Allgemeines Künstlerlexikon 2. München und Leipzig 1992, S. 717. – Die Marmorfigur ist 187 cm hoch und bez. »CAIETA. ALTOBELLI DE CASIE I. ET SCV.«; sie ist nicht datiert.
[17] Eine Marmortafel an der linken Seitenwand der Kapelle trägt die Inschrift: ANNO. MDCCXXXVII SODALITAS. A IOANNE NEPOMVCENO MARTYRE. IN. SACELLO SACRI ARCANGELI CVSTODI ET MICHAELI ARCHANGELO DICATO RITE INSTITVTA EST FRIDERICO CHRISTIANO PRINCIPE REGIO POLONIAE ELECTORE SAXONIAE PATRONO MVNIFICO.
[18] Kat. 1971, Nr. 1 (F. Matsche), Abb. 56.
[19] Volk 1991, S. 178 f., 267.
[20] Ebd., S. 267. – Laubholz, farbig gefaßt, H. 68 cm.
[21] Ebd., S. 170–175, 267.
[22] N. Lieb, St. Georg in München-Bogenhausen. München 1987, S. 37–45 mit Abb. – Volk 1991, S. 220–223, 263.
[23] Volk 1984, S. 25 f., 204 f., Abb. 81.
[24] Ebd., S. 18, 203 f., Abb. 61, 63.
[25] L. Pühringer-Zwanowetz, Matthias Steinl. Wien und München 1966, S. 244 (Entwurf Steinl zugeschrieben), Abb. 156.
[26] Früher in Münchner, jetzt in norddeutschem Privatbesitz. Die Gruppe diente Franz Lorch als Vorbild für sein weißgefaßtes Holzrelief am oberen Choraltar von E. Q. Asams Münchner Nepomukkirche (Entwurf 1944, Ausführung 1958), das inzwischen durch eine neue Lösung ersetzt wurde. – Eine verwandte kleinplastische Gruppe in Wiener Privatbesitz (Kat. 1971, Nr. 30, Abb. 39; als österreichisch oder böhmisch, 1. Drittel 18. Jh.) ist wohl ebenfalls in der Nachfolge Straubs um 1740/50 in Bayern oder Schwaben entstanden.
[27] Volk 1981, S. 79 f., Abb. 96.
[28] Kat. 1971, Abb. 20.

9. Bayern, um 1740–1760, Johannes von Nepomuk in der Glorie. Privatbesitz

Das Grabmal des Johannes von Nepomuk im Prager Veitsdom als sakrales Denkmal

Franz Matsche

Das prunkvolle Grabmal des hl. Johannes von Nepomuk aus schwarzem Marmor und silbernen Figuren aus dem Jahre 1736 mit seiner Balustrade aus rotem Marmor von 1746, die mit weiteren silbernen Figuren und Vasen besetzt ist, versperrt mit seinen gewaltigen Ausmaßen fast den südlichen Chorumgang des Prager Veitsdoms.[1] Da bis zum Bau des Langhauses am Ende des 19. Jahrhunderts der Dom aus dem Chor allein bestand, war die raumbeherrschende Wirkung des Grabmals früher noch weitaus größer.[2] Schon von daher wird die Bedeutung dieses böhmischen Heiligen, zumal in der Hauptkirche des Königreiches Böhmen, anschaulich.

Das Grabmal befindet sich an der Stelle, an der er, der Generalvikar des Prager Erzbischofs Johann von Jenstein und Kanoniker des Metropolitankapitels war, nach seiner Ermordung auf Befehl des Römischen Kaisers und Böhmischen Königs, Wenzel IV., 1393 bestattet worden war. Auch wenn die fromme Legende seinen geheimnisumwitterten Tod mit seiner standhaften Weigerung, dem König die Beichte seiner Gemahlin zu verraten, begründete und damit die wahrscheinlich politischen Gründe für seinen Tod verdeckte,[3] blieb das bezeichnenderweise heimlich nachts ausgeführte Ertränken des Märtyrers doch ein Rechtsbruch und Justizmord durch einen Tyrannen und ungerechten Herrscher, ein politischer Skandal, der staatspolitische Bedeutung gewann. So ging er in einen der sechs Klageartikel des Kurfürstenkollegiums bei der Absetzung Wenzels im Jahr 1400 als juristisch ganz entscheidendes Argument gegen den »rex tyrannus et iniquus« ein.[4] Aber auch der Ort seiner Bestattung im Veitsdom, und zwar in dem dem Palast des Königs direkt benachbarten Schiff des Chores, kann in diesem Zusammenhang als kirchenpolitische Manifestation gesehen werden.

Es gehört zu den immer wiederkehrenden Topoi in der Legende des Märtyrers über seine frühe Verehrung, daß König Wenzel versucht habe, den Toten verschwinden zu lassen und dem Volk den Gegenstand seiner Verehrung zu entziehen. Angeblich wurde die Leiche auf Befehl des Königs in einem unterirdischen Gewölbe der Cyriakenkirche zum Größeren Heiligen Kreuz, wo sie nach der Bergung aus der Moldau aufbewahrt worden war, versteckt[5] – wohl um einen öffentlichen Zulauf zu unterbinden und den Vorfall vergessen zu machen –, aber aufgrund ihres »himmlischen Geruches« bald wieder entdeckt und ehrenvoll im Veitsdom bestattet.

Die Wahl dieses Ortes war ein offener Affront des Metropolitankapitels gegen den König und eine Loyalitätserklärung gegenüber dem Generalvikar, eine Ehrenrettung, denn dieser hatte die damals übliche Todesstrafe für verbrecherische Geistliche, das Ertränken, erlitten, aber ohne Prozeß und ohne gültige Rechtsgrundlage und unter Mißachtung der zuständigen kirchlichen Gerichtsbarkeit. Im offenen Widerspruch zu dem vom König konstruierten Rechtsurteil und Rechtsakt und im Widerstand gegen die Anmaßung des Herrschers gegenüber dem Gerichtsprivileg des Erzbischofs ließ das Domkapitel den ihm angehörenden Kanoniker im Veitsdom als der für ihn zuständigen Kirche begraben, wie es für verstorbene Kapitelmitglieder üblich war: Er bekam ein Einzelgrab innerhalb des Kirchengebäudes, und zwar im Fußboden des Chorumgangs. Dabei ist jedoch eines bemerkenswert: Er wurde in auszeichnender Weise ganz in der Nähe des Hochaltars bestattet. Die Stelle wurde durch eine in die Pflasterung eingelassene schlichte Grabplatte aus grauem Marmor gekennzeichnet, in die ein kleines Kreuz und der Name »Joannes de Pomuk« eingemeißelt waren.

Im Lauf des 15. Jahrhunderts scheint sein Grab besondere Verehrung erfahren zu haben. Die Grabplatte galt als sakrosankter, unbetretbarer Ort. Bereits im 15. Jahrhundert herrschte bei Katholiken wie Hussiten die Überzeugung, daß jeder, der sich dem Grab gegenüber in irgendeiner Weise unehrerbietig oder gar frevelhaft verhielt, indem er die Grabplatte betrat, umgehend auf wundersame Weise bestraft wurde, indem er selbst in eine entehrende Situation geriet oder gar von einer Lähmung oder einem anderen körperlichen Gebrechen befallen wurde.[6] So erwies sich die Heiligkeit und Unverletzlichkeit der Grabstätte und damit die himmlische Macht dieses Märtyrers, der in allen möglichen leiblichen und seelischen Nöten angerufen wurde, vor allem als »Patronus Famae Periclitantium«, als »Verteidiger der Ehre wider alle falsche Nachrede«, eine Spezialität,

die sich offenbar aus dem Ehrenrettungsmotiv seines eigenen Schicksals entwickelt und bei der er keinerlei Konkurrenz im christlichen Heiligenhimmel hatte.
Spätestens nach der Verwüstung des Veitsdoms durch die Hussiten im Jahr 1421 wurde die Grabplatte mit einem einfachen Eisengitter umgeben,[7] um zu verhüten, daß aus Unachtsamkeit oder im Gedränge bei den in der Kirche stattfindenden Prozessionen, für die der Chorumgang mit seinem Kapellenkranz ja diente, jemand auf sie trat. Zugleich bildete dieses Gitter eine Hervorhebung der Grabesstätte, deren durch Wunderglauben und Umgitterung bewirkte Unbetretbarkeit als »Heiliger Boden« ähnlich wie die Wallfahrtsstätte in Vierzehnheiligen ein deutlicher Beweis für die frühzeitige große Verehrung ist. Die, wenn auch nicht durch besondere Gestaltung des Grabes zum Ausdruck gebrachte Wertschätzung der schlichten Grabplatte – sie blieb unangetastet bis zur Exhumierung des Leichnams im Jahr 1719, die für den Nachweis seiner Existenz im Kanonisationsprozeß unabdingbar war – ist umso bemerkenswerter, als sonst die in Kirchenfußböden eingelassenen Grabplatten, die im Gegensatz zu der des Nepomuk häufig mit Reliefs des Wappens oder der Darstellung der Verstorbenen versehen wurden, weder eigens geschützt, noch von den Kirchenbesuchern beim Umhergehen besonders geschont wurden. Vielmehr lag der Sinn ihrer Einbettung in den Fußboden in diesem Vanitas-Motiv des Mit-den-Füßen-Tretens.
Das Eisengitter, das im Lauf der Zeiten mehrmals renoviert und durch ein zweites äußeres Gitter ergänzt wurde[8], bildete bis ins letzte Drittel des 17. Jahrhunderts die einzige Auszeichnung der Grabstätte, die sicher vor allem aus dem Grund keine andere Gestaltung erfuhr, weil man sich offenbar scheute, die als unberührbar geltende Grabplatte anzutasten, die erst nach der durch den Kanonisationsprozeß bedingten Exhumierung entfernt wurde. Welche Bedeutung diese Stätte im Veitsdom und als dessen Bestandteil besaß, zeigt eines der vier Holzreliefs von Caspar Bechteler, die nach der Niederlage des calvinistischen »Winterkönigs« Friedrich v. von der Pfalz 1620 in der Schlacht am Weißen Berg bei Prag gegen die Katholische Liga im Veitsdom an den Rückseiten des Chorgestühls zum Chorumgang hin angebracht wurden.[9] Auf zwei Tafeln des Reliefzyklus ist die Verwüstung und Schändung des Veitsdoms dargestellt, nämlich der Bildersturm der Calvinisten und eigens das Entfernen des doppelten Gitters um das Grab des Johannes von Nepomuk. Dieses Relief (Abb. 1) wurde in der Nähe des Grabes und damit am Tatort angebracht, wo es sich noch heute befindet. Die zwei anderen Tafeln zeigen die Flucht des »Winterkönigs« aus Prag. Beide Reliefpaare tragen am oberen Rahmen eine lateinische Inschrift, das erste Verse aus Psalm 79 mit der Klage über die Zerstörung Jerusalems und des Tempels (V. 1): »Gott, es sind Heiden in dein Erbe gefallen, sie haben

1. Caspar Bechteler, Die Entfernung des Gitters um das Nepomukgrab im Jahr 1619, um 1622. Prag, Veitsdom

deinen heiligen Tempel verunreinigt«. Das zweite Reliefpaar hat als Motto Verse aus dem 2. Buch Moses, Kap. 15, Vers 16 mit dem Lobgesang Moses' auf den Schutz Gottes vor Pharao und den heidnischen Völkern: »Es fällt auf sie Erschrecken und Furcht durch deinen großen Arm«. So wird dem Vergehen des »Winterkönigs«, der sich durch die Schändung des Veitsdoms schuldig gemacht hatte und zum gottlosen Herrscher geworden war, seine Bestrafung – die Flucht aus Prag als der Verlust seiner Herrschaft – durch himmlische Fügung, wie die Zusammenstellung der Themen und ihr Darstellungsort zu erkennen geben, gegenübergestellt. Dieser kausale Zusammenhang, daß das Sakrileg die himmlische Bestrafung nach sich zieht, wird im Relief mit der Schändung des Grabes des Nepomuk sogar unmittelbar dargestellt, denn dort war die Strafe sofort erfolgt: Während zwei Männer mit Hämmern auf das äußere Rankengitter des Grabes einschlagen – die eine Seite dieses Gitters ist bereits entfernt und wird von zwei Männern weggetragen –, wird im Vordergrund, vor dem Grab, gerade ein lebloser Mann von zwei Männern vom Boden hochgehoben. Es handelt sich um den Hofmeister oder Hofprediger des »Winterkönigs«, Abraham Scultetus, der den Bildersturm im Veitsdom veranlaßt hatte, der selbst beim protestantischen böhmischen Adel keine Billigung fand. Scultetus leitete persönlich die Verwüstung des Veitsdoms und tat sich bei der Schändung des Grabes des Johannes von Nepomuk besonders hervor. Nachdem ein hussitischer Arbeiter aus Angst vor der durch zahlreiche Wunder erwiesenen Macht des Märtyrers und vor der deswegen sicheren Bestrafung für ein Vergehen dem Grab gegenüber sich von vornherein geweigert hatte, Hand an das Grab zu legen, und sogar nachdem angeblich ein lutherischer Schlosser aus Sachsen bei der Zerstörung des Gitters besinnungslos zu Boden gestürzt war, sprang Scultetus selbst »mit vielen Schmähworten und Lästerungen wider die bey den Katholiken übliche Verehrung des Heiligen mit beyden Füssen auf den Grabstein, fiel aber auch plötzlich, als wenn er vom Donner getroffen worden, zu Boden, fieng schrecklich zu heulen an und klagte über ein unerträgliches Brennen an seinen Füßen. Man trug ihn von dannen nach seinem Gemache fort; er wurde allmälig seiner Kräfte los und gab noch an eben diesem Tag Abends seinen Geist auf.«[10]

Das Programm der Reliefs stellt einen Zusammenhang zwischen der religiösen Respektierung des Veitsdoms und besonders des Grabes des Johannes von Nepomuk und der Herrschaft des Königreiches her. Ob man es nun als gegenreformatorisch ansehen will oder nicht, es stellt das Nepomukgrab in einen bedeutsamen herrschaftspolitischen Kontext, in dem dieses eine außerordentliche Hochschätzung als eine Art Staatsheiligtum ähnlich wie der Veitsdom selbst bzw. mit diesem gemeinsam genießt.

Bis zum Ausgang des 17. Jahrhunderts blieb die – allerdings zunehmend aufwendiger werdende – Umgitterung der Grabplatte ihre einzige Auszeichnung. Zuletzt war zwischen 1676 und 1679 im Auftrag des Domkapitels mit Zustimmung des Erzbischofs Johann von Waldstein um die älteren Gitter ein weiteres Gitter von mehr als zwölf Meter Höhe errichtet worden, das mit vergoldetem Weinlaub verziert war.[11] Zehn Jahre später, 1689, begann anscheinend die partienweise Errichtung eines ersten aufwendigen Grabmals, das 1694 fertig war. Anlaß war wohl die zunehmende Verehrung des Märtyrers und die damit verbundene Einnahme von Opfergeldern – das Relief Bechtelers zeigt vor der Umgitterung im Osten einen Opferstock. Schon seit längerem wurde Nepomuk nicht nur allgemein bei leiblichen Gebrechen angerufen, sondern – nachweisbar erstmals 1649 – auch als Pestpatron. Wie die Pest- oder Dreifaltigkeitssäulen in Böhmen zeigen, wurde er neben den Heiligen Sebastian und Rochus einer der beliebtesten Pestpatrone.[12] 1673, beim siebenhundertjährigen Jubiläum der Errichtung des Prager Bistums, das Kaiser Leopold zu einem Dekret über den Domausbau veranlaßte,[13] wandte sich der damalige Prager Fürsterzbischof Matthäus Zoubek von Bilenberg, in dessen Amtszeit die Erneuerung der katholischen Kirche in Böhmen ihren Höhepunkt fand,[14] nach Rom, um die Kanonisation Nepomuks einzuleiten. Nach seinem Tod 1675 erneuerte das Metropolitankapitel seinen Antrag; 1683 gab es einen weiteren derartigen Versuch. Damals wurde von Gottfried Matthias von Wunschwitz die große Bronzestatue des Nepomuk auf der Prager Karlsbrücke aufgestellt, mit der der figürliche Typus und das ikonographische Erscheinungsbild des künftigen Heiligen mit seinen von da an kanonischen Attributen etabliert wurden.[15] 1680 war in Antwerpen in den Acta Sanctorum der Bollandisten die motivisch ausgeformte und endgültig fixierte Vita des Heiligen von Bohuslav Balbín erschienen. Bereits seit dem Ende des 16. Jahrhunderts war Nepomuk als siebenter in den Kreis der böhmischen Landespatrone aufgenommen worden.[16] So sprachen alle Umstände dafür, auch seine Grabstätte im Veitsdom repräsentativer zu gestalten.

Da über die Art und den Zeitpunkt der am Grab zwischen 1689 und 1694 erfolgten Maßnahmen ziemliche Unsicherheit herrscht, wende ich mich gleich dem zuletzt, 1694, erreichten Zustand zu, der in einem Augsburger Stich von Andreas Matthias Wolffgang nach einer Vorlage des Prager Malers Christian Dittmann festgehalten ist (Kat. 94). Der Stich weist innerhalb der Darstellung zwei Jahreszahlen auf; beide finden sich an dem

Altar, der das Grabmal im Westen begrenzt: auf der Sokkelleiste des Tabernakels steht 1692. Für dieses Jahr berichten die älteren Quellen von der Errichtung einer Mauerbrüstung um die Grabplatte, die auf dem Stich zu sehen ist.[17] Das Antependium weist in der Mitte in einem Lorbeerkranz das ligierte Monogramm »JNS« = Joannes Nepomucenus Silentiarius und darunter die Jahreszahl 1694 auf. Diese Jahreszahl ist wohl als das Vollendungsdatum der Anlage anzusehen.

Ihre Grundidee ist eine Art Mausoleum als ein diaphanes, laubenartiges Gehäuse, das die Stichbeschriftung als »Castrum Gloriae« bezeichnet und das den so benannten barocken Festgerüsten zu Ehren von Herrschern anläßlich wichtiger Ereignisse ihrer Regierung, etwa ihrer Inthronisation, entspricht. Seine Form als eine Art Kuppelbau könnte von den für Fürsten, gerade auch des habsburgischen Herrscherhauses, errichteten »Castra Doloris« abgeleitet sein, Trauergerüsten, die aus einem Gerüst zur Aufstellung von Kerzen (»Chapelle ardente«) hervorgegangen waren und sich bei den Habsburgern zu einem Zentralbau im Sinn eines Mausoleums entwickelt hatten.[18] Die Grundstruktur dieses laubenartigen Ziboriums steht letztlich in der Nachfolge des gotischen Grabbaldachins, wie ihn in Prag der erhaltene Baldachin des Grabmals des utraquistischen Bischofs Lucianus von Magister Matthias Reysek (Rejsek) in der Teynkirche von 1493 repräsentiert.[19]

Hier ist aus dem »Castrum Doloris« für einen Toten das »Castrum Gloriae« eines vielverehrten Märtyrers und himmlischen Helfers geworden, der oben auf der Kuppelspitze auf einer von zwei Engelchen getragenen Wolke stehend erscheint – mit dem Kruzifix im Arm und der Siegespalme des in den Himmel erhobenen Märtyrers, Attribute, die ebenso wie die Kleidung eines Kanonikers von der Prager Brückenstatue 1683 endgültig für Nepomuk etabliert worden waren.

Der Stich zeigt, daß die Grabplatte, die ja unberührt bleiben mußte, von der in den Quellen erwähnten Brüstung aus Marmor umgeben ist, deren große Rechteckfelder zwischen den Figurenpostamenten wie Fenster den Gläubigen den Blick auf die Grabplatte erlauben. Die Vergitterungen der Fenster bestehen ähnlich wie das Antependium des westlichen Altars aus Ranken mit Rosenblüten in den vier Ecken und einem Lorbeerkranz in der Mitte, über dem eine lilienförmige Krone sitzt, die im Antependium über dem Monogramm des Märtyrers erscheint, also auf ihn zu beziehen ist. Es ist die »Corona honoris et gloriae in triumphali vertice Joannis Nepomuceni«.[20]

Auf den sechs ausbauchenden Pfosten an den Ecken und jeweils in der Mitte der Längsseiten der rechteckigen Umfriedung stehen lebensgroße weibliche Personifikationen von Tugenden des Märtyrers. Es sind an der im Kupferstich uns zugewandten südlichen Seite von links nach rechts die Hoffnung (Spes) mit ihren gebräuchlichen Attributen, einem Anker, dem Symbol der Rettung im Bild des Lebens als Fahrt auf dem stürmischen Meer, und der Taube, die Noah aus der Arche entsandte – auch am Grabmal breitet sie gerade ihre Flügel aus – und die einen Ölzweig zurückbrachte, der vom neuen Leben auf der Erde kündete. Die nächste ist die Tapferkeit oder der Starkmut (Fortitudo), gepanzert und mit einem Helm auf dem Kopf, die einen zerbrochenen Säulenstumpf hält. Ihr folgt das Schweigen (Silentium), die für Nepomuk besonders spezifische Tugend; sie vollführt den Schweigegestus, indem sie den Zeigefinger ihrer linken Hand an den Mund legt. In der Rechten hält sie ein Vorhängeschloß, das gleichfalls für die Verschwiegenheit des Märtyrers des Beichtgeheimnisses steht. Von den drei Statuen an der Nordseite ist lediglich das Pendant zur Hoffnung eindeutig zu identifizieren: es ist der Glaube (Fides catholica) mit einem Kreuz im Arm und einem Kelch mit darüber schwebender Hostie in der erhobenen Rechten. Unter den beiden anderen, nur von hinten und teilweise sichtbaren Statuen dürfte sich auf jeden Fall die Liebe (Caritas), die dritte der drei christlichen oder theologischen Tugenden Glaube, Hoffnung und Liebe befinden, die bei Nepomuk wegen seiner Nächstenliebe, seiner in der Legende berichteten besonderen Fürsorge für die Armen, Witwen und Waisen naheliegend ist. Es dürfte die Statue an der nordöstlichen Ecke sein, die eine nackte Schulter erkennen läßt und daher den Typus der nur teilweise bekleideten, weil häufig ihre Kinder stillenden Caritas entspricht. Die Statue zwischen ihr und der Fides, die ihren Kopf bedeckt hat, könnte die Furcht des Herrn (Timor Domini) oder die Frömmigkeit (Devotio) sein.

Eine der wesentlichen ikonographischen Neuerungen in der Grabmalkunst der Renaissance war die Einführung von Tugendpersonifikationen als Zeugen des Charakters und der Verdienste des im Grabmal Verherrlichten.[21] Auch das Nepomukgrabmal umstehen die Verkörperungen der Eigenschaften, denen er seinen Ruhm verdankt, dem dieses »Castrum gloriae« gewidmet ist. Die Tugendpersonifikationen veranschaulichen zudem den Gedanken der Ehrung des Märtyrers, indem sie ihn im wörtlichen Sinn erhöhen. Sie tragen nämlich wie Karyatiden die wohl aus schmiedeeisernen Akanthusblättern gebildeten Rippen einer laubenartigen Kuppel, über deren Spitze der Heilige schwebt. Es handelt sich um eine seitenverkehrte, etwas stärker bewegte Variante der Prager Brückenstatue von 1683. Neuartig ist bei der Figur auf dem Grabmal, daß sie auf einer Wolke steht. Dadurch werden der Gloriencharakter des »Castrum« und

die Erhebung des Märtyrers in den Himmel, sein Rang als Seliger oder Heiliger sinnenfällig zum Ausdruck gebracht und dies, obwohl er damals noch nicht kanonisiert war. Offensichtlich wurde er aber in Prag bereits als Heiliger verehrt, was auch die eine Inschrift des Stiches links unten durch den Begriff »Divus« besagt, der im Barock anstelle von »Sanctus« gerne auch bei Maria gebraucht wurde.
Die Akanthusrippen, die von den Köpfen der Statuen aufstreben, laufen in S-förmigem Schwung, entsprechend dem Profil einer welschen Haube, nach oben zusammen und werden dort von einer großen Krone zusammengefaßt. Ihre Enden bilden über der Krone Hochbügel aus Lorbeerzweigen, dem Laub des Siegers, und vereinen sich in einer Akanthusblüte, auf der die Wolke mit dem Heiligen von zwei lebhaft fliegenden Engelchen, gleichsam vom Himmel gebracht, abgesetzt wird. Die Krone an der Kuppelspitze, die mit ihren lilienartigen Aufsätzen der Krone am Antependium und in den Vergitterungen der Brüstung gleicht, ähnelt der Wenzelskrone, der Krone der böhmischen Länder, wie sie König Karl IV. im Fresko über dem Eingang der Katharinenkapelle auf Burg Karlstein trägt.[22] Damit könnte symbolisch ein juristischer Gedanke ausgedrückt sein, daß nämlich Johannes von Nepomuk durch diese Auszeichnung seines Grabmals dem hl. Wenzel, dem höchsten böhmischen Landesheiligen, gewissermaßen »verbrüdert« und im Rang gleichgesetzt wird. Die Wenzelskrone, die als Herrschaftsinsignie für die unter ihr vereinten Länder Böhmen, Mähren, Schlesien und Lausitz steht, kann hier als Hinweis auf die Verehrung Nepomuks als Patron dieser Länder verstanden werden, zumal er schon seit Beginn des 17. Jahrhunderts auch in Bildprogrammen im Kreis der böhmischen Landespatrone auftritt.[23]
In diesem Zusammenhang ist bemerkenswert, daß der Stich des »Castrum gloriae« innerhalb der Umfriedung, offenbar auf der Grabplatte stehend, den sog. Jerusalemleuchter erkennen läßt, dessen figurenreicher romanischer Fuß von König Wladislaw I. 1162 bei der Eroberung Mailands erbeutet und der Prager Domkirche gestiftet worden war. Die Inschrift auf dem marmornen Untersatz gibt an, er stamme aus dem salomonischen Tempel in Jerusalem.[24] Erzherzog Leopold Wilhelm, der Sohn Ferdinands II., Erzbischof von Passau, Straßburg, Olmütz und Breslau, ließ 1641 dazu einen Schaft und eine vierzehnarmige Leuchterkrone anfertigen, die sieben Kerzenhalter – in Anspielung auf den Siebenarmigen Leuchter des Tempels in Jerusalem – und Halbfiguren der sieben böhmischen Landespatrone, darunter Johannes von Nepomuk, trug.[25] Daß diese Stiftung eines Habsburgers mit diesem Heiligenprogramm auf der Grabplatte des Nepomuk und im Zentrum seines Mausoleums unter der bedeutungsvollen Krone steht, zeigt den Rang, den der Märtyrer und seine Grabstätte damals bereits gewonnen hatten.
Über den Tugendstatuen stehen auf Blütentellern, deren Stengel aus den Akanthusrippen entspringen, Engelchen mit Schriftbändern, die eine Stelle aus dem Buch Esther zitieren (5,11): »Sic Honorabitur Quencumque Volverit Rex Honorare.« Außerdem sind die Rippen mit Rosenranken und anderen Blumen, von allem Lilien und Tulpen verziert, wobei die Rose den Geruch der Heiligkeit, die Lilie die vollkommene Reinheit und die rot und weiß gefärbte Tulpe die Liebe und Unschuld symbolisieren. Untereinander sind die Rippen durch Fruchtgehänge in Kopfhöhe der Tugendstatuen verbunden, darüber verschlingen sich Lorbeerzweige zu Kränzen, die als Siegeszeichen des Märtyrers zu deuten sind. Sie umschließen in Höhe der Putti hochovale Schilde mit Psalmenzitaten. Diese Laub- und Blütenkuppel insgesamt stellt ein Abbild des »Himmelsgartens« dar, in den Nepomuk durch seinen Märtyrertod einging und in dem er gleich seinen durch die Blumen symbolisierten Tugenden blüht.
Die große Verehrung, die er damals genoß, deuten nicht nur die Personen verschiedenen Geschlechtes und – meist hohen – Standes an, die ihre Andacht an diesem »Castrum gloriae« verrichten. Sie zeigt sich auch an den vielen Weihegaben, die um das Grabmal herum angebracht sind: die zahlreichen, offenbar wertvollen Ampeln, die an schmiedeeisernen Waagbalken im Osten und Westen aufgehängt sind, die Votivbilder und Votivgaben in Form von Figürchen oder Reliefs in Schaukästen an den Pfeilern und der Trennwand zum Chor und Hochaltar, an der das Relief mit der Entfernung des Grabgitters beim calvinistischen Bildersturm 1619 zu erkennen ist, sowie die großen Opferkerzen rechts am Außenpfeiler des Chorumgangs. Das Nepomukgrabmal war damals also nicht nur ein Ehrenmal für den Märtyrer, sondern eine Wallfahrtsstätte, an der an einem eigenen Altar Bittmessen gelesen und, wie die Quellen berichten, zahlreiche Kommunionen gespendet wurden und die von den Zeugnissen für zahlreiche Gebetserhörungen umgeben war. Trotz der ausstehenden Kanonisation war der verehrte Märtyrer in der sein Grabmal bekrönenden Statue in anschaulicher Weise bereits »zur Ehre der Altäre erhoben«, wie die Formel der Heiligsprechung lautet. Als sie dann im 18. Jahrhundert erfolgte, war die »ab immemorabili«, »seit unvordenklichen Zeiten« bekannte Verehrung Nepomuks eine wichtige Begründung.
Nachdem 1715 der Kanonisationsprozeß endlich in Gang gekommen war, wurde am 15. April 1719 in Anwesenheit des Prager Erzbischofs Ferdinand Graf von

Khuenburg und einer zahlreichen Kommission zum ersten Mal das Grab geöffnet. Zu diesem Zweck war am Tag zuvor die Umfriedungsmauer abgetragen worden, die gesamte Kuppellaube wurde abgebrochen. Die Grabplatte wurde gehoben und zerbrach in zwei Stücke, weil sie beim Burg- und Dombrand 1541 durch herabgefallene Gewölbetrümmer beschädigt worden war. Sie wurde in die der Grabstätte gegenüberliegende St. Adalbertskapelle verbracht, wo ein Altar zu Ehren Nepomuks errichtet wurde, der dieser Chorumgangskapelle ihren neuen Namen gab. Mit der Entfernung der Grabplatte und der Aufbewahrung des exhumierten Leichnams in einem Glassarg nach einer weiteren Grabesöffnung anläßlich der Prager Seligsprechungsfeier am 4. Juli 1721, bei der unter der Teilnahme von Kaiserin Elisabeth Christine, der Gemahlin Karls VI., eine feierliche Prozession mit dem Glassarg stattgefunden hatte[26], war eine völlig neue Situation für die Gestaltung des Grabmals eingetreten. Diese erfolgte zwischen 1721 und 1725 und ist in einem anonymen Kupferstich (Kat. 95) überliefert, der dieses neue Grabmal durch ein Chronogramm in der Beschriftung links unten und dessen Wortlaut in das Jahr 1725 datieren läßt. Das Chronogramm gibt zu verstehen, daß dieses Mal die Errichtung des wiederum als »Castrum gloriae« bezeichneten Grabmals mit der Zustimmung Papst Benedikts XIII., der gerade den Stuhl Petri bestiegen hatte, erfolgte, nachdem 1721 durch Papst Innozenz XIV. die Bewilligung erteilt worden war, am Festtag des Seligen, dem 16. Mai, den man damals noch für seinen Todestag hielt, die Messe zu seinen Ehren zu feiern, seinen Leib zu erheben und in einem Altar der Domkirche beizusetzen. Dies erfolgte zwar sinngemäß, aber in einer ganz besonderen Weise, wie die auf dem Stich dargestellte neue Anlage erkennen läßt.

Das Zentrum bestand wie 1694 wiederum aus einer brusthohen steinernen rechteckigen Umfriedung, deren Formen bis in die Stollenfelderungen der Pfosten und die Aufsätze der Brüstungsfelder aus Rankenwerk mit hochovalen Inschriftenschildern völlig der Umfriedung von 1694 entsprechen. Daher darf mit Sicherheit angenommen werden, daß diese wiederverwendet worden ist. Wie dort stehen auch jetzt auf den sechs Pfosten Statuen, die dieselben Tugendpersonifikationen darstellen wie damals. Sie sind nur in ihrer Haltung und Kleidung anders, wurden also offenbar neu, dem inzwischen gewandelten Stil entsprechend gestaltet. Eine wichtige Veränderung im Ikonographischen weist die Statue des Schweigens auf, die nun gepanzert ist und einen Helm trägt. Wie früher hat sie den Zeigefinger ihrer rechten Hand an den Mund gelegt. Mit ihrer Linken hält sie jetzt die Nachbildung des Reliquienostensoriums empor, das für die bei der Grabesöffnung 1719 unverwest aufgefundene Zunge des Märtyrers des Beichtgeheimnisses angefertigt wurde.[27]

Anders als beim Grabmal von 1694 ist nun innerhalb der Umfriedung ein Sarkophag aufgestellt, etwas erhöht, damit man ihn über die Brüstung hinweg besser sehen kann, deren Felder nun geschlossen und mit Gitterwerk belegt sind. Auf dem Deckel des Sarkophags stehen zwei herzförmige brennende Lampen und in der Mitte ein Korb mit Früchten – wohl Votivgaben aus Edelmetall. Der Sarkophag ist nach Ausweis anderer Bildquellen mit dem Glassarg identisch, in dem die als Leichnam staffierten Reliquien des Heiligen zur Schau gestellt wurden.[28]

Über dem Sarkophag bzw. der Umfriedung ist ein Baldachin mit Vorhängen angebracht, ähnlich dem »Himmel« eines fürstlichen Parade- oder Imperialbettes (lit de parade oder lit d'honneur). Dieser Himmel wird an den beiden Schmalseiten von Altarretabeln getragen, so daß nur die Längsseiten offen sind, wo der am Rahmen des »Betthimmels« befestigte Vorhang von Engelchen hochgehoben und so der Sarg des Heiligen den Blicken der am Grabmal betenden Gläubigen ostentativ enthüllt wird.

Der im Kupferstich sichtbare westliche Altar, dessen Mensa ebenso wie die des anderen Altars im Osten von einem rechteckigen Gitter aus Rankenwerk umgrenzt wird, zeigt einen einfachen architektonischen Aufbau aus rahmenden Hermenpilastern und einem eingezogenen segmentbogigen Gebälk; diese Ädikula rahmt unten ein ähnlich geformtes Tabernakelgehäuse und darüber ein Altarblatt mit der halbfigurigen Darstellung Nepomuks, wie er, in Andacht versunken, ein kleines Kruzifix betrachtet, das er mit beiden Händen vor sich hält. Bei diesem Bild handelt es sich um eine ganz besonders wichtige Darstellung. Sie wurde nämlich als das authentische Bildnis, sozusagen die »vera effigies« des Heiligen angesehen und war daher, vor allem auch in kleinen Kupferstichen als Andachts- und Gebetbuchbildchen, in der ganzen Welt verbreitet.[29]

Auf dem Rundbogenabschluß der Altarwand ist eine kleine, auf einer Wolke kniende Statue Nepomuks angebracht, die ihn sozusagen in der himmlischen Glorie darstellt; er ist begleitet von zwei Engelchen, die zu beiden Seiten auf dem eingebogenen Stück des Rundbogengesimses sitzen. Das eine hält einen Palmzweig empor, das rechte den charakteristischen Nimbus des Märtyrers, der aus fünf Sternen besteht, die mit den fünf Buchstaben des Wortes Tacui (= ich habe geschwiegen) gleichzusetzen sind. Unterhalb der Nepomukfigur, z. T. von der Wolke verdeckt, ist eine Kartusche mit zwei Wappenschilden eines Allianzwappens zu sehen, über das noch zu sprechen sein wird. An der östlichen

Schmalseite befindet sich ein Altar von offensichtlich gleicher Form; man kann den einen rahmenden Pilaster und einen auf dem rundbogigen Gebälk sitzenden Putto mit einem Lorbeerzweig erkennen. Aus den zeitgenössischen Quellen und der Beschriftung eines Kupferstiches des westlichen Altars geht hervor,[30] daß er aus Silber bestand und mit seinem Pendant seit spätestens 1721 errichtet war.

Auf dem Baldachin oder »Betthimmel« erhebt sich ein Wolkenberg, auf dessen Gipfel der Heilige kniet. Er blickt zum Himmel empor und hat seine Arme mit nach oben gekehrten Handflächen ausgebreitet, ein Gestus der Ergebenheit und des Empfangens, der ebenso wie seine Kopfwendung nach oben von barocken Darstellungen der Aufnahme Mariens in den Himmel vertraut ist. Auch hier ist die Aufnahme des Heiligen in den Himmel gemeint, die zwar ähnlich schon beim Grabmal von 1694 angedeutet war, jetzt aber aufgrund der inzwischen erfolgten Seligsprechung besonders aufwendig inszeniert wird mit der Wolkenpyramide und den diese bevölkernden großen und kleinen Engeln und aus den Wolken hervortretenden Engelköpfchen. Im Gebet rechts unten wird der Heilige als »nunc in gloria caelesti existens« angerufen, wo er durch seine Fürbitte – seine Gestik kann auch so verstanden werden – helfen soll. Über seinem von einem Strahlennimbus umgebenen Haupt schwebt eine Krone, die von zwei fliegenden Engelchen gehalten wird, die im Begriff sind, sie auf sein Haupt zu setzen. Dies betont das hinter der Krone herabhängende Schriftband: »GLORIA et HONORE CORONASTI EUM DOMINE«. Bei der Krone handelt es sich um die charakteristische Hauskrone der habsburgischen Kaiser, die sog. rudolfinische Kaiserkrone. Hier wird ein himmlischer Krönungsakt vorgeführt, durch den dem Seligen die höchste Herrscherwürde der habsburgisch-österreichischen Monarchie verliehen wird zum Zeichen dafür, wie groß sein Wirkungs- und Geltungsbereich ist. Hier bestätigt sich, was in ähnlicher Weise beim Grabmal von 1694 hinsichtlich der Wenzelskrone vermutet wurde.

Die zahlreichen Ampeln, die im Osten und Westen des Grabmals aufgehängt sind und die über den Trennwänden zum Chorraum an hohen Tafeln befestigte Fülle von Votivbildern und Votivgaben sowie die großen Opferkerzen am Bündelpfeiler rechts und im Osten weisen auf zahlreiche Gebetserhörungen und Wunderheilungen hin.

Noch besonders bemerkenswert ist der vor dem Chorpfeiler links schwebende große Engel, der auf das Grabmal zuzufliegen scheint und in seinen Händen einen Lorbeerkranz und die Märtyrerpalme hält, während er seinen Kopf nach links zurückwendet, wo am nächsten Chorpfeiler ein runder Wappenschild hängt, auf den so

2. Müller, Der westliche Silberaltar des Grabmals von 1721/25. München, Bayer. Staatsbibliothek (Icon. 129, Nr. 16)

die Aufmerksamkeit gelenkt und ein Zusammenhang zwischen ihm und dem Grabmal hergestellt wird. Dieser Wappenschild zeigt einen springenden Hirsch. Es handelt sich um das Wappen der Freiherrn von Wunschwitz. Gottfried Matthias von Wunschwitz war es gewesen, der 1683 als Exvoto für seine Errettung aus Todesgefahr auf der Prager Karlsbrücke die große bronzene Nepomukstatue hatte aufstellen lassen, deren Inschriftplatte am Postament das gleiche Wappen aufweist. Der im Kupferstich des Grabmals von 1721/25 sichtbare Wappenschild ist erhalten (Kat. 96) und weist eine auf dem Stich zwar angedeutete, aber nicht lesbare Inschrift auf.[31] Sie besagt, daß die Familie Wunschwitz aufgrund eines zum ersten Mal vor fünfundsiebzig Jahren abgelegten und kürzlich erneuerten Gelöbnisses dieses Denkmal ihrer Verehrung dem hl. Johannes von Nepomuk 1721 gesetzt hat.

Die Wunschwitz waren offenbar aber nicht die einzigen, die sich an dem Grabmal von 1721/25 als besondere Nepomukverehrer präsentierten. Dies verrät ein Kupferstich eines Prager Stechers namens Müller, der wahrscheinlich mit Marcus Müller identisch ist und verschiedene Ansichten dieses Grabmals verbreitet hat,[32] von denen eine den westlichen der beiden Altäre frontal darstellt (Abb. 2). Das Antependium zeigt in der Mitte unter einem Fürstenhut in einem von zwei Putti geöffneten Hermelinumhang zwei Schilde eines Allianzwappens, das auch auf der Gesamtansicht dieses Grabmals mit dem Wunschwitzwappen am Chorpfeiler, die ich zur leichteren Verständigung als Wunschwitz-Stich bezeichnen möchte, schemenhaft angedeutet ist. Trotz seiner auch auf dem Stich Müllers nicht sehr deutlichen Wiedergabe kann es identifiziert werden[33]: Es handelt sich links um das Wappen des Fürsten Adam Franz von Schwarzenberg, der seit 1711 Obersthofmarschall und seit 1722 Obersthofstallmeister Kaiser Karls VI. war und zu den ersten gehört hatte, die vom neuen Kaiser 1712

3. A.J. Mansfelt, Das Nepomukgrabmal von 1721/25, um 1729. München, Bayer. Staatsbibliothek (Icon. 129)

den Orden des Goldenen Vlieses erhalten hatten, der auch auf seinem Wappen dargestellt ist; das rechte ist das Wappen seiner Gemahlin Eleonore Amalie Prinzessin von Lobkowicz. Das durch Affären des Fürsten entfremdete Ehepaar hatte sich 1721 am Grab Nepomuks versöhnt; am 15. Dezember 1722 wurde ihnen der seit über zwanzig Jahren ersehnte Stammhalter geboren. Die beglückten Eltern stifteten daraufhin silberne Antependien für das Grabmal des Seligen, dessen Fürbitte sie den Bestand ihrer Dynastie glaubten verdanken zu müssen.[34]

Zu beiden Seiten ihrer Wappen sind im geschwungenen schildförmigen Rahmen zwei Szenen aus der Geschichte des Märtyrers angebracht, links die Beichte der Königin, rechts der Brückensturz. Wegen der Ähnlichkeit der Form, ihrer Thematik und der Todessymbolik ihrer Rahmung läßt sich eine Serie von sechs silbenen Kartuschenreliefs (Kat. 98–103) mit diesem Grabmal in Verbindung bringen. Sie befindet sich im Domschatz von St. Veit und war wahrscheinlich eine Stiftung Kaiser Karls VI. und seiner Gemahlin Elisabeth Christine,[35] möglicherweise anläßlich der Krönung Karls 1723 zum Böhmischen König.

Das erwähnte Allianzwappen, das der Wunschwitz-Stich am Rundbogenabschluß des westlichen Altars zeigt, ist auf diesem Stich Müllers nicht wiedergegeben. Dagegen ist es auf einem Stich dieses Grabmals von Anton Johann Mansfelt aus der Zeit um 1729 (Abb. 3) deutlicher zu erkennen und zu identifizieren.[36] Das linke ist das Wappen des Grafen Christoph Franz Wratislaw von Mitrowitz, des 1689 verstorbenen Präsidenten der Königlichen Kammer und Königlichen Vizestatthalters in Böhmen, das rechte das seiner Gemahlin Maria Elisabeth von Waldstein. Die Wappen dürfte ihr Sohn Johann Wenzel Wratislaw von Mitrowitz, der Oberstkanzler des Königreiches Böhmen und ein enger Freund und wichtiger politischer Berater Kaiser Karls VI. war, zum Zeichen einer Stiftung für seine Eltern haben anbringen lassen. Sie beziehen sich offensichtlich auf dieses silberne Retabel mit dem Bildnis Nepomuks und seiner auf Wolken knienden Statuette darüber, die ikonographisch nicht sinnvoll gewesen wäre, wenn zum Zeitpunkt der Aufstellung dieses Retabels bereits die ganz ähnliche großformatige Darstellung auf dem Baldachin darüber schon bestanden hätte.

Es zeigt sich, daß sich um das Grabmal von 1721/25 bedeutende und zum Teil politisch führende böhmische Adelsgeschlechter angenommen haben, die sich dem 1721 Seliggesprochenen zu Dank verpflichtet fühlten. Sie lösten damit das Domkapitel ab, das sich im 17. Jahrhundert um die Ausgestaltung des Grabmals verdient gemacht hatte. Das nächste und prächtigste, bis heute

4. J.J. Sedelmayr nach J.E. Fischer von Erlach und A. Corradini, Der Entwurf für das Nepomukgrabmal von 1736. Wien, Graph. Sammlung Albertina

bestehende Grabmal war dann ein Unternehmen des Kaisers.

Von der Spendenaktion zur Deckung der Kosten des Heiligsprechungsprozesses, zu der Kaiser Karl VI. mit einem Dekret vom 11. Februar 1725 aufgerufen hatte, war nach der 1729 erfolgten Kanonisation eine beträchtliche Summe übriggeblieben.[37] Diese überschüssigen Mittel gaben vielleicht den ersten Anstoß, an eine Neugestaltung des Grabmals zu denken. Entscheidend war aber wohl, daß sich nun der 1723 zum Böhmischen König gekrönte Kaiser bei der Verehrung des neuen Heiligen seines Königreiches Böhmen hervortun, seine persönliche Anteilnahme, sein Engagement in böhmischen Angelegenheiten demonstrativ unter Beweis stellen wollte. Das Nepomukgrabmal im Veitsdom als nationales Heiligtum kam den Intentionen der Politik Karls VI. sehr entgegen. Es läßt sich nachweisen, daß auf seine Veranlassung hin in den verschiedenen habsburgischen Erb- und Kronländern Denkmäler und Bauten errichtet wurden, die ihn als Schirmherrn und Förderer der religiösen, kulturellen, wirtschaftlichen und sozialen Angelegenheiten seines gesamten Herrschaftsgebietes zu erkennen geben.[38] Die Absicht war, den inneren Zusammenhalt des habsburgisch-österreichischen Vielvölkerstaates im gemeinsamen Herrscher zu festigen, der seine allseits gleichmäßige Fürsorge für öffentliche Anliegen unter Beweis stellte. In diesem in Denkmälern und Bauwerken vollzogenen Regierungsprogramm spielte vor allem die Frömmigkeit (Pietas) des Kaisers eine große Rolle unter dem Aspekt der Einheit im Glauben.

Daher hat wohl Anfang der 1730er Jahre der für alle Bau- und sonstigen Kunstunternehmungen Karls VI. zuständige kaiserliche Generalbaudirektor Graf Gundacker von Althann den kaiserlichen Architekten und Hofbaumeister Joseph Emanuel Fischer von Erlach beauftragt, für das Prager Nepomukgrabmal einen Entwurf zu machen.[39] Nach diesem Entwurf wurde von dem kaiserlichen Hofbildhauer Giovanni Antonio Corradini ein vorläufiges Holzmodell in der Größe verfertigt, die das endgültige Werk aus schwarzem Marmor und silbernen Figuren haben sollte, mit denen man den Wiener Gold- und Silberschmied Johann Joseph Würth beauftragen wollte. Dieses Nepomukgrabmal ist das dritte im Auftrag des Kaisers entstandene religiöse Denkmal. Alle wurden nach Entwürfen von Fischer durch Corradini ausgeführt: zwischen 1727/28 und 1732 die Josephssäule auf dem Hohen Markt in Wien[40] und zwischen 1729 und 1731 das Bundesladendenkmal in Györ (Raab) im Königreich Ungarn.[41] Letzteres hat große Ähnlichkeit mit dem Prager Nepomukgrabmal, so daß sich beide schon vom Augenschein als Schöpfungen der Wiener Hofkunst und damit als Aufträge des Kaisers zu erkennen geben.

Das von Fischer und Corradini geschaffene Modell wurde in einem Kupferstich des Wiener Stechers Jeremias Jakob Sedelmayr[42] (Abb. 4) veröffentlicht und verbreitet, um, wie aus der Beschriftung hervorgeht, als eine Art Werbeprospekt für die Sammlung der erforderlichen Geldmittel zu dienen und gleichzeitig auch die Initiative des Kaisers – wenn auch indirekt – herauszustellen. Denn dadurch, daß der kaiserliche Kunstintendant Althann als »Curator« des Unternehmens mit seinen sämtlichen Hoftiteln und Fischer als Architekt des Kaisers genannt werden, ist klar, wer sich – in typisch habsburgischer Bescheidenheit[43] – um die »öffentliche Verehrung« des himmlischen »Fürsprechers Böhmens«

5. A. Corradini und J.J. Würth nach Entwurf von J.E. Fischer von Erlach, Das Nepomukgrabmal von 1736. Prag, Veitsdom ▷

verdient machen will, aber im Hintergrund bleibt und seinen Hofkunstbetrieb zur Verfügung stellt, weil das Grabmal aus den »mittlerweile bereits gesammelten und, wie zu hoffen sei, fernerhin noch zu sammelnden« Spenden aller, der »pietas publica«, als Gemeinschaftswerk erstehen soll. Zwangsläufig profitierte der Kaiser, der »mit dem Beispiel christlicher Freigebigkeit« bereits vorangegangen war, vom »Lobschallenden und ewigen Ruhm« dieser »silbernen Posaune«, mit der das Silbergrabmal in einem Wortspiel (tumba/tuba) verglichen wird.

Für die Initiative Karls VI. beim Nepomukgrabmal spielte vielleicht auch eine Rolle, daß der Kaiser 1732 bei einer Hirschjagd in Brandeis den Fürsten Adam Franz von Schwarzenberg versehentlich durch einen Schuß tödlich verwundet hatte. Der Kaiser war über sein Mißgeschick zutiefst erschüttert und suchte nach dem Unglück sofort das Nepomukgrab im Veitsdom auf. Dies geschah sicher nicht nur, weil dessen Antependium eine Stiftung Schwarzenbergs war, der den Heiligen als himmlischen Beschützer seines Hauses verehrt hatte,[44] sondern weil Johannes von Nepomuk allgemein als der »Patron einer guten Sterbestunde« galt. Schwarzenbergs Nachfolger als kaiserlicher Oberststallmeister wurde Graf Althann, der mit diesem Titel auf dem Modellstich Sedelmayrs genannt wird, so daß sich dadurch ein Terminus post für den Stich und wohl auch für den Beginn dieses Projektes ergibt, das z. T. als Votiv des Kaisers für den von ihm getöteten Fürsten Schwarzenberg verstanden werden könnte.

Das Grabmal (Abb. 5) wurde nach der Signatur des Silberschmiedes Würth am unteren Rand des Sarkophags 1736 vollendet.[45] Im Juli dieses Jahres wurde dem Prager Domkapitel Geld für das Legen der Fundamente des Unterbaus angewiesen.

Die Gestalt des neuen Grabmals führt traditionsbewußt die liturgischen und sepulkralen Motive und die Idee der Apotheose der vorhergehenden Nepomukgrabmale fort und formt sie genial aus. Der silberne Sarkophag, in dem sich der Glassarg mit den Reliquien des Heiligen befindet, ist nun hoch erhoben. Auf ihm kniet der Heilige, in die Betrachtung eines Kruzifixes versunken, das er in beiden Händen hält. Das authentische Bildnis des Märtyrers, das sich vorher als Halbfigurenbild am westlichen Altar des Vorgängergrabmals befunden hatte, ist hier in eine dreidimensionale Ganzfigur übertragen (Abb. 6) und damit gleichsam in leiblicher Präsenz vor den Betrachter gestellt, jedoch durch die Ausführung in Silber ins Metaphysische transzendiert. Die Erhöhung des Sarkophags wird als »theatrum sacrum« inszeniert: Zwei große Engel haben ihn an den Schmalseiten gefaßt und heben ihn empor; sie knien auf einem Unterbau, der als Mensa eines frei stehenden Altars gebildet ist, und sind gerade im Begriff, sich aufzurichten und den Heiligen mitsamt seinem Sarkophag noch höher emporzuheben. Die Handlung der Engel wird unterstützt durch eine Wolkensäule unter dem Sarkophag, die mit Engelköpfchen besetzt ist und den Gedanken bildhaft unterstreicht, den auch die beiden Trageengel veranschaulichen, nämlich die Apotheose des Heiligen, seine Aufnahme in den Himmel. In diesem Sinn ist auch die von den beiden Engeln emporgehaltene Blumengirlande zu verstehen, die als Symbol des himmlischen Paradiesgartens, des Aufenthaltsortes des Verewigten, zu deuten ist. Die Körperhaltung und Kopfwendung der beiden Trageengel läßt erkennen, daß das Grabmal auf eine Hauptansicht berechnet ist, die auch im Stich Sedelmayrs wiedergegeben ist. Sie nimmt auf den Aufstellungsort Bezug, da das Grabmal wegen seiner Lage nahe an den hohen Trennwänden zum Chor von der Seite der Chorumgangskapellen her gesehen werden muß, von wo auch durch die Außenfenster der Kapellen das meiste Licht kommt. Dieser Schauseite entspricht auch die Haltung der bekrönenden Figur des Heiligen, die nach Osten orientiert ist, wie es für Kirchengebäude üblich ist. Für die Ansicht von Westen, für den vom Kircheneingang Kommenden, dem die Grabmalfigur den Rücken zukehrt, wurde am westlichen Ende des Sarkophagdeckels ein kleiner Engel angebracht, der eine schildförmige Kartusche hält, auf der sich die in Achat nachgebildete Reliquie der 1719 unversehrt aufgefundenen Zunge des Heiligen befindet. Dieses Detail fehlt im Entwurfsstich Sedelmayrs; es ergab sich offensichtlich erst, als man das Grabmal an Ort und Stelle aufstellte.

An verschiedenen Stellen des Grabmals sind Reliefs mit Darstellungen aus dem Leben und Martyrium des Johannes von Nepomuk angebracht: in Rundmedaillons an der Hauptansichtsseite des Sarkophags im Süden die Beichte der Königin, die die älteste und für den Märtyrer des Beichtgeheimnisses signifikanteste Szene ist; an der dem Chor zugewandten Nordseite ist er als Almosenspender zu sehen, weil ihn die Legende von früh an als königlichen Almosenier bezeichnet hat, eine Funktion, die wesentlich zu seiner großen Beliebtheit beim Volk beitrug, das in ihm den wirksamen himmlischen Helfer der Armen, Witwen und Waisen sah. Weitere Reliefs aus vergoldeter Bronze befinden sich an dem wie der Sockel eines Denkmals wirkenden Unterbau: Das Antependium des östlichen Altars zeigt, wie König Wenzel versucht, Nepomuk zum Verrat des Beichtgeheim-

6. A. Corradini und J. J. Würth nach Entwurf von J. E. Fischer von Erlach, Das Nepomukgrabmal von 1736, Detail. Prag, Veitsdom ▷

nisses der Königin zu bewegen, indem er ihm hohe geistliche Würden und Ämter anbietet, die durch eine Bischofsmitra und einen Kardinalshut angedeutet sind. An der nördlichen Langseite befindet sich ein breitformatiges Relief mit der Folterung des Heiligen im Kerker, an der südlichen ist sein Tod, der Sturz von der Prager Karlsbrücke in die Moldau dargestellt, und am Antependium des westlichen Altars schließlich die Bergung seines Leichnams aus dem Wasser.

An den Frontflächen der diagonal vorgesetzten Eckpostamente, auf denen kleine Engel sitzen, die Füllhörner in Händen halten, die als Leuchter dienen, sind schmale hochformatige Reliefs mit den drei theologischen Tugenden Glaube, Hoffnung und Liebe und der Clementia (Mildtätigkeit) als den Haupttugenden des Heiligen angebracht. In die Rücksprünge dieser Postamente sind zu den Langseiten hin Palmzweige als die Siegeszeichen des Märtyrers eingestellt.

Obwohl das Grabmal von 1736 so speziell auf Motive der früheren »Castra gloriae« des Heiligen bezogen erscheint, ist es doch in der allgemeinen Entwicklungsgeschichte des abendländischen Grabdenkmals verankert. Die von der Renaissance eingeführte Neuerung der Verlebendigung der Darstellung der Verstorbenen auf Grabmälern, bei der das Knien als Motiv der ewigen Anbetung eine besondere Rolle spielt,[46] hat durch Gianlorenzo Bernini eine Formulierung erfahren, die vorbildhaft für ganz Europa wurde und sicher auch auf Fischers Entwurf eingewirkt hat. Er gab der Nepomukfigur anstelle des ruhigen Kniens eine sehr lebendige, weil in einem vorübergehenden Handlungsmoment erfaßte Haltung, die am deutlichsten im Stich des Modells zum Ausdruck kommt. Dort wird der Eindruck erweckt, als habe sich der Heilige gerade zur Andacht auf ein Knie niedergelassen und sei im Begriff, das Kruzifix, das er in Händen hält, an seine Lippen zu führen. Auch das Emporheben des Sarkophags durch Engel, das ebenfalls einen Augenblick im Bewegungsablauf erfaßt, ist in der Grabmalkunst neu. Dieses Motiv hatte Fischer in ähnlicher Weise bereits beim »Bundesladendenkmal« in Györ verwendet, auf dessen Postament zwei Engel die sarkophagähnliche Bundeslade mit dem Lamm Gottes darauf abzusetzen im Begriff sind, die sie, vom Himmel herabkommend, mit hocherhobenen Armen halten.[47] Sogar das Motiv der Rauchwolke in der Mitte, die hier aus einem Räuchergefäß aufsteigt, ist gemeinsam. Die Grundidee dafür dürfte wiederum auf Bernini zurückgehen, der für den Sakramentsaltar in St. Peter in Rom einen Entwurf gemacht hat,[48] bei dem zwei Engel auf dem Altartisch knien und den Tabernakel für die Eucharistie halten; sie sind im Begriff, das Sanctissimum, das sie vom Himmel gebracht haben, auf dem Altar niederzusetzen, vollführen also den gleichen Vorgang wie beim Bundesladendenkmal in Györ. Beim Nepomukgrabmal hat Fischer dann den Vorgang umgekehrt. Hier tragen die Engel den Sarkophag von der irdischen in die himmlische Sphäre hinauf. So finden in diesem Grabmal die feinsinnigsten Gedanken der Altargestaltung und der Grabmalkunst des Barock ihre Synthese und Vollendung.

In der folgenden Zeit machten sich hohe Prager Kleriker um die Bereicherung der Ausstattung des Grabmals verdient. 1746 ließ der Prager Weihbischof Zdĕnek Georg Graf Chřepický von Modliškovic auf seine Kosten von dem Prager Marmorierer Joseph Lauermann um das Grabmal eine geschwungene Balustrade aus rotem Marmor errichten, die das alte Motiv der Umfriedung der Grabesstelle wiederaufgreift und auch praktischen Zwecken dient. Sie ist an den Langseiten zum Knien für die Betenden und für die Austeilung der Kommunion eingerichtet, die im 18. Jahrhundert dort massenhaft gespendet wurde.[49]

An den Stellen der Langseiten, wo die Balustrade in Höhe der Grabmalaltäre kielförmig ausschwingt, lagern auf einseitig aufsteigenden Volutenpostamenten, die aus dem gleichen roten Marmor sind wie die Balustrade, vier aus Silber getriebene vollplastische Figuren in dreiviertel Lebensgröße, die Personifikationen von Tugenden darstellen. Zu beiden Seiten des westlichen Altars: im Norden die Verschwiegenheit, die den Zeigefinger ihrer rechten Hand an den Mund gelegt hat und durch die Muschel in ihrer Linken, in der auf Wellen die fünf Sterne Nepomuks schwimmen, als die Tugend des in der Moldau ertränkten Märtyrers charakterisiert ist, und im Süden die Divina Sapientia mit aufgeschlagener Bibel und einer Fackel. Den östlichen Altar flankieren im Norden die Gerechtigkeit, die sich auf einen Schild mit dem Zeichen der Waage stützt, und der Starkmut (Fortitudo). Letztere trägt einen Brustpanzer, einen Helm und ein Löwenfell um die Schultern; in ihrer linken Hand hält sie ein Schwert, und ihre Rechte liegt auf einem Säulenstumpf, der auch Attribut der Constantia (Seelenstärke) sein kann.[50] In der Mitte der Langseiten und an den abgerundeten äußeren Ecken des Gevierts der Grabmalaltäre stehen auf der Balustrade über roten Marmorpostamenten sechs große silberne Ziervasen mit Schilf- und Muschelformen, aus denen vergoldete Flammen lodern, die als Halterungen für Ölleuchten bestimmt sind. Die Ornamentik der Vasen ist nicht einheitlich; sie zeigen eine allmähliche Entwicklung vom späten Régencestil zum Rocaillestil. Da sie zudem verschiedene Prager Meistermarken aufweisen[51], darf man annehmen, daß sie nach und nach von verschiedenen Verehrern des Grabes gestiftet worden sind.

1771 wurde der hoch über dem Grabmal aufgehängte Stoffbaldachin mit viereckigem Himmel und langen seitlichen Vorhangbahnen, der, wie Stiche zeigen, bereits Bestandteil des Vorgängergrabmals gewesen war, erneuert und die Zahl der die Vorhangbahnen raffenden und das Grabmal wie in einer himmlischen Vision enthüllenden Engel auf vier vermehrt, wobei auch die zwei alten Engel ersetzt wurden. Den Baldachin aus rotem Seidendamast stiftete der Prager Erzbischof Anton Peter Graf von Přichovský, die vier Engel, die nach Modellen von Franz Ignaz Platzer in Silber getrieben wurden, der Dompropst Franz Strachovský von Strachovic.

In dieser Gestalt überdauerte das Silbergrabmal von 1736 die Zeitläufte bis heute, trotz aller Bedrohungen wie das Bombardement Prags 1757 bei der Belagerung durch preußische Truppen und die Anordnung Kaiser Franz' I. von Österreich 1809, es einzuschmelzen, trotz der Demontage und Auslagerung nach Krumau (Český Krumlov) 1866 wegen der bevorstehenden preußischen Okkupation. Es kündet an seinem Platz im Veitsdom von seiner Bedeutung in der Geschichte Böhmens und der Verehrung des hl. Johannes von Nepomuk, bei der sich immer wieder der böhmische Adel, der hohe Prager Klerus und auch das habsburgische Herrscherhaus hervorgetan und so auch sich selbst und ihrer Frömmigkeit gleichsam ein Denkmal gesetzt haben.

Anmerkungen:

1 Dieser Beitrag ist eine komprimierte Fassung meines Aufsatzes: Das Grabmal des hl. Johannes von Nepomuk im Prager Veitsdom. In: Wallraf-Richartz-Jahrbuch 138, 1976, S. 92–122, wo für Details die Nachweise zu finden sind.

2 Hinsichtlich der Lage des Grabes und des Grabmals von 1736 siehe den Grundriß bei A. Podlaha, Führer durch den Dom zu Prag. 3. Aufl. Prag 1906 und 1912; siehe auch bei G. Wachmeier, Prag. Ein Kunst- und Reiseführer. 4. Aufl. Stuttgart/Berlin/Köln/Mainz 1981, die Grundrisse S. 86 und 91.

3 Siehe F. Seibt, Johannes von Nepomuk – ein schweigender Märtyrer. In: Kat. 1971, S. 16 ff., hier S. 20 f.

4 Ebd., S. 20 mit Anm. 15.

5 Matsche 1976, S. 92 mit Anm. 3 und 4; siehe auch die Beschriftung des Stiches von J. A. Pfeffel Nr. 24 (s. Kat. 48).

6 Matsche 1976, S. 94, Anm. 12.

7 Matsche 1976, S. 95, Anm. 14.

8 Matsche 1976, S. 95 mit Anm. 15 und 16.

9 Matsche 1976, S. 95 f. mit Anm. 19–23; V. L. Kotrba, Der Dom zu St. Veit in Prag. In: F. Seibt (Hrsg.), Bohemia sacra. Das Christentum in Böhmen 973–1973. Düsseldorf 1974, S. 540 mit Anm. 142 und 143.

10 J. Schaller, Beschreibung der Königlichen Haupt- und Residenzstadt Prag, 1. Bd. Prag 1794, S. 132. Dieses Ereignis wurde auch im Reich publik, z. B. durch ein in Augsburg 1630 erschienenes Buch »Der Wahrsager«. J. Wielends SJ, Histoire du Saint Martyr Jean Népomuc. (1. Aufl. Antwerpen 1738), Antwerpen 1759, S. 190 f.

11 Schaller (wie Anm. 10), S. 129.

12 Seine Anrufung als Pestpatron ist erstmals für eine Epidemie im Jahre 1649 durch seine Vita von Bohuslav Balbín in den Acta Sanctorum Bollandii, Bd. 3 (Mai). Antwerpen 1680, § 20, S. 674 bezeugt.

13 Am 3. September 1673 fand in Anwesenheit des Kaisers die Grundsteinlegung der Langhauspfeiler statt. Kotrba (wie Anm. 9), S. 540 f.

14 Er restaurierte aus eigenen Mitteln die Wenzelskapelle, erwirkte in Rom die Erhebung des Festes des hl. Wenzel zu einem öffentlichen Feiertag und errichtete 1673 vor dem Grab des Heiligen einen aufwendigen Marmoraltar, für den Kaiser Leopold I. 1680 einen kostbaren Tabernakel stiftete. Kotrba (wie Anm. 9), S. 540 und 541.

15 F. Matsche, Die Darstellungen des Johannes von Nepomuk in der barocken Kunst. Form, Inhalt und Bedeutung. In: Kat. 1971, S. 35 ff., hier S. 36; ders., Johannes von Nepomuk in der barocken Kunst. In: Kat. 1973, S. 36 ff., hier S. 41.

16 Matsche 1973 (wie Anm. 15), S. 38.

17 Schaller (wie Anm. 10), S. 176.

18 M. Brix, Trauergerüste für Habsburger in Wien. In: Wiener Jahrbuch für Kunstgeschichte 26, 1973, S. 208 ff.

19 G. Fehr, Architektur der Spätgotik. In: K. M. Swoboda (Hrsg.), Gotik in Böhmen. München 1969, S. 325 mit Anm. 13 und Abb. 201. Eine Nachbildung der Wenzelskrone (?) in monumentaler Form liegt auch auf der Kuppel des Nepomuk-Ziboriums bei Schloß Schönborn (Göllersdorf/Niederösterreich) von 1733 nach dem Entwurf von Johann Lukas von Hildebrandt; Kat. 1979, Abb. 9.

20 So der Titel einer in Prag erschienenen undatierten Schrift von J. S. J. N. A. Zencker; Kat. 1973, Nr. 132.

[21] E. Panofsky, Grabplastik, hg. von H.W. Janson. Köln 1964, S. 81 ff.
[22] Seibt (wie Anm. 9), Abb. 104.
[23] In den Reliefs des Holzportals des Veitsdoms aus der Zeit um 1620/30; Podlaha-Hilbert 1906, S. 118–204 und Abb. 278–279; siehe auch S. 236–238 und Abb. 330 und Kat. 1971, Abb. 4.
[24] Podlaha-Hilbert 1906, Nr. 2, S. 273–275 und Abb. 377–378.
[25] Matsche 1976, S. 101.
[26] Näheres dazu bei Matsche 1976, S. 105 f. mit Anm. 77; Beschreibung der Prozession bei Schaller (wie Anm. 10), S. 180.
[27] Kat. 1979, Nr. 1 und Farbtaf. 1.
[28] Matsche 1976, Abb. 5–7, und ders., Sekundärleiber des heiligen Johannes von Nepomuk. Effigies und Wachsfigur im Heiligenkult. In: Jahrbuch für Volkskunde, NF 6, 1983, S. 112 ff. und Abb. 4, 7, 8.
[29] Matsche 1976, Anm. 85, S. 107, und ders. (wie Anm. 28), S. 132 f. mit Anm. 71 und 74. Das Urbild stammt wohl von Karel Škreta, der dieses Bildnis des Heiligen aus seinem Totenbildnis entwickelt hat.
[30] Matsche 1976, S. 106 mit Anm. 82 und Abb. 4.
[31] Podlaha-Hilbert 1906, Nr. 15, S. 207 und Abb. 272. Der Schild wird von Schaller (wie Anm. 10), S. 183 erwähnt.
[32] Matsche 1976, Anm. 96.
[33] Für die Bestimmung der Wappen bin ich Aleš Zelenka/München zu Dank verpflichtet.
[34] K. zu Schwarzenberg, Geschichte des reichsständischen Hauses Schwarzenberg. Neustadt a.d. Aisch 1963, S. 159 f.; dort weitere Angaben über die Nepomukverehrung des Ehepaares.
[35] Ausführliche Erörterung bei Matsche 1976, S. 110 f. mit Anm. 97.
[36] Der Stich dient als Illustration des Buches »Johanneischer Ehren-Triumpf« (!) ... v. e. Welt-Geistlichen Priester«. Prag 1729; Kat. 1971, Nr. 251.
[37] K.B. Mádl, Das Grabmal des hl. Johannes von Nepomuk in Prag. In: Mitteilungen der k.k. Central-Commission ..., NF 20, 1894, S. 158: 8791 Gulden.
[38] F. Matsche, Die Kunst im Dienst der Staatsidee Kaiser Karls VI. Ikonographie, Ikonologie und Programmatik des »Kaiserstils«. Berlin/New York 1981, 3. T., bes. S. 386 ff.; siehe den Titel der dort behandelten Propagandaschrift von A. Höller SJ »Augusta Carolinae Virtutis Monumenta seu Aedificia a Carolo VI. Imp. Max. P(ater). P(atriae). per Orbem Austriacum Publico Bono posita«. Wien 1733.
[39] Matsche 1981, S. 205–212, bes. 208 ff., Abb. 86–88; die vorhergehende Lit. über das Grabmal von 1736 bei Matsche 1976, Anm. 112; dazu O.J. Blažíček, Italienische Impulse und Reflexe in der böhmischen Barockskulptur. In: K. Kalinowski (Hrsg.), Barockskulptur in Mittel- und Osteuropa. Posen 1981, S. 103–124, hier S. 120; L. Sršeň, Antonio Corradini und die Rokokoplastik in Prag. Zur Frage des Johann von Nepomukgrabmals im Veitsdom in Prag. In: K. Kalinowski (Hrsg.), Studien zur europäischen Barock- und Rokokoskulptur. Posen 1985, S. 105–119; E. Hubala, J.J.M. Küchels Bericht aus dem Jahre 1737 über die Prager Architektur. In: E. Hlawitschka (Red.), Schriften der Sudetendeutschen Akademie der Wissenschaften und Künste, Vorträge und Abhandlungen aus dem geisteswissenschaftlichen Bereich, Bd. 13. München 1991, S. 154 f.
[40] Matsche (wie Anm. 38), S. 196–200, Abb. 82–85.
[41] Matsche (wie Anm. 38), S. 119–123, Abb. 71–72. Zu diesen beiden religiösen Denkmälern gehört noch ein profanes: das auf der Paßhöhe des Semmering als Zeugnis für die »Cura viarum« des Kaisers, seine Fürsorge um Handel und Verkehr; ebd. 1981, S. 328 f., 410 f., Abb. 124–125.
[42] Sedelmayr war seit 1729 in Wien und zusammen mit Salomon Kleiner mit der Vorbereitung des Stichwerkes über die kaiserliche Hofbibliothek beschäftigt. Matsche 1976, Anm. 115, und ders. (wie Anm. 38), S. 208; die Beschriftungen dort in Anm. 791; ebenso ders. 1976, in Anm. 113.
[43] Matsche (wie Anm. 38), S. 24, 59, 64 ff. und Register.
[44] Schwarzenberg (wie Anm. 34), S. 162.
[45] Im Erzbischöflichen Archiv in Prag ist bei den Recherchen für die Ausstellung ein Begleitbrief von Würth zum Transport der Silberfiguren von Wien nach Prag vom 7. 7. 1736 zum Vorschein gekommen sowie die Endabrechnung mit Würth, die am 23. 8. 1736 erfolgte.
[46] L. Bruhns, Das Motiv der ewigen Anbetung in der römischen Grabplastik des 16., 17. und 18. Jahrhunderts. In: Römisches Jahrbuch für Kunstgeschichte 4, 1940, S. 235 ff.
[47] Matsche (wie Anm. 38), Abb. 71–72.
[48] I. Lavin u.a., Drawings by Gian Lorenzo Bernini from the Museum der Bildenden Künste Leipzig (Ausstellungskatalog). Princeton 1981, Nr. 89, S. 317, Abb. S. 326. Beim ausgeführten Tabernakel Berninis ist aus dem von den Engeln gehaltenen Gebilde ein Rundtempelchen geworden (Lavin, Abb. 113, S. 318); siehe auch K.H. Mehnert, Gianlorenzo Bernini. Zeichnungen (Ausstellungskatalog). Leipzig 1981, Nr. 109; H. Brauer u. R. Wittkower, Die Zeichnungen Gianlorenzo Berninis. Berlin 1931, Taf. 131 a, S. 172, Anm. 2.
[49] Siehe die Zahlenangaben bei Matsche 1976, Anm. 106. J.J.M. Küchel berichtet 1737 (Hubala, wie Anm. 39, S. 154 f.), daß am Nepomukgrabmal »von frühe umb 4 Uhr, bis 12/1, auch dann und wann bis 2 Uhr Meß gelesen werden«.
[50] Vgl. dazu die Erörterung bei Matsche 1976, S. 129 f.
[51] Nähere Angaben bei Matsche 1976, Anm. 138.

Die Heiligsprechung des Johannes von Nepomuk

Jaroslav Polc

Als Papst Innozenz XIII. nach der Seligsprechung des Johannes von Nepomuk am 25. Juni 1721 das Dekret der Ritenkongregation bestätigte, war die Hoffnung auf eine baldige Heiligsprechung nicht groß. Nach der Praxis der Zeremonienkongregation war es nämlich nötig, daß vor dem Beginn des Kanonisationsprozesses zehn Jahre seit der Seligsprechung vergangen sein mußten. Schon in den Anträgen, die seinerzeit in und bei der Seligsprechung nach Rom gesandt wurden, war klar zum Ausdruck gebracht worden, daß sich die Bittsteller nicht mit einer bloßen Seligsprechung zufriedengeben würden. Die große Verehrung, welche schon vor der Seligsprechung Johannes von Nepomuk entgegengebracht wurde, die auch über einen großen Teil Europas verbreitet war, hob unseren Seligen oft in den Rang eines Heiligen. Aus persönlicher Verehrung, die Papst Innozenz XIII. dem Seliggesprochenen entgegenbrachte, auch aufgrund von Verlangen, welches der Papst von höchsten Stellen bekam, und der großen Verehrung, welche Johannes von Nepomuk überall entgegengebracht wurde, und nach dem Entschluß der Ritenkongregation vom 4. Juli 1722 gab Innozenz XIII. am 30. Juli die Erlaubnis zum Beginn des Heiligsprechungsprozesses. Es ging ja hier nicht um einen vor nicht langer Zeit verstorbenen Diener Gottes, sondern um einen Martyrer, dem schon jahrhundertelang Verehrung entgegengebracht wurde. Allerdings ging es in diesem Fall nicht um einen Diözesanprozeß, sondern um einen apostolisch-päpstlichen Auftrag. Damit sollten aufs neue der Martyrertod und die unerläßlichen Wunder dargelegt und beglaubigt werden. Am 26. September erließ die Ritenkongretation eine eigene Anleitung für den Beginn des Prozesses. Prosper Lambertini fertigte als Verteidiger des Glaubens eine Aufstellung an, in der 63 Fragen festgelegt waren. Beides ging am 22. Januar 1723 nach Prag an den Erzbischof Ferdinand von Khuenburg. Die Nachforschungskommission mußte aber von Rom ernannt werden. Die ganze Angelegenheit wurde nicht nur durch die von der Ritenkongregation herausgegebene Anleitung beschleunigt, sondern auch dadurch, daß seit der Seligsprechung nur eine verhältnismäßig kurze Zeit vergangen war und Personen namhaft gemacht werden konnten, die noch mit der Problematik des vorhergegangenen Prozesses der Seligsprechung vertraut waren. Der Kommission stand Erzbischof Khuenburg vor, die weiteren Mitglieder waren der Prager Weihbischof Daniel Josef Mayer von Mayern, Kanoniker Johann Moritz Wenzel Martini und weitere drei Kanoniker. Unter den letzteren befand sich auch der junge und sehr fähige Johann Rudolf Graf von Sporck, welcher bei späteren, in Rom stattfindenden Verhandlungen eine bedeutende Rolle spielte. Graf Rudolf Sporck war der Sohn des Franz Anton von Sporck und somit Sproß eines der bedeutendsten Adelsgeschlechter in Böhmen. Rudolf war ein Freund der Wissenschaften, Gründer von Bibliotheken, Mäzen von Klöstern, Kirchen, Spitälern, Schriftstellern, Verlegern, dem aber die Inquisition in den damaligen Jahren seine Druckerei sperrte, da der Verdacht entstand, es würden jansenistische Gedanken verbreitet. Seine persönliche Liebenswürdigkeit, Freigebigkeit, sein Organisationstalent, welches er von seinem Vater erbte, halfen Rudolf bei den Verhandlungen des Kanonisationsprozesses, und er bekam in Rom den Beinamen »Engel aus Böhmen«. Durch das Prager Domkapitel wurde als Postulator für die Kommission der Hofadvokat Dr. Josef Georg Hoffmann und von Rom als Glaubensverteidiger Dr. Johann Blovsky nominiert. Erzbischof Ferdinand von Khuenburg berief die erste Zusammenkunft für den 12. März 1723, bei der die Kommission bestellt wurde, und auf einer späteren Sitzung am 16. März wurden die Hinweise von Rom erörtert. Die Anhörung der Zeugen wurde in der Kapelle des erzbischöflichen Palastes vorgenommen und zog sich vom 8. April 1723 bis zum 9. Februar 1725 hin. Durch diese Verzögerung war es nötig, von Rom eine Terminverlängerung zu erbitten. Insgesamt wurden 54 Zeugen vernommen. Zwanzig von diesen sagten schon beim ersten Prager Prozeß der Seligsprechung aus, elf beim zweiten, drei bei beiden Prozessen, 20 Zeugen waren neu. Den Heiligsprechungsprozeß beschleunigte nicht nur die Anteilnahme bedeutender Persönlichkeiten, sondern auch günstige Voraussetzungen, welche nach dem Tod von Papst Innozenz XIII. entstanden. Die Persönlichkeit des neuen Papstes Benedikt XIII., eines Dominikaners, der am 29. Mai 1724 das Pontifikat antrat, hatte große Bedeutung für die Mehrung des Gottesdienstes; während seines Pontifikats hat er 360 Kirchen und 1494 Altäre geweiht. Gerne nahm er Priesterweihen vor, erteilte das Sakrament der Kommunion selbst als Papst und war ein Freund langer liturgischer Zeremonien, wodurch oft nötige administrative Angelegenheiten hintanstehen mußten. Wie wenige Päpste vor ihm hat er stets auf die große Bedeutung, die die Heiligen für die Kirche haben, hingewiesen. Der Papst nahm nicht nur eine Reihe von Seligsprechungen vor, sondern auch viele Kanonisationen. Allein im Dezember 1726 hat er bei drei verschiedenen Anlässen die Heiligsprechung von Erzbischof Toribia Mogrobeja, Jakuba von Mark, Anna von Montepulciano, Franz Solanus, Pellegrin Laziosi und Johannes vom Kreuz und am letzten Tag im Jahre die von Aloysius Gonzaga und Stanislaus Kostka vorgenommen. Aus dieser Haltung des Papstes war anzunehmen, daß er die Bemühungen um die Heiligsprechung des Johannes von Nepomuk unterstützen würde, was er auch tat. Im Verlauf des Prozesses hat die Prager Kommission aus acht wundersamen Vorgängen vier als Wunder anzusprechende Vorgänge ausgewählt. Als größtes Wunder nahm man die Unversehrtheit der Zunge des Johannes von Nepomuk an. Die Zunge wurde erneut am 27. Januar 1725 in der Kapelle des hl. Wenzel geprüft. Außer den Mitgliedern der Kommission waren noch anwesend die berühmten Ärzte Prof. Johann Franz Löw von Erlsfeld und Dr. Sebastian Fuchs, welche schon im Jahre 1715 bei der Öffnung des Grabes und der Auffindung der Zunge dabei waren. Im Beisein von weiteren drei Ärzten wurde aus dem kostbaren Reliquiar die Zunge entnommen; sie war trocken und grau. Ihre Authentizität wurde durch einen Gegenstand, der im Grab gefunden wurde, beglaubigt. In kürzester Zeit begann die Zunge zu schwellen, und im Verlauf einer Stunde war sie zu drei Viertel ihres Volumens aufgelaufen, so daß sie nach Meinung der anwesenden Ärzte die Farbe und Eigenschaft einer lebenden Zunge hatte. Darum schlugen alle Anwesenden einstimmig vor, aufs neue zu verkünden, daß es sich tatsächlich um eine menschliche Zunge handle, die sich durch einen unerklärlichen Vorgang, ohne Spuren einer Balsamierung zu finden, in aller Frische erhalten habe. Ein weiteres Wunder, welches aufs neue überprüft wurde, war das der unerklärlichen Gesundung der Theresia Veronika Krebs aus Mejnov im Jahre 1701. Diese verstarb allerdings schon am 28. Februar 1717, sagte aber im Seligsprechungsprozeß mit weiteren Zeugen, d.h. ihren Ärzten, die jetzt noch am Leben waren, folgendes aus: Der Daumen ihrer linken Hand wurde durch einen Schlag verstaucht, die Hand wurde zusehends lahm, die Schulter verkümmerte, die Faust konnte sich nicht öffnen, und die Muskulatur starb ab. Man erwog eine Amputation der Hand, um das Leben zu retten. Theresia rief Johannes von Nepomuk oftmals an, der damals noch nicht seliggesprochen war, und nach der dritten Annahme der Eucharistie im Gottesdienst zu seinen Ehren kam die ursprüngliche Kraft und Muskulatur in die linke Hand zurück, und diese war wieder so wie ihre rechte Hand. Der dritte Fall war die unerklärliche Rettung der sechseinhalbjährigen Rosalia Hodanec aus Strakonitz, die am 22. Februar 1718 in das eisige Wasser unter das Mühlrad fiel. Durch die Anrufung des Heiligen wurde sie vor dem Ertrinken, Erfrieren und Erdrücken errettet. Beim Prozeß sagten nicht nur ihre Eltern, sie selbst als Minderjährige, sondern auch viele Augenzeugen aus. Außer den Wundern hatte die Kommission die Aufgabe, auch die einzelnen historischen Aufzeichnungen über Johannes von Nepomuk, seine schon lange bestehende Verehrung zu bestätigen. Bei der 7. Sitzung am 25. Februar 1725 begann die Verlesung der Protokolle, und die Abschriften wurden Wort für Wort mit den 2887 Seiten des Originals verglichen. Dieses dokumentarische Material wurde mit einem Begleitschreiben des Erzbischofs Khuenburg in eine Schachtel gelegt, mit den Siegeln der Kommissionsmitglieder versehen und durch den erzbischöflichen Kanzler Johann Frick nach Rom gebracht. Gleichzeitig ging ein Schreiben an Papst Benedikt XIII. ab, in dem dieser gebeten wurde, den Heiligsprechungsprozeß in Rom einleiten zu lassen. Nach der Ankunft von Johann Frick in Rom stellte man fest, daß während der Reise die Siegel der äußeren Hülle beschädigt wurden, jedoch die inneren Siegel unverletzt blieben. Am 30. Juli erlaubte Benedikt XIII. die Öffnung des Dokumentationsmaterials. Ponens dieses Heiligsprechungsprozesses in Rom war schon früher Kardinal Friedrich von Althann. Diese Betrauung war sicherlich nicht zufällig, stammte doch Althann aus den böhmischen Landen, studierte in Olmütz und Breslau und war vom Jahre 1718 an Rektor an der Anima. Auf Wunsch Kaiser Karls VI. wurde Althann am 29. November 1719 zum Kardinal ernannt. Dem Kaiser erwies er sich wieder dankbar, indem er nach dem Tod Klemens' XI. 1721 beim Konklave für den nächsten Papst gegen einen dem Kaiser nicht genehmen Kandidaten erfolgreich sein Veto einlegte. Zu Johannes von Nepomuk hatte Althann eine tiefe persönliche Beziehung, denn sein Onkel Michael Althann wurde bei einem Balkoneinsturz in Rom durch die Anrufung des Johannes von Nepomuk wie durch ein Wunder gerettet, während andere ums Leben kamen oder schwere Verletzungen davontrugen. Sein Neffe ließ dann aus Dankbarkeit an der Milvischen Brücke eine Nepomuk-Statue errichten. Doch als die letzte Phase der Kanonisation einsetzen sollte, war Graf Althann Vizekönig von Neapel. Damit der Vorgang keine Verzögerung erleide, wurde am 23. September 1725 einstweilen Kardinal Alvaro Cienfuegos eingesetzt, eine gleich gut geeignete Person für diese Aufgabe. Er war Jesuit, Theologe, Hagiograph, im Spanischen Erbfolgekrieg in Lissabon Gesandter Kaiser Joseph I., aber nach dem Sieg von Philipp V. konnte er nicht mehr nach Spanien zurück, so daß ihn Karl VI. nach Wien berief und mit diplomatischen Aufgaben in den habsburgischen Landen betraute. Im Jahre 1720 erreichte Karl VI. für ihn den Kardinalshut, obwohl Klemens XI. dagegen war, einen dritten Kardinal aus dem Jesuitenorden zu ernennen. Zuletzt wurde Cienfuegos Gesandter und Vertrauter des Kaisers in Rom. Benedikt XIII. hat den Kardinal sicherlich aus dem Grund als Stellvertreter Althanns ernannt, da er sich damit dem Kaiser dankbar erweisen konnte, dem ja an der Kanonisation des Johannes von Nepomuk sehr viel lag. Inzwischen wurde Dr. Johann Frick nach Prag zurückberufen, und nach Rom kam als Postulator der Kanonikus Rudolf von Sporck. Papst Benedikt XIII. gab auf Bitte des Postulators, damit der Prozeß rascher voranschreite, die Dispens, daß Zweifel über die Gültigkeit des Diözesan- und des apostolischen Prozesses in den Sitzungen behandelt werden, ohne Beisein von Beratern. Daß der Wunsch vorlag, rasch zu handeln, davon zeugt der Umstand, daß am 3. August 1726 Kardinal Franz Barberini die Sitzungen leitete, da Kardinal Cienfuegos verhindert war. Nach Anhörung des Glaubensverteidigers wurde die Gültigkeit der vorangegangenen Prozesse einstimmig bekräftigt, und der Papst bestätigte am 21. August den Entscheid. Das Prager Domkapitel schickte an Kanonikus Sporck regelmäßig Geldbeträge zur Bezahlung der nötigen Schreiber und Advokaten. Auch Kaiser Karl VI. wies seinen Gesandten in Rom an, nötige Auslagen zu decken, jedoch sollte in Prag niemand davon erfahren. Schon im Frühjahr 1726 verlangte der Prozeßverteidiger Franchelucci, daß man ihm Nachricht gebe, sollte eines der Wunder nicht anerkannt werden oder wenn sich in der Zwischenzeit ein neues ereignen sollte. Gleichzeitig gab er zu verstehen, daß sich der Prozeß zumindest eineinhalb Jahre hinziehen werde, da der Papst und Kardinal Cienfuegos vorhatten, im Sommer 1726 nach Benevent zu fahren. Zu Pessimismus sollte aber kein Grund sein, da der Papst selbst den Wunsch geäußert hatte, daß die Heiligsprechung möglichst bald erfolgen sollte. Damit die finanziellen Lasten des Vorgangs nicht zu hoch werden, schlug Kardinal Cienfuegos vor, daß der selige Johannes von Nepomuk gemeinsam mit anderen Seligen heiliggesprochen werde. Man dachte damals, daß sich die Kanonisation des Johannes von Nepomuk mit der Heiligsprechung der Margarethe von Cortona und der Juliana Falconieri verbinden ließe. Der Prager Erzbischof Khuenburg wünschte sich eine separate Handlung für Johannes von Nepomuk, willigte aber dann doch in eine gemeinsame Feier ein. Kanonikus Sporck befaßte sich schon mit dem Ankauf eines Gerüstes, das vorher in St. Peter bei einer Heiligsprechung verwendet wurde, und mit der Gestaltung der bildlichen, figuralen Darstellung des künftigen Heiligen. Unterdessen hatte in Rom jemand in italienischer Sprache ein Buch herausgegeben, in dem gefordert wurde, daß bei einem so lange zurückliegenden Martyrertum auf die Anhörung zeitgenössischer Zeugen verzichtet werden möge. Die Kardinalskommission, die sich mit der Frage des Martyrertums zu befassen hatte, ließ das Buch beschlagnahmen, damit der laufende Prozeß nicht unnötig verzögert werde. Auf Verlangen des Postulators griff der Papst mit einer Entschließung vom 10. September 1727 in den Prozeß ein mit der Begründung, daß Einwände gegen das Martyrertum und seine Ursache nur von einem fünfköpfigen Kardinalskollegium untersucht werden dürfen. Die Arbeit des Kollegiums sollte im Beisein des Sekretärs der Zeremonienkongregation, Erzbischof Tedeschi, und des Glaubensverteidigers, Erzbischof Prosper Lambertini, vor sich gehen. Am 9. Januar 1728 traten im Palais des Kardinals Orighi fünf Kardinäle, Cienfuegos, Orighi, Belluga, Salerno und Pipia, zusammen, um die Frage zu prüfen, ob im Falle des Johannes von Nepomuk tatsächlich von einem Martyrertum zu sprechen wäre und ob zu diesem auch Anlaß war. Den einstimmigen positiven Entschluß bestätigte der Papst am 12. Januar. Die rasche Handlungsweise erweckte in Kanonikus Sporck große Freude und Hoffnung, daß es nur mehr einer Entscheidung bedürfe, um zur baldigen Kanonisation zu schreiten. Papst Benedikt XIII. hatte denselben Wunsch, da er dem seligen Johannes von Nepomuk große Verehrung entgegenbrachte, und als man dem Heiligen Vater die neuen Bilder von Johannes von Nepomuk zeigte, brachte er diese durch das Küssen der Bilder zum Ausdruck. Der Papst drängte auf raschen Fortgang, wollte er doch die Heiligsprechung gleichzeitig mit der der Margarethe von Cortona vornehmen, und diese war auf den 17. Mai anberaumt. Es war aber nicht möglich, den Prozeß noch mehr zu beschleunigen, obwohl auch der Kaiser drängte. Zur Entscheidung über die Wunder war die Aufarbeitung eines umfangreichen Materials nötig. So entstand eine neue schriftliche Zusammenstellung über vier Wunder auf der Grundlage der Prager Protokolle. Gleichzeitig wurden die Errettung des Gesellen Wenzel Buschka vor dem Ertrinken im Jahre 1722 und die Verschonung des Städtchens Nepomuk von der Pest im Jahre 1680 als Wunder nicht anerkannt. Aus Neapel zurückgekehrt, nahm Kardinal Althann aufs neue die Bearbeitung des Kanonisationsprozesses auf. Am 28. September 1728 leitete er eine vorläufige vorbereitende Versammlung, welche sich mit der Prüfung der Wunder befaßte. Über deren Verlauf wurde aber Kanonikus Sporck nicht informiert. Die richtige vorbereitende Versammlung fand am 7. Dezember statt. Der Glaubensverteidiger Lambertini stellte eine Reihe von Einwänden auf, welche beantwortet und entkräftet werden mußten. Vor allem galt sein Einwand der Tatsache, daß die für die Heiligsprechung angeführten Wunder alt sind und daß nur jene gelten sollten, die nach dem 31. März 1721 geschehen sind, und das war nur ein einziges, nämlich das Zungenwunder vom Jahre 1725. Die Unversehrtheit der Zunge sei auch beim Jesuitenpater Ludwig Medin festgestellt worden, und dennoch sei bei diesem kein Kanonisationsprozeß eingeleitet worden, außerdem ginge aus den Aussagen der Ärzte im Jahre 1715 keineswegs hervor, daß es sich um eine wirkliche Zunge handle. Auch der Lehm, in dem die Zunge eingeschlagen war, wurde damals nicht untersucht, doch gerade er konnte der Zunge die Farbe einer lebendigen Zunge geben. Auch das Anschwellen der Zunge konnte damals – im Jahre 1725 – entweder durch Berührung, durch die Wärme der Kerzen oder sogar durch Bildtäuschung der Anwesenden entstanden sein. Diese Einwände wurden von den römischen Professoren der Medizin Assalti und Cocchi entkräftet mit der Begründung, daß Schwellungen muskulöser Körperteile nur bei einem lebenden Körper entstehen können, was ja in diesem Falle nicht zutrifft. Lambertini meinte weiter, daß die Erhaltung der Zunge und ihre Schwellung als *ein* Faktum zu betrachten wären. Einwände gegen zwei weitere Wunder wurden ebenfalls entkräftet. Die letzte Plenarsitzung über die Wunder sollte im Beisein des Papstes am 11. Januar 1729 stattfinden. Nach dieser Sitzung konnte man auf eine baldige Heiligsprechung hoffen. Für die Mitglieder der Kommission wurde ein in lateinischer Sprache gedrucktes Memorandum angefertigt, in dem alle Begebenheiten und der Tod des Johannes von Nepomuk zusammengefaßt waren. Diese Daten wurden dann auch unverändert in die Kanonisationsbulle aufgenommen und dekken sich mit den Lebensbeschreibungen des Johannes von Nepomuk, die von Bohuslav Balbín und seinen Zeitgenossen stammen. In diesen Lebensbeschreibungen wurde besonders auf die Legende von den Sternen, die über dem toten Leib in der Moldau aufschienen, weiters auf die große Verehrung, die man Johannes von Nepomuk entgegenbrachte, seine Seligsprechung, das Zungenwunder hingewiesen. Bei der Zusammenkunft im päpstlichen Palais am 11. Januar standen 17 Kardinäle und 22 Räte vor Benedikt XIII. Zur Entscheidung stand die Frage, was über Zeichen und Wunder in diesem Prozeß bekannt ist. Nach vierstündiger Beratung wurden alle vier Wunder als solche anerkannt, aber der Papst behielt sich eine Bedenkzeit vor zu seinem Entschluß, mit dem Hinweis, daß er in einer so ernsten Angelegenheit um den Beistand Gottes bitten wolle. Seinen endgültigen Entschluß teilte er dann anläßlich eines Festgottesdienstes in St. Peter am 18. Januar dem Glaubensverteidiger, Erzbischof Cavalchini, und dem Sekretär der Zeremonienkongregation, Erzbischof Tedeschi, mit. Aus den ihm, dem Papst, vorgelegten Verhandlungsergebnissen über die Zeichen und Wunder bestimmte er, daß die unversehrte Zunge und ihre unerklärliche Anschwellung als Wunder zweiten Grades gelten sollen, die rasche Handheilung der Theresia Krebs sowie die Errettung vor dem Ertrinken des Mädchens Rosalia Hodanec als Wunder dritten Grades. Weiters bestimmte der Papst, daß über die Wunder unverzüglich ein Dekret verfaßt werde und am 16. Mai eine Papstmesse zu Ehren des Johannes von Nepomuk abzuhalten sei. Sein Wunsch war es auch, daß die Kanonisation möglichst bald zu erfolgen habe, da er schon im April nach Benevent verreisen wolle. Die letzte Zusammenkunft der Kardinäle vor dem Papst fand am 15. Februar 1729 statt. Es war lediglich der letzte Entschluß zu fassen, ob nach der Feststellung der Martyrerschaft und der Beglaubigung der vier Wunder zur Heiligsprechung geschritten werden kann. Es ging hier um den seliggesprochenen »aequipollenter« mit vier beglaubigten Wundern, obwohl zwei Wunder genügen würden. Als besondere Gründe zur Heiligsprechung wurden angeführt, daß es sich um den ersten Martyrer des Beichtgeheimnisses handelt, ferner die Flammen um den Leib des Toten und die Unversehrtheit der Zunge. Alle diese Hinweise waren durch die Kleriker Franchelucci und Giovanni Prunetti in einer Druckschrift für die Versammlung vorbereitet worden. Nach alldem verkündete der Glaubensverteidiger, Erzbischof Cavalchini, daß von seiner Seite kein Einwand gegen die Heiligsprechung bestehe, und Papst Benedikt XIII. bestätigte schon am nächsten Tag den Beschluß der Kommission. Prosper Marefoschi, Kardinalvikar von Rom, gab am 8. März 1729 eine gedruckte Bekanntmachung heraus, in der kundgetan wurde, daß der Papst den allgemeinen Ablaß erteile, wenn in einer der drei Basiliken vor dem ausgestellten Allerheiligsten die Gläubigen Gebete verrichten, damit Gott den Papst in einer so schwierigen Entscheidung erleuchte. Die Aussetzung des Allerheiligsten fand statt vom 12. bis 14. März in der Lateranbasilika, vom 14. bis 16. März in St. Peter, schließlich bis zum 18. März in Santa Maria Maggiore. Unterdessen fand im Apostolischen Palais ein halböffentliches Konsistorium statt, welches sich weiter mit der Frage der Kanonisation befaßte und bei dem auch der Papst anwesend war. Die Kardinäle waren in Anbetracht, daß es Fastenzeit war, in violetten Cappas erschienen. Anwesend waren weiter alle in Rom weilenden Bischöfe, die apostolischen Protonotare und der Prokurator der päpstlichen Kammer. Das Konsistorium eröffnete der Prokurator Ludwig di Valenti, er gab eine Lebensbeschreibung des zu Kanonisierenden, wies auf die große Verehrung hin, die ihm allseits und auch von Majestäten entgegengebracht wurde, verglich das Zungenwunder mit dem des Antonius von Padua und erwähnte das Verlangen der ganzen christlichen Welt nach einer Heiligsprechung. Auch der Papst ergriff kurz das Wort mit der Aufforderung an die anwesenden Kardinäle und Bischöfe, ihre Meinung kundzutun. In der Kundmachung des Konsistoriums sind auch die Bischöfe aufgefordert, in kurzer Form schriftlich ihr Votum abzugeben. Heute sind im Archiv der Lateranbasilika noch sieben dieser unterschriebenen Voten aufbewahrt. Der spanische Kardinal Belluga verglich Johannes von Nepomuk mit dem hl. Tarcisius, der für das Geheimnis der Eucharistie den Martyrertod erlitt, während Johannes der erste Martyrer des Beichtgeheimnisses sei und das Zungenwunder ein Beweis für die Richtigkeit der Ohrenbeichte, die von der Reformation abgelehnt wird. In ähnlichem Sinn sind auch die Voten von Kardinalvikar Prosper Marefoschi, Titularerzbischof von Nicosia Rainer Felix Simonetti, Bischof Franz de Vico und Kanonikus Augustin Nikolaus Olivieri gehalten. Das interessanteste unter den erhaltenen Schriftstücken ist das des Titularerzbischofs Theodosius Anton Franz Valenti, Auditor der Rota. In diesem in klassischem Latein abgefaßten Votum vergleicht er das Leben des Johannes von Nepomuk mit dem Johannes des Täufers, des Patrons der Lateranbasilika, und weist darauf hin, daß in dieser der Heiligsprechungsprozeß stattfindet. Am Schluß des Konsistoriums ergriff der Papst nochmals das Wort und verfügte, daß ein Protokoll anzufertigen sei, das alle Prälaten bestätigen sollten. Nach dem Konsistorium, in dem nun die Kanonisation erfolgte, wurden die Vorbereitungen für den festlichen Tag getroffen. An den Kirchentüren wurde die Bekanntmachung des Kardinalvikars angeschlagen, wonach der Ablaß denjenigen erteilt würde, die an der feierlichen Prozession für den Heiliggesprochenen teilnehmen. Dies geschah am Tage des hl. Josef, und denen, die durch Krankheit, Gefängnis oder Klausur an den Feierlichkeiten verhindert sind, wurde aufgetragen, kniend Gott für den neuen Heiligen zu danken. Das Ende der Feierlichkeit wurde durch Glockengeläute und Kanonensalut von der Engelsburg angezeigt. An die Teilnehmer des feierlichen Aktes erging die Aufforderung, sich ruhigen und bescheidenen Auftretens zu befleißigen. Am Vortag der Kanonisation brannten in den Häusern der Kardinäle und auch in privaten Gebäuden Kerzen als Zeichen der Freude über einen neuen Heiligen. Gleichfalls am Vorabend begab sich der Papst in den Lateranpalast, wo er nächtigte. Nach den Aufzeichnungen eines Kanonikus der Lateranbasilika war aber anläßlich einer Festmesse, die der Papst dort am 6. Januar 1729 zelebriert hatte, entschieden worden, daß die Heiligsprechung am 21. Januar 1729 vor sich gehen sollte. Weiters habe er, der Papst, die Absicht, in der Basilika eine Kapelle und einen Altar auf seine Kosten zu Ehren des Johannes von Nepomuk errichten zu lassen. Das Domkapitel von St. Peter versuchte, den Papst dahin zu bewegen, die Kanonisation in St. Peter vorzunehmen. Papst Alexander VII. hatte nämlich mit einem Dekret vom 27. September 1659 verfügt, daß die bei einer Heiligsprechung verwendeten Gewänder und Altartücher im Werte von 1000 Gulden, bei einer Seligsprechung 500 Gulden, der Sakristei von St. Peter zufallen sollten, außerdem auch den Kanonikern eine bestimmte Summe. Benedikt XIII. ließ also den Text eines Motuproprio vorbereiten, wonach diesmal 1000 Scudi der Lateransakristei zufallen sollten und den Kanonikern der in St. Peter übliche Betrag auszuzahlen sei, mit der ausdrücklichen Betonung, daß damit der Entschluß Alexanders VII. nicht berührt wird. Durch die Änderung seines Entschlusses fand die Veröffentlichung des Motuproprio nicht statt, und die Summe wurde für die Errichtung zweier Altäre zu Ehren des Johannes von Nepomuk und des Bischofs Barbata von Benevent in der Basilika verwendet. Nachdem vom 6. Januar an zur Ausschmückung der Basilika nicht mehr viel Zeit blieb, nahm sich dieser Aufgabe der Kanoniker Graf Sporck an. Zu seiner Verfügung standen Summen bereit, die durch einen Aufruf Karls VI. aus dem Klerus und den Gläubigen von Böhmen, Mähren und Schlesien zusammenkamen, insgesamt die beachtliche Summe von 90 583 Gulden und 56 Kreuzern. Noch vor der Kanonisation schrieb der Kaiser seinem Gesandten nach Rom, wenn es an Geld mangeln sollte, so werde er für die fehlende Summe aufkommen, aber man solle von seinem Anerbieten in Prag nichts erfahren. Im Auftrag von Kanonikus Sporck verfaßte der Jesuit Franz Galucci eine neue Lebensbeschreibung, welche in der Druckerei am Corso Sciarra verfertigt wurde. Nach dem festlichen Umzug wurden auch Erinnerungsbilder an Johannes von Nepomuk nach einem Entwurf von Augusto Masucci angefertigt. Auch der Papst wünschte sich für die auf seine Kosten zu errichtende Kapelle in der Lateranbasilika eine Darstellung des Johannes von Nepomuk, wie er vor der Mutter Gottes kniet, und setzte eine Summe von 3000 Scudi dafür aus. Kardinal Althann schlug dagegen vor, Prag möge diese Summe bezahlen. Es mußte auch an die Geschenke gedacht werden für alle jene Persönlichkeiten, die sich um die Heiligsprechung verdient gemacht hatten. Prosper Lambertini, mittlerweile Kardinal und Erzbischof von Bologna, bekam eine Meßgarnitur für ein Pontifikalamt. Die größten finanziellen Aufwendungen waren aber für den festlichen Ablauf der Heiligsprechung notwendig. Papst Benedikt XIII. verbrachte mehrere Tage im Lateranpalast, um bei dieser Gelegenheit alle bisher noch nicht geweihten Altäre im Palast und auch in der nahen Sancta Sanctorum zu weihen. Ein bedeutendes Vorhaben war die würdige Ausschmückung der Basilika, welche von Graf Sporck organisiert wurde und ihn bei dieser Gelegenheit mit den damals bedeutendsten Künstlern in Rom in Kontakt brachte. Der Verfasser der Chronik des Ablaufs der Festlichkeiten betont, daß in dieser kurzen Zeit soviel Arbeit geleistet wurde, die wohl auch auf das ästhetische Empfinden und die künstlerische Begabung von Graf Sporck zurückzuführen sei. Für den festlichen Ablauf der Kanonisation war es auch notwendig, eine besondere Fassade am Haupteingang der Lateranbasilika aufzuführen. Über dem Haupteingang wurde das Wappen Benedikts XIII. angebracht, getragen von zwei Säulen mit Posaunenengeln, unter diesen das Wappen des Prager Domkapitels; rechts davon waren das Kaiserwappen, links das des Königreiches von Böhmen angebracht. Über alldem war ein Wolkengebilde, in dem der zu kanonisierende Heilige stand, der in seinen neuen himmlischen Stand von Johannes dem Evangelisten und Johannes dem Täufer eingeführt wird. Die Ausschmückung der Fassade vervollständigte eine Anzahl von Engelsputten, die Schriftrollen trugen, im Inneren der Basilika überwog roter Damast. Die an den Säulen des Hauptschiffs angebrachten Medaillons und die über diesen in lateinischer Sprache abgefaßten Spruchbänder erläuterten Begebenheiten aus dem Leben des Heiligen, welche der Allgemeinheit bekannt waren. Der ganze Dom war ausgeschmückt mit Vorhängen aus rotem Damast, dieser wieder mit Goldspitzen benäht. Rechts stand die Tribüne für die fürstlichen Damen, zwischen ihnen, erhöht, war der Sitz für die englische Königin. (Es handelt sich um Maria Klementina Sobieska, Gemahlin James' III. Stuart, Prätendent des englischen Thrones, der seit 1715 in Rom und Tivoli lebte.) Die Säulen der Tribüne waren geschmückt mit chinesischer Seide, und in 63 Kristall-Lüstern entlang der Tribüne brannten fünfpfündige Kerzen. Der Papstthron war in der Mitte der Basilika aufgestellt, und der Aufgang zu ihm erfolgte über elf Stufen. Über dem Papstthron war ein Baldachin, getragen von Säulen, an denen neben dem päpstlichen Wappen Skulpturen angebracht waren, die die Tugenden der Stärke, des Mutes und der Treue symbolisieren sollten. Die erstere war eine Arbeit des römischen Bildhauers Giovanni Battista Maini, die zweite stammte von Giuseppe Rusconi. Über alldem war mit zwei vergoldeten Engeln in einem Strahlenkranz die Taube als Symbol des Hl. Geistes. Der Altar, wo die Häupter der Apostel Petrus und Paulus ruhen, war voll mit brennenden Kerzen und geschmückt mit Samt und goldenen Spitzen. Hinter dem Altar auf der linken Seite des päpstlichen Thrones war die Kanonisationsstandarte des Heiligen aufgezogen, gemalt von Vicinelli. Über dem Baldachin des Hauptaltars war ein Marienbild angebracht. Zwischen den einzelnen Säulenbogen des Domes waren Girlanden von Blumen, und von diesen hingen unzählige Kristalltropfen herab, die das Wasser und den Tau symbolisieren sollten. Auch die Skulpturen der in den Nischen postierten zwölf Apostel waren reich mit Blumen und Palmzweigen geschmückt. Unter dem ersten Dombogen sah man, auf fünf Pfeilern versinnbildlicht, die Strafen derer, die das Grab des Heiligen entehrt und auch die vielen Wunder geschmäht hatten, die Johannes von Nepomuk vollbracht hatte. Am Tag der Heiligsprechung, schon am frühen Morgen, waren viele Schaulustige zur Lateranbasilika gekommen. Da aber regnerisches Wetter herrschte, fand der Umzug nur vom Hof des Lateranpalastes in die Basilika statt. An diesem feierlichen Umzug nahmen Angehörige der römischen Klöster, Kanoniker, die päpstliche Garde, Beamte der weltlichen und kirchlichen Institutionen, Advokaten des päpstlichen Konsistoriums, päpstliche Kapläne und jene, die die päpstliche Tiara und Mitra trugen, teil. Weiters auch alle Ehrenkämmerer, Sänger, Musikanten und schließlich in den typischen roten Rochetts die Seminaristen des Collegium Germano-Hungaricum, die das Bild des Johannes von Nepomuk trugen. Anschließend kamen höhere Beamte und Prälaten der Kurialämter, infulierte Äbte und Bischöfe mit einem Prozessionskreuz, Kerzen und Weihrauch. Die Bischöfe waren in weiße Pluviale gekleidet und trugen Kerzen. Ähnlich gekleidet waren 36 der anwesenden Kardinäle, welchen erlaubt war, statt der violetten Fastenfarbe das Kardinalsrot anzulegen als Zeichen der Freude über die Heiligsprechung. Am Ende dieser Prozession trug man den Papst auf einem Thron, auch er mit dem Pluviale angetan und einer Kerze in der Hand. Als sich die Prozession dem geschmückten Haupteingang der Basilika näherte, ertönte vom Eingang des päpstlichen Palastes der Hymnus »Ave Maris Stella«, den dann die anderen Sänger weitersangen. Gerade an diesem Tag war aber der Papst krank, und es kostete ihn große Mühe, die lange Zeremonie durchzuhalten. Nach dem Eintritt in die Basilika verneigte sich der Papst zuallererst vor dem Allerheiligsten und nahm dann auf dem festlich geschmückten Thron Platz, um die Zeremonie einzuleiten. Nun trat der Prokurator, Kardinal Althann, zusammen mit dem päpstlichen Zeremoniär und Konsistoriumsadvokaten Ludwig di Valenti vor den Heiligen Vater. Während die anderen standen, las der Advokat kniend die vorgeschriebene

Formel: »Beatissime Pater! Reverendissimus Cardinalis Michael Fridericus ab Althan hic praesens instanter petit per Sanctitatem Vestram Catologo Sanctorum Domini nostri Iesu Christi adscribi et tamquam Sanctum ab omnibus Christifidelibus pronunciari venerandum beatum Ioannem Nepomucenum Presbyterum et Martyrem.« Der Papst gab durch den Sekretär, Monsignore Majelli, die Antwort, daß er in einer so bedeutsamen Angelegenheit die Hilfe Gottes erbitte. Dann stieg er vom Thron, betete leise, währenddessen die Litanei zu allen Heiligen gesungen wurde, mit Auslassung des Namens Johannes von Nepomuk. Auf die wiederholte Bitte von Kardinal Althann, »instanter et instantius«, knieten alle zum Gebet nieder, und der Papst intonierte das »Veni Creator«. Auf die dritte Bitte »instantissime« stand Benedikt vom Throne auf und sprach mit lauter, verständlicher Stimme die Kanonisationsformel. Nachfolgend rief Kardinal Althann die apostolischen Protonotare, damit vom Geschehenen ein amtliches Protokoll angefertigt werde, und bat den Papst, er möge anordnen, daß eine Kanonisationsbulle ausgestellt und diese bestätigt werde. Benedikt XIII. stieg dann vom Thronsessel, um vor dem Altar ein festliches Tedeum anzustimmen, und unter Trommelwirbel und Trompetenschall setzten die Sänger fort. In der Stadt Rom läuteten die Glocken, und von der Engelsburg tönten die Salven der Geschütze zum Zeichen der Freude über den neuen Heiligen. Nach dem Ende des Gesanges stimmte der Kardinal-Protodiakon den Bittgesang an den neuen Heiligen an, und der Papst beendete mit einem liturgischen Gebet den Kanonisationsakt. Gekleidet in Meßgewänder zelebrierte er eine Messe zu Ehren des hl. Josef, aber in dieser sprach er auch ein Gebet für Johannes von Nepomuk. Nach dem Credo traten drei Kardinäle, Mitglieder der Zeremonienkongregation, zum Papst, um ihm die vorgeschriebenen Gaben darzubringen, die gewohnheitsmäßig bei einer Kanonisation übergeben wurden. Dies waren zwei sechzigpfündige Kerzen mit dem Bild des Heiligen und dem päpstlichen sowie dem Prager Kapitelwappen. Weiters zwei Laib Brot, ein Laib vergoldet, der andere versilbert, mit dem Khuenburgischen Wappen, außerdem zwei Fäßchen Wein. Das vergoldete Fäßchen mit rotem, das versilberte mit weißem Wein, beide auch mit diesem Wappen versehen. Nach der Messe erteilte der Papst den Anwesenden den Ablaß. Beim Gesang des Confiteor wurde der Gesamtheit der Heiligen der neue Name Johannes von Nepomuk angefügt. Die Kanonisationsfeier dauerte sechs Stunden, und unter dem Beifall des römischen sowie ausländischen Adels und einer großen Menge Volkes trug man Benedikt XIII. in die Sakristei, womit alles ein Ende fand. Noch am selben Tag unterschrieb der Papst mit weiteren 36 Kardinälen die Bulle. Diese beginnt mit den Worten »Christus Dominus«, den Angaben über den Vorgang der Heiligsprechung und der Beglaubigung der Abschriften. Kanonikus Rudolf von Sporck nahm an der Kanonisation schon als Prager Weihbischof teil. Seine Weihe als Titularbischof von Adrat fand am 27. Januar statt. Am 14. Mai 1729 schrieb er noch einen letzten Brief an das Prager Kapitel, mit dem er ein besonderes Offizium zu Ehren des neuen Heiligen und auch ein besonderes Meßformular erreichen wollte.

Erstmals veröffentlicht in Kat. 1979, S. 33–42.

Die meisten der hier benützten handschriftlichen und gedruckten Dokumente über die Heiligsprechung sind in einem Band des Archivs der Basilika San Giovanni in Laterano in Rom zusammengebunden (Kat. 47).

Literatur: F.M. Galuzzi, Vita di San Giovanni Nepomuceno, Canonico della Metropolitana di Praga e Martire glorioso. Rom 1729. – Benedictus PP. XIV., De servorum Dei beatificatione et beatorum canonizatione, 2, 5, 8, 9. Rom 1707–1792. – A. Podlaha, Series praepositorum, decanorum, archidiaconorum aliorumque praelatorum et canonicorum s. Metropolitanae Ecclesiae Pragensis a primordiis usque ad praesentia tempora. Prag 1912 (Editiones Archivii et Bibliothecae S. E. Metropolitani capituli Pragensis, 10). – J. Lohninger, Die zwölf Cardinäle aus der Reihe der Anima-Rektoren. Rom 1912. – F. Stejskal, Svatý Jan Nepomucký, 1 u. 2. Prag 1921 u. 1922. – L. von Pastor, Geschichte der Päpste, 15. Freiburg i. Br. 1930 (italien. Ausgabe: Rom 1943). – Eubel-Ritzler-Seffrin, Hierarchia Catholica medii et recentioris aevi, 5. Passau 1952. – N. Huber, Österreich und der Heilige Stuhl vom Ende des spanischen Erbfolgekrieges bis zum Tode Papst Klemens XI. (1714–1721). Wien 1967. – Vives Gatell (Hrsg.), Diccionario de Historia Ecclesiastica de España, 1. Madrid 1972. – F. Seibt (Hrsg.), Bohemia Sacra. Düsseldorf 1974.

Alles hat seinen Preis – Die Abrechnung der Kosten für den Kanonisationsprozeß und die Heiligsprechungsfeier in Rom 1729

Johanna von Herzogenberg

Während der Vorbereitungen zur Jubiläumsausstellung »Johannes von Nepomuk, 1393/1993« wurde aus den schier unerschöpflichen Beständen der Bibliothek des Prämonstratenserklosters Strahov zu diesem Thema ein Faszikel wieder einmal ans Tageslicht geholt, das sich als eine Quelle ersten Ranges in vielerlei Hinsicht erweist. Es handelt sich um die handschriftliche »Berechnung. Waß zu Außführung des Process, und Canonization des Heyl Joannis Nepomuceni zu Rom an Wechßel-Geldern erhoben, und außgegeben worden. ab Anno 1725 Bieß 13. Junij Anno 1729« (Kat. 50).[1]

Dieses genau geführte Rechnungsbuch läßt uns sehr konkret verfolgen, was die Aktion über vier Jahre gekostet hat, wobei ein buntes Bild voll von köstlichen Einzelheiten abrollt, wie wir es für diese Epoche in einer solchen Gründlichkeit nur selten besitzen. Mein Beitrag kann nur einen ersten Überblick geben, der einige besonders wichtige oder reizvolle Stellen zitiert. Es wäre zu wünschen, daß dieses Rechnungsbuch veröffentlicht würde, ergänzt um weitere Quellen in Rom und in Prag, so daß wir den ganzen Umfang der Mühen und Kosten für die Erhebung zur Ehre der Altäre für unseren Heiligen kennen lernen würden.

Nach jahrzehntelangen Bemühungen um die Kanonisation des in Böhmen schon lange verehrten und unter die Landespatrone eingereihten Johannes von Nepomuk, war seit der Seligsprechung am 31. Mai 1721 nun alles auf dem besten Wege, daß er bald auch als Heiliger proklamiert werden sollte. Nach neuerlichen prozessualen Vorbereitungen rückte der Termin dann rascher als üblich näher, und das große Fest wurde am 21. März 1729 in Rom begangen, also nur acht Jahre später.

Von Prag aus wurden die Bemühungen kräftig unterstützt, nicht nur durch einzelne Personen, die für Monate in Rom weilten, sondern auch durch erhebliche finanzielle Aufwendungen. Jeder, der ein Fest vorbereitet – auch eine Ausstellung –, weiß, daß genügend Geld da sein muß, und daß es peinlich genau abzurechnen ist. Wir möchten entsprechend der Abrechnung, einer sauber geschriebenen Aufstellung »post festum«, zwischen den einzelnen »Rubriquen«, das heißt Sachkonten, unterscheiden und jeweils Beispiele bringen. Zwei Kapitel können voneinander abgegrenzt werden: Der Prozeß, mit der notwendigen Propaganda für den neuen Seligen und bald Heiligen – Bilder, Druckgraphik, Bücher – die festen amtlichen Abgaben, die Discretiones. Dann die Festlichkeit im Lateran, das heißt die eigentliche Heiligsprechung, wobei jetzt schon anzumerken ist, daß wir gerade hier eine Reihe von Künstlern kennenlernen, deren Anteil an den Festdekorationen bisher unbekannt war, und die um so wichtiger sind, weil eine Reihe von Kunstwerken nach Prag zu den großen Feiern im Oktober desselben Jahres transportiert wurden. Es konnten so einige wichtige Zuschreibungen bei Gemälden revidiert und der Anteil italienischer Künstler gesichert werden.

Die Abrechnungen beginnen mit den Einnahmen ab 17. Dezember 1725 und enden am 8. Juni 1729. Sie belaufen sich auf insgesamt 37100 Scudi. Diese wurden laufend bei Herrn Francesco Mazzoli »erhoben«, mit Ausnahme des Anfangsbetrages von 200 Scudi, für die Stefano Pallavicini eine Quittung erhält, und den 300 Scudi, welche am 23. Oktober 1727 der Sigr. Abbate Merenda der »Caße des Heyl. Joannis Nepomuceni« zuschießt. »Außgaaben, welche alleinig die Unkosten des Prozeß betreffen«: Hier interessieren natürlich die Namen jener Personen, die Geld bekommen und die uns durch ihren Einsatz für die Behandlung oder auch die Beschleunigung der »Causa« bekannt sind. Der erste Posten am 20. Februar 1726 beträgt 284 Scudi, welche »Sigr. Cosmo Antonio de Bernardinis, Sac: Rituum Congregationis Notario Vor abschreibung des gantzen Prozeß juxta Taxam« bezahlt wurden. Der Procurator des Prozesses, Sigr. Francheluzzi, erhält laufend Gelder, ebenso der Subpromotor, Sigr. Gioanni Zuccarini. Ebenfalls auf der ersten Seite erfahren wir die Höhe der »Regalien« an Wachs und Zuckerwerk, die »gebrauchligermaßen« den Monsignori Lambertini (der spätere Papst Benedikt XIV.) und Tedeschi sowie dem bereits genannten Herrn Francheluzzi »per il fer agosto« bezahlt werden. Es handelt sich um Rechte, die wohl als Gewohnheitsrechte bezeichnet werden können, da es sich sozusagen um einen Beitrag für einen der wichtigsten Feiertage in Rom, den 15. August, handelt. Es bekommen aber auch die Bedienten der verschiedenen Kardinäle und Monsignori ihren Anteil!

Einen beachtlichen Posten machen die sogenannten »Discretiones« aus. So nennt man ja noch heute in Österreich jene Gelder, welche die Benevolenz unterstützen oder eine Sache beschleunigen sollen. Wir finden auch Beispiele, wo es sich nicht einfach um Geld handelt, sondern um Geschenke, meist um silberne Gebrauchsgegenstände. Am 24. Oktober 1727 wird ein »silbernes Lavoir und Kandl«, das in Augsburg bestellt worden war, dem Monsignore Lambertini, dem wir schon begegneten, verehrt. Es war sicher ein besonders kostbares Präsent, denn Augsburger Silber war berühmt. Es hat 107 Scudi, 3 Paoli, 9 Bajocchi gekostet, dazu kam der Lohn für den Fuhrmann, der auch die Zollgebühren ausgelegt hatte, in Höhe von 1 Scudo, 7 Paoli, 2 Bajocchi. – Natürlich wurde auch in Rom eingekauft, so am 1. Juli 1727 zwei silberne Tafelleuchter »welche dem Sub-Promotori Fidei, Sigr. Zucharini, wegen Beschleunigung der zu verfertigen habenden Spolien zum praesent gegeben worden«. Beim ersten Durchblättern der Abrechnungen waren uns das silberne Barbierbecken mit dem Kännchen aufgefallen, das Mons. Cavalchini »anstatt der schuldigen Bezahlung« überreicht wurde, der die »Scriptures super miraculis« abgefaßt hatte. Die Garnitur war bei dem römischen Goldschmied Francesco de Martinis für 100 Scudi besorgt worden, Eintragung vom 3. Oktober 1728.

Unter einer eigenen Überschrift sind die Discretiones zusammengefaßt »welche nach genehmigter Canonization denen jenigen gegeben worden, die in denen darzu erforderlichen anstalten gearbeithet haben«. Hier treffen wir auf einen Prager, Pater Franz Retz SJ, »welcher mir durch 3 1/2 Jahr mit Tath und Ratt getreulich an die Hand gegangen, die emblemata und inscriptiones componiert ...«. Er bekam 75 Scudi. Es ist der damalige Assistent und spätere General des Jesuitenordens, der seit Kindertagen den heiligen Johannes verehrt hat. Am 13. Februar 1731 wird er den Vorschlag machen, den Heiligen zum Patron des Ordens zu wählen, insbesondere als einen Beschützer des guten Rufes. Die Gesellschaft Jesu befand sich damals in einer großen Krise, da von allen Seiten üble Verleumdungen das bisherige Ansehen und das Vertrauen zu der Societas Jesu erschütterten. Retz war am 30. November 1730 zum Ordensgeneral gewählt worden.[2] Nach Pater Franz Retz war es Fra Giacchino SJ, der sehr viel mehr Geld bekommt, nämlich 200 Scudi und das mit einer Begründung, die wir sehr wohl verstehen, war er doch »Director aller zu der Canonization erforderlich gewesten anstalten, wegen Vieler darbey gehabten fatigen, Sorgen und erlitten Verdrißlichkeiten«.

Interessant sind die Bemühungen, den neuen Seligen bekannt zu machen, und ihn in Bild und Schrift in Rom vorzustellen. Es werden immer neue Bilder gemalt und an hohe Würdenträger geschenkt, natürlich zuerst dem neuen Papst, Benedikt XIII., von dem man sich die baldige Heiligsprechung des Martyrers Johannes von Nepomuk erwartet. Zuerst ist es ein großer, auf »Tafet« gedruckter Kupferstich mit der Ansicht des Grabes des Johannes von Nepomuk, eingefaßt mit Goldspitze, welcher am 17. Januar 1728 überreicht wurde. Das war billig gegen das große Bild, das unmittelbar vor der Heiligsprechung am 14. März »Vor Ihro Päpstl. Heyl. gemahlet und praesentiert worden«. Francesco Trevisani[3] bekommt dafür 200 Scudi! Es ging aber vor allem um die Bekanntmachung in breiter Form und so wurden Kupferstiche in größeren Auflagen gedruckt, die dann entsprechend verteilt worden sind. Am 13. Februar 1728 sind es 1000 Blatt, samt Papier und Tinte für 11 Scudi, und im Heiligsprechungsjahr werden immer neue Stiche aufgelegt, vor allem bei den de Rossis, von denen wir drei kennen lernen: Girolamo, Dominico und Andrea. Letzterem verdanken wir auch die Darstellung der Feiern im Lateran, wie sie Ferdinand Reyff gezeichnet hat (Kat. 54, 55). Im März 1729 ist die Nachfrage besonders groß. So liefert Nicolao Burlenghi 1500 Exemplare, die teils einer gedruckten Vita des Heiligen beigebunden werden, teils »bey der Canonization außgetheilt worden«. Damals bekommt auch der aus Böhmen stammende Buchdrucker Natalini Komarek für 1000 Exemplare der Vita 28 Scudi und 8 Paoli (Kat. 49), am 10. Februar hatte er schon 50 Scudi »antecipirt«.

Kultur- und kunstgeschichtlich sind die »Außgaaben, welche zu Vollziehung des Canonizations-Actus, und in der Herbeyschaffung deren dazu benöthigten Praeparatorien haben geschehen müßen« besonders interessant. Wir finden eine nach Berufsgruppen geordnete Übersicht (Abb. 1), so daß genau belegt ist, wer alles zur Mitarbeit für das große Fest herangezogen wurde, und was die Handwerker und Künstler daran verdienten. Am teuersten kamen die »Paramenti Sacri«, die Kirchenausschmückung und die liturgischen Gewänder, die über und über mit Goldstickerei geziert waren. Maler und Zimmerleute und die Wachszieher waren die meistbeschäftigten und auch teuersten Fachleute. Es kommen hinzu: Zimmerleute, Vergolder, Festaroli oder Kirchenzierer, Banderaro oder Verfertiger der Bänder, Quasten und Spitzen, Bildhauer, Kaufleute (hier besonders Textilhändler), Tischler, Drechsler, Seiler, Zinngießer, Schlosser, Maurer, Buchbinder. – Gewiß sind dann in Prag und an den vielen anderen Orten, wo die Kirchen anläßlich

Scudi. Baul. Baj:

Verzeichnus deren Rubriquen Woraus Sumariter zu ersehen. was eins und das andere gekostet, und wie hoch die Canonization mit sambt den geführten Process sich belauffen thuet.

	Scudi	Baul. Baj.
Process Unkosten betragen Sumariter	8006.	3.6
[illegible] und Paramenti Sacri	5622.	—.—
Zimmerleuthe	2754.	2.7
Maler	3007.	1.—
Vergolder und Cartepistari	781.	1.—
festaroli oder Kirchen Zierer	420.	7.7½
Banderaro	230.	—.—
Bildhauer	120.	—.—
Kaufleuth, vor aufgenommene Tücher	797.	4.5
Tischler	510.	8.—
Drechsler	76.	—.—
Sailler	76.	—.—
Zinngiesser	54.	—.—
Schlosser	254.	9.1
Maurer	615.	—.—
Wachs Zieher	2025.	4.5
Buchbinder	149.	2.4
Regalie	7069.	7.—
Discretiones	562.	—.—
Unterschied Cassa Ausgaben	3087.	8.4
Summa	**36459.**	**9.9½**

◁ 1. Seite aus dem Rechnungsbuch (Kat. 50). Prag, Kloster Strahov, Bibliothek

2.–3. Nach P. Hillinger, Die Fahne zur Heiligsprechung von O. Vicinelli. München, Bayer. Staatsbibliothek (Icon. 129, Nr. 255 und 137)

der Heiligsprechung des Johannes geschmückt wurden, und große Feiern stattfanden, ebensolche Künstler und Handwerker beschäftigt worden.

Die riesige Summe von 5622 Scudi für die Paramenti Sacri wird in Abschlagszahlungen von 200–600 Scudi über den Frater Giachino an die beschäftigten Sticker weitergegeben. Alles wird mit echten Goldfäden gearbeitet und wir können uns die Gewänder nicht prächtig genug vorstellen. Das heute noch erhaltene Antependium in dem kleinen Museum der Laterankirche, das für die Heiligsprechung gearbeitet worden war und sich heute leider in einem sehr fragilen Zustand befindet, läßt etwas von dem Glanz ahnen.[4]

Für den »Päpstlichen Apparat« wird auch ein neuer Kelch angefertigt, für 204 Scudi hat ihn der Goldschmied Philippo Toffani gearbeitet. Er ist, wie so viele Dinge in der Abrechnung beschrieben, nämlich mit sechs Medaillons, welche »in baßo relievo ausgeziehrt«.

Ikonographisch zu begründen ist die Wahl der Heiligen – neben der Madonna Johannes von Nepomuk, die Dominikanerpatrone Dominikus und Albertus Magnus – der Papst gehörte dem Dominikanerorden an – Filippo Neri und schließlich der heilige Antonius.

Die Tuchhändler, die fast 800 Scudi bekommen, liefern riesige Mengen von Leinwand, die zur festlichen Verwandlung z.B. der Fassade von San Giovanni in Laterano dienen, sowie rotes und grünes Tuch »zur Bedekkung«, also zum Überziehen der Holzarchitekturen im Inneren. Eigens vermerkt ist hier der karmesinfarbene Stoff für die drei Standarten, von denen weiter unten die Rede sein wird. Dafür bekam der Kaufmann Carlo Bodi 100 Scudi, 4 Paoli, 5 Bajocchi.

Bei den »Unterschiedl. Außgaben« kommt etwa die Illumination der deutschen Nationalkirche S. Maria dell'Anima vor, die etwa zwei Tage gedauert hat. Auch sind hier die Beträge für Musiker verzeichnet, etwa die sechs Trompeter, die das Te Deum intoniert haben – ein neues Meß- und Zeremonialbuch, welches der Papst bei dem Akt der Heiligsprechung benutzte, etwas über 30 Scudi. 92 (!) Karren Sand mußten angefahren werden, damit der Prozessionsweg eben und gut bestreut wäre – und, eine ganz einleuchtende Summe für die Ausquartierung der »Mensionare« von San Giovanni in Laterano, »welche ihre wohnungen zum gebrauch der arbeither durch etl. Monath eingeraumet«. An alles ist gedacht worden und alles wurde säuberlich abgerechnet, und gerade bei den kleinen Posten finden wir den unermüdlichen Fra Giachino als Vermittler.

Maler werden seit dem Jahr 1727 beauftragt große Bilder des Heiligen anzufertigen, wobei gelegentlich auch die Persönlichkeiten genannt sind, denen sie dann geschenkt wurden. Zunächst wurde Ignatio Stern[5] beschäftigt, das erste Werk wird am 6. Mai bezahlt und dem Cardinal Cienfuegos präsentiert, der in Abwesenheit von Kardinal Althann den Kanonisationsprozeß übernommen hat. Stern wird auch im folgenden Jahr reichlich beschäftigt, dann erscheinen im Herbst neue Künstlernamen in den Rechnungen: Philippo Mondelli, Lorenzo Giuliani, Ambrosio Mainardi. 1729 malt Giacomo Zoboli für Kardinal Althann ein Bild für 100 Scudi, es war doppelt so teuer wie jenes für Kardinal Cienfuegos! Bei den meisten Bildern sind sogar die Maße angegeben, so auch bei jener Malerei, die als Standarte bezeichnet wird – das doppelseitig bemalte 12 palmi hohe, bisher Augusto Masucci zugeschriebene Bild, das heute im Dom zu Prag aufbewahrt ist (Kat. 56) (Abb. 2, 3). Der Maler ist Odoardo Vicinelli, der ein Original und zwei Kopien liefert und dafür den hohen Betrag von 370 Scudi erhält, und zwar eine Woche vor der Heiligsprechungsfeier, am 14. März 1729. Die bereits genannten Maler mußten in diesem Jahr Kopien, oft mehrere, ihrer bisher gelieferten Bilder verfertigen.

Eigens aufgeführt sind jene »Malereyen welche zur Exornierung der S. Jean Lateran Kirchen seind angeordnet und gemacht worden«. Hier finden wir die 15 großen »Medagliones«, von Philippo Evangelista für insgesamt 566 Scudi (Kat. 69–77). Für die Fassade wird Francesco Ferrari mit insgesamt 700 Scudi entlohnt. Battista Morandi bemalt die Wachskerzen, welche »sowohl bey der oblation, als in der Proceßion den hw. Cardinalen und Praelaten haben außgetheilt werden müssen«. Wir sehen sie auf den Kupferstichen, es sind große Kerzen, und bei der stattlichen Reihe von Teilnehmern an dem festlichen Gottesdienst, eine beachtliche Menge. Fast 8000 Pfund Wachs ist 1729 Herrn Giacomo Pellucchi, Wachszieher, für die Summe von 1427 Scudi bezahlt worden. Ein enormer Betrag ist nach der Kanonisation »Ihre Päpstl. Heyl. und dero Ober und Unter Bedienten de jure zu bezahlen kommen«. Fein säuberlich sind alle die Würdenträger aufgeführt, fast am Schluß erscheint auch der »Capitano de Svizzeri«, also der Kommandant der Schweizer Garde, der 50 Scudi erhält.

Insgesamt sind an Regalien 7069 Scudi 7 Paoli bezahlt worden. So hoch waren eben die Gebühren! Dann ist das Fest mit all seiner Pracht und all seinen Kosten vorbei. Einiges wird nach Prag für die Feiern im Herbst gebracht. Auch hier sind wir genau orientiert, wie sorgfältig der Transport vorbereitet wurde und in welchen Behältnissen die Kunstwerke über die Alpen gebracht wurden, so daß wir einige davon heute noch, nach nunmehr 270 Jahren bewundern können.

Anmerkungen:

1 S. auch den Beitrag von L. Sršeň, S. 63–69, und Kat. 56, 69–77.
2 A. Pinsker, Die Gesellschaft Jesu und der hl. Johannes von Nepomuk. In: Kat. 1979, S. 58 ff.
3 Thieme-Becker 33, 1939, S. 389. Er porträtiert u. a. auch Papst Benedikt XIII. und ist einer der gefragtesten Künstler in Rom mit weitreichenden Verbindungen.
4 R. Buono, Il Museo di San Giovanni in Laterano. Rom 1986, S. 26, mit Abb.
5 R. Kultzen, in: Kat. 1979, S. 121.

Der Festschmuck des Prager Veitsdoms im Jahre 1729

Lubomír Sršeň

Über die Ausschmückung des Veitsdoms und insbesondere über die vor der damaligen Frontseite des Doms errichteten Festdekorationen anläßlich der Feierlichkeiten zur Heiligsprechung des Johannes von Nepomuk im Oktober 1729 wurden schon mehrere sachkundige Artikel geschrieben.[1] Nach einem kurzen Überblick über deren Ergebnisse wollen wir uns neueren Erkenntnissen der letzten Zeit widmen.

Den Prager Kanonisationsfeiern war im Jahr 1721 das ebenfalls sehr aufwendige Fest zur Seligsprechung vorangegangen. In beiden Fällen wurden vor der damaligen provisorischen Stirnseite des unvollendeten gotischen Doms, an der Stelle, wo sich heute das Transept und das dritte bis fünfte Joch des neugotischen Langhauses befinden, große dekorative Architekturgebilde errichtet, sog. Ehrenbühnen *(theatra honoris)*. Vor dem Dom stand damals eine dem hl. Adalbert geweihte Renaissancekapelle, deren Grundriß ein gedrücktes Zehneck bildete. Sie stand zwischen vier gemauerten Pfeilern aus dem Jahr 1673, als man sich um die Fertigstellung des Doms bemüht hatte. Man berücksichtigte sie natürlich bei der Errichtung der jeweiligen Dekorationen und bezog sie organisch ein.

Das Festgerüst von 1721 kennen wir vor allem von drei Kupferstichen, die Michael Heinrich Rentz und Johann Daniel de Montalegre 1722 in Nürnberg herausgegeben haben (Kat. 38–40). Die Zeichnungen für die Kupferstiche lieferte der Entwerfer der ganzen Dekoration, Johann Ferdinand Schor (1686–1767). Er stammte aus Innsbruck, hatte in Rom studiert und wirkte seit 1713 in Prag. Als ein vielseitiger Künstler malte er Altarbilder und Fresken, er befaßte sich praktisch und theoretisch mit Architektur und Technik (im Jahr 1729 legte er Pläne zur Fertigstellung des Veitsdoms vor), er schuf gelegentlich Dekorationen für das Theater und für Feste und er führte in Prag den Brauch ein, zu Karfreitag in den Kirchen Heilige Gräber zu errichten. 1721 malte er außen auf die Mauer, die das Hauptschiff des Veitsdoms provisorisch abschloß, ein großangelegtes Fresko mit den böhmischen Landespatronen, die den seligen Johannes von Nepomuk willkommen heißen.[2] Sein *theatrum honoris* aus Holz, kaschierter Leinwand und Stuck vor dieser Front überbaute das Dach der Adalbertkapelle und wurde durch vier prismatische Türme gehalten, die die gemauerten Pfeiler von 1673 verkleideten. Vordere und hintere Türme waren auf den Außenseiten durch Wände miteinander verbunden. Weil das *theatrum* einen mittelalterlichen Märtyrer feierte, benutzte Schor gotische, stellenweise sogar romanische Formen, die er bedenkenlos mit barocken Elementen zu einem bizarren Ensemble verband. Dieses *theatrum honoris* wurde üppig mit Malereien, Reliefs und Figuren ausgestattet. Auf den Kupferstichen zählen wir einundsechzig freistehende Statuen und Figurengruppen. Die Figurengruppen auf den Turmspitzen stellten die vier Elemente dar, bei den übrigen Skulpturen handelte es sich um allegorische Darstellungen von Erdteilen, Ländern, Landschaften, Flüssen und der Landstände. Außerdem gab es noch Engel, Putten und eine Fama. An einer derart umfangreichen Dekoration mußte eine große Zahl von Handwerkern und Künstlern mitarbeiten, deren Namen wir aber leider nicht kennen.[3]

Das *theatrum honoris* für die Prager Kanonisationsfeiern vom 9. bis 16. Oktober 1729 verwendete nichts von der früheren Dekoration. Lediglich das bereits erwähnte Freskogemälde von Schor war geblieben, und der Grundriß wurde wiederum durch die Adalbertkapelle und die vier Pfeiler bestimmt (Abb. 1). Man wiederholte nicht den historisierenden barock-gotischen Stil, sondern schuf eine szenische Barockarchitektur, überladen mit Gemälden, Statuen und Ornamenten und vollgepfropft mit einer Menge von zum Teil äußerst komplizierten Allegorien, Symbolen, Anspielungen auf Texte, Bibelzitaten, Chronogrammen u. ä. Gegenüber dem Programm von 1721 wurde stärker die weltweite Verbreitung der Nepomukverehrung hervorgehoben, insbesondere stellte man das Wunder der unversehrten Zunge in den Vordergrund, das einerseits die Beredsamkeit des Heiligen bei der Predigt, aber auch dessen Verschwiegenheit bei der Bewahrung des Beichtgeheimnisses feierte. Unmittelbar vor beiden Domeingängen stand das sog. Wassertor, durch dessen Bogen im ersten Stock der untere Teil von Schors Fresko mit dem Leichnam des Heiligen in den Fluten der Moldau zu sehen war. Das Wassertor gipfelte in einer zweistufigen Fontäne und der Allegorie der Stärke mit einem der fünf Sterne des hl. Johannes von Nepomuk. Vor diesem Triumphbau erhob sich auf dem Dach der Adalbertkapelle eine grandiose, etwa 22 Meter hohe Dekoration unter Einschluß eines Wachsmedaillons mit der Vera Effigies des Heiligen. Die Spitze bildete eine große Nachbildung des Reliquiars mit der unversehrten Zunge. Der Aufbau über der Kapelle war durch vier luftige Treppen mit den vier mächtigen viereckigen Türmen verbunden, die die Kapelle umgaben. Diese etwa 27 Meter hohen Türme waren begehbar, der vordere war jeweils – wie schon 1721 – mit dem hinteren durch hohe Wände verbunden. Über Treppen, die in die erste Etage der Türme führten, gelangte man auf Umgänge, über die man sogar die Dekoration über dem Dach der Adalbertkapelle erreichen konnte. Vor diesem mächtigen architektonischen Komplex stand eine niedrige, von drei Durchgängen durchbrochene und mit Statuen geschmückte Mauer. Die Dekoration bestand nach den zeitgenössischen Beschreibungen aus Stein, Holz, Stuck, Leinwand, Papiermaché, Wachs u. ä., war bunt bemalt, und den Berichten zufolge schuf man mit fließendem Wasser und flackerndem Feuer noch zusätzliche Effekte. Außer zahlreichen Gemälden gab es mindestens dreiundfünfzig Statuen und Figurengruppen.

Innerhalb des Veitsdoms konzentrierte sich die Dekoration vor allem auf den Hauptaltar, den ein mächtiger Baldachin aus rotem Samt schmückte. Rote Draperien schmückten auch die Pfeiler und Wände. An den Wänden hingen vierzehn Bilder mit Szenen aus der Nepomuklegende, und die Kirche zierten über hundert Fahnen. Das Interieur erstrahlte im ungewohnten Glanz zahlreicher großer Kerzen in Kerzenständern sowie kleiner Kerzen, die die Festbesucher mitbrachten. Von der Gesamtsumme von etwa 90 000 Gulden, die bis zum Jahr 1729 von der Bevölkerung Böhmens für die Heiligsprechung aufgebracht wurde, verwendete man 22 500 für die Herstellung der Triumphpforten, und nach den Feiern bezahlte man 548 Gulden für die Reparatur des Daches der Adalbertkapelle, das von der Dekoration beschädigt worden war.[4]

Der Grundgedanke des Programms stammte vermutlich von einem der Domherren von St. Veit, der sicher identisch ist mit dem Verfasser der anonym veröffentlichten Festbeschreibung[5] (Kat. 90). In Betracht kommt Domkapitular und Weihbischof Johann Rudolf Graf von Sporck, der sich um die Durchsetzung der Kanonisierung in Rom sehr verdient gemacht und der auch die Dekoration zur Heiligsprechung in der Lateransbasilika organisiert hatte. Ungeklärt bleibt einstweilen die Autorschaft des architektonischen Entwurfs für das Prager *theatrum honoris*. Von den Künstlern, die in diesem Zusammenhang genannt wurden, möchte ich Joseph Emanuel Fischer von Erlach[6] ausschließen, für dessen Hinzuziehung es keinerlei Hinweise gibt, ferner J. F. Schor, weil seine Dekoration von 1721 einen völlig anderen Charakter hatte und auch für eine Zuschreibung an ihn die Grundlagen fehlen.[7] Auszuschließen ist wohl ebenfalls Giuseppe Galli Bibiena, der zwar 1723 in Prag wirkte und dort eine großartige Bühnendekoration für die Oper »Costanza e Fortezza« entwarf, die anläßlich der Krönung Karls VI. aufgeführt wurde. Aber seine Architekturen weisen bei aller Opulenz klarere und ausgefeiltere Formen auf. Zudem ist zu vermuten, daß sein Name auf den Kupferstichen, die das *theatrum honoris* abbilden, nicht gefehlt hätte.[8] Möglicherweise diente aber Bibienas Werk als Quelle der Inspiration. Auf einem der vier Kupferstiche von Birckhardt, die das *theatrum* zeigen, wird als Zeichner der Vorlage Johann Ezechiel Vodňanský (um 1673–1758) genannt, von dem anzunehmen ist, daß auf ihn auch die übrigen drei Blätter zurückgehen. Ich vermute, daß er auch der Entwerfer des *theatrum* war. Von ihm wissen wir, daß er beispielsweise 1721 einen Triumphbogen für die Hochzeit von Z. Petřvaldský in Kremsier (Kroměříž)[9] entwarf. Auch für die ehemalige Marienkirche »na Louži« (an der Pfütze) in der Prager Altstadt hatte er 1723 mehrere Gemälde für den Altar geliefert, 1724 ein Heiliges Grab und im Dezember 1732 unter anderem zwei Krippenfiguren geschaffen.[10] Für das Domkapitel von St. Veit zeichnete er 1725 ein Grabmal des seligen Johannes von Nepomuk[11] und im gleichen Jahr malte er die Bibliothek des Domkapitels mit Fresken aus. Das Programm lieferte ihm der Historiker und Genealoge Michael Adam Franz von Franckenstein, der auch das Programm für die Dekorationen anläßlich der Seligsprechung 1721 ausgearbeitet und veröffentlicht hatte.[12] Für den Veitsdom arrangierte Vodňanský die Heiligen Gräber von 1737, 1738 und 1740.[13] Die Tatsache, daß die vor dem Veitsdom errichteten Dekorationen anläßlich der Heiligsprechung eher den Eindruck einer additiven, malerischen Anhäufung einzelner Allegorien und Symbole erwecken als den einer monumentalen Architektur, spricht vielleicht dafür, daß der Autor des Projektes kein Architekt war, sondern eher ein gelehrter Praktiker vom Typ Vodňanskýs. Die Dekorationen der Prager Kanonisationsfeiern müssen als höchster Ausdruck der damaligen Bemühungen um die wirkungsvollste Präsentation religiöser Ideen in Gestalt eines Gesamtkunstwerks betrachtet werden. Das *theatrum honoris* war eine Synthese von Außen- und Innenarchitektur, ein barockes Szenario von Theatereffekten, Bildhauerkunst und Malerei. Der sich dem Dom nähernde Besucher wurde angezogen, fasziniert, verzaubert und für den Glauben gewonnen oder in ihm bestärkt mit allen erreichbaren Mitteln, über die die katholische Kirche jener Zeit verfügte. Auf seine Sinne, Gefühle und auf seinen Verstand wirkten nicht nur die gewaltigen Triumphpforten mit all ihren Bildern und Statuen, sondern auch sämtliche begleitenden Veranstaltungen, wie Prozessionen, Messen, Predigten unter freiem Himmel, huldigende Theatervorstellungen und Singspiele mit lebenden Bildern, Umzüge mit allegorischen Darstellungen, Feuerwerke, nächtliche Moldaufahrten auf illuminierten Schiffen, die festliche Dekoration der Prager Paläste, Kirchen und Häuser. In dieser Gesamtwirkung, der man nur schwer widerstehen konnte, erreichte die Barockkultur in Böhmen ihren Höhepunkt, ja sie erlangte einen strahlenden Sieg, dem dann eine gewisse Beruhigung nachfolgte. Das kämpferische Barock verwandelte sich in eine friedliche, ruhige Epoche, die wir Rokoko nennen.

Alle die vergänglichen Erscheinungsformen der Barockkultur, alle die *theatra honoris*, *theatra sacra*, zu denen die Heiligen Gräber gehören, *portae triumphales* oder *castra doloris*, reich ausgestattete architektonische Katafalke, kennen wir nur aus zeitgenössischen Beschreibungen und Berichten, allenfalls von Abbildungen. Abgesehen von den Heiligen Gräbern und Krippen, die so lange benutzt wurden, bis man sie wegen ihres schlechten Zustandes ausmusterte, handelte es sich um Dekorationen für den einmaligen Gebrauch, folglich wurden sie danach zerlegt und vernichtet. Nur ganz selten sind Teile solcher Ensembles erhalten. Durch glückliche Umstände gelang es im letzten Jahrzehnt, einige Figuren von der Dekoration der Prager Kanonisationsfeier aus dem Jahr 1729 zu entdecken. 1981 konnte ich drei Holzbüsten von Heiligen in den Sammlungen der Abteilung für ältere böhmische Geschichte des Prager Nationalmuseums als Reste von Figurinen identifizieren, die einst die Türme des *theatrum honoris* vor dem Veitsdom schmückten (Kat. 91–93). Drei Jahre später fand ich im Depot der gleichen Abteilung außerdem noch neun Bilder von der Dekoration des Dominneren aus Anlaß der Heiligsprechung (Kat. 69–77). Über die Fragmente der Figurinen erschien ein kurzer Artikel,[14] in dem auch die aufgefundenen Bilder erwähnt werden. Die jetzige Nepomukausstellung bietet erstmals die Gelegenheit, diese einzigartigen Objekte der Öffentlichkeit zu präsentieren. Die drei Holzbüsten zeigen die hll. Wenzel, Veit und Joseph. Der Sammlung des Nationalmuseums wurden sie am 16. Dezember 1935 von der Arbeitsgemeinschaft für die Fertigstellung des Veitsdoms überwiesen, die neben Baumaßnahmen auch die Restaurierung im gotischen Teil des Doms betrieb und beschädigte und unbenutzte Gegenstände herausnahm. Die Schnitzarbeiten waren in ziemlich schlechtem Zustand, und erst die Restaurierung durch den akademischen Bildhauer Karel Stádník im Jahr 1982 gab ihnen ihre ursprünglichen ästhetischen Qualitäten zurück. Schon vor der ersten Untersuchung stand fest, daß es sich nicht um Fragmente handelt, die durch Abtrennen von ganzen Statuen entstanden waren, sondern um Teile barocker Figurinen. Der Rücken und der untere Teil der Brust, Partien, die einst von Textildraperien verhüllt waren, sind nur grob bearbeitet und ohne farbige Fassung geblieben. Diese reicht nur bis zu den Stellen, die verdeckt waren. In den hinteren ausgehöhlten Brustpartien finden sich Zapflöcher für die Latten der Tragekonstruktion der Figurinen. In den seitlichen Flächen an den Schultern befinden sich Nagellöcher, dort waren ursprünglich die Latten, die das Gerüst der Arme bildeten, mit Nägeln befestigt. In die Brust, in die Schultern und im Nacken eingeschlagene Nägel blieben erhalten, auch Fetzen von grobem Leinen und Papiermaché mit Farbresten. Zweifellos waren dies die Materialien der Drapierung der Figurinen. Diese Drapierungen könnten an den Säumen mit Draht verstärkt gewesen sein (wie wir es z. B. von Figuren barokker neapolitanischer Krippen kennen), vielleicht ließ man einige Zipfel auch frei hängen, um die Figur noch lebendiger erscheinen zu lassen. Vom Streben nach realistischer Wirkung zeugen die lebensgroßen Köpfe mit ihrer anatomisch sehr getreuen Modellierung und der lebensnahen Farbgebung der Inkarnate. Besonders überrascht bei diesen Schitzarbeiten die hohe künstlerische Qualität, die man bei Dekorationen, die nur für eine kurzfristige Verwendung bestimmt waren, nicht erwarten würde. Vermutlich hat sie gerade diese hohe Qualität vor der Vernichtung gerettet.

Es konnte schon früher nachgewiesen werden, daß diese Büsten von Figurinen stammen, die im Oktober 1729 vor dem Veitsdom unter Baldachinen auf den Spitzen der vier Türme des *theatrum honoris* standen. Diesen Schluß legten vor allem Birckhardts Kupferstiche nahe, auf denen die Dekoration abgebildet ist (Kat. 86–89). Lediglich von der Marienfigurine unter dem Baldachin des linken vorderen Turms hat sich nichts erhalten. Der Torso mit dem Kopf des hl. Joseph stammt von der Figurine, die auf dem rechten vorderen Turm an den Josephitag erinnerte, an dem Johannes von Nepomuk in Rom heiliggesprochen wurde (19. März 1729). Unter dem Baldachin des rechten hinteren Turms stand die Figurine des hl. Veit, dessen erhaltener Torso verhältnismäßig genau – ähnlich wie beim hl. Joseph – der Abbildung auf dem Kupferstich entspricht. Der hl. Veit sollte in diesem Kontext die Gläubigen daran erinnern, daß er einen ähnlichen Märtyrertod erlitten hatte wie der hl. Johannes von Nepomuk und daß beide Märtyrer im Veitsdom begraben sind. Die gleiche Vorstellung steht auch hinter der Gestalt des hl. Wenzel auf dem linken hinteren Turm. Zusätzlich hielt der hl. Wenzel Weizenähren und Weinranken in der Hand, die er der Legende nach selbst züchtete, und die er nun dem neuen böhmi-

schen Landespatron als Geschenk darbrachte. Hostien und Wein, aus ihnen hergestellt, sollten bei den Messen zu Ehren des neuen Heiligen symbolisch Verwendung finden.
Über den Autor oder vielmehr die Autoren des plastischen Schmuckes des Festgerüstes von 1729 fehlen archivalische Nachrichten. Aufgrund einer Analyse aller bisher bekannten Fakten und der Denkmäler selbst halten wir es für wahrscheinlich, daß der Prager Hofbildhauer Johann Friedrich Kohl-Severa (1681–1736) der Autor jener drei bzw. vier Figurinen auf den Türmen war. In den letzten Jahren ist es gelungen, einige von ihm signierte Werke zu entdecken, die ihn in ein neues, sehr günstiges Licht stellen. Kohl-Severa lernte bei seinem Stiefvater, dem Bildhauer Hieronymus Kohl, und irgendwann um die Jahrhundertwende ging er nach Wien. Als sein Stiefvater im Jahr 1709 starb, übernahm er dessen Stellung als Hofbildhauer. In den Jahren 1710–1711 arbeitete er für Franz Anton Graf Sporck in Kukus (Kuks), wo er dem technisch und künstlerisch sehr anspruchsvollen Auftrag für den Figurenschmuck der Kirchenfassade der Allerheiligsten Dreifaltigkeit vollkommen gerecht wurde (1710). Hier lernte ihn vermutlich Sporcks Sohn Johann Rudolf kennen, später einer der Hauptinitiatoren und Organisatoren der Heiligsprechung des Johannes von Nepomuk. Schon im Jahr 1709 arbeitete Kohl-Severa an einem *castrum doloris* im Veitsdom, ein anderes *castrum doloris* (mit 29 Statuen) errichtete er dort 1711 anläßlich des Todes von Kaiser Joseph I. Weitere reich ausgestattete Katafalke schuf er für die Kaiserin Eleonora (1720) und für den Herzog von Lothringen.[15] Das jetzt rekonstruierte Œuvre von Kohl-Severa zeichnet sich aus durch Plastizität, durch Ausgewogenheit der Volumina, Ernsthaftigkeit des Ausdrucks und Monumentalität. Die Gesten seiner Gestalten sind klar und entschieden, die Köpfe ruhig, edel und durchgeistigt. Kohl-Severa reiht sich mit seinen Arbeiten eindeutig in die einheimische Bildhauertradition ein. Vereinfacht gesagt, wurde diese von Johann Georg Bendl und Ferdinand Maximilian Brokoff verkörpert, im Gegensatz zu einer anderen Richtung, deren Repräsentant Matthias Bernhard Braun war.
Ein nicht weniger wertvoller Bestandteil von der Dekoration zur Heiligsprechung von 1729 ist der unvollständige Zyklus großformatiger Bilder, der 1984 im Depot des Nationalmuseum entdeckt wurde (Kat. 69–77). Bei Aufräumarbeiten wurden damals neun verknitterte, zerrissene und stark verstaubte, auf eine Holzstange gerollte Leinwände gefunden, die nicht inventarisiert waren. Man kann nur vermuten, daß sie – zum Glück hatte sich niemand entschließen können, sie zu vernichten, aber andererseits hatte sie auch niemand ordentlich inventarisiert – auf dem gleichen Weg wie die drei bereits erwähnten Schnitzarbeiten in das Museum gelangt waren. Allerdings ist das nicht belegt. Nachdem man die Themen erkannt (Nepomuklegende) und eine ungewöhnliche Technik festgestellt hatte (flüchtig ausgeführte Malerei mit Leimtempera auf einer Leinwand ohne Grundierung), vor allem aber die beachtliche Qualität einiger Kompositionen deutlich geworden war, wurden die Bilder in den Jahren 1988/89 restauriert und mit Spannrahmen versehen.[16]
Weitere Untersuchungen ergaben, daß es sich um Reste des Zyklus von vierzehn großformatigen Bildern handelt, der bei den Prager Feiern zur Heiligsprechung die Wände des Veitsdoms geschmückt hatte. Diese Bilder werden in zeitgenössischen Berichten über die Feierlichkeiten im Jahr 1729 aufgeführt und seit 1825 in nahezu jedem Domführer erwähnt.[17] Möglicherweise hat man sie anläßlich der Einhundert-Jahr-Feier der Seligsprechung im Jahr 1821 wieder ausgestellt und danach dort belassen. Während der Restaurierung und der historischen Vollendung des Doms wurden sie schließlich zwischen 1874 und 1878 abgenommen und vermutlich danach in der Kapelle der Allerheiligsten Dreifaltigkeit aufbewahrt. Diese lag zwischen der Wenzelskapelle und dem Hauptturm und diente als Depot.[18] 1879 wurde die Kapelle ausgeräumt,[19] und die hier aufbewahrten Gegenstände gelangten vermutlich in die Depots des unweit gelegenen Georgsklosters. Im Jahr 1948 wurden die vierzehn Bilder als vernichtet oder verschollen geführt,[20] damals befanden sich jedoch zumindest neun von ihnen bereits im Nationalmuseum.
Die Autorschaft dieser Bilder war bisher ungeklärt. Zeitgenössische Beschreibungen geben übereinstimmend an, die Bilder seien in Rom entstanden und Werke eines römischen Malers.[21] Die umfangreiche Literatur des 19. Jahrhunderts nennt jedoch mit gleicher Sicherheit den böhmischen Maler Johann Ezechiel Vodňanský als Autor, von dem schon die Rede war. Diesen Widerspruch können wir nun endlich aufklären. Dem Maler Vodňanský wurden die Bilder aufgrund einer einfachen Verwechslung irrtümlich zugeschrieben. F. L. Ehemant erwähnt 1775 in seiner Beschreibung des Veitsdoms ohne genauere Ortsbestimmung folgendes: »Die Lebensgeschichte des heil. Johann von Nepomuck, und seine Wunderwerke in Leimfarben gemalt, gehören unter die besten Gemälde des Wodniansky.«[22] Diese Angaben brachte W. J. Weleba 1825 fälschlich mit den von uns beschriebenen Bildern in Verbindung. Weitere Autoren übernahmen seine Aussage, manchmal sogar mit der »Präzisierung«, Vodňanský (der Name wurde alsbald zu »Wovmansky« oder »Vernansky« verballhornt) habe diese Bilder in Rom gemalt.[23] Ich vermute, daß Ehemant

damit eigentlich die einstige Dekoration der Kapelle der Allerheiligsten Dreifaltigkeit meinte, deren für die Kanonisationsfeiern 1729 angefertigte Fresken ebenfalls die Nepomukthematik aufgriffen.[24] Der Vollständigkeit halber wollen wir auch die unlängst publizierte Meinung richtigstellen, daß Johann Heinrich Schlegel[25] vier der vierzehn Wandbilder gemalt habe. Schlegel (1697–1741), der sich 1729 in Prag niederließ, hatte für die Heiligsprechung vier nicht näher bezeichnete große Gemälde angefertigt, die die Triumphpforten schmückten, wie Antonín Novotný[26] vermerkt.

Der Zyklus von vierzehn Bildern, die Leben und Wunder des hl. Johannes von Nepomuk schildern, entstand tatsächlich in Rom. Die Gemälde fanden dort Verwendung als Dekoration des Hauptschiffs der Lateransbasilika bei der Heiligsprechung am 19. März 1729. Aufgrund von zwei Quellen konnte dies einwandfrei nachgewiesen werden. Fünf der Gemälde in üppigen Rahmen sind gut zu erkennen auf den zeitgenössischen Kupferstichen von A. Rossi nach Zeichnungen von F. Reyff, die das Innere dieser römischen Kirche bei der Heiligsprechung zeigen (Kat. 54, 55). Eine weitere, besonders ergiebige Quelle, die hier neu ausgewertet wird, ist die handschriftliche Abrechnung der Kosten der Heiligsprechung in Rom, die in der Bibliothek von Kloster Strahov in Prag aufbewahrt wird[27] (Kat. 50). Aus ihr erfahren wir unter anderem, daß es sich ursprünglich um fünfzehn Bilder handelte, die als große Medaillons bezeichnet werden. Für die Holzrahmen und deren Dekoration, einschließlich der Wappen und Schilde, wurde Ignatio Orlandi[28] am 9. März 1729 entlohnt. Der Maler Filippo Evangelisti erhielt für die Malarbeit am 7. Februar 1729 einen Vorschuß von 150 Scudi, danach am 23. Februar und am 10. März Abschlagszahlungen von jeweils 100 Scudi und nach Abschluß des Werkes am 5. April 1729 den Rest von 216 Scudi.[29] Anhand der Rechnungen erfahren wir schließlich, daß am 21. Mai 1729 vierzehn Medaillons, sprich Bilder, mit Darstellungen der Tugenden und Wunder des Heiligen durch das Prager Domkapitel für 100 Scudi erworben wurden.[30] Zusammen mit den Gemälden erwarb man von der römischen Kanonisationsausstattung auch eines der drei beidseitig bemalten Banner mit den Darstellungen der Apotheose und des Martyriums des Heiligen von Odoardo Vicinelli[31] (Kat. 56). Gemälde und Banner waren zusammengerollt und zusammen mit den angekauften Medaillons und Kanonisationsakten in sechs Kisten verpackt worden. Im Juni 1729 schickte sie Giovanni Battista Pizzoli nach Prag, wo sie bei den dortigen Kanonisationsfeiern wieder Verwendung finden sollten.

Wir kennen also den Namen des Malers, der in Rom im Spätwinter des Jahres 1729 innerhalb von sechs Wochen fünfzehn große Leinwandbilder mit Darstellungen aus der Nepomuklegende lieferte. Obwohl der großzügige Duktus der Malerei, die an den flüssigen und flüchtigen Stil der Freskomalerei erinnert, der von großer Eile zeugt, mit der die Gemälde angefertigt wurden, ist zu vermuten, daß Filippo Evangelisti (um 1684–1761) einen so großen Auftrag nicht allein bewältigen konnte. Dieser nicht allzu bedeutende römische Künstler wurde übrigens besonders dadurch bekannt, daß er seinen viel berühmteren Altersgenossen Marco Benefial (1684–1764) beschäftigte, der in seinem Namen mehrere Aufträge ausführte. Bekannt ist dies z. B. von den Gemälden mit der Legende der hl. Margareta von Cortona aus dem Jahr 1729 in Santa Maria in Aracoeli.[32] Auch andere Arbeiten, die archivalisch mit dem Namen Filippo Evangelistis verbunden sind, konnten als Benefials Arbeiten identifiziert werden.[33] Ein Anteil Benefials an Evangelistis Auftrag für den Bilderschmuck der Lateransbasilika erscheint mir deshalb glaubwürdig, zumal bei den neun erhaltenen Gemälden markante Qualitätsunterschiede unverkennbar sind. Ich vermute, daß zumindest die drei qualitätvollsten Bilder, und zwar die Predigt Johannes von Nepomuks, die Bestrafung der Grabschänder und die Feststellung der Unversehrtheit der Zunge, Benefial zuzuschreiben sind. Diese Darstellungen zeichnen sich vor allem durch ihre großangelegte, bewegte und dennoch kompakte Komposition aus, die für diesen an Raffael anknüpfenden Künstler bezeichnend ist.[34] Die übrigen erhaltenen Bilder malte vermutlich tatsächlich Filippo Evangelisti, vielleicht allein, vielleicht mit weiteren Mitarbeitern. Beim Zusammenstellen der Themen aus dem Leben des kaum bekannten Heiligen aus Böhmen diente den römischen Malern der umfangreiche Zyklus von 32 Kupferstichen von J. A. Pfeffel als willkommenes Hilfsmittel. Er war in Augsburg 1724 und 1725 als Illustration der Vita von Bohuslav Balbín[35] erschienen (Kat. 48). Drei der Szenen, Darstellungen der erst im Januar 1729 anerkannten Wunder des Heiligen, nämlich die Rettung der Rosalia Hodánek, die Genesung der Theresia Krebs und die Untersuchung des Reliquiars mit der unversehrten Zunge wurden in Rom ohne Vorlagen komponiert, vermutlich überhaupt zum ersten Mal.

Der ursprüngliche Zyklus von 15 Bildern ist bereits beim Transport von Rom nach Prag aus unbekannten Gründen um ein Bild verringert worden, und während der Komplettierung des Veitsdoms im 19. Jahrhundert sind dann weitere fünf Bilder verschwunden. Eine Vorstellung von den fünf verschwundenen Kompositionen geben uns allerdings kleinformatige Stiche von Anton Birckhardt, der den ganzen Zyklus der vierzehn nach Prag gelangten Bilder festhielt (Kat. 78–82).

Abschließend können wir mit einiger Überraschung die

erfreuliche Feststellung treffen, daß auch zu ephemeren, nicht für die Dauer geschaffenen Barockdekorationen, wie den beschriebenen *theatra honoris*, Kunstwerke gehören konnten, die von bedeutenden Künstlern, wie Johann Friedrich Kohl-Severa oder Marco Benefial, geschaffen wurden, Werke also von hoher Qualität und zeitloser Bedeutung.

Anmerkungen:

1 J. Klingenberg-Helfert, Festgerüste zur Seligsprechung und zur Heiligsprechung des Johannes von Nepomuk in Prag. In: Kat. 1971, S. 63 ff. – K. Borový, Sv. Jan Nepomucký, mučeník a hlavní patron království českého (Hl. Johannes von Nepomuk, Märtyrer und Hauptpatron des Königreiches Böhmen). Prag 1878, S. 122 ff. – Im Kontext der Theaterkunst: J. Port, Dějiny českého divadla, I. díl (Die Geschichte des tschechischen Theaters, 1. Teil). Prag 1968, S. 186 ff. u. S. 393. – P. Preiss, Italští umělci v Praze (Italienische Künstler in Prag). Prag 1986, S. 418. – L. Sršeň, Příležitostné dekorace pražských barokních slavností (Gelegenheitsdekorationen für die Prager Barockfeste). In: Barokní umění a jeho význam v české kultuře. Prag (Nationalgalerie) 1991, S. 154 ff.

2 F.M. Pelzel, Abbildungen böhmischer und mährischer Gelehrter und Künstler, II. Prag 1775, S. 153, verwechselte Seligsprechung und Heiligsprechung, so daß nachfolgend das Fresko oft erst in das Jahr 1729 datiert wird und Schor irrtümlich auch als Entwerfer der Dekorationen von 1729 bezeichnet wird. Das Fresko ist jedoch schon auf dem erwähnten Kupferstich von 1722 abgebildet.

3 Preiss (wie Anm. 1), S. 410, macht darauf aufmerksam, daß sich auch Giovanni Santini mit fünf Pyramiden mit Sternen an der Dekoration des Doms beteiligt hat.

4 A. Novotný, Z Prahy doznívajícího baroka 1730–1740 (Aus dem Prag des ausklingenden Barock 1730–1740). Prag 1947, S. 27.

5 Siehe die Angaben bei Kat. 90.

6 Diese Zuordnung ohne Begründung bei: V. Wagner, Pražské umění slavností v XVIII. století (Die Prager Fest-Kunst im XVIII. Jahrhundert). In: Dílo, 14, Prag 1917, S. 30.

7 Novotný (wie Anm. 4), S. 98 ff., der Schors Bewerbungen von 1730 und 1733 um eine Professur kannte, in denen der Künstler seine Werke aufzählt, schrieb nur von Schors Autorschaft bei der Dekoration von 1721. F.L. Ehemant, Fortgesetzte Beschreibung der königl. Prager Haupt- und Domkirche St. Veit. In: Neuer Titulatur- und Wirtschafts-Kalender auf das Jahr 1775, S. 33 ff., erwähnt, daß Schor anläßlich der Heiligsprechung von Johannes von Nepomuk einen neuen hölzernen Hauptaltar für den Dom entwarf, für den Quittainer d.Ä. den Figurenschmuck lieferte. Er verwechselte aber ganz offensichtlich die Heiligsprechung mit der Seligsprechung. Andreas Philipp Quittainer d.Ä. starb bereits am 2. Juli 1729, so daß sich dieser Auftrag wohl eher auf das Jahr 1721 bezieht.

8 Hier schließe ich mich den Zweifeln von Preiss (wie Anm. 1), S. 418, an.

9 P. Preiss, Václav Vavřinec Reiner. Prag 1970, S. 62, Anm. 229.

10 K.V. Herain, České malířství od doby rudolfínské do smrti Reinerovy (Die böhmische Malerei von der rudolfinischen Zeit bis zum Tode Reiners). Prag 1915, S. 112 ff.

11 Archív Pražského hradu, archivní fond metropolitní kapituly, cod. CXC – Rationes cassae s. Johannis Nep. 1723–1736: »Pictori Wodniansky pro delineatione Sepulchri – 50 ›Gulden‹«.

12 M.A. Franz von Franckenstein, Plenitudo gloriae coelestis et terrestris. Prag 1721.

13 Preiss (wie Anm. 9).

14 Sršeň (wie Anm. 1). Erstmals referierte ich über dieses Thema 1985 beim Dritten internationalen Symposium der barocken Bildhauerei der Adam-Mickiewicz-Universität Posen in Niedzica unter dem Titel »Die Skulptur barocker Gelegenheitsfeste (Drei Torsi von Holzschnitzereien aus Sammlungen des Nationalmuseums in Prag)«. Der Sammelband des Symposiums ist im Druck.

15 O.J. Blažíček, Sochařství baroku v Čechách (Barocke Bildhauerei in Böhmen). Prag 1958, S. 154 ff.

16 Die Restaurierung führten die akadem. Malerin Radana Hamsíková und der akadem. Maler Mojmír Hamsík durch.

17 Nach den Beschreibungen der Kanonisationsfeiern von 1729 werden sie erst von W.J. Weleba, Gemälde der Metropolitan- oder Domkirche zu St. Veit. Prag 1825, S. 51 und 59, wieder erwähnt.

18 Die Bilder an der Wand der Kirche werden noch in W. Maschek (Hrsg.), Beschreibung der Prager Domkirche (Sct. Veit) und des Grabmales des hl. Johann v. Nep. sowie auch des Kron- und Dom-Schatzes. Prag 1874, S. 10–11, erwähnt, während es im 1878 erschienenen Buch von K. Borový (wie Anm. 1), S. 127, Anm. 1, bereits heißt, daß »mnohé z obrazův těch, jichž se při slavnosti v Praze r. 1729 užilo, až deposud uloženy jsou v kapli nejsvětější Trojice« (viele der Bilder, die 1729 bei den Feiern in Prag verwendet wurden, lagern immer noch in der Kapelle der Allerheiligsten Dreifaltigkeit).

19 Erwähnt in: Výroční zpráva Jednoty pro dostavbu chrámu sv. Víta za r. 1879 (Jahresbericht der Arbeitsgemeinschaft für die Fertigstellung des Veitsdomes für das Jahr 1879), S. 12.

20 R. Rouček, Chrám sv. Víta, dějiny a průvodce (Der Veitsdom, Geschichte und Führer). Prag 1948, S. 68.

21 Die gedruckten Beschreibungen erwähnen in Latein: »quatuordecim Iconismi Apellis Romani penicillo ad omnem elegantiam multo cum artificio depicti, et gratiosis resplendentibus ab auro parergis circumdati, quae partim aliquid de Joanneae vitae historia, partim probatoria quaedam miracula exhibebant.« In der deutschen Version heißt es: »und mit vierzehn zu Rom verfertigten Bildern, deren jedes ein Geschicht aus dem Leben des heiligen Johannis, oder ein Wunderwerck in sich hielte, nach der Ordnung eingetheilt.« Die gleiche Passage lautet in der tschechischen Ausgabe: »na kterých viselo čtrnácte kunstovně od Římského Apella malovaných obrazů, jenž mezi bleskem zlata jak život Svatého Jana, tak i zázraky představovaly.«

22 Ehemant (wie Anm. 7), S. 33: »In den Abseiten und Kapellen trifft man verschiedene alte Gemälde und Innschriften theils in Kalk, theils in Oel, und theils auf Leinwand verfertiget, die zum Theil ganz hübsch sind. Die Lebensgeschichte des heil. Johann von Nepomuck, und seine Wunderwerke in Leimfarben gemalt, gehören unter die besten Gemälde des Wodniansky.«

[23] Zum Beispiel A.Ch. Eichler, Wegweiser für Fremde, bei dem Besuche der Prager Metropolitankirche St. Veit, der Lorettakirche und des dortigen Schatzes, dann der Stiftskirche und Bibliothek am Strahof. Prag 1828, S. 22.

[24] Die Fresken haben sich nicht erhalten. Die Beschreibungen der Dekoration der Kapelle sind nicht immer klar verständlich, z.B. schreibt V.M. Pešina z Čechorodu, Stručné popsání Pražského hlavního chrámu sv. Víta (Kurze Beschreibung der Prager Hauptkirche von St. Veit). Prag 1848, die Kapelle sei »obložena obrazy od slavnosti za Svatého vyhlášení sv. Jana Nepomuckého r. 1729« (mit Bildern von den Feiern der Heiligsprechung des hl. Johannes von Nepomuk i.J. 1729 ausgeschmückt). Klare Beschreibungen liefert Ritter Jan Vladyka z Marianova, Arcichrám na hradě Pražském s dějinami království Českého (Die Metropolitankirche auf der Prager Burg und die Geschichte des Königreichs Böhmen). Budweis 1876, der nicht nur die vierzehn großen Gemälde mit der Nepomuklegende im Inneren der Kirche beschreibt (S. 235), sondern auf S. 217 auch die Kapelle der Allerheiligsten Dreifaltigkeit: »Po stěnách jsou malbou na obmítce dějiny slavnostního vyhlášení Jana Nepomuckého za svatého s osobami v životní velikosti představeny.« (Auf der Wand ist als Malerei auf den Putz die Geschichte der feierlichen Heiligsprechung des Johannes von Nepomuk mit Personen in Lebensgröße dargestellt).

[25] Preiss (wie Anm. 1), S. 410.

[26] Novotný (wie Anm. 4), S. 93. Es ist anzunehmen, daß an den Malereien für das *theatrum honoris* vor dem Dom nebst Schlegel auch der Maler Paul Friedrich Fahrenschon (1677–1740) arbeitete, der schon 1713 und 1718 den Bilderschmuck für die Heiligen Gräber im Veitsdom besorgte (Herain [wie Anm. 10], S. 124) und an der Illumination der Burg aus Anlaß der Heiligsprechung mit einem nicht näher bestimmten Auftrag für 114 Gulden beteiligt war (Archív Pražského hradu, fond Dvorský stavební úřad, Sign. 181 »Particular Zetteln pro Anno 1729«, S. 329).

[27] Diese sehr ergiebige Quelle hatte schon A. Novotný genannt, jedoch nur ungenügend genutzt (Praha »temna«, Prag 1946, S. 268 ff.).

[28] »Den 9. Martii. dem Ignatio Orlandi, Zümmer Meister, Vor die Verfertigte ausszürungen Von Taffelwerks über die 15 grosse Medaglion, wie auch wappen und Schilder, welche in der Kirche hin und wieder appliciert worden, Lauth quittung Bezhlt ... 168 Scudi, 2 Pauli, 7 Baj.«

[29] »Den 7. Febr. dem Philippo Evangelista Mahlern, welcher die 15 grosse Medaglionen (in welchen die Tugenden und miracula des Heyl. entworfen worden) gemahlet, wie auch die Wappen, emblemata, die Vergoldung des Päbstl. Throns, des Theatri und aller Palchetti übernehmen. Demselben auf anhaftung des Fra Giacchini, a conto seiner arbeith. Lauth quittung antecipirt ... 150 Scudi«; »den 23. Febr. demselben vorderum Lauth quitt. gegeben ... 100 Scudi«; »den 10. Marty demselben Lauth quitt gezhlt ... 100 Scudi«; »den 5. April. Vor obige Verfertigte arbeith zu seiner Volständigen Befriedigung annoh Lauth quittung Bezahlt ... 216 Scudi«.

[30] »Den 21. May. Mit approbation finis Hochwürdig. Prag. dohmb.-Capitl. somit die bey der Canonization gebrauchte, 14. stukh Medaglionen (welche die Tugenden und miracula des Heyl. entworfen). Von den aldortigen dohmb Capitl erhandelt, und dan Vor bezahlt worden ... 100 Scudi«.

[31] Das Banner, das seit 1729 im Veitsdom hängt, ist also kein Werk von Agostino Masucci, wie seit 1855 irrtümlich behauptet wird.

[32] Dizionario enciclopedico Bolaffi dei pittori e degli incisori italiani dall' XI al XX secolo, 2. Turin 1972, S. 34.

[33] Thieme-Becker 3, 1909, S. 321 und 11, 1915, S. 97 ff.

[34] Vgl. zum Beispiel G. Falcidia, Nuove proposte per Marco Benefial ritrattista. In: Paragone 17, 1966, Nr. 195, S. 60 ff. – R. Longhi, Un appunto su due opere del Benefial. In: ebd., S. 68 ff. – A.M. Clark, Manners and Methods of Benefial. In: ebd., Nr. 199, S. 21 ff.

[35] Vgl. Kat. 1971, Nr. 250a und b.

Johannes von Nepomuk als Landespatron Bayerns

Hans Pörnbacher

Unmittelbar nach seiner Heiligsprechung am 19. März 1729 wurde Johann Nepomuk während einer Festwoche im Juni in der Münchner Liebfrauenkirche neben der Gottesmutter und dem hl. Benno (seit 1580) zum Landespatron proklamiert[1] (Abb. 1). Diese Tatsache ist Historikern und Kunstbeflissenen hinreichend bekannt, auch wenn sie heute im Bewußtsein der Öffentlichkeit kaum mehr existiert.[2] Der Vorgang selbst aber ist doch spektakulär und verdient Aufmerksamkeit. War die Ausrufung Mariens als Schutzfrau Bayerns unter Kurfürst Maximilian I. durchaus verständlich, ja naheliegend, war die Wahl des hl. Benno zum Landes- und Stadtpatron durch die feierliche und fast abenteuerliche Übertragung seiner Reliquien nach München gleichsam vorgegeben[3], so muß die Wahl des neuen Heiligen aus dem Böhmerland eher überraschen. Spekulationen über die Gründe gibt es genug. Manche Historiker meinen, dahinter politische Überlegungen suchen zu müssen: so wie der Habsburger Kaiser Karl VI. den Kult des hl. Johannes Nepomuk in seinen Landen gefördert habe, um daraus politisches Kapital zu schlagen, so habe der auf die deutsche Krone wartende bayerische Kurfürst Karl Albrecht sich des Heiligen in ähnlicher Weise »bemächtigt«, um dadurch Sympathien, nicht zuletzt in den habsburgischen Erblanden, zu gewinnen und seine Wahl zum Kaiser besser vorzubereiten.[4] Das mag eine interessante These sein. Ob sie wirklich plausibel ist, wäre erst zu untersuchen; schwerlich aber läßt sie sich beweisen, zumal das Jahr 1729 dafür noch reichlich früh ist. Zwar schweigen die Akten über die Wahl des böhmischen Heiligen zum bayerischen Landespatron weitgehend[5], doch zeigen die wenigen zuverlässigen Quellen, die noch auffindbar waren, daß der Anstoß zur Ausrufung des hl. Johannes zum Landespatron nicht in erster Linie vom Hof, auch nicht von der Regierung, sondern von Gruppierungen aus dem gläubigen Volk, den Bruderschaften, ausgegangen ist. In München hatte sich bereits drei Jahre nach der Seligsprechung (1721) eine Johann-Nepomuk-Bruderschaft gebildet, die nicht nur viele Mitglieder gewann, sondern sich auch rasch über die Stadt hinaus ausbreitete. In der »Zu-Schrifft/An den Heil. Blutzeugen JOANNES VON NEPOMUCK, Unsern Neu-erwählten Stadt- und Land-Patronen« [= Widmungsschrift] des Berichts über die Festoktav[6] (Abb. 2)

1. Ansicht von München mit den Patronen Maria, Benno und Johannes von Nepomuk. 18. Jh. München, Stadtmuseum (Inv. Nr. 37/2224)

schreibt der Autor namens des Direktoriums, der Verordneten und der »gesamte[n] Mitglider deiner Verbündnus«:

»Es wurde dise Versamlung mit solchem Trost aufgericht/ und mit solchem Eyfer fortgesetzt/ daß der Wachsthum der gegen dich tragenden Andacht nit allein in diser Residentz-Stadt/ sondern auch in herumligenden/ und angrentzenden Städt- und Märckten sich unverzüglich sehen liesse. Massen nit wenig/ und benanntlich die ansehnlich Reich-Stadt Augspurg durch das Nachbarliche Exempel angefrischet in gleiche Liebs- und Andachts-Vereinigung tretten/ und eben jene Gesätz und Ordnungen/ durch welche wir deiner Heiligkeit zu gefallen hoffeten ihnen selbsten auch aufzutragen/ und ihren Bunds-Genossen vorzuschreiben haben gefallen lassen/ ...«

Der Antrieb für den Kurfürsten aber, so fährt der nicht genannte Autor der Widmungsschrift fort, den Heiligen Johann Nepomuk als Schutzpatron für seine Residenzstadt und das ganze Land zu wählen, sei der Umstand gewesen, daß die Frau Wenzels, deren Beichtvater Johann Nepomuk war, aus dem Hause Wittelsbach stammte.[7] Vielleicht hat die Bruderschaft mit diesem Argument ihren eigenen Zielen nur den notwendigen Nachdruck verliehen. Wie dem auch sei, jedenfalls fühlte man sich mit Johann Nepomuk wegen der bayerischen Herkunft der Königin, seines Beichtkindes, zusätzlich verbunden. Nicht umsonst erscheint die Königin Johanna von Böhmen in einer handschriftlichen Fassung der »Bavaria Sancta«.[8] Keine Rolle spielt jedoch während der Münchner Feierlichkeiten rund um die Heiligsprechung und bei der Argumentation für seine Wahl zum Landespatron die Erinnerung daran, daß Johann Nepomuk dem bayerischen Heer bei der Schlacht am Weißen Berg beigestanden habe. Dies scheint tatsächlich eine noch später entstandene Legende zu sein, die dem Bild des Heiligen doch zusätzliche Konturen zu geben

2. Titelblatt des Berichts von der Festoktav in München anläßlich der Heiligsprechung Johannes von Nepomuks 1729

Hochfeyrlich-Acht-tägige
Ehren-Gedächtnus
Des heiligen Pragerischen Canonici,
Und
Herrlichen Blutzeugen JEsu Christi
JOANNIS
Von
NEPOMUCK,
Neuerwählten allgemeinen Patronen des gantzen
Bayrland / und dessen Haupt-Stadt München.
Angestellt und gehalten
Von einer Hochansehlichen
Nepomucenischen Verbündnus
Auf geschehene
Canonization oder Heiligsprechung
Des gedachten grossen Martyrers /
In der Hochansehenlichen Churfürstl. Collegiat-Stüfft- und Pfarr-Kirchen U. L. Frauen der Unbefleckten Empfängnus MARIÆ in der Churfürstl. Haupt- und Residentz-Stadt München /
In dem Monat Junij Anno 1729.

Gedruckt bey Johann Lucas Straub / Gem. Löbl. Landschafft- und Stadt-Buchdr. allda.

imstande war. Daß aber die Anregung für das Landespatronat von der Bruderschaft ausgegangen war, zeigt auch ein kurfürstlicher Erlaß für die einzelnen Gerichte, der sich in einer Abschrift erhalten hat.[9] (Abb. 8) Der Text lautet:

»Carl Albrecht etc.

Demnach Wür in Vnnserm Geheimb[en]: Rhat auf underthänigstes Belangen der sambentlich[en] Johann-Nepomucenischen Bundts Verwandten Vnsers Stüffts in München: unnd hieryber gehorsambist erstatten Bericht- unnd Guettachten gnädigst resolviert, das der Bishero seelige Martürer- und Bluethzeige: nunmehro im abgewichenen Monnath Martij, durch den Päbstlichen Stuell zu Rom in die Zahl der Heyligen Gottes ybersezte Johannes Nepomuc. nebst anderen schonn Vorhero erwöhlten: auch in Specie für Vnnseren LandtsPatron ercläret: unnd veneriert werdte. Also haben Wür Dir ein solches der gleichmessigen Verfüg[ung]: unnd Verordtnungen willen, in dem gnädigst Dir anuerthrauttem Gerichtsdistrict bedeitten wollen. seyndt Dir anbey etc. datum den 27. Mey anno 1729.«

Auch aus diesem kurfürstlichen Erlaß oder »Bevelch«, hier in einem Reskript an sämtliche Landrichter der Regierung von Landshut, dem einzigen bisher bekannten Dokument der kurfürstlichen Regierung in dieser Angelegenheit, ergibt sich ebenfalls deutlich, daß die Anregung, den Heiligen zum Landespatron zu erwählen, von der Bruderschaft und nicht vom Hof ausgegangen ist.

In der bereits wiederholt zitierten Widmungsrede der Beschreibung jener »Hochfeyrlich(en)-Acht-tägige(n) Ehren-Gedächtnus Des heiligen ... Joannis von Nepomuck«, der wichtigsten Quelle für diesen kleinen Beitrag, ist noch von einem Bildnis des Heiligen, das als »allererstes vor vilen Jahren her bloß allein schon in diser Churstfürstlichen Stüffts-Kirchen auf eben jenem Ridlerischen Altar ... eingesetzt« war.[10] Es ist das Bildnis für jenen kostbaren Johann-Nepomuk-Altar aus der Frauenkirche (Abb. 4), das bei der Regotisierung im 19. Jahrhundert von seinem angestammten Platz weichen mußte und in einem Winkel auf dem Dachboden ein ganzes Jahrhundert überlebte. Erst 1972 wurde der Altar wieder aufgefunden, restauriert und dann (bis zum Abschluß der Domrenovierung im Herbst 1993) im Diözesanmuseum zu Freising verwahrt.[11] Zu dem prachtvollen Silberaltar gehören außer einem überaus kostbaren Reliquienbehältnis von 1730 auch ein Nepomukskelch aus dem Jahre 1775, geschenkt von dem damaligen Dekan des Stiftes Carl Anton Ignaz Edler von Vacchieri auf Castelnuovo (Kat. 152), sowie die reichgestickte Fahne der Bruderschaft von 1731 oder 1741 (P. Steiner, s. Anm. 11, gibt beide Daten) (Kat. 156). Wenn die Verehrung des hl. Johann Nepomuk auch weit im

Land verbreitet gewesen ist, sie kristallisierte sich doch in diesem Altar der Münchner Frauenkirche, hatte hier ihren ersten Schwerpunkt.
Bildnisse des Heiligen wurden in Böhmen und wenig später auch in Tirol und Bayern[12] bald nach dem Dreißigjährigen Krieg, also längst vor seiner Seligsprechung, aufgestellt, ja seine Verehrung scheint mit der Schlacht am Weißen Berg 1620 und der danach beginnenden Erstarkung der katholischen Religion im Königreich Böhmen neuen Auftrieb erhalten zu haben – ganz vergessen war Johann Nepomuk nie[13]. Die Vorbildfunktion der Nepomukstatue von 1683 auf der Prager Karlsbrücke ist hinlänglich bekannt und oft beschrieben. Daß auch der Geistliche Rat in München die Verehrung solcher Bildnisse mit Interesse zur Kenntnis nahm, zeigt ein Bericht aus Innsbruck über eine Marmorstatue, die bereits am

3. Johann David Curiger, Dekoration des Hochaltars des Augsburger Doms, 1729 (Detail)

15. Mai 1716, also an »St. Nepomuks Vorabend«, unter großen Feierlichkeiten am Inn errichtet wurde. Bezeichnend für den Vorgang, daß der Kaiserliche Gubernator für Tirol, unter dessen Verwaltung (1706–1717) dies geschah, der Neuburger Wittelsbacher Karl III. Philipp war, ein Verehrer des hl. Johann Nepomuk wie sein Bruder, der Augsburger Fürstbischof Alexander Sigmund (+1737).[14]
Vom Ausstrahlen der Münchner Festwoche war oben die Rede, wobei in der bereits zitierten Festschrift Augsburg besonders hervorgehoben wurde. Tatsächlich fand in Augsburg im August des gleichen Jahres ebenfalls eine achttägige »Solennität Der HeiligSprechung Deß Grossen Glorreichen heiligen Martyrers Joannis Von Nepomuck« statt.[15] Wenig später wurde an die Südseite des Augsburger Domes eine eigene Kapelle für den hl. Johann Nepomuk angebaut und mit einem Altar ausgestattet, der nach Abbruch der Kapelle (1807) entfernt und schließlich in der Pfarrkirche von Bergheim bei Augsburg mit einem anderen, die Patrone der Gemeinde darstellenden Altarblatt aufgestellt wurde: das Altarbild von Johann Georg Bergmüller, das schon Teil der Augsburger Festdekoration im Jahre 1729 war (Abb. 3), blieb im Dom und befindet sich noch heute in der dortigen Sakristei.[16] Was am Bergheimer Altar noch an seine frühere Funktion und an Johann Nepomuk erinnert, ist ein reichgeschnitztes Antependium mit Régenceornamentik und vielen reizvollen, aber leider stark übermalten Darstellungen aus der Lebensgeschichte des Heiligen.
Erhielt Augsburg eine Johann-Nepomuk-Kapelle am Dom, so bauen die Brüder Asam in München eine eigene Kirche, wohl die schönste, die diesem Heiligen – ohne ganz fertig zu sein – 1746 in Bayern geweiht wurde.[17] Ägid Quirin Asam bedenkt sie in seinem Testament und schreibt dabei: »das liebe St. Johannes Kirchl« (Lieb, S. 4). Im westlichen Teil des Deckenfreskos über dem Altar bringt der Künstler 1735 noch einmal den Gedanken von der ganz eigenen Verehrung Bayerns für diesen Heiligen, der nun ein weiterer Landespatron war, ins Bild: »Die Verehrung des neuen Heiligen ist [hier] auf Bayern konzentriert, und sie wird von da auf ›die Kirche‹ [Ecclesia] zurückgelenkt« (Lieb, S. 43). Die besondere Verehrung der Brüder Asam für Johann Nepomuk ist bekannt, sie kommt nicht nur durch ihre eigene Kirche zum Ausdruck, sondern auch durch ihre Johannes-Altäre, etwa für den Freisinger Dom oder für die Stiftskirche in Osterhofen, um nur diese herausragenden

4. Melchior Steidl (Gemälde) und Johann Michael Ernst (Silberarbeit), Altar des Johannes von Nepomuk, 1730. München, Frauenkirche ▷

Beispiele aus Bayern zu erwähnen; es überrascht nicht, daß die Tochter von Cosmas Damian Asam bei ihrem Eintritt in das Ursulinenkloster zu Straubing den Namen Johanna Nepomucena annimmt.[18] Auch Dominikus Zimmermann hatte eine große Verehrung für unseren Heiligen und war Mitglied der Johann-Nepomuk-Bruderschaft in Landsberg.[19] Kein Wunder, daß dieser Heilige auch auf Zimmermanns berühmtem Votivbild in der Wieskirche abgebildet ist.[20] Der ebenfalls aus Wessobrunn stammende und angesehene Stukkator Franz Xaver Schmuzer gibt seinem ersten Sohn den Namen Johann Nepomuk (1746). Viele ähnliche Beispiele gäbe es noch zu erwähnen. Die Künstler haben also die Verehrung des neuen Heiligen nicht nur mitgetragen, sondern zum Gegenstand ihrer Werke gemacht. Anton Sturm stellt ihn als einzigen Heiligen neben seinem Namenspatron in einem Relief über dem Portal an seinem Wohnhaus in Füssen dar (1724); von Franz Xaver Schmädl, dem Weilheimer Künstler des Rokoko, gibt es eine Fülle schöner Statuen und Altären des Heiligen in vielen großen Kirchen des Pfaffenwinkels: in Weilheim (Stadtpfarrkirche) und in Rottenbuch (zusammen mit Martin Dürr), in Andechs und in Dietramszell, in Dießen und in Benediktbeuern; Johann Baptist Straub hat den kunstvollen Münchner Johannes-Brunnen vor dem großartigen Ensemble des Münchner Jesuitenkollegs geschaffen[21] (vgl. Kat. 136); Ignaz Günther widmet diesem Heiligen, den er persönlich verehrt hat (auch er tauft einen Sohn auf seinen Namen), neben einer Reihe von Plastiken (vgl. Kat. 138–141) einen Türflügel am östlichen Südportal der Frauenkirche (1772); von dem Landsberger Johann Luidl (1686–1765) sind noch so viele »Nepomukfiguren« (etwa 20) bekannt, daß damit eine ganze Ausstellung bestritten werden konnte[22]; für Niederbayern wäre Christian Jorhan zu nennen mit seinem überaus eleganten Altar im Presbyterium der Kirche zu Altenerding oder dem Brückenheiligen in Erding selbst (vgl. auch Kat. 142). Daneben gibt es unzählige volkstümliche Darstellungen, Oberammergauer Figürlein, Staffelseer Hinterglasbilder, Breverl mit Andachtsgegenständen, die an diesen Heiligen erinnern. An Hausfassaden wurde sein Bild gemalt, Glocken tragen seinen Namen und sein Bildnis[23], ja selbst Wasserzeichen der Papierhersteller zeigen den heiligen Johann Nepomuk[24]. Die Aufzählung braucht nicht weitergeführt zu werden, denn schon diese Andeutungen zeigen überzeugend, wie lebendig die Verehrung des hl. Johann Nepomuk in Bayern und darüber hinaus im ganzen katholischen Süden war, so lebendig, wie sie durch Dekrete von oben nicht vorstellbar wäre. Das will nicht sagen, daß der neue Heilige nicht auch von den Hirten der Kirche, von den Seelsorgern mit allen Registern der Beredsamkeit und mit pastoralem Eifer den Gläubigen vorgestellt worden wäre. Es gibt eine Fülle von Johann Nepomuks-Predigten, angefangen von den acht Predigten, die in der Münchner Festwoche von 1729 gehalten wurden[25], bis hin zu eigenen Sammlungen von Lobreden und vielen Einzelpredigten mit bilderreichen und poetischen Titeln, in denen vor allem seine Verschwiegenheit im Mittelpunkt steht. Etwa: »Nepomucenisches Stillschweigen | vorgestellet | Als eine fruchtbare Mutter ... (1730), oder Hellklingender Schall | Des Wohlredenden Schweigers/ | Und | Verschwiegenen Wohlredners: | ... Joannis von Nepomuc« (1729), oder wie eine der frühesten Predigten über unseren Heiligen, die aus Bayern bekannt sind, lautet: »Ehren-Schall/ | Oder | Weit-erklingend-Ehren-bringendes | Still-schweigen. | Das ist: | D. IOHANNES | NEPOMUCENUS. M. | ...« Sie stammt von dem Pollinger Chorherrn Philipp Saller aus

5. Matthäus Günther, Johannes von Nepomuk mit der unversehrten Zunge und den fünf Sternen als Attributen, Fresko im Chor, 1737. Rottenbuch, Stiftskirche

dem Jahr 1695. – Das Oxymoron vom »beredten Schweigen« spielt in den meisten dieser Predigten die bestimmende Rolle. Daneben gibt es viele andere sprechende Vergleiche, die damals aufhorchen ließen, so mit einem »Diamant« (siehe unten) oder mit einem »auß Schneeweissem Wachs Abgebildeten AGNUS DEI«, von dem im Titel der Beschreibung der Heiligsprechungsfeierlichkeiten in Prag (1729) (Kat. 90) die Rede ist. Wie zahlreich die Johann-Nepomuk-Predigten im süddeutsch-katholischen Raum waren, das könnte an vielen lokalen Beispielen aus Bayern aufgezeigt werden, etwa aus Rottenbuch, wo eine Bruderschaft bestand (Abb. 5) und der Präses dieser Bruderschaft, Marcellinus Pfalzer, viele Predigten über den hl. Johann Nepomuk veröffentlichte. In der »Vier und Dreißigsten Predig« seiner Sammlung mit dem Titel »Außerordentliches Lob Gottes | In | Seinen Heiligen« (Augsburg 1750), in der nicht weniger als sieben Predigten auf diesen Heiligen aufgenommen sind (eine Predigtsammlung von 1762 widmet er dem »Heiligen Johannem von Nepomuck«), vergleicht er den Heiligen mit einem Diamanten. Johannes von Nepomuk sei zwar nur ein »Böhmischer/ doch kostbarister Diamant«. Der orientalische sei der schönste und kostbarste. »Von den Böhmischen Diamanten haltet man nicht vil; ich aber«, so der Prediger »hab auch in dem berühmten von Gott beglückten Böhmer-Land einen Diamant gefunden, welcher wegen seiner Kostbarkeit, Klar- und Schönheit nicht nur allein den Orientalischen nichts nachgibt, sonderen über das unendlich weit übertrifft« (S. 376 f.). Hier möge der Hinweis auf den Katalog deutschsprachiger Heiligenpredigten in Einzeldrucken[26] genügen. In diesem gründlich gearbeiteten Katalog mit 1321 Nummern macht das Verzeichnis dieser Predigten drei Spalten aus, jenes der Predigten über die Gottesmutter nur zwei. – Zahlreich sind auch die Lieder über den Heiligen; sie finden sich in Predigtwerken, so in Anselm Manhardts »Ehren-reiche Sitten-Reden« (Augsburg 1739, S. 80 ff.) in einer 1729 in Loppenhausen gehaltenen Predigt[27], in Gebetbüchern wie in dem inzwischen vielbeachteten, handgeschriebenen Stubenberger »Lieder- und Gezeitenbuch«[28], in kirchlichen Andachtsbüchern und selbst in Sammlungen von Studentenliedern.[29] Ein spätes, aber schönes Beispiel sei eigens noch erwähnt, nämlich das Gedicht von Franz Graf Pocci »St. Nepomuk, des Schweigens Held«[30], dessen letzte Strophe lautet:

> So leuchte denn du heller Stern
> Den Schiffenden ein Licht,
> Wenn unser Lebensnachen wankt
> Und an den Wogen bricht.

Viele Beispiele volkstümlicher Frömmigkeit im Zusammenhang mit der Verehrung des hl. Johannes Nepomuk könnten noch aufgezählt werden, Gebetbücher und Flugblätter, die vielen Bruderschaften[31] und nicht zuletzt das Theater. Hier zeichnen sich die Jesuiten vor allen anderen Orden in besonderer Weise aus.[32] Ein frühes Beispiel ist aus Landshut erhalten, wo am Jesuitengymnasium im September 1729 ein Stück aufgeführt wurde mit dem Titel »Der Heilige Johannes von Nepomuc Ein getreuer Beschützer deß Bayrischen Namens und Vnschuld« (Abb. 6). Die »bayerische Unschuld« ist die Wittelsbacher Prinzessin, die Frau König Wenzels und Beichtkind des hl. Johannes. Aber auch die Benediktiner nehmen sich des hl. Johannes auf der Bühne an. Ferdinand Rosner, der tüchtige Ettaler Theaterdichter um die Mitte des 18. Jahrhunderts schreibt für Murnau ein Johannes-Nepomuk-Spiel[33], der Wessobrunner Coelestin Leuthner komponiert 1729 die Musik für ein solches Spiel am Benediktinerlyceum in Freising.[34] Theatergeschichte gemacht hat schließlich die Aufführung eines Volksstückes über den hl. Johannes Nepomuk in Markt Schwaben, das 1774 zur Aufführung kommen

6. Titelblatt der Veröffentlichung eines Theaterstücks der Landshuter Jesuiten

FAMA BOJCA,
A
S. JOANNE
NEPOMUCENO
IN AULA BOHEMICA,
FORTITER PROPUGNATA
Der Heilige Johannes
von Nepomuc
Ein getreuer Beschützer deß Bayrischen
Namens und Vnschuld.
Vorgestellt von dem Churfürstlichen Gymnasio der Soc.
JEsu, auf offentlicher Schau-Bühne zu Landshut.
Den 5.ten und 6.ten September Anno 1729.

Gedruckt bey Simon Golowitz allda.

7. Vorsatzblatt der Festbeschreibung anläßlich der Heiligsprechungsfeiern in Prag, 1730, mit »Vera Effigies« Johannes von Nepomuks

sollte, aber vom kurfürstlichen Pflegkommissär verboten wurde. Aus diesem Konflikt entwickelte sich ein regelrechter »Komödienkrieg«, den die Bürger schließlich sogar »gewonnen« haben, zu Ehren ihres Heiligen und zur eigenen Genugtuung.[35]

Zwei Gedanken zum Schluß. Einmal die Frage, wie es zu dieser Verehrung, zu dieser Popularität des hl. Johann Nepomuk kommen konnte, daß Benno Hubensteiner geradezu von einer »Volkskanonisation«[36] reden kann? Antworten wurden schon oft gegeben, sie seien hier noch einmal zusammengefaßt. Ein ganz allgemeiner Grund mag die Seltenheit der Heiligsprechungen damals gewesen sein. Im 17. Jahrhundert waren es nur elf Kanonisationen, im 18. nicht mehr als neun. Da hat man aufgehorcht, wenn ein neuer Heiliger von der Kirche proklamiert wurde. Wichtiger aber ist die Gestalt des Heiligen selbst.[37] Er ist trotz aller Aufgaben und Würden ein Mann aus dem Volk, ein einfacher Priester, der vom König auf grausame Weise gemartert wird. Er ist ein mannhafter Priester, der König Wenzel zu widerstehen wagt wie sein Namenspatron Johannes der Täufer dem König Herodes. Er gilt als Guttäter der Armen und als Wohltäter derer, die seelische Not leiden. Vor allem aber ist er der Heilige des Schweigens, ein Bewahrer des Geheimnisses: »Des Schweigens und Leydens lobpreisende Wohlredenheit«, lautet der Titel der Festbeschreibung anläßlich der Heiligsprechungsfeiern in Prag (erschienen 1730) (Abb. 7), »Liebreiches Geheimnis des hl. Joannes von Nepomuk« ist der Titel einer Predigt, die schon erwähnt wurde. »Liebreiches Geheimnis«, weil er das Beichtgeheimnis der Königin bewahrt hat, wird er zum Patron des guten Rufes, der für jeden so kostbar ist. Weil er in die Moldau geworfen wurde, wird er zum Patron der Schiffer und Flößer, mehr noch, er wird zum sicheren Begleiter auf dem Lebensweg, für den Schiff und Gewässer Sinnbilder sind. Er begegnete den Menschen des 18. Jahrhunderts als »liebenswürdiger Heiliger«, von dem Benno Hubensteiner am Schluß seiner Lebensbeschreibung[38] sagt, daß uns in seinen zahllosen qualitätvollen Bildern ein Stück »Rokoko-Wärme und Rokoko-Herzlichkeit« entgegenschlage, »der ganze Charme« dieses Jahrhunderts.

Und das Zweite: warum ist die Verehrung des einst so beliebten Heiligen längst geschwunden, so sehr, daß heute nur noch wenige von ihm wissen? Der Grund dafür ist einfach, er hängt zusammen mit der geringeren Bedeutung der Heiligenverehrung, wohl auch mit der schwindenden Bedeutung des Beichtsakramentes, dessen Patron der hl. Johann Nepomuk ist, vielleicht auch mit der vermeintlich geringeren Gefahr bei Reisen zu Wasser und zu Lande – man braucht diesen Heiligen offenbar nicht mehr.[39] Und doch könnte das Vorbild des im Land, trotz aller Verluste, noch immer fast allgegenwärtigen Heiligen viel bedeuten und viel sagen, auch in seiner Funktion als Vermittler zwischen den Ländern Böhmen und Bayern.[40]

8. Johannes von Nepomuk wird zum bayerischen Landespatron erklärt, kurfürstlicher Erlaß vom 27. Mai 1729. München, Bayerisches Hauptstaatsarchiv

Anmerkungen:

[1] Patronin des Kurfürstentums war seit 1616 die Gottesmutter: Patrona Boiariae steht seit dieser Zeit unter dem Bildnis Mariens an der Fassade der Münchner Residenz. Vgl. E.H. Ritter, Maria Patrona Bavariae. In: Zeugen des Glaubens. Heilige, Selige und Diener Gottes im Bistum Regensburg. Regensburg 1989, S. XXI–XXXIV.

[2] In der neueren Literatur handeln davon B. Hubensteiner, Der heilige Johannes von Nepomuk. In: G. Schwaiger (Hrsg.), Bavaria Sancta, 3. Regensburg 1973, S. 281–292. – E.H. Ritter, Der hl. Johannes von Nepomuk – bayerischer Landespatron. In: Zeugen des Glaubens (wie Anm. 1), S. XXXV–LXIV. – J. von Herzogenberg, Beispiele der Verehrung des hl. Johannes von Nepomuk in Bayern. In: Kat. 1979, S. 110–114. – Vgl. auch 250 Jahre Heiligsprechung Johannes von Nepomuk. Landespatron von Böhmen und Bayern. 25 Jahre Schirmherrschaft des Freistaates Bayern über die Sudetendeutschen. München: Adalbert Stifter Verein, Ackermann-Gemeinde, Pfarrei St. Peter 1979.

[3] M.J. Hufnagel, Der heilige Benno, Bischof von Meißen. In: Bavaria Sancta (wie Anm. 2), S. 204–212.

[4] So z.B. E. Straub, Ein Mann wird Heiliger. Das unauffällige Leben des Johannes von Pomuk. In: FAZ 1979, Nr. 245 (20. Oktober).

[5] Recherchen im Bayerischen Hauptstaatsarchiv München, im Geheimen Hausarchiv, im Archiv der Erzdiözese München-Freising haben keine deutlichen Erlasse des Kurfürsten, wie man sie erwarten würde, zutage gefördert.

[6] Hochfeyrlich-Acht-tägige Ehren-Gedächtnus Des heiligen Pragerischen Canonici, Und Herrlichen Blutzeugen Jesu Christi JOANNIS von NEPOMUCK ... München 1729.

[7] König Wenzels erste Frau war Johanna aus dem Wittelsbachischen Zweig Straubing-Holland, die 1386 verstarb; 1389 heiratete er Sophie, die Tochter Herzog Johanns von Bayern-München. Vgl. Joseph Weisskopf, St. Johannes von Nepomuk. Wien 1931, S. 112–118.

[8] Bayerische Staatsbibliothek München Cgm 2831, Teil III, 2, S. 101 ff. – Die Handschrift ist im 17./18. Jahrhundert entstanden und wurde von einem Kapuziner geschrieben – mehr ist über die Herkunft der Handschrift und ihre Entstehungszeit leider nicht bekannt.

[9] Bayerisches Hauptstaatsarchiv München, GR 513/65 cc (e).

[10] P. Pfister u. H. Ramisch, Die Frauenkirche in München. München 1983, S. 249 u. Abb. 141. – Dies., Der Dom zu Unserer Lieben Frau in München. München 1988², S. 119.

[11] P. Steiner, Der sternstrahlende Heilige. In: Charivari 1977, Nr. 6, S. 4–9 (mit vielen Abbildungen, auch in Farbe, aber mitunter ungenauen Angaben).

[12] In Eresing, Landkreis Landsberg, wird bereits 1680 ein Johann-Nepomuk-Altar aufgestellt. – Zu dem Reichtum an Bildnissen des Heiligen vgl. die Kataloge der Ausstellungen in München 1971, in Paderborn 1973 und in Salzburg 1979.

[13] Vgl. dazu A. Pinsker, Die Gesellschaft Jesu und der hl. Johannes von Nepomuk. In: Kat. Salzburg 1979, S. 58–68.

[14] »Das Extract-Schreiben auß Ynsprugg/vom 19. May 1716«, eine vier Seiten lange, gedruckte Beschreibung der Festlichkeiten in der Tiroler Landeshauptstadt, war dem Münchner Geistlichen Rat immerhin so wichtig, daß es in den Akten bewahrt wurde. Bayer. Hauptstaatsarchiv GR F. 513/65 cc. – Zur besonders innigen Verehrung Johann Nepomuks in Innsbruck vgl. N. Möller, Die Verehrung des Heiligen Johannes von Nepomuk in Innsbruck. In: Die Johannes von Nepomuk-Kirche am Innrain und die Baumeisterfamilie Gumpp in Innsbruck. Diözesanausstellung Innsbruck 1985, S. 32–35, mit vielen wichtigen Details zu Johann Nepomuk im allgemeinen und zur Innsbrucker Nepomukkirche im besonderen, für deren Renovierung sich Norbert Möller mit großer Sachkenntnis und mit Hingabe eingesetzt hat.

[15] In der Collegiat- und Stiftskirche zu St. Moritz in Augsburg wurde am 15. Mai 1729 von der kath. Kaufmannschaft der Stadt eine Bruderschaft unter dem »Schutz Mariä/ zu Ehren des H. Martyrers/Joannis von Nepomuc/ mit Bewilligung Hochgeistl. Obrigkeit/ mit herrlicher Solennität eingeführet«. (Bericht bei Mathias Wolff in Augsburg 1729 im Druck erschienen), vgl. A. Layer, Die Hochblüte der Johann-Nepomuk-Verehrung im Bistum Augsburg. In: Jahrbuch des Vereins für Augsburger Bistumsgeschichte 9, 1975, S. 199–220, bes. S. 202 ff.; vgl. dasselbe Jahrbuch 13 (1979) S. 248 f. – Nicht übersehen sei, daß die schöne Stichfolge zu Pater Bohuslav Balbín's Vita des Heiligen ebenfalls in Augsburg im Verlag des Stechers J.A. Pfeffel 1725 und öfter erschienen ist (Kat. 48). – Nicht mehr zu diesem Beitrag gehörig, wohl aber zum Thema im weiteren Sinne, ist der vorzügliche Aufsatz von P. Weißenberger, J. v. N. und seine Verehrung auf dem Härtsfeld im 18. Jahrhundert. In: Jahrbuch des Vereins für Augsburger Bistumsgeschichte 17, 1983, S. 117–136.

[16] Zur Kapelle am Dom vgl. Layer (wie Anm. 15), S. 208, B. Bushart im gleichen Jahrbuch 3 (1969), S. 128 sowie Karl Kosel ebd. 16 (1982), S. 297 f. u. Abb. 27.

[17] Stellvertretend für die zahlreichen Untersuchungen zur Johann-Nepomuk-Kirche in München die knappe, aber vorzügliche Darstellung von N. Lieb mit Photos von W.-Chr. von der Mülbe, St. Johann Nepomuk – die Asamkirche in München. München–Zürich 1983 (Schnell & Steiner Große Kunstführer, 100) mit der wichtigsten Literatur.

[18] K. Tyroller, Neue Nachrichten über die Beziehung der Gebrüder Asam zu Kloster und Kirche der Ursulinen. Straubing 1978².

[19] Vgl. A. Huber, Das Wirken der Familie Zimmermann in Landsberger Bruderschaften. In: Dominikus Zimmermann. Zur 300. Wiederkehr seines Geburtsjahres. München–Zürich 1985, S. 72 f.

[20] Vgl. u.a. H. Pörnbacher, Die Wies. München 1992, S. 7 (Kleine Kunstführer 1)

[21] Vgl. Kat. 1971, Nr. 39. Im Zuge der Säkularisation wurde der Brunnen, damals bereits mit einer Steinplastik von Roman Anton Boos versehen, ohne Not abgebrochen. Im »Einschreib büchl Von der Zeit unser Verheurathung 1779« der Maria Anna Benigna von Krempelhuber (hg. von Agnes von Krempelhuber, Neustadt 1975) heißt es unter dem Jahr 1804: »Den 16. April ist der Brunen samt den heyligen Johann von Nepomuk in der Neuhauser Gasen, Negst den Jesuiter Kollegij abgebrochen worden.«

[22] Johann Luidl, Nepomukfiguren. Landsberg 1986.

[23] Der Glockenspruch in einer oberbayerischen Kapelle lautet: Nach St. Johann bin ich benannt,/ der als Schweiger ist bekannt./ So will mein Läuten den Weg Euch zeigen/ Zum stillen Kirchlein und zum rechten Schweigen.

[24] F. von Hößle, Bayerische Papiergeschichte, 58: Die Weidenmühle. In: Der Papier-Fabrikant 1925/4, S. 47 ff., Abb. 98; das Wasserzeichen stammt aus dem Jahr 1746.

[25] S. oben Anm. 6. Hier zeichnet sich besonders die erste Predigt von P. Albert Weinperger S.J. aus, eine zu Herzen gehende Predigt, die den Heiligen als den großen Gutthäter vorstellt und den Zuhörer zur Umkehr auffordert.

[26] Hrsg. von W. Welzig. Wien 1989. – Zu Rottenbuch und zur dortigen Verehrung des hl. J. v. N. vgl. H. Pörnbacher (Hrsg.), Rottenbuch. Das Augustinerchorherrenstift im Ammergau. Beiträge zu Geschichte, Kunst und Kultur. Weißenhorn 1980². – Vgl. auch E. Cornides-Kinsky, Predigten zu Ehren des heiligen Johannes von Nepomuk in einer barokken Predigtsammlung. In: Kat. 1971, S. 103–136. – Der Autor dieser Predigten ist der Wiener Pater Pius Manzador (1706–1774). Er war von 1761–1764 Generaloberer seines Ordens (Regularkleriker des hl. Paulus) und von 1764–1773 Bischof in Kroatien und Siebenbürgen. 1748 ist in Oberammergau ein Band mit »Lob-, Ehr-, Dank- und Leichreden« erschienen, in dem sich sechs von Pater Manzadors Johann-Nepomuk-Predigten finden.

[27] Zu Manhardt vgl. Rottenbuch (wie Anm. 26).

[28] S. Bayerische Bibliothek. Texte aus zwölf Jahrhunderten, 3: Die Literatur des 18. Jahrhunderts. München 1990, S. 1162 u. 1263. – Zwölf Jahrhunderte Literatur in Bayern. Katalog. München 1975, S. 113 f.

[29] Beispiele in J. Gabler (Hrsg.), Geistliche Volkslieder. Regensburg 1890², Nr. 254 ff. – A. Jeitteles, Drei volkstümliche hist. Lieder. In: Euphorion, 11, 1904, S. 85 ff. – L. Richter u. A. E. Marschner, Alte u. Neue Studentenlieder. Leipzig 1844, S. 52 f. (Nachdruck Harenberg 1980²), dabei handelt es sich um ein Lied des Dichters Wilhelm Müller.

[30] [F. S. Mayr], Fromme Sagen von unserem Herrn, seiner geliebten Mutter und seinen lieben Heiligen. Gesammelt und gewählt aus deutschen Dichtern für Freunde christlicher Poesie. München 1851, S. 272 ff.

[31] Eine nützliche, wenn auch lückenhafte Aufzählung der Johann-Nepomuk-Bruderschaften bei J. Krettner, Erster Katalog von Bruderschaften in Bayern. München–Würzburg 1980, S. 152 ff. (unter dem Stichwort Nepomuk). Es fehlen z. B. Augsburg, Eresing, Landsberg (18. Jh.) oder Straubing. An allen Orten mit Bruderschaften finden sich auch hervorragende Kunstwerke, wie das mit Motiven aus dem Leben des hl. Johann Nepomuk reichverzierte »Portal« zum Kanzelaufgang in St. Jakob zu Straubing von Matthias Obermayr, dabei hat St. Jakob noch eine eigene Johann Nepomukkapelle mit einem Altar von Obermayr und Bildern von Bernhard Scheck.

[32] Zu unrecht macht man in der Literatur die Jesuiten für den Beginn und die Verbreitung des Johann-Nepomuk-Kultes in Form von propagandistischem, ja polemischem Eifer »verantwortlich«. Wie schon Benno Hubensteiner aufgezeigt hat (s. o. Anm. 2), nehmen sich die Jesuiten des neuen Heiligen in Bayern erst seit den zwanziger Jahren des 18. Jahrhunderts, also seit der Anerkennung des Kultes durch Rom, an. Das war in Böhmen anders. Vgl. Pinsker (wie Anm. 13). Was das Jesuitentheater betrifft, so zählt J.-M. Valentin, Le Theâtre des Jesuites dans les Pays de Langue Allemande, Teil 1.2. Stuttgart 1984 annähernd 30 Stücke über den hl. Johann Nepomuk auf.

[33] St. Schaller, Ferdinand Rosner Benediktiner von Ettal (1709–1778). Leben und Werk. Laßleben 1984, S. 166 f. (Münchner hist. Studien. Abt. Bayer. Gesch. XII).

[34] P. Lindner, Profeßbuch der Benediktiner-Abtei Wessobrunn. Kempten und München 1909, S. 45. – Diese Musik ist nicht erhalten. – In seinem Büchlein »Coelum christianum« Augsburg 1749, handelt die Consideratio XXXII von »Johann Nep., in periculis famae«. Beigegeben ist ein Stich von Klauber.

[35] H. und E. Moser. Der Komödienkrieg. Eine bayerische Historie aus dem Markt Schwaben bei München. In: Unbekanntes Bayern, 6. Das Komödi-Spielen. München 1961, S. 126–138. – Vgl. auch L. Schmidt, Volksschauspiele vom hl. Johann v. Nepomuk. In: Volk u. Volkstum 2, 1937, S. 239–246.

[36] Hubensteiner (wie Anm. 2), S. 289.

[37] J. v. Herzogenberg, Zum Kult des heiligen Johannes von Nepomuk. In: Kat. 1971, S. 25–34. – L. Schmidt, Die volkstümliche Verehrung des hl. Johannes von Nepomuk, ebd., S. 98–106.

[38] S. Anm. 2, S. 290.

[39] Was P. M. Plechl, in: Kat. 1979, S. 1–4 (Das ist der heilige Nepomuk) für Österreich ausführt, gilt mutatis mutandis auch für Bayern und Tirol.

[40] A. Graf Waldstein-Wartenberg, Der aktuelle Brückenheilige. In: Süddeutsche Zeitung 1979, Nr. 195, 25./26. 8., S. 100. – J. v. Herzogenberg, Brückenschlag zwischen Bayern und Böhmen. In: Münchner Katholische Kirchenzeitung 1. 7. 1979, S. 12 f.

Johannes von Nepomuk und seine Verehrung in Prag

Jan Royt

Prag, die alte Residenzstadt der böhmischen Fürsten und Könige, ist der natürliche Mittelpunkt der Verehrung des hl. Johannes von Nepomuk (Abb. 1).[1] Hier studierte und wirkte er, hier erlitt er den Märtyrertod und im altehrwürdigen Veitsdom auf dem Hradschin fand er schließlich seine letzte Ruhestätte.
Anfänge zu seiner Verehrung,[2] wie auch immer sie motiviert waren, finden wir in historischen Quellen bereits kurz nach dem schicksalhaften 20. März 1393. Wenige Tage nach seinem Tod vermerkte ein unbekannter Schreiber des Generalvikariats am Rande eines Gerichtsprotokolls, Johannes von Pomuk habe am 20. März seinen letzten Tag beendet. Seine Seele ruhe in Frieden. Einige Monate danach bezeichnete ihn Erzbischof Johann von Jenstein als »iam martyr sanctus«, einen bereits heiligen Märtyrer. Auch der Raudnitzer Propst Peter Klarificator betrachtet ihn in seiner Vita Jensteins (Kat. 6) als Märtyrer (»Dei Gratia Martyr effectus«) und schreibt außerdem, daß sich sein Leichnam »durch das Wunder der Lichterscheinung ankündigte«. Legenden aus der Barockzeit erzählen, die Moldau habe den Leichnam schon am folgenden Tag unweit der Kirche zum Größeren Hl. Kreuz freigegeben, wo er der Tradition zufolge zuerst beigesetzt worden ist.[3] Von einer starken Nepomukverehrung im 17. Jahrhundert in dieser 1890 verschwundenen Kirche zeugen ein in den Quellen erwähntes Gemälde Johann Peter Brandls »Die Auffindung des Leichnams« (1699) und Ferdinand Maximilian Brokoffs Steingruppe des Heiligen als Almosenspender (1725) (Abb. 2), heute bei Hl. Geist aufgestellt. Ihr Sockel (1727) mit den Reliefs des Märtyrertodes, der Auffindung des Leichnams und der Grablegung des Heiligen stammt allerdings von einer anderen Skulptur, die der Abt vom Größeren Hl. Kreuz, Johann Mandl von Steinfels, für den Johannesplatz hatte herstellen lassen. Brokoffs Gruppe stand ursprünglich bei St. Nikolaus in der Altstadt.
Seit 1715 veranstalteten die Kreuzherren mit dem Roten Herzen (Cyriaken) jeweils am Vorabend des Nepomuktages sog. »musicae navales«, bei denen festlich geschmückte Boote mit Musikern und Sängern bis unter die Karlsbrücke fuhren, zu einer kleinen, an einen der Brückenpfeiler geschmiegten Nepomukkapelle, die auf einer Sandbank errichtet war, und feierten dort Gottesdienste.

1. I. P. Stockmann, Johannes von Nepomuk als Beschützer von Prag. Prag, Kloster Strahov

Das Prager Domkapitel ließ bald nach den tragischen Ereignissen den Leichnam nach St. Veit bringen, und in diesem Akt der »Translatio«, wie er auch bei anderen Heiligen zu beobachten ist, können wir neben politischen Aspekten auch den Beginn einer religiösen Verehrung sehen. Als weiterer Beweis für die Heiligkeit des Johannes wurde das Austrocknen der Moldau nach seinem Tode betrachtet, das unter dem Jahr 1393 in den »Staré letopisy české«, den alten böhmischen Annalen, und in der Leipziger Chronik verzeichnet ist. Johannes wurde im Chorumgang des Veitsdoms vor der Vlaším-Kapelle begraben, in der er als Altarist gewirkt hatte. Im Meßverzeichnis von 1416 wird in einem Vermerk über eine Messe an seinem Todestag die Grabinschrift mitgeteilt: »Iohannes de Pomuk«. Zusammen mit einem Kreuz zierte sie die marmorne Deckplatte. Das Grab war zum Mittelpunkt eines Kultes geworden, der in der Frühzeit allein vom Domkapitel ausging. Aus diesem Umfeld stammen Legenden von Grabschändungen, in denen bereits das Betreten der Grabplatte als Entweihung angesehen wurde. Mitte des 15. Jahrhunderts machte der Pilgerstrom bereits ein Gitter um das Grab notwendig. Um 1480 wird in einem Inventar[4] die Inschrift: »Zu Ehren des seligen Johannes von Pomuk« auf einem Silberkelch im Domschatz überliefert, und von »Johannes, dem seligen Priester« spricht 1502 auch eine Stiftungsurkunde des Albrecht von Kolowrat.

Ende des 16. Jahrhunderts zählte man Johannes zu den böhmischen Landespatronen, erstmals 1599 in der »Duchovní obveselení Koruny české« des G. B. Pontanus von Breitenberg (Kat. 9), dessen 1602 erschienene »Hymnorum sacrorum libri tres« (Kat. 10) die erste zweifelsfreie bildliche Darstellung von Johannes enthält, die ihn als Beichtvater der Königin zeigt. Dieses Buch enthält auch Abbildungen seines von einem Gitter umgebenen Grabs im Veitsdom und seines Brückensturzes. Ein Gemälde mit dem gleichen Thema (ca. 74:44 cm) war laut Berghauer[5] 1532 datiert und befand sich in der ehem. Fronleichnamskapelle auf dem Karlsplatz. E. Bellings Stichreproduktion in Berghauers Buch läßt dieses Bild jedoch, seinem Stil nach zu urteilen, eher als ein Werk aus der ersten Hälfte des 17. Jahrhunderts erscheinen.

Abgesehen von der heute verschollenen »vera effigies« aus dem Besitz der Familie Ledwinka von Adlerfels (Abb. 4), finden wir die frühesten künstlerischen Zeugnisse der Nepomukverehrung natürlich im Veitsdom.[6] 1621 wird in der Vlaším-Kapelle ein Altar des sel. Johannes, des Bekenners, neben Altären der hll. Ottilie, Lucia und Clemens genannt. Im Chor befindet sich noch heute unweit des Grabmals das große Holzrelief von Caspar Bechteler (1621/23) (Abb. S. 37), auf dem die kurz vor Weihnachten 1619 erfolgte »Reinigung« der Kirche von »Götzenbildern« und »Statuen« durch die Calvinisten dargestellt ist, bei der auch das Grab beschädigt wurde. Die Strafe, die den Grabschänder traf, ist wiedergegeben. Bechteler schuf 1630 auch die Reliefs auf den Holztüren beim Aufgang zur Orgelempore (Abb. 3), die vom Südportal des Doms stammen. Sie zeigen Figuren der böhmischen Landespatrone mit Inschriften und jeweils einer Szene aus ihrer Geschichte. Johannes ist dargestellt als ein älterer, barhäuptiger Mann mit Bart in der Tracht eines Domherren, mit einem Buch in der Hand und mit einem Heiligenschein(!). Als Szene wurde der Brückensturz in die Moldau gewählt, die Inschrift lautet: »S. Iohan d. Beichtiger«. Auch das Wandbild von Matthias Mayer (1631) ehemals an der Wand gegenüber der Sigismund-Kapelle (übertragen in die Hasenbergkapelle unter dem Turm) zeigt Johannes im Kreis der böhmischen Landespatrone als Kanoniker, in der Hand hält er

2. Ferdinand Maximilian Brokoff, Johannes von Nepomuk als Almosenspender, 1725. Prag, vor der Hl.-Geist-Kirche

3. Caspar Bechteler, Relief vom ehem. Südportal, 1630. Prag, Veitsdom

den Palmzweig der Märtyrer. Ebenfalls mit Märtyrerpalme und sogar mit Heiligenschein gab ihn eine entsprechende Darstellung wieder, die für 1675 in der Michaelskapelle, heute Sakristei, bezeugt ist. Am 1621 geweihten Altar der hl. Barbara am Pfeiler bei der Treppe zum königlichen Oratorium erscheint er inmitten der böhmischen Landespatrone. Dieser Altar gelangte später in die Kirche von Lešany. Von 1637 stammte eine weitere Darstellung des Heiligen in der 1880 abgebrochenen Adalbertkapelle, auf der er ein rotes Gewand trug und mit Nimbus und Palmzweig versehen war. Ein Gemälde mit Johannes – mit Buch und Palmzweig – unter den Landespatronen befand sich auf dem Reliquienaltar in der Wenzelskapelle, den Bernhard Ignaz von Martinitz für die 1645 aus Burg Karlstein überführten Reliquien errichten ließ. Aus Berichten wissen wir noch von einem Gemälde von etwa 1653 mit Johannes als Almosenier und Beichtvater auf dem Altar der Marienkapelle. Sein Bild ehem. in der Ludmilakapelle (heute in einem Raum über der Sakristei) ist ein Werk von Karel Kulik aus dem Ende des 17. Jahrhunderts. An den Vierungspfeilern des Veitsdoms befinden sich acht überlebensgroße vergoldete Holzskulpturen der böhmischen Landespatrone, unter denen auch Johannes von Nepomuk (vgl. S. 30 mit Abb.) nicht fehlt. Sie wurden von Domherr Tobias Johannes Becker in der Werkstatt von Franz Preiss in Auftrag gegeben. Eine Arbeit aus der ersten Hälfte des 18. Jahrhunderts ist das Gemälde mit dem Heiligen vor König Wenzel, das in die hölzerne Chorverkleidung eingelassen ist.

Für die Nepomukverehrung des Domkapitels im 17. Jahrhundert finden wir in der Druckgraphik ebenfalls eine ganze Reihe von Zeugnissen, etwa auf dem Titelblatt des »Theatrum gloriae« des Domherrn Christian Pfalz von Ostritz (1691), auf dem Johannes im Kreis der Landespatrone als Beschützer Prags vor den Türken begegnet. Als Patron der Metropolitankirche präsentiert ihn ein Stich im »Rituale seu agenda Romano pragensis« (1700).

Im Dom blieben Teile der Dekorationen von den Feiern zur Heiligsprechung im Jahre 1729 erhalten, an erster Stelle die große, doppelseitig bemalte Kanonisationsstandarte von O. Vicinelli (Kat. 56). Zu den Festdekorationen gehörten auch neun Gemälde (Kat. 69–77 und Beitrag von L. Sršeň, S. 65 f.) und drei, neuerdings J. F. Kohl-Severa zugeschriebene Büsten von Figurinen (Kat. 91–93), die in das Nationalmuseum gelangt sind.

Im Mittelpunkt der Verehrung stand natürlich das Grab des Heiligen. Bohuslav Balbín zufolge gehörte seit 1490 der sog. Jerusalemleuchter zu dessen Schmuck. Auf einen romanischen Fuß ließ Erzbischof Leopold Wilhelm von Olmütz 1641 neue Leuchterarme montieren mit

4. J. Drda, »Vera Effigies« Johannes von Nepomuks, 1829 nach verschollenem Vorbild des 17. Jh. Prag, Kloster Strahov

Büsten der böhmischen Landespatrone, unter ihnen Johannes von Nepomuk mit einem Buch. Den Leuchter finden wir dargestellt auf Stichen von 1664 (Kat. 17) und 1692/94 (Kat. 94). Das Grabmal stammt in seiner heutigen Form von 1733/36 mit Ergänzungen von 1746 und 1771 (vgl. Kat. 104 und den Beitrag von F. Matsche, S. 44 ff., Abb. S. 45). Unter dem Grabmal liegt eine Kapelle mit fragmentierten Wandmalereien mit Nepomukdarstellungen.

1758 wurde am Veitsdom die »Erzbruderschaft des großen Wundertäters und Märtyrers Gottes, des hl. Johannes von Nepomuk« gegründet. Zahlreiche Votivgaben am Grabmal lieferten den materiellen Beweis für die Verehrung des »Wundertäters« durch die Gläubigen. In der Mitte des 18. Jahrhunderts zählte man in einem verglasten Schrein am Grabmal 25 Silbertafeln, 92 Bilder des Heiligen, 159 Silberstatuetten, silberne Kinderfigürchen, goldene Tafeln, goldene und silberne Kronen sowie 8 goldene und 185 silberne Herzen. Der größte Teil dieser wertvollen Votivgaben wurde 1784 auf Befehl Kaiser Josephs II. eingeschmolzen.[7] Im Domschatz befinden sich heute noch die prachtvollen Reliquiare mit der Zunge (Abb. 5) und der Kniescheibe (Kat. 106) des Heiligen, ein Nimbus mit fünf goldenen, mit Diamanten besetzten Sternen (Kat. 105), sechs Silberreliefs für das Grab, die Karl VI. gestiftet hat (Kat. 98–103), und weitere kostbare Geschenke (Kat. 149). An der Außenseite des Chors errichtete man 1763 ein Denkmal aus Stein mit der Gruppe der Bergung des Leichnams von Franz Ignaz Platzer (Abb. 7), ein Auftrag des Sakristans der Kirche, Václav Křečinský (vgl. Kat. 127–129).

Bereits im 17. Jahrhundert wurde Johannes von Nepomuk auch in der Georgsbasilika verehrt. Das geht aus

5. A. Birckhart, Das Zungenreliquiar in der Schatzkammer des Veitsdoms. Prag, Kloster Strahov

6. Ferdinand Maximilian Brokoff, Mariensäule, Detail: Johannes von Nepomuk und das Prager Wappen, 1730–36. Prag, Burgplatz

Berichten des Domkapitels von 1675 hervor, die von einer Darstellung von ihm, als Domherr gekleidet, mit Heiligenschein und mit einem Palmzweig in der Hand, sprechen. Dieses Gemälde ließ Äbtissin Mechthild Schönweis 1685 übertünchen. Auf der Empore der Kirche werden einige schwer beschädigte Gemälde mit Nepomukthemen aufbewahrt, den Aufschriften nach Votivbilder, die vermutlich vom Märtyrergrab im Dom stammen. Besondere Aufmerksamkeit verdient jedoch die an die Basilika angebaute Nepomukkapelle. Sie wurde 1717–1722 im Auftrag des Domherrn Ludwig Steyer errichtet und 1722 von Weihbischof Johann Rudolf von Sporck geweiht. Das Deckenfresko zeigt eine Apotheose des Heiligen im Kreis der böhmischen Landespatrone. Wir begegnen dabei neben den üblichen Darstellungen einem Flußgott als Verkörperung der Moldau mit einem Gefäß, aus dem Wasser rinnt, den fünf Sternen des Heiligen und dem böhmischen Löwen. Den Hauptaltar schmückt das Gemälde »Johannes von Nepomuk im Gebet« von Wenzel Lorenz Reiner, und an den Pfeilern befinden sich sechs hochformatige Nepomukszenen (Kat. 114). Auf der Predella des Seitenaltars ist der ruhende Leichnam wiedergegeben. Sehr eindrucksvoll ist an der Fassade Ferdinand Maximilian Brokoffs Statue des Heiligen (1721/22) über dem Portal.

Den Besuchern zeigte man auf der Burg auch das angebliche Gefängnis des Heiligen, das auf Stichen abgebildet wurde.

In den Kirchen und den Palais auf dem Hradschin genoß Johannes von Nepomuk ebenfalls schon früh große Verehrung. Noch in der ersten Hälfte des 17. Jahrhunderts ließ Graf Jaroslav Bořita von Martinitz (gest. 1649) in seinem Palais eine Nepomukkapelle einrichten. Auch in der Kirche des ehemaligen Ursulinenklosters auf dem Hradschin wurde ihm ein Altar geweiht. Dort hatte sich 1701 eines seiner wichtigsten Wunder ereignet, die Heilung der Therese Veronika Krebs. Wenzel Lorenz Reiner schmückte die Kirche, die in den Jahren 1720–1729 von Kilian Ignaz Dientzenhofer erbaut worden war, mit einem Johanneszyklus, dem ausführlichsten in ganz Böhmen. Außer seiner Apotheose und Szenen aus seinem Leben werden hier seine Wunder geschildert, darunter natürlich auch die erwähnte Heilung der Veronika Krebs (s. Kat. 157). Reiners vielfiguriges Hochaltarblatt (1727) zeigt neben Johannes von Nepomuk und Maria die hll. Agnes von Rom, Cäcilie, Barbara, Agathe, Ursula, Angela Merisi sowie die sel. Zdislawa von Lemberg, die Patronin der Oberin des Klosters, Berka von Dauba. Das Gemälde befindet sich heute im Nordböhmischen Museum in Reichenberg (Liberec).

Im Prämonstratenserkloster Strahov genoß Johannes von Nepomuk gleichfalls schon im 17. Jahrhundert hohe Verehrung. Eine Nepomukstatue in den Klostersammlungen stammt von einem Altar in der Kirche, den Heinrich von Kolowrat kurz vor seinem Tod 1646 errichten ließ.

Unter den Skulpturen, die den Heiligen darstellen, verdienen Brokoffs 1730–1736 geschaffene Figur an der Mariensäule auf dem Burgplatz (Abb. 6) und die Figu-

7. Franz Ignaz Platzer, Nepomukdenkmal, 1763. Prag, Veitsdom

rengruppe von Thaddäus Hochhaus (?) von 1752 am Pohořelec, ursprünglich an der Nordostecke des Burgplatzes, Beachtung.
Kaum minder reich an Nepomukdarstellungen sind die Kirchen und Plätze der Kleinseite, der Altstadt und der Neustadt.[8]
Der Pfarrer der Teynkirche, Florian Hammerschmid, zählt in seinem »Prodromus Gloriae Pragenae« (1723) die Nepomukaltäre der Prager Kirchen aus der Zeit vor der Kanonisation auf. In der ehem. Adalbertkirche beim Pulverturm befand sich schon 1701 ein Nepomukaltar. Desgleichen weist er auf Altäre in Kirchen der Altstadt hin: in St. Ägidien, wo Johannes Stiftsherr war (1693), St. Gallus, seiner Pfarre (1691), St. Clemens in Poritsch (1705), St. Stephan (vor 1699, mit einem Gemälde von J.G. Heintsch), in St. Ursula, der Salvatorkirche, in St. Paul im Tempel, St. Johann am Felsen und in der Heiligkreuzrotunde. Die meisten Nepomukstatuen finden sich allerdings auf der Kleinseite. Schon vor der Heiligsprechung entstanden ist hier die Statue von Ferdinand Brokoff (1709/10) am Fuß der Rathausstiege (Abb. S. 29). Vier Jahre später erscheint Johannes als einer der Landespatrone an der Kleinseitner Dreifaltigkeitssäule von Ferdinand Geiger und Johann Ulrich Mayer. Aufmerksamkeit verdient das Haus Nr. 213 »Zum hl. Johannes von Nepomuk« in der Nerudagasse mit einer Reliefdarstellung auf dem Schlußstein des Portals. Hier soll der Heilige gewohnt haben.
Entscheidend für die Entwicklung der Ikonographie des Heiligen[9] war seine Statue auf der Karlsbrücke von 1683 (s. Kat. 24–30 und Beitrag von P. Volk, S. 27 ff.). Am Nepomuktag (16. Mai) errichtete man über ihr aufwendige Festdekorationen, von denen wir einige von Entwürfen und Stichen her kennen (Kat. 31). Der Stifter des Brückenmonuments, Matthias von Wunschwitz, ein großer Verehrer des Heiligen, hatte bereits 1646 bei einer Fahrt über die Brücke an der Stelle des Brückensturzes ein strahlendes Kreuz erblickt. Diese Stelle kennzeichnete man später mit einem Messingkreuz und einem Gitter (Kat. 36). Die Familie von Wunschwitz machte aus ihrem Haus (Nr. 793–II) am Roßmarkt, heute Wenzelsplatz, ein Zentrum des Nepomukkults im barocken Prag. Auf dem Altar der Hauskapelle stand das aus Schloß Ronsperg überführte Gußmodell der Brückenfigur (vgl. Kat. 26), wie auf einem Stich im sog. Wunschwitzkonvolut der Strahover Bibliothek (Kat. 34) zu sehen ist. Dies rief im frühen 19. Jahrhundert das Mißfallen kirchlicher Stellen hervor, so daß man schließlich die Statue unter dem Schutz von Bewaffneten 1819 nach St. Johann am Felsen überführte. Auf einer Sandbank unter der Karlsbrücke stand die schon anläßlich der »musicae navales« erwähnte Nepomukkapelle.

8. Johann Ulrich Mayer, Fassade des Hauses »Zum Goldenen Brunnen«, 1712/13. Prag, Karlsgasse

Die älteste Nepomukdarstellung der Altstadt war die 1882 zerstörte Wandmalerei in der Kapelle der böhmischen Landespatrone im Altstädter Rathaus. Berghauer[10] datiert dieses Bild zwar in das Jahr 1481, nach Aussage des Malers Johann Ongers von 1719 wurde es aber erst 1631 von Ludwig Hering gemalt. Das »Protomartyrium« von Berghauer enthält einen Stich von Erasmus Belling mit Johannes als Domherrn mit einem Palmzweig und einem Buch in der Hand. Die Verehrung in St. Gallus und St. Ägidien wurde bereits erwähnt. In den neunziger Jahren des 17. Jahrhunderts malte Johann Georg Heintsch für das Kloster der Kreuzherren ein bemerkenswertes Ensemble von drei Lunetten mit Szenen aus der Vita des Heiligen (Kat. 20–22). Von seiner frühen Verehrung zeugt auch das Stuckrelief am Haus »Zum goldenen Brunnen« in der Karlsgasse (Nr. 175) von Johann Ulrich Mayer (1712/13) (Abb. 8).
In der Neustadt begegnet uns bei St. Heinrich eine Nepomukstatue von 1709, die der Pfarrherr Matěj Václav

Jelinek aufstellen ließ. Sechs Jahre jünger ist die Figur von Johann Ulrich Mayer im Vorhof von Maria Schnee. Zwei Jahre nach der Heiligsprechung errichtete man auf dem Roßmarkt, heute Wenzelsplatz, die berühmte Statue von Karl Josef Hiernle (heute in Žebrák), vor der in Zeiten der Pest Bittgottesdienste abgehalten wurden. Große Verehrerinnen Johannes von Nepomuks waren die Neustädter Ursulinen, was offensichtlich begründet war in dem bereits erwähnten Wunder, das sich bei den Mitschwestern auf dem Hradschin ereignet hatte, aber auch in der wunderbaren Genesung der eigenen Mitschwester Maria Innocentia vom Heiligen Geist, einer Wunschwitz (!), die der Fürsprache des Johannes von Nepomuk zugeschrieben wurde. In St. Ursula hängt ein besonders interessantes Altarbild, auf dem ein Engel dem Heiligen Trost spendet, das 1710, also noch vor der Seligsprechung, aufgestellt worden ist. Vor der Kirche steht eine prachtvolle Statue Ignaz Franz Platzers von 1747. Eine Nischenfigur von Michael Johann Brokoff an der Trinitarierkirche zur Allerheiligsten Dreifaltigkeit erinnert an den Einsturz einer Tribüne vor dem Gotteshaus am 15. Mai 1729, bei dem vierzig Musiker auf wundersame Weise durch die Fürsprache des Heiligen gerettet wurden. In der Jesuitenkirche St. Ignatius befand sich bereits 1729 eine Nepomukstatue, die man damals durch einen Altar ersetzt hat. Das Zentrum der Nepomukverehrung in der Neustadt war jedoch die Kirche St. Johann am Felsen. Dort wurde bereits 1696 die älteste Bruderschaft für ihn gegründet (bestätigt 1706). 1730–1738 verwandelte man die ursprüngliche Kapelle in eine prachtvolle Kirche, Architekt war Kilian Ignaz Dientzenhofer. Die Deckenfresken stammen von 1748, als Autor wurde zu Unrecht Karl Kovář genannt. Auf dem Hochaltar stand eine Statue von Ignaz Franz Platzer (heute im sog. Wiehlschen Verwaltungshaus neben der Kirche), die, wie wir bereits hörten, 1819 durch die Figur Brokoffs aus der Wunschwitzschen Hauskapelle ersetzt wurde. Aufmerksamkeit verdient sodann in der Neustadt das sog. »Musaeum Joanneum in vinea Joanelliana«, das 1718 von Markus Berhard Joanelli auf dem Düringerschen Weinberg nahe St. Apollinaris errichtet wurde, wo sich nach der Überlieferung Balbíns die Studierstube des Heiligen befunden haben soll, als dieser die zu St. Apollinaris gehörende Schule besuchte.

Eine Aufzählung der Prager Nepomucensia kann niemals vollständig sein. Ich habe den Schwerpunkt auf die älteren Zeugnisse gelegt, um auf die schon sehr früh einsetzende Verehrung des Heiligen in der Stadt hinzuweisen. Um ein umfassendes Bild zu gewinnen, müßte man alle Steinskulpturen in Kapellen, an Fassaden und auf öffentlichen Plätzen sowie alle Nepomukaltäre in den Prager Kirchen einbeziehen, auch die zahlreichen Einzelfiguren und Gemälde in Privathäusern,[11] ganz zu schweigen von den reichen Beständen der Prager Museen oder den einschlägigen, besonders eindrucksvollen Thesenblättern der Karl-Ferdinand-Universität.[12]

Anmerkungen:

1 V. Bitnar u. K. Procházka (Hrsg.). Pragensia svatojánská. Prag 1929. – A. Novotný, Prahou temna. Prag 1946.

2 S. die Bibliographie des Beitrags von I. Hlavácek, S. 19. – Außerdem: A. Kraus, Husitsví v literatuře, zejména německé (Das Hussitentum in der Literatur, vornehmlich der deutschen), 1–3. Prag 1917–1924. – Zum Heiligen selbst: K. Borový, Sv. Jan Nepomucký. Prag 1878. – Šittler-Podlaha 1896. – F. Stejskal, Sv. Jan Nepomucký, 1–2. Prag 1921–1922. – V. Bitnar (Hrsg.), Čitanka svatojanská. Prag 1934. – Kat. 1971. – Kat. 1973. – Kat. 1979. – V. Vlnas, Jan Nepomucký. Česká legenda. Prag 1993.

3 I. Kořán, Cyriacký klášter a chrám sv. Kříže Většího v baroku. In: Umění 16, 1968, S. 173–195.

4 Podlaha-Šittler 1903, S. 95.

5 J. T. Berghauer, Proto-martyr poenitentiae ..., 2. Augsburg 1761, S. 121.

6 Podlaha-Hilbert 1906. – R. Rouček, Chrám sv. Víta. Prag 1948.

7 Borový (wie Anm. 2), S. 146.

8 Die wichtigste Literatur zur Topographie: J. F. Hammerschmid, Prodromus Gloriae Pragenae. Prag 1723. – J. Schaller, Beschreibung der kgl. Haupt- und Residenzstadt Prag, 1–4. Prag 1794–1797. – Schottky, Prag wie es war und ist. Prag 1830. – F. Ekert, Posvátná mista královského hlavního města Prahy, 1–2. Prag 1883–1884. – E. Poche u. J. Janáček, Prahou krok za krokem. 2. überarb. Auflage, Prag 1985.

9 F. Matsche in: Kat. 1971, S. 35–62.

10 Berghauer (wie Anm. 5), S. 124.

11 Z. Hojda, Výtvarná kultura pražského měšťanstva v pozdním feudalismu. Kulturní investice na Starém Městě pražském v letech 1627–1740. Diss. Ms. Prag 1987.

12 A. Fechtnerová, Katalog grafických listů univerzitních tezí uložených ve Státní knihovně ČSR v Praze, 1–4. Prag 1984. – S. Appuhn-Radtke, Das Thesenblatt im Hochbarock. Weißenhorn 1988.

Denkmäler
der Nepomukverehrung
in Prag

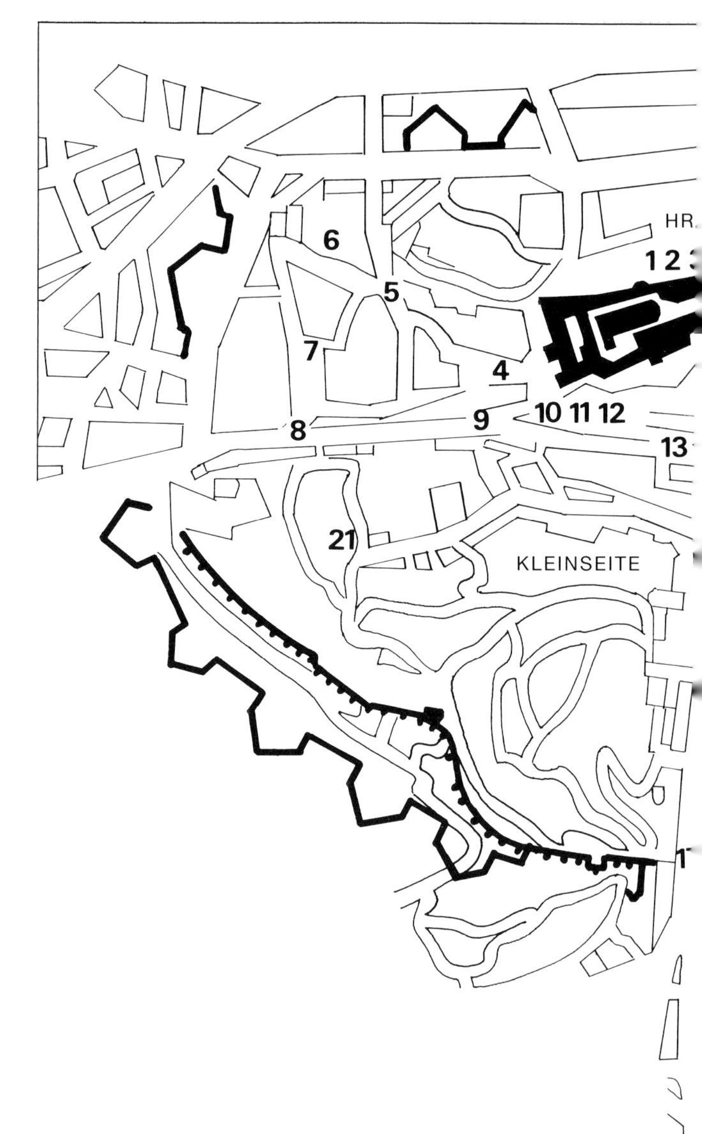

Hradschin und Kleinseite (westlich der Moldau):

1. J.E. Fischer v. Erlach, G.A. Corradini u. J.J. Würth, Grabmal des Heiligen, 1736. Veitsdom
2. F.I. Platzer, Auffindung des Leichnams, Figurengruppe außen am Chor, 1763. Veitsdom
3. Nepomuk-Kapelle, 1721/22. St. Georgsbasilika
4. F.M. Brokoff, Mariensäule mit den böhmischen Landespatronen, 1724/26. Hradschinplatz
5. K.I. Dientzenhofer, Nepomukkirche, ehem. Klosterkirche der Ursulinen, 1720–29. Hradschin
6. Steinfigur des Heiligen, 18. Jh. »Neue Welt«
7. J.M. Biderle, Statue an der Fassade, vor 1720. Maria Loreto
8. Th. Hochhaus (?), Statuengruppe, 1752. Pohořelec
9. J. Brokoff, Statue, 1709/10. Rathausstiege zur Burgstadt
10. »Zum hl. Johannes von Nepomuk«, um 1700. Nerudagasse, Nr. 18/213
11. »Zum grünen Krebs«: Kartusche mit Wallfahrt nach Altbunzlau, 1729. Nerudagasse, Nr. 43/235
12. »Zum goldenen Anker«: Halbfigur, 18. Jh. Nerudagasse, Nr. 4/206
13. F. Geiger u. J.U. Mayer, Dreifaltigkeitssäule mit den böhmischen Landespatronen, 1715. Oberer Kleinseitner Ring
14. Nischenfigur im Hof des Hauses »U Petržilku«, frühes 18. Jh. Kleinseitner Ring, Nr. 2/272
15. »Zu den drei Straußen«: Portalbekrönung, 18. Jh. Am Fuß der Karlsbrücke
16. M. Rauchmiller, J. Brokoff, H. Herold, Bronzestatue, 1683. Karlsbrücke
17. Statue, 18. Jh. Smíchov, Gartenstraße/Záhradní
18. »U Černohorských«: Nischenfigur, 18. Jh. Újezd
19. »Zum Kleeblatt«: Statue im Hof, 18. Jh. Karmelitergasse, Nr. 17/378
20. J. Brokoff, Statue, 1715. An der Johanneskirche »An der Bleiche«/Na prádle
21. Statue, 18. Jh. Sporkgasse, Nr. 8/319

Altstadt und Neustadt (östlich der Moldau):

1. R. Prachner, Statue, 1758. Vor der Kreuzherrenkirche
2. M.B. Braun (Werkstatt), Statue im Giebel, um 1720. Clementinum
3. »Zum goldenen Brunnen«: Stuckrelief von J.U. Mayer, 1701. Karlsgasse, Nr. 3/175
4. F.M. Brokoff, Johannes von Nepomuk als Almosenier, 1725. Vor der Heilig-Geist-Kirche
5. Reliefbüste am Palais Kinsky, 2. H. 18. Jh. Altstädter Ring
6. »Zum schwarzen Bären«: Nischenfigur, 1. H. 18. Jh. Teynhof
7. »Zur Katze«: Statue im Treppenhaus, 2. Hälfte 18. Jh. Ecke Karls- u. Ägidiusgasse
8. K.I. Dientzenhofer, St. Johann am Felsen, 1730–39. Karlsplatz. Dort auf dem Hochaltar das Gußmodell von J. Brokoff, 1682, für die Bronzestatue auf der Karlsbrücke
9. Nischenfigur, um 1730. An der Kirche St. Johann am Felsen
10. Werkstatt des J. Brokoff, Statue vor der Fassade, 1709. St. Heinrich
11. J.U. Mayer, Statue im Vorhof, 1715. Kirche Maria-Schnee
12. Nepomuk-Kapelle im Vorhof, 18. Jh. Kirche Maria-Schnee
13. F.I. Platzer, Figurengruppe, 1747. An der Ursulinenkirche, Nationalstraße
14. Nischenfigur, 1730, St. Joseph, Platz der Republik

Zusammenstellung: Dr. Jan Royt; Zeichnung: Dr. Jozo Džambo

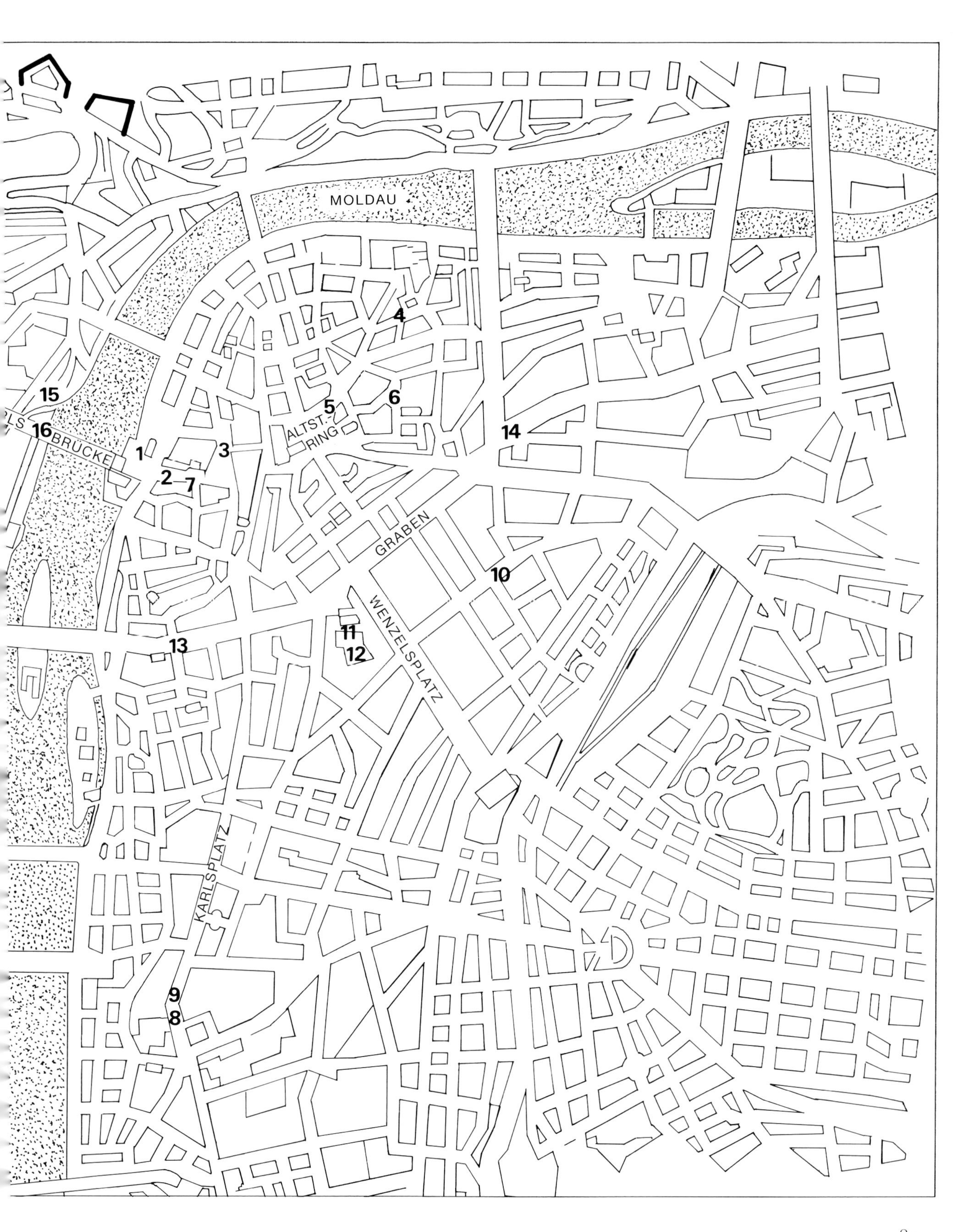
MOLDAU
4
6
5
ALTST.-
RING
15
16
BRÜCKE
1
3
2
7
14
GRABEN
10
WENZELSPLATZ
11
12
13
KARLSPLATZ
9
8

Katalog

Kat. 41 und 51 sind entfallen. Kat. 56 und 160 können aus konservatorischen Gründen nicht ausgestellt werden.
Nur in Prag gezeigt werden: Kat. 120, 121, 127, 128, 136, 139, 153, 158 und 159.
Nur in München gezeigt werden: Kat. 7, 8, 13, 110, 116–118, 134, 150 und 157.

Autoren der Katalogtexte:

Dr. Reinhold Baumstark (R. B.)
Dr. Juliána Boublíková-Jahnová (J. B.-J.)
Dr. Jan Diviš (J. D.)
Dr. Johanna von Herzogenberg (J. v. H.)
Dr. Marie Kostílková (M. K.)
Dr. Jaroslava Lencová (J. L.)
Prof. Dr. Franz Matsche (F. M.)
Prälat Prof. Dr. Johannes Neuhardt (J. N.)
Dr. Pavel Pokorný (P. P.)
Prof. Dr. Jaroslav V. Polc (J. P.)
Prof. Dr. Pavel Preiss (Pr.)
Dr. Jan Royt (J. R.)
Dr. Lorenz Seelig (Se.)
Dr. Siegfried Seifert (S. S.)
Dr. Lubomír Sršeň (L. S.)
Dr. Dana Stehlíková (D. St.)
Dr. Milos Suchomel (M. S.)
Dr. Vít Vlnas (V. V.)
Dr. Peter Volk (P. V.)
Dr. Susanne Wagini (S. W)

Der Prager Generalvikar

Johannes stammt aus Pomuk (Nepomuk) in Südböhmen. Er ist der Sohn des angesehenen Bürgers Welflin. Nach juristischen Studien in Prag und Padua wird er mit etwa vierzig Jahren Generalvikar der Erzdiözese Prag unter dem Erzbischof Johannes von Jenstein. Er hat damit das höchste Verwaltungsamt in der kirchlichen Hierarchie Böhmens inne.
Bei den dramatischen Auseinandersetzungen zwischen dem König, Wenzel IV., und den Vertretern der Kirche wurde Johannes gefangengenommen, gefoltert und schließlich auf Befehl des Königs in der Nacht vom 20. zum 21. März 1393 in der Moldau ertränkt. Der Erzbischof resignierte 1396 und zog nach Rom, wo er für den Papst einen ausführlichen Bericht über die Ereignisse verfaßte und wenig später starb.

1 Gerichtsakten des Prager Konsistoriums, Band 3.: Vorsatz und Seite 1 (Faksimile von Milan Kodejs, 1993)

Prag, 3. Januar 1380

Papier, neuerer Einband mit Lederrücken.
29,2 : 11,4 cm.

Der dritte Band der sog. Gerichtsakten des Prager Konsistoriums, der am 3. Januar 1373 begonnen wurde, enthält Protokolle von Verhandlungen vor dem Vikariatsgericht in chronologischer Folge. Das Gericht stand 1380–1383 unter der Leitung der Generalvikare des Erzbischofs Johannes von Jenstein. Verhandelt wurden Streitigkeiten um Benefizien, Verletzung kanonischer Vorschriften, Streitigkeiten zwischen Geistlichen und Laien, Besitzverhältnisse, Schulden und Schuldenzahlungen, Testamente u. a. m. Der erste, zweite und vorwiegend auch der dritte Teil dieses dritten Manuales wurde vom Notarius Johannes von Nepomuk verfaßt. In den Quellen wird er als »Notarius«, »Prothonotarius Cancellariae« und »Domesticus Commensalis« des Erzbischofs bezeichnet. Seine eigenhändige Unterschrift befindet sich im Einleitungstext vom 3. Januar 1380. Diesem folgen von seiner Hand geschriebene Eintragungen über Auseinandersetzungen um ein Beneficium in Močidlce und Vidonice, ferner Streitigkeiten um den Altar in der Michaelskirche in Prag und über eine Visitation der Prager Ägidienkirche.
Das Original wurde wohl schon im 15. Jahrhundert durch Wasser beschädigt, so daß die Schrift heute nur noch schwer zu erkennen ist. Für die Ausstellung wurde ein verdeutlichendes Faksimile angefertigt.

Prag, Archiv des Metropolitankapitels von St. Veit (cod. IV/3) M. K.

2 Notariatsurkunde mit Notarzeichen und Unterschrift des Johannes von Nepomuk

Prag, 4. November 1376

Pergament. 53,3/54,3 : 40,4/40,9 cm.

Die Notare Johannes Welflin von Pomuk und Wenzel Duras, Sohn des Matthäus aus Prag, beurkunden eine Vereinbarung zwischen dem Propst des Kapitels vom Wyschehrad und Dekan Konrad, Sohn des Heinrich von Veselí. Die beiden Parteien haben vor dem Leitomischler Bischof Albrecht von Sternberg einen Streit um die Oboedienz der Dörfer Koleč und Zahradka ausgetragen und sich auf den Prager Erzbischof Jan Očko von Vlašim als Schiedsrichter in ihrer Angelegenheit geeinigt. Bei einer Strafe von 500 Schock Groschen haben sie versprochen, sich dessen Entscheidung zu beugen. Johannes von Pomuk und Wenzel Duras haben an der Verhandlung teilgenommen und die Niederschrift angefertigt, die allgemeine Gültigkeit haben soll. Schreiber des Textes war Wenzel Duras, der als Zweiter unterschrieben hat. Johannes von Pomuk hat unter den Text sein Notarzeichen und seinen Namenszug gesetzt und außerdem in vier Zeilen die notarielle Beglaubigungsformel geschrieben.

Prag, Archiv des Metropolitankapitels von St. Veit (366 XV 11) M. K.

3 Einseitiges Vikariatssiegel des Erzbistums Prag (Abformung des beschädigten Originals)

Prag, 1391

Bienenwachs. 6,5 : 4,0 cm (zugespitztes Oval). – Umschrift: »+ S. VICARIUS. ARCHIEPISCOPATUS. PRAGENSIS.«.

Das Original hängt mit einem Pergamentstreifen an einer Urkunde vom 14. August 1391. Sie wurde ausgestellt von Doctor Johannes von Pomuk, Erzdiakon von Saaz und Generalvikar des Prager Erzbischofs Johannes von Jenstein. Aufgrund der Empfehlung von Johannes d. Ä. von Okoř wird ein gewisser Johannes Konrad von Mühldorf für den Altar der Heilig-Geist-Kirche in der Prager Altstadt bestellt.

Im Siegelfeld findet sich die stehende Figur des hl. Wenzel, im Harnisch, mit dem Schwert links am Gürtel und der Lanze in der Rechten. Mit der linken Hand hält er seinen bis zum Knie reichenden Schild mit dem Adler. Die Figur, besonders der längliche Kopf mit langem Haar und Bart, ähnelt auffällig der Statue des Heiligen mit dem Parlerzeichen in der Wenzelskapelle des Veitsdoms. Auf dem Siegel befindet sich in der Höhe der linken Hüfte des Heiligen ein Schild mit dem Wappen des Prager Erzbistums (Balken) und in der gleichen Höhe auf der anderen Seite das Wappen des Erzbischofs Johannes von Jenstein (zwei nach rechts blickende Geierköpfe). In die Rückseite des Siegels sind mit einem stumpfen Gegenstand zwei Vertiefungen quer eingedrückt, und die ganze Fläche zeigt Fingerabdrücke. Diese Form des Siegels war seit den 1370er Jahren in Benützung. Das persönliche Wappen des Erzbischofs wurde für jeden neuen Amtsinhaber geändert.

Prag, Zentralstaatsarchiv (Urkunden aufgehobener böhmischer Klöster, Inv. 300, ehem. Benediktinerinnenkloster St. Georg auf dem Hradschin, Prag, 98) M.K.

4 Inventar des Kirchenschatzes von St. Gallus, Prag-Altstadt, im Register der Kanzlei des Prager Erzbischofs (Faksimile der Seiten 8 und 9 von Milan Kodejs, 1993)

Prag, 19. August 1390

Papier, originaler Pergamenteinband. 29,6 : 20,2 cm.

Das Inventar ist in einer Abschrift vom 19. April 1390 in den Registern der Kanzlei des Prager Erzbischofs (libri erectionis) überliefert. Angelegt wurde es vom Pfarrer der Kirche, Johannes von Pomuk, abgeschlossen am 8. September 1381. Sechs Tage bevor er sein Amt bei St. Gallus zugunsten des Erzdiakonats in Saaz aufgab, schrieb Johannes das Verzeichnis auf Pergament zum Eintrag in das Register und unterzeichnete es eigenhändig. 163 Gegenstände von besonderem Wert sind aufgeführt, darunter 35 Bücher. Unter den Stiftern steht Kaiser Karl IV. an erster Stelle. Johannes selbst schenkte einen Ornat aus Samt mit einer Dalmatika mit goldener Cappa, darauf auf grünem Grund eine Darstellung von Christus am Ölberg.

Das Original wurde wohl schon im 15. Jahrhundert durch Wasser schwer beschädigt, so daß die Schrift heute nur noch schwer zu erkennen ist. Für die Ausstellung wurde ein verdeutlichendes Faksimile angefertigt.

Prag, Archiv des Metropolitankapitels von St. Veit (cod. II/4) M.K.

5 Codex Jenstein. Illuminierte Sammelhandschrift

Johannes von Jenstein, Prag, 1396–1400

I + 293 Pergamentseiten, Einband des 19. Jahrhunderts. 37,0 : 24,5 cm.

Johannes von Jenstein (Jenzenstein), 1350–1400, war Nachfolger seines Oheims Jan Očko von Vlašim als Erzbischof von Prag. Nach Studien in Prag, Padua und Bologna, Montpellier und Paris, wurde er zuerst Bischof von Meißen, und 1379 nach Prag berufen. Trotz anfänglich guter Zusammenarbeit mit König Wenzel IV. kam es zu immer stärker werdenden Spannungen. Johannes hatte, bedroht von der Pest, ein Bekehrungserlebnis und führte ein ganz asketisches Leben.

Der Codex enthält, gewissermaßen als Summa seines Lebens, theologische Schriften, Gebete, Predigten, Hymnen und liturgische Texte, die alle illuminiert sind. Es handelt sich um 31 Initialen mit Figuren und reichem Rankenwerk. Stilistisch entspricht der Buchschmuck den gleichzeitigen Handschriften aus dem Umkreis des Königshofes. Da sich Johannes von Jenstein besonders für das Fest Mariae Heimsuchung, 2. Juli, eingesetzt hat, finden wir die Darstellung der Begegnung von Maria und Elisabeth, als Maria das Magnificat anstimmte, fünfmal in verschiedenen Variationen dargestellt. Unsere Farbtafel zeigt die Seite, auf der die »Historia de Visitatione« beginnt, und im linken Teil der Initiale die jugendliche Maria, begleitet von zwei jungen Frauen, die die ältere Elisabeth begrüßt. In der rechten Bildhälfte sieht man die beiden Frauen, die ein Kind erwarten, kniend im Gebet. Ihre Darstellung, vor allem die weichen, großflächigen Gewänder erinnern an Meister Theoderichs Bilder.

Dem theologischen Teil sind zwei Berichte angefügt, die von größtem historischen Interesse für die Kirchengeschichte Böhmens sind. Sie waren 1752 vom Präfekten der Vatikanischen Bibliothek, J.S. Assemani, entdeckt worden: Acta in Curia Romana (fol. 162r–169r) der anklagende Bericht, den Johannes von Jenstein im Juli 1393 dem Papst in Perugia übergab, als sie gemeinsam das Fest Mariae Heimsuchung feierten. Er schildert die Situation der Kirche in Böhmen und enthält einen ausführlichen Bericht über die Gefangennahme, die Folterung und den Tod des Generalvikars Johannes von Nepomuk, drei Monate nach dem grausamen Geschehen.

In nomine domini amen. Anno nativitatis eiusdem millesimo trecentesimo septuagesimo sexto, indiccione quartadecima, die quarta mensis
Novembris hora vesperorum vel quasi, pontificatus sanctissimi in Christo patris et domini nostri domini Gregorii divina providencia pape undecimi anno sexto.
In minori civitate Pragensi in curia archiepiscopali in mei notarii publici et Wenceslai colege mei in hac parte ac testium presencia subscriptorum
constituti personaliter venerabiles viri domini videlicet Johannes prepositus suo ac dicte prepositure nomine ex una, et Conradus de Wessel decanus [illegible]
prepositus sancte Crucis Wratislaviensis, Olinus de Luna, Marquardus de Sobiessin, magister Cristannus, [illegible] archidiaconus Pilznensis, dominus
magister Paulus de Janowicz doctor decretorum, magister Sulko, Wolfframus, Wenceslaus de [illegible] et Nicolaus de Luthomisl ac Vitko de Cruczicz
canonici ecclesie sanctorum Petri et Pauli apostolorum in Wissegrado prope Pragam suo ac tocius capituli nomine parte ex altera de et super omnibus et
singulis causis litibus querelis discordiis controversiis et aliis materiis coram domino .. episcopo Luthomuslensi conservatore iurium et privilegiorum eorundem
decani et capituli in libellis seu peticionibus declaratis et expressis et specialiter super obedienciis in villis [illegible] et Zahradka ac spiritualibus iuribus et pertinenciis
in reverendissimum in Christo patrem et dominum dominum Johannem sancte Pragensis ecclesie archiepiscopum apostolice sedis legatum presentem et onus [illegible] huiusmodi
in se sponte et libere suscipientem non compulsi nec coacti nec eciam per timorem sed spontanea ac libera voluntate [illegible] et unanimiter
[illegible] arbitratorem et amicabilem compositorem de alto et basso unanimiter et in solidum meliori modo et forma quibus fieri potest sub pena
ducentarum sexagenarum grossorum Pragensium videlicet tercia parte pro fabrica ecclesie Wissegradensis predicte et tercia parte ad cameram domini domini arbitri ac residua
tercia parte parti parenti huiusmodi arbitrio per partem non parentem solvendarum compromiserunt, dantes et concedentes eidem domino arbitro arbitratori et
amicabili compositori plenam et omnimodam potestatem in causa seu causis huiusmodi coniunctim vel separatim laudandi diffiniendi pronunciandi declarandi arbitrandi
ubi vel in scriptis partibus vocatis vel non vocatis presentibus vel absentibus vel una parte presente et alia absente diebus feriatis vel non feriatis stando vel sedendo
iuris ordine servato vel non servato ubi quando prout et quociens predicto domino arbitro videbitur expedire. Promittentes dicte partes prefato domino arbitro ac
michi notario publico ac collegae meo infrascripto solempniter stipulantibus stare, parere, obedire et inviolabiliter observare et non contravenire in aliquo de iure vel de facto aliqua
racione sive causa omni ipsius laudo arbitrio dicto diffinicioni pronunciacioni seu declaracioni quod vel quam inter ipsos super premissis vel premissorum aliquo
vel aliis quibuscumque et quocumque [illegible] seu predictorum occasione emergentibus laudaverit dixerit pronunciaverit diffinierit seu arbitratus fuerit et quod
contra ipsius preceptum laudum pronunciacionem dictum arbitrium et diffinicionem non appellabunt nec appellacionem prosequentur, nullum rescripti seu privilegium
per se vel alium impetrabunt nec impetrato utentur, nullam excepcionem iuris vel facti opponent nec restitucionem in integrum petent, ipsique non utentur ullo beneficio
legis vel canonis statuto consuetudine vel beneficio quod vitiet vel viciare aut infirmare valeat hoc compromissum seu arbitrium in toto vel in parte sive ex
persona arbitri sive ex personis compromittencium sive ex forma compromissi vel arbitrii seu ex rebus vel causis de quibus est compromissum sive quacumque alia
racione. Quod si faceret vel in aliquo contra premissa venirent, promiserunt solempniter ut est dictum prefato domino arbitro arbitratori et amicabili compositori ac michi
notario et colege meo in hac parte infrascriptis quod pars arbitrium laudum dictum pronunciacionem declaracionem et diffinicionem in toto vel in parte non servans
penam superius expressam incurrere debebit et tenebitur ipso facto. Acta sunt hec anno indiccione die mense hora pontificatus et loco quibus supra presentibus
honorabilibus et discretis viris dominis Johanne decano ecclesie sancti Appollinaris et Przibislao archidiacono [illegible] canonicis in ecclesia Pragensi, Martino
canonico ecclesie Olomucensis, magistro coquine domini imperatoris, Beneda plebano ecclesie in [illegible] Pragensis diocesis et Wenceslao dicto [illegible] ministro ecclesie Wissegradensis
predicte ac Theodrico de Neprochow procuratore Pragensis consistorii et aliis pluribus testibus fidedignis circa premissa.

Johannes Welflini

Et ego Johannes olim Welflini de Pomuk clericus Pragensis diocesis imperiali auctoritate publicus notarius compromisso
potestatis concessioni promissionibus omnibusque aliis premissis una cum Wenceslao dicto [illegible] de Praga collega meo in hac parte
infrascripto et testibus prenominatis presens fui eaque per predictum Wenceslaum collegam meum scripta signo et nomine meis
consuetis signavi et in hanc publicam formam redegi rogatus et requisitus in fidem et testimonium premissorum.

Et ego Wenceslaus dictus [illegible] Mathie de Praga clericus auctoritate imperiali publicus notarius compromisso potestatis concessioni
promissionibus omnibusque aliis premissis una cum Johanne de Pomuk collega meo in hac parte prescripto ac testibus prenominatis
presens fui eaque omnia manu propria scripsi signoque et nomine meis consuetis signavi et in hanc publicam formam redegi rogatus
et requisitus in fidem et testimonium premissorum.

Kat. 2

Er wird von seinem Erzbischof »martyr sanctus« bezeichnet (abgedruckt auf S. 20ff.). Erzbischof Jenstein ging noch einmal nach Prag, doch resignierte er 1396 und zog sich nach Rom zurück. Er faßte noch einmal den Bericht über den Tod des Johannes von Nepomuk zusammen, knapp aber detailreicher: Eadem Materia Abbreviata (fol. 169r–171r).
Johannes von Jenstein wurde von Papst Bonifaz IX. zum Patriarchen von Alexandrien erhoben, er starb 1400 in Rom und wurde in S. Prassede begraben.

Literatur: A. Poncelet, Catalogus codicum hagiographicorum latinorum Bibliothecae Vaticanae. Brüssel 1910, S. 29 (Subsidia hagiographica, 11). – A. Pelzer, Bibliothecae Vaticanae Apostolicae codices manu scripti. Codices Vaticani Latini, II/1. Rom 1931, S. 749–763. – A. Friedl, Kodex Jana z Jenštejna. Prag 1931. – J. Krása, Die Handschriften König Wenzels IV.. Prag 1971.

Vatikanstadt, Biblioteca Apostolica Vaticana (cod. vat. lat. 1122) J. P./J. v. H.

6 Vita des Prager Erzbischofs Johannes von Jenstein

Petrus, gen. Clarificator, Anfang 15. Jahrhundert

Papier, Originaleinband. 20,6 : 14,8 cm.

Enthalten in Band 2, fol. 148–161, einer Sammelhandschrift theologischer Schriften in lateinischer Sprache. Herkunft laut moderner Abschrift eines älteren Vermerks in Band 1, fol. 1: »N:21 Ex Archivio Decanatus Regiae Urbis Rokicanensis« (Rokycany/Rokitzan).
Die Biographie Johannes von Jensteins stammt von dem Raudnitzer Augustiner Petrus, gen. Clarificator, einem Berater Jensteins. Sie zielt ab auf die Kanonisation des Erzbischofs und ist deshalb im Stil einer Heiligenlegende abgefaßt. Geschildert wird zuerst die Hinwendung des Kirchenfürsten zu einem asketischen Leben, dann dessen geistliches Wirken. Schließlich wird der Konflikt mit König Wenzel IV. behandelt. Der Autor bezeichnet Jenstein als »heiligen Mann«.
Diese Biographie ist für die Entwicklung der Nepomuklegende von großer Bedeutung, denn sie beschreibt Folterung und Tod des Generalvikars. Im 15. Kapitel heißt es: »Der ehrwürdige Johannes, Vikar in geistlichen Angelegenheiten, ist durch Gottes Gnade zum Märtyrer geworden (»Dei gratia martyr effectus«). Nachdem er gebrannt und an den Fersen gefesselt und zuletzt ertränkt worden war, zeigten sich leuchtende Wunder (»clarescentibusque miraculis est ostensus«). Ich vermeide es, dieses erst jüngst geschehene, in der ganzen Heimat bekannte Ereignis angemessen zu schildern, weil ich meine, daß es von anderer Seite schon ausführlich beschrieben worden ist.« Andere zeitgenössische Chronisten haben jedoch nichts Entsprechendes überliefert.

Literatur: F. M. Bartoš, Soupis rukopisů Národního musea v Praze, 2. Prag 1927, S. 360f., Nr. 3712. – J. Dobrovský (Hrsg.), Vita Joannis de Jenczenstein. Prag 1793. In: J. Emler u. J. Truhlář (Hrsg.), Fontes rerum bohemicarum, 1. Prag 1873, S. 440–471.

Prag, Nationalmuseum, Bibliothek (XIV E 19) V. V.

7 Chronica regum et imperatorum Romanorum libri septem (Kaiserchronik)

Thomas Ebendorfer von Haselbach, 1449

Sammelhandschrift ohne Titelblatt, lateinisch, 364 Bl. 29,5 : 21,5 cm

Die für Kaiser Friedrich III. verfaßte lateinische Chronik hat der bedeutende Historiker und Theologe Thomas Ebendorfer, Professor an der Wiener Universität, eigenhändig in gotischer Kursive geschrieben. Die vorliegende Handschrift ist die Grundlage für das Widmungsexemplar an den Kaiser (London, Britisches Museum, cod. Mus. Britann. Add. n. 22273). In Buch 6 folgt auf die ausführliche Lebensbeschreibung Kaiser Karls IV. ein Abschnitt über dessen Sohn Wenzel. Er beginnt mit einer roten Majuskel W(enzeslaus primus). Der böhmische König wird mit seinen schlechten Eigenschaften geschildert: »inebriatus, denique furiosus et crudelis.« (betrunken, und dann zornig und grausam). Hier wird zum ersten Mal der Tod des Johannes von Nepomuk in Zusammenhang mit der Wahrung des Beichtgeheimnisses gebracht. »Confessorem eciam uxoris sue Johannem in theologia magistrum et quia dixit, hunc dignum regio nimine, qui bene regit et ut fertur, quia sigillum confessionis violare detrectat, ipsum in Moldavia suffocari precepit.« (Den Beichtvater seiner Gemahlin, den Magister der Theologie Johannes, ließ er in der Moldau ertränken, weil dieser gesagt hatte, nur der sei des Königstitels würdig, der gut regiert, und weil er sich weigerte, wie auch berichtet wird, das Beichtgeheimnis zu verraten.)
Diese Nachricht bestimmt hinfort das Bild des Martyrers und sein Patronat als Beichtvater.

Literatur: A. F. Přibram (Hrsg.), Chronica regum Romanorum. In: Mitteilungen des Instituts für österreichische Geschichte Erg. 3, 1890–1894. – Friedrich III. (Ausstellungskatalog). Wiener Neustadt 1966, S. 222. – Polc-Ryneš 1972

Wien, Österreichische Nationalbibliothek, Handschriften- und Inkunabelsammlung (Cod. 3423) J. v. H.

Kat. 5

8 Tractatus de longevo schismate (Abhandlung über das lang andauernde Schisma). Abschrift von 1466

Ludolf von Sagan (1353–1422), Sagan, 1417–1422

Ludolf aus Einbeck studierte als Mitglied der »sächsischen Nation« an der Prager Universität, 1376 trat er in das Augustiner-Chorherrenstift Sagan in Schlesien ein, wo er 1394 zum Abt gewählt wurde. Er ist als ein hervorragender Gelehrter seines Ordens, und als ein kritischer Autor und Reformator bekannt, der immer wieder versuchte, Lösungen in Fragen des abendländischen Schismas zu finden. Für unsere Ausstellung ist vorliegender Traktat von besonderem Interesse, der nur in dieser Abschrift bekannt ist. Sie wurde 1836 von keinem geringeren als dem Historiker František Palacký in Venedig entdeckt.

Ludolf gab König Wenzel IV. die größte Schuld an der unglücklichen politischen Entwicklung, weil er als Römischer König andere Entscheidungen hätte fällen können und vor allem der hussitischen Bewegung hätte wehren müssen. Er vergleicht Wenzel mit Nero und führt alle Untaten an, bei denen dieser oft auch persönlich beteiligt war. Neben dem Martyrium des Johannes von Nepomuk erwähnt er auch die Leiden der anderen Geistlichen, so des Nikolaus Puchnik, des Boleslaus von Krnova, des Knobloch von Meißen, des Matthäus von Krakau und des Erzbischofs Johann von Jenstein. Ludolf hatte eine genaue Kenntnis der Situation in Prag, nicht nur aus der Zeit seiner Studien dort, sondern auch im ständigen Kontakt mit dem Augustinerstift Raudnitz an der Elbe, wo Petrus Clarificator (vgl. Kat. 6) wirkte.

Bei Ludolf wird eine wichtige Charakterisierung des Johannes von Nepomuk gegeben: »Teutonicis et Bohemis amabilem« – bei Deutschen und Tschechen beliebt!

Literatur: J. Loserth (Hrsg.), Der Tractatus de longevo schismate des Abtes Ludolf von Sagan. In: Archiv für österreichische Geschichte 60, S. 343 ff. – F. Machilek, Ludolf von Sagan und seine Stellung in der Auseinandersetzung um Konziliarismus und Hussitismus. Wissenschaftliche Materialien und Beiträge zur Geschichte und Landeskunde der Böhmischen Länder, hrsg. vom Collegium Carolinum und der Historischen Kommission der Sudetenländer, Heft 8. München 1967.

Venedig, Biblioteca Nazionale Marciana (Cod. Lat. X, 188 [= 3628], fol. 149 r–242 r) J. v. H.

Im Kreise der böhmischen Landespatrone

Seit den Zeiten Karls IV. gab es eine allgemein anerkannte Zahl von sechs Landespatronen, die hohe Verehrung fanden: die beiden Mitglieder des Herrscherhauses der Přzemysliden, die Märtyrer Wenzel und Ludmila, den zweiten Bischof von Prag und Märtyrer, Adalbert, den Mönch Prokop, sie alle böhmische Landeskinder, und außerdem die heiligen Veit und Sigismund, deren Reliquien nach Prag gekommen waren.
Als sich nach dem Ende der Hussitenwirren die katholische Kirche allmählich erneuert hatte, trat Johannes von Nepomuk um 1600 ganz selbstverständlich in die Reihe der Patrone Böhmens ein, nach ihm noch der heilige Norbert, dessen Gebeine von Magdeburg nach Prag in das Prämonstratenserkloster Strahov überführt worden waren. Damit gab es acht Landesheilige, die wir auf zahlreichen Bildern und als Statuen an vielen Marien- und Dreifaltigkeitssäulen sehen. Johannes war in diesem Kreis vollkommen gleichberechtigt, lange vor seiner Kanonisation.

9 Duchovní obveselení Koruny České (Geistliche Erbauung der Böhmischen Krone)

Georg Berthold Pontanus von Breitenberg, o. O. 1599

12°, 78 Seiten. – Holzschnitt auf S. 61: 8,4:5,7 cm.

Kat. 9

Die tschechische Ausgabe der Gebete des Pontanus (zur Person s. Kat. 10) zu böhmischen Landespatronen enthält auch ein Gebet zu Johannes von Nepomuk, der angesprochen wird als »Heiliger Johannes, Beichtvater der Königin Johanna, Gemahlin König Wenzels«. Ein Holzschnitt mit einem vor dem Kruzifix betenden Kanoniker galt bisher als die älteste bildliche Wiedergabe des Märtyrers. Da dieser Stich aber auch noch neben dem Buchtitel erscheint und das Gesicht des Kanonikers deutliche Porträtzüge aufweist, handelt es sich doch wohl eher um eine Darstellung des Autors. Die Tatsache, daß der Holzschnitt auch zur Illustration des Gebets zu Nepomuk verwendet worden ist, zeigt, daß es damals noch keine eigene Form für dessen Bildnis gegeben hat.

Literatur: Z. Tobolka (Hrsg.), Knihopis českých a slovenských tisků od doby nejstarší až do konce XVIII. století, 3. Teil: 1501–1800. Prag 1940/41, S. 15 f., Nr. 961.

Prag, Nationalmuseum, Bibliothek (36 G. 6, Anhang 3)

J. R./V. V.

10 Hymnorum sacrorum … Libri tres

Georg Berthold Pontanus von Breitenberg, Prag (N. Straus) 1602

12°, 242 Seiten.

Der Propst des Metropolitankapitels von St. Veit in Prag, Georg Berthold, der sich in Latinisierung seines nordböhmischen Geburtsortes Most/Brüx »Pontanus« nannte, gilt als der wichtigste Vertreter der frühen böhmischen Geschichtsschreibung im religiös geteilten Böhmen der Zeit vor der Schlacht am Weißen Berg. Der proto-barocke Patriotismus des Pontanus äußerte sich in seiner bewußten Erneuerung des Kults der böhmischen

Landespatrone, deren Kreis sogar noch erweitert wurde. Es war kein Zufall, daß Berthold auch Johannes von Nepomuk darin einführte. Obgleich der Text des Hymnus von Johannes als einem Märtyrer spricht, erscheint er auf der beigegebenen Illustration (S. 203) als Beichtvater der Königin. Es handelt sich um seine erste bildliche Darstellung in programmatischer Absicht (vgl. Kat. 9).

Prag, Kloster Strahov, Bibliothek (FP VI 23)

P. P./J. R./V. V.

Kat. 10

11 Fama Posthuma Ioannis Nepomuceni (Nachruhm des Johannes von Nepomuk)

Ohne Nennung des Verfassers, Prag (Typis Academicis) 1641

4°, unpaginiert.

Im Text finden sich fünf Kupferstiche eines unbekannten Stechers nach Entwürfen von Karl Škréta (1610–1674)

Kat. 11

mit zum Teil mehreren Darstellungen: Johannes als Almosenier; Beichte der Königin; Brückensturz – Johannes zeigt durch einen Lichtstrahl sein Geburtshaus in Nepomuk – Pilger an seinem Grab im Veitsdom; Bestrafung der Frevler und Grabschänder – Graf Franz Karl von Sternberg widmet Johannes die Kirche von Nepomuk – Die Einwohner von Nepomuk verehren Johannes.
Das dem Grafen Franz Karl von Sternberg gewidmete Buch ist der erste bekannte Versuch einer umfassenden Darstellung der Nepomuk-Legende. Es wurde anonym herausgegeben als ein Gesuch der Einwohner von Nepomuk an Graf Sternberg, dem Märtyrer in seinem Geburtsort eine ihm geweihte Kirche zu errichten. Die Autoren sind der Dekan von Nepomuk, Caspar Drauškovius, und der Jesuitenpater und böhmische Patriot Georg Ferus-Plachý. Das Werk ist in kurze Kapitel unterteilt, die Leben, Tod und Kult des Märtyrers schildern. Es erschienen gleichzeitig eine deutsche, eine lateinische und eine tschechische Ausgabe. Die Illustrationen nehmen die Verehrung des Johannes von Nepomuk bereits voraus.

Literatur: A. Fechtnerová, Jiři Ferus a Jiři Plachý. In: Pocta Emě Urbánkové. Prag 1979, S. 427–457. – V. Ryneš, Prvý životopis sv. Jana Nepomuckého. In: Katolík, 6, 1940, Nr. 20.

Prag, Kloster Strahov, Bibliothek (BU V 42, AJ VIII 80)
P. P./J. R./V. V.

12 Koruna Czeska ... (Böhmische Krone)

Johann Ignaz Dlouhoveský, Prag (Georg Czernoch), 1673

8°, unpaginiert.

Gebetbuch, das u. a. auch einen Kupferstich des Johannes von Nepomuk in Halbfigur enthält, als Kanoniker gekleidet, mit Buch, Rosenkranz und Nimbus. Im Hintergrund erscheint die Beichtszene.

Prag, Kloster Strahov, Bibliothek (AL X 21, Anhang 2)
J. R./V. V.

13 Johannes von Nepomuk unter den böhmischen Landespatronen mit den hll. Franziskus und Katharina

Karl Škréta (1610–1674), Prag, um 1655

Feder mit Bister über Graphitvorzeichnung, mit Deckweiß leicht gehöht, auf hellbräunlichem Papier. 32,4:20,7 cm.

Mit einer einfallsreichen, spontan und sicher ins Bild gesetzten Komposition zeigt dieses Blatt aus der Mitte der fünfziger Jahre Škréta auf der Höhe seiner zeichnerischen Meisterschaft. Dargestellt ist der böhmische Heiligenhimmel mit den hll. Wenzel und Veit, Adalbert und Prokop und hinter ihm Ludmila, über die sich Johannes von Nepomuk neigt. Eine Sonderstellung wird dem hl. Norbert eingeräumt, der auf den jüngsten Patron des Königreiches, den hl. Joseph, weist, der auf einer Wolke einen hervorgehobenen Platz einnimmt. Er wurde erst im Jahre 1654 von den Böhmischen Ständen mit dem Ehrentitel »conservator pacis« zum Landespatron erklärt, und zwar auf Veranlassung von Kaiser Ferdinand III., der auf der Zeichnung vielleicht durch den hl. Sigismund, einen hl. König, vertreten wird. Fremd in dieser homogenen Schar von Heiligen sind die hll. Franziskus und Katharina.

Eine verwandte Kompositionsskizze in Berlin, Kupferstichkabinett der Staatlichen Museen (Kat. Škréta a. a. O., Nr. 140 mit Abb.), gibt eine ähnliche Zusammenstellung von Landespatronen wieder. Hinzugekommen ist der hl. Iwan, es fehlen aber die hll. Franziskus

Kat. 13

und Katharina. Johannes von Nepomuk ist hier ebenfalls vertreten, den Škréta auch bei anderen Darstellungen der böhmischen Landespatrone nicht vergessen hat. Die Prager Zeichnung, zu der die in Berlin vielleicht eine Vorstufe ist, scheint eine Studie für das wohl nicht ausgeführte Hochaltarbild der Kapuzinerkirche St. Joseph in der Prager Neustadt zu sein. Für diese Kirche malte Škréta außerdem zwei Altarblätter mit den hll. Antonius von Padua und Felix von Cantalice und angeblich noch ein weiteres Bild für einen nicht erhaltenen Katharinenaltar.

Literatur: J. Neumann, Karel Škréta (Ausstellungskatalog). Nationalgalerie Prag 1974, Nr. 139 mit Abb. – Kat. 1977, Nr. 82, Abb. S. 158 (P. Preiss). – P. Preiss, Barockzeichnung. Meisterwerke des böhmischen Barocks. Prag-Hanau 1979, S. 46, Nr. 8 mit Abb.

Prag, Nationalgalerie (K 1641) Pr.

Kat. 14

14 Brustbild des Johannes von Nepomuk

Böhmen, um 1670

Öl auf Holz. 63:51 cm.

Auf dem Medaillon des Altars von Neratovice ist Johannes als Kanoniker dargestellt, mit Birett auf dem Kopf, Märtyrerpalme in der Rechten und in der Linken einem kleinen Kreuz ohne Korpus. Es ist seine früheste Darstellung mit diesem Attribut, die wir kennen. Ein Nimbus ist zart angedeutet.
Der Altar, zu dem das Bild gehört, ist als flache Tafel in Form einer Eiche gestaltet, in deren Krone ovale Medaillons eingelassen sind. Die Kapelle steht an der Stelle, wo nach der »Chronica Boemica« des Wenzel Hagek von Liboczan (1541) der hl. Adalbert von Fährleuten geschlagen wurde, weil er den Fährlohn nicht bezahlen konnte, und dabei noch seine Schuhe einbüßte. Hageks Erzählung wurde dann 1668 in der »Rosa Boemica« von M.B. Bolelucký, dem umfangreichsten Werk über den hl. Adalbert aus der Barockzeit, noch weiterentwickelt. Die Illustrationen in diesem Buch wurden von Caspar Dooms nach Vorlagen von Karl Škréta gestochen.
In der Mitte der Adalbertkapelle von Neratovice wird unter einem Eisengitter der Stein aufbewahrt, auf dem der Heilige gesessen haben soll, als er von den Fährleuten mißhandelt wurde. Die Szene ist auf dem größeren Medaillon im Zentrum des Altars wiedergegeben. Um dieses herum sind neun kleine Ovalbilder angeordnet, oben in der Mitte das Marien-Gnadenbild von Altbunzlau, das Palladium Bohemiae, außerdem die böhmischen Landespatrone Wenzel, Ludmila, Prokop, Veit, Sigismund, Norbert, Iwan und Johannes von Nepomuk. Die eindrucksvollen knienden Engel-Atlanten sind der Werkstatt des Johann Georg Bendl in Prag zuzuschreiben.
Die Kapelle »Im Hain« wurde mit ihrer Ausstattung um 1670 von dem Grundherrn, Graf Ferdinand Wilhelm von Slawata, errichtet. Der ungewöhnliche Altar hat eine Vorstufe in dem 1652 von dem Prager Altstädter Jesuitengymnasium gestifteten Gemälde in der Wenzelskirche von Altbunzlau, wo in der Krone eines Ölbaums ebenfalls das Palladium Bohemiae mit den Landespatronen – auch hier unter Einschluß des Johannes von Nepomuk – wiedergegeben ist.

Literatur: M.B. Bolelucký, Rosa Boemica. Prag 1658, S.276. – A. Podlaha, Album svatovojtěšské. Prag 1897, S.29. – Ders., Soupis památek historických a umělechých v království Českém, politický okres mělnický. Prag 1899, S.184f. – J. Royt, Příspěvek k poznání svatovojtěšské ikonografie a plastiky 17. století. In: Umění 35, 1987, S.314–321.

Neratovice, Adalbertkapelle J.R.

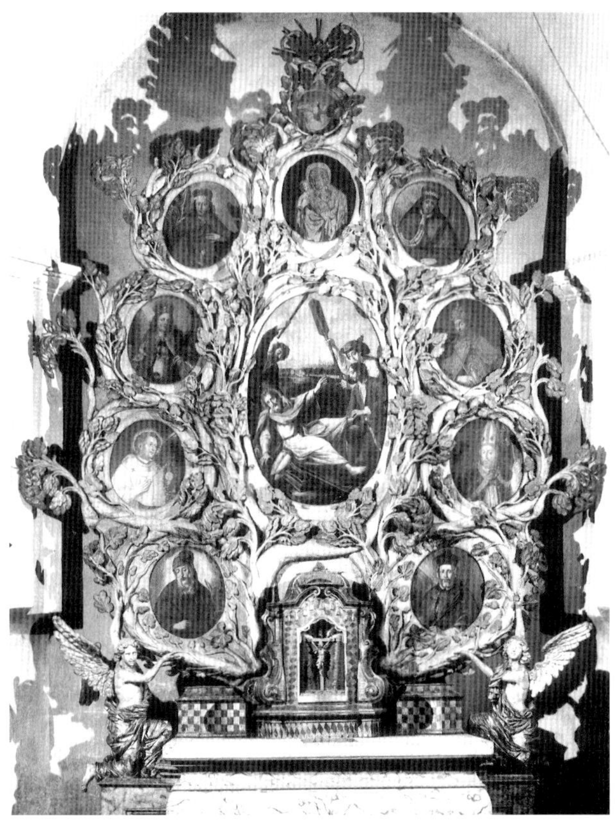

Altar von Neratovice, um 1670

15 Thesenblatt des Wenzel Pubec von Klattau

J.J. Thummer (1644–1726), Prag, 1707

Mezzotinto. 71,3:48,8 cm. – Bez.: »J.J. Thummer, del. et sculp. Pragae«.

Unter dem Vorsitz von P. Johannes Duchek SJ verteidigte Wenzel Pubec von Klattau seine philosophische Dissertation an der Prager Universität unter dem Patronat des Grafen Maximilian Norbert Krakowsky von Kolowrat.
Das zu diesem Anlaß herausgegebene Thesenblatt mit neun böhmischen Landespatronen zeigt 1707, also noch lange vor der Kanonisierung, Johannes von Nepomuk durch Größe und zentrale Stellung unter den anderen Heiligen herausgehoben. Wiedergegeben sind außer ihm die hll. Wenzel, Adalbert, Ludmila, Prokop, Iwan, Norbert, Veit und Sigismund. Alle erscheinen als Halbfiguren in Rahmen aus zwei gekreuzten Palmzweigen, die unten zusammengebunden sind. Die Ecken des Bildfeldes sind mit Akanthusranken ausgefüllt.

THESES
PHILOSOPHICÆ,
Quas sub gloriosissimis auspiciis
DOMINI DOMINI
MAXIMILIANI NORBERTI
Praeside Reverendo ac Doctissimo Patre
JOANNE DUCHEK è Soc: Jesu
EX LOGICA
EX PHYSICA
EX METAPHYSICA
A. M. D. G.

Kat. 15

Seit dem Ende des 16. Jahrhunderts erscheint Johannes im Kreis der Landesheiligen (vgl. Kat. 10). Ähnlich konzipierte Darstellungen finden sich seit der Mitte des 17. Jahrhunderts in der Malerei (vgl. Kat. 14) und auch in der Graphik. Der Nepomukkult und der Kult der Landespatrone überhaupt gingen vom Kapitel des Prager Veitsdoms aus. Johannes ist auf dem vorliegenden Blatt als Märtyrer des Beichtgeheimnisses charakterisiert. Über seinem Haupt schwebt kein Sternenkranz, sondern ein herkömmlicher Heiligenschein.

Literatur: Blažíček 1967–1972, Teil 3, Bl. 5, Nr. 119. – Fechtnerová 1984, Teil 1, S. 169 f.

Prag, Nationalbibliothek (Cim Za ř. 3./3. – Sig. 57)

J. R.

16 Pietà mit böhmischen Landespatronen

Johann Christoph Liška (Lisska) (um 1650–1712)

Öl auf Leinwand. 79:69 cm.

Für die Prämonstratenserstiftskirche von Strahov in Prag schuf Liška vier Altarbilder in jenem Kammerformat und in der skizzenhaften Malweise, die ihm offenbar am meisten entsprochen haben. Von den vorbereitenden Ölskizzen, die er sicher für alle diese Gemälde anlegte, hat sich nur diese eine für das Altarblatt mit den böhmischen Landespatronen erhalten. Zwischen beiden Fassungen der Komposition gibt es allerdings große Unterschiede. Die zunächst für die Mitte geplante Gruppe der Beweinung Christi durch Maria unter dem Kreuz wurde nicht realisiert. Dadurch erscheint die auf der Skizze ziemlich locker wirkende Komposition bei der Ausführung stärker komprimiert. Eine zentrale Gestalt blieb der Gründer des Prämonstratenserordens, der hl. Norbert, der seit 1627 zu den Patronen Böhmens gehörte und dem wegen seines Attributs, der Monstranz mit dem Allerheiligsten, immer eine zentrale Stelle eingeräumt wurde. Auf der Skizze und auf dem Altarblatt erscheinen dieselben Heiligen, doch wurden nicht nur Posen und Gebärden verändert, sondern auch andere Akzente gesetzt. Auf dem Entwurf besonders hervorgehoben ist der damals noch nicht beatifizierte Johannes von Nepomuk, der kniend das Sanctissimum verehrt. Auf dem großen Bild ist er in den Hintergrund getreten, er wird durch die Gestalt des vorne sitzenden hl. Sigismund überschnitten. Dies geschah wohl mit Rücksicht auf eine stärker konzentrierte Komposition. Auf dem Altarblatt ist dann der hl. Joseph herausgestellt worden, der noch über den hl. Norbert plaziert worden ist.

Die Skizze gehört zu den malerischen Höhepunkten in Liškas Œuvre, bei denen sich das delikate Kolorit und die weiche, lockere Vortragsweise mit einer virtuosen Lichtregie verbinden.

Literatur: Kat. 1977, S. 183 f. (P. Preiss).

Prag, Nationalgalerie (O 631)

Pr.

Kat. 17

17 Johannes von Nepomuk als Almosenier und Wahrer des Beichtgeheimnisses

Samuel Weishun (gest. nach 1676) nach Georg Philipp Massanec (gest. 1684), Prag, 1664

Kupferstich. Blattgröße: 26,0:16,9 cm. – Bez.: »G. F. Massanez delin: Pragae.« – »S Weishun Sculp: 1664«.

Links im Bild steht der in der Legende der Darstellung »Beatus« (= Seliger) genannte und durch einen Nimbus ausgezeichnete Johannes von Nepomuk und weist mit

Kat. 16

Kat. 18

der Linken auf seine neben ihm dargestellte Grabstätte hin, an der Pilger beten. Er wird begleitet von zwei allegorischen Frauengestalten. Die linke führt im Schweigegestus den Zeigefinger zum Mund und trägt ein großes Vorhängeschloß mit der Aufschrift »SILENTI« (= dem Schweigenden), die rechte schüttet Münzen aus einem großen Füllhorn aus. Besonders wertvoll für uns ist die genaue Wiedergabe des Grabes. Es wird umgeben von einem Schmiedeeisengitter, entstanden gegen Ende des 16. oder zu Beginn des 17. Jahrhunderts. Innerhalb dieses Gitters steht ein großer Leuchter, dessen Arme mit Büsten böhmischer Landespatrone besetzt sind. Es handelt sich um eine Stiftung von Erzherzog Leopold Wilhelm, Erzbischof von Olmütz, bei der ein vorhandener älterer Leuchterfuß einbezogen wurde. Eine erste Wiedergabe dieses Leuchters findet sich schon 1641 in der »Fama Posthuma« von Drauškovius und Plachý (Kat. 11). Über der Darstellung schweben drei Kinderengel mit Spruchbändern und zerbrochenen Ketten als Hinweis auf die irdischen Ketten, von denen Johannes durch seinen Märtyrertod befreit wurde, und auf geschehene Befreiungen, die auf Fürbitte des Märtyrers erfolgt sind. Texte auf den Spruchbändern aus 1. Kön. 3.

Privatbesitz J.R.

18 Thesenblatt des Karl Ulrich aus Libau

Prag (?), 1699

Kupferstich. Bildgröße: 57,5:42,4 cm, Rahmen aus Eichenlaub: 73,5:53,2 cm.

Derartige Stiche mit inhaltsreichen Bildprogrammen dienten im 17. und 18. Jahrhundert zur Ankündigung öffentlicher Disputationen der vorgelegten Thesen zum Abschluß des Philosophiestudiums und zur Erinnerung an dieses Ereignis. Sie wurden vom Verteidiger der Thesen in Auftrag gegeben und bezahlt. Bei dem Thesenblatt des Karl Ulrich aus Libau von 1699 sind Entwerfer und Stecher nicht bekannt. Patron der Verteidigung war der Großmeister der Kreuzherren mit dem Roten Stern, Johann Ignaz Pospíchal, den Vorsitz führte P. Daniel Schurer SJ.

Das Bild zeigt in seinem oberen Teil den in den Himmel entrückten Johannes von Nepomuk, den das Ankündigungsblatt »Martyr et Philosophus« nennt. Dieses Blatt wird von dem unten rechts stehenden Karl Ulrich gehalten, der mit einer Geste der Devotion zum Himmel aufblickt, wo ihm kleine Engel Birett und Gewand sowie Buch und Ring (Symbole von Weisheit und Treue zu Gott) präsentieren. Der links gelagerte Flußgott Moldau schaut in Richtung Prag, wo hinter der Steinernen Brücke, Kleinseite und Hradschin sichtbar werden.

Johannes thront im Kanonikergewand über den Wolken und weist mit der Märtyrerpalme nach unten auf die durch Lichter markierte Stelle seines Sturzes im Fluß. Mit der anderen Hand stützt er ein geöffnetes Buch mit der Aufschrift »Homo Sanctus in Sapientia manet Sicut Sol Eccl: 27 v.12« auf sein Knie. Hinter ihm spannt sich der Zodiakus über den Himmel. Die Tierkreiszeichen Wassermann und Fische vorne verweisen auf das Element, in dem der Märtyrer den Tod fand. Putten mit Lorbeer und Rosen fliegen herbei, ihn zu bekränzen. Weitere Putten halten Schilde und symbolische Gegenstände: die Rose der Märtyrer und einen Schild mit der Darstellung der Beichte der Königin, einen Schild mit der Aufschrift »Sapiens dominabitur astris« zwischen Sternen sowie ein Spruchband mit einem Zitat aus der Ethik des Aristoteles und auf dem Schild ein Vorhängeschloß mit der Aufschrift »Silentium«, ein Hinweis auf die Schweigsamkeit des Beichtvaters als Ursache des erlittenen Martyriums.

Kat. 19

Kat. 22

Literatur: Blažíček 1967–1972, Teil 3, Bl. 3, Nr. 47. – Fechtnerová 1984, Teil 1, S. 66 f.

Prag, Nationalbibliothek (Cim Za ř. 2./3). J. R.

19 Johannes von Nepomuk in Verehrung des Kreuzes

Johann Georg Heintsch (1647–1712), Prag, um 1705

Öl auf Leinwand. 140:108 cm.

Johann Georg Heintsch war zu seiner Zeit der wichtigste und eigentlich auch der einzige Maler, der mit seinen Darstellungen von Johannes von Nepomuk die Ikonographie des damals noch lange nicht Heiliggesprochenen geprägt und weiterentwickelt hat. Bereits um 1700 entstanden Halbfigurenbilder des Märtyrers, in Prag (Erzbischöfliches Palais und Variante in der Kreuzherrenkirche) und Brünn (Jesuitenkirche und Dom). Heintsch gab der Darstellung des kniend vor dem Kruzifix Betenden eine gültige Form. Diese Szene zeigt Johannes, wie er sich auf das bevorstehende Martyrium vorbereitet. Im Hintergrund ist bereits der Brückensturz abgebildet. Das vorliegende Gemälde, wohl ein privates Andachtsbild, zeichnet sich unter den zahlreichen Produkten der fruchtbaren Werkstatt des Meisters durch seine besonders feine Ausführung aus. Es dürfte sich wohl um ein völlig eigenhändiges Werk handeln. Michal Šroněk datiert es mit guten Argumenten um 1705.

Literatur: J. Neumann, Malířství 17. století v Čechach. Barokní realismus. Prag 1951, S. 109. – České barokní umění (Katalog der Ausstellung in Schloß Mělník). Prag 1981, Nr. 22. – M. Šroněk, in: Dějiny českého výtvarného umění, II/2, Prag 1989, S. 343. – Ders., Jan Jiři Heintsch (Ms.). Prag 1991, S. 124 (Kat. 78), 144 (zu weiteren Nepomukdarstellungen: S. 125–127, Kat. 79–82).

Prag, Nationalgalerie (O 5666) Pr.

20–22 Beichte der Königin, Johannes von Nepomuk vor König Wenzel und Brückensturz

Johann Georg Heintsch (1667–1712), Prag, um 1696

Öl auf Leinwand. Jeweils 133,5:237 cm.

Für den böhmischen Orden der Kreuzherren mit dem Roten Stern unter dessen patriotischem Hochmeister

Kat. 20

Kat. 21

und »zweiten Gründer« Georg Ignaz Pospíchal lieferte Johann Georg Heintsch zwei Folgen von jeweils drei Lünettenbildern. Sie waren wohl für die neuerbaute Hauptkirche des Ordens St. Franziskus an der Prager Karlsbrücke bestimmt, wahrscheinlich für die angegliederten Kapellen, wurden aber entweder nie aufgehängt oder bald wieder ersetzt, als es zu einer einheitlichen Ausstattung der Kirche kam, bei der Gemälde von Michael Willmann und Johann Christoph Liška dominieren. Jedenfalls bleibt die genaue Bestimmung der Lünetten unklar.

Die erste Folge zeigt Szenen aus der Geschichte der hl. Agnes von Böhmen, der Gründerin des Kreuzherrenordens und ihrer ersten Kirche. Ein Bild dieser Serie ist »J. G. Heinsch pingebat 1696« bezeichnet. Die andere, hier gezeigte Folge ist wohl etwa gleichzeitig entstanden und schildert die wichtigsten Episoden des Märtyrertodes von Johannes von Nepomuk und der Vorgänge, die dazu führten. Es handelt sich um den ersten Nepomuk-Zyklus mit erzählendem Charakter in großformatiger Malerei, den wir kennen.

Heintsch folgte bei seinen Kompositionen einem großen Vorbild, Karl Škrétas berühmtem, leider nur fragmentarisch erhaltenem Zyklus von ursprünglich 32 Lünetten mit Darstellungen aus der Legende des hl. Wenzel im Kreuzgang des Klosters der Augustiner-Barfüßer auf dem Zderaz in der Prager Neustadt, um 1641. Wie Škréta verlegte auch Heintsch die Hauptszene immer in eine vordere Bildzone und stellte begleitende Nebenszenen im Hintergrund dar. So erscheinen neben der Beichte der Königin ein bewaffneter Soldat und eine Mutter mit einem Kind im Arm als Andeutung der Beliebtheit des Märtyrers bei der Bevölkerung, die sonst meistens durch die Darstellung von Johannes als Almosengeber zum Ausdruck gebracht wurde. Daß es sich bei dem Verhör durch König Wenzel IV. um den Versuch handelt, die Preisgabe des Beichtgeheimnisses zu erpressen, drückt der Schweigegestus des Heiligen aus, der den Zeigefinger zum Mund führt. Der Brückensturz präsentiert sich als eine besonders gedrängte, figurenreiche Komposition.

Literatur: M. Šroněk, Jan Jiři Heinsch (Ms.). Prag 1991, S. 98–100, Kat. 48–55 (mit weiterer Lit.).

Prag, Kloster der Kreuzherren mit dem Roten Stern

Pr.

23 Sonnenmonstranz

Böhmen, 2. Hälfte 17. Jahrhundert

Holz, vergoldet und schwarz gefaßt. H. 109 cm.

Die doppelseitig ausgearbeitete Monstranz weist in der Mitte eine ovale Öffnung auf, die von einem achtpassigen Akanthusrahmen eingefaßt ist (Glas und Lunula fehlen). Auf Vorder- und Rückseite finden sich, in ein breites Akanthusband eingefügt, Relieffiguren, oben die Büste Gottvaters und die Heiliggeisttaube (Christus ist als dritte Person der Dreifaltigkeit in der Hostie gegenwärtig), rechts und links stehende Ganzfiguren der Apostel Petrus und Paulus mit Büchern und Schlüsseln bzw. Schwert als Attributen, sowie unten die Halbfigur Johannes von Nepomuks mit Kreuz und Märtyrerpalme. Der ovale Fuß weist geschnitzten Blumendekor auf mit Rosetten, die in gleicher Form auch am Nodus vorkommen.

Kat. 23

Der Dekor ist stilistisch nicht einheitlich. Das Ornament am Fuß und am Nodus sowie am Rahmen der Öffnung mit Rosetten und mit straffen, symmetrischen Akanthusblättern steht ebenso wie die gedrungenen Apostelfiguren in der Tradition der Spätrenaissance. Dagegen wirkt der übrige Akanthusdekor mit seinem asymmetrisch bewegten Laub fortschrittlicher. Vergleicht man Arbeiten von M. Nonnenmacher aus dem Ende des 17. Jahrhunderts, so wirkt hier der Akanthus flacher und ist nicht so deutlich von den Figuren abgesetzt, ähnlich wie bei der Silbermonstranz aus Plass (datiert 1628). In der Goldschmiedekunst tritt dieser Ornamentstil früher auf als bei Holzschnitzereien. Falls es sich bei der Holzmonstranz nicht um die billigere Version einer Goldschmiedearbeit handelt, wie sie an Werktagen benutzt wurde, im Gegensatz zu dem für die Sonn- und Feiertage vorbehaltenen Edelmetallgerät, sondern um eine selbständige Arbeit, dürfte sie wohl in die 1680er Jahre zu datieren sein. Dafür spricht auch der Typus der Nepomukdarstellung, der sich von dem Rauchmiller-Bozzetto (Kat. 24) durch eine andere Armhaltung und eine Drehung des Körpers ins Dreiviertelprofil unterscheidet.

Die Monstranz gehört zu den ältesten liturgischen Gegenständen in Böhmen mit einer Nepomukdarstellung, noch lange vor dessen Selig- und Heiligsprechung. Zugleich ist sie die einzige bekannte Holzmonstranz, die wir aus dieser Zeit kennen. Ornamentik und Fassung erinnern an Altäre in Maria Schnee in Prag und in Jankov, beide im Auftrag von Johannes von Talmberg entstanden.
Die hier erstmals vorgestellte Monstranz wurde 1992/93 in den Werkstätten des Prager Kunstgewerbemuseums restauriert.

Prag, Kunstgewerbemuseum (79.664 – Z 136/895)

D. St.

Das Denkmal auf der Steinernen Brücke in Prag

Die Bronzestatue von 1683 auf der Prager Brücke hat unser Bild des Heiligen maßgeblich bestimmt. Die schlichte Gestalt des Priesters mit dem Kreuz prägte das Aussehen der meisten später entstandenen Nepomukfiguren. Bereits 46 Jahre vor der Kanonisation wurde dieses Denkmal als private Stiftung des Barons Matthias von Wunschwitz errichtet.
An der einzigen Verbindung zwischen den Prager Städten hatte man den erzbischöflichen Generalvikar in die Moldau gestürzt, und hier stellte man dem zukünftigen Heiligen zum ersten Mal eine Einzelfigur auf und verehrte ihn nicht mehr nur im Kreis der Landespatrone.

24 Johannes von Nepomuk. Bozzetto für die Statue auf der Prager Karlsbrücke

Matthias Rauchmiller (1645–1686), Wien, 1681

Terrakotta mit Gips- und Holzergänzungen, reparierte Brüche, Sternenkranz nachträglich, übergangene, verschmutzte Vergoldung. H. 41 cm. – An der Plinthe nachträglich bezeichnet: »Matthias Rauchmiller/ fec. Vienae (ae ligiert) Ao: 168 (1?).« Die Inschrift könnte gleichzeitig sein mit dem Etui (Kat. 25).

Die Entstehungsgeschichte der Nepomukstatue auf der Prager Karlsbrücke ist durch Signaturen und durch fast zeitgenössische Lokalliteratur überliefert. Die bei J.J. Kamenitzky 1716 in Prag erschienene Beschreibung der Brücke (Kat. 32) beruft sich für ihre präzisen Angaben zu der Figur auf S. 165 auf ein »Hand=Büchlein May-Blümlein vergiß mein nicht« als Quelle. Der Stifter, Baron Matthias Gottfried von Wunschwitz (1632–1695), ließ 1681 in Wien durch den Bildhauer Matthias Rauchmiller ein anderthalb Fuß hohes Modell anfertigen, das in dieser Terrakottastatuette erhalten ist. Sie wurde gemeinsam mit dem zugehörigen Etui (Kat. 25) 1941 von der Prager Nationalgalerie aus Familienbesitz erworben. Rauchmiller schuf mit seinem Entwurf die gültige Form für die meisten späteren Nepomukstatuen. Dargestellt ist ein bärtiger Priester, bekleidet mit Soutane, Chorhemd und »Variulum Canonicale«, dem Schulterumhang des Kanonikers. Auf dem Kopf trägt er ein Birett. Mit seiner Linken umfaßt er ein Kruzifix, in der Rechten hält er eine Märtyrerpalme. Die Bewegung der schlanken und zierlichen Figur, die sich frei im Raum entfaltet, ist verhalten. Der aus dem Standmotiv entwickelte leichte S-Schwung des Körpers gipfelt in dem etwas zur Seite geneigten, aufschauenden Haupt. Die Gestalt des in sich gekehrten Priesters, der mit seinem Kruzifix dem Betrachter die zentrale Aussage der christlichen Heilslehre vor Augen hält, besitzt eine starke Spiritualität, die ihre Wirkung offensichtlich nicht verfehlt hat. Das ma-

Kat. 26

Kat. 24

riologische Zeichen des Sternenkranzes, der dem Heiligen von der Muttergottes verliehen worden sein soll (s. Kat. 57), ist eine spätere Hinzufügung. Die Fünfzahl der Sterne entspricht der Zahl der Buchstaben von »tacui« (= ich habe geschwiegen).
S. auch S. 27 ff.

Literatur: Blažíček 1973, Nr. 218. – Birke 1981, S. 39–41, 72, Abb. 32. – Neubert 1991, S. 41, Abb. S. 45.

Prag, Nationalgalerie (P 613) P.V.

Kat. 25

25 Etui für Rauchmillers Bozzetto (Kat. 24)

Böhmen, nach 1741

Holz, bezogen mit dunklem Leder mit vergoldeten Prägemustern, innen matt und glänzend vergoldet, das Wappen farbig gefaßt; Metallbeschläge. Geschlossen: H. 50,5, B. 21,2, T. 14 cm; geöffnet: H. 59,5, B. ca. 46 cm.

Das Etui mit einer genau dem Bozzetto (Kat. 24) angepaßten Aussparung kann wie ein Flügelaltar geöffnet werden. Ein Teil ist als Bekrönung hochklappbar. Auf dieser Bekrönung findet sich das Wunschwitz-Wappen mit der Umschrift »IOHANN ANTON CAIETAN FREYHERR VON WUNSCHWITZ« (1710–nach 1749). Dieser Enkel von Matthias Gottfried von Wunschwitz war demnach der Auftraggeber. Das Etui dürfte erst nach dem Tod seines Vaters Gottfried Daniel (1678–1741) entstanden sein.
Der reiche goldene Reliefdekor, der alle Flächen des Inneren überzieht, besteht aus Heiligendarstellungen, die mit Namensinschriften bezeichnet sind, und aus Attributen Johannes von Nepomuks, der der erste Namenspatron des Auftraggebers war. Matthias Gottfried von Wunschwitz hatte ihn 1646 zum Familienpatron erklärt, dessen Sohn Gottfried Daniel führte bei allen männlichen und weiblichen Mitgliedern seines Geschlechts »den Johann Nepomucenischen Vor Nahmen« ein (Wunschwitzisches Gedächtnus-Monument, Kat. 35, o. S.). Johann Anton Cajetans weitere Patrone, Antonius Abbas und Kajetan, zieren den unteren Teil der beiden Flügel. Wiedergegeben sind außerdem die hll. Stephanus und Leopold in der Mitte sowie Wenzel und Podivin oben auf den Flügeln. Die Inschriften von Wenzel und Stephanus sind vertauscht. Zwischen der Aussparung für den Bozzetto und dem Wappenschild ist das Palladium Bohemiae, das Mariengnadenbild von Altbunzlau, angebracht.
Dieses ungewöhnlich aufwendige Etui, eine Art Hausaltärchen, spricht für die besondere Wertschätzung, die dem Bozzetto Rauchmillers von der Familie von Wunschwitz entgegengebracht wurde.

Literatur: Blažíček 1973, Nr. 217. – Kat. 1989, Nr. 7.8.

Prag, Nationalgalerie (P 612) P.V.

26 Johannes von Nepomuk. Wiederholung des Gußmodells der Statue auf der Prager Karlsbrücke

Johann Brokoff (1652–1718), nach 1682

Laubholz, 1992 freigelegte, retuschierte originale Vergoldung. H. 164 cm.

Jan Royt hat auf diese Skulptur aufmerksam gemacht, die aus dem Wunschwitz-Schloß Dolní Krušec (Unter-Körnsalz) stammt. Sie ist eine in der Komposition kaum veränderte, aber etwas kleinere Version der überlebensgroßen Figur, die Johann Brokoff 1682 während eines Aufenthaltes auf Schloß Ronsperg (Ronšperk) für Baron Matthias Gottfried von Wunschwitz geschnitzt hat. Diese wurde als Gußmodell für die Statue auf der Karlsbrücke nach Nürnberg geschickt. Nach der Rückkehr hat man sie vergoldet und zunächst in der Schloßkapelle von Ronsperg, später aber unter Gottfried Daniel von Wunschwitz (Wunschwitzisches Gedächtnus-Monument, Kat. 35, o. S.) in der Kapelle des ehem. Palais Wunschwitz am heutigen Wenzelsplatz in Prag aufgestellt (vgl. Kat. 34). 1819 übertrug man die Statue nach St. Johann am Felsen, wo sie – mit erneuerter Vergoldung – im Zentrum des Hochaltars in einer Nische steht. Der Auftrag für eine weitere Fassung dieser Skulptur für Schloß Dolní Krušec verweist auf die große Bedeutung, die Baron von Wunschwitz der von ihm gestifteten Brückenfigur beimaß.

Literatur: K. Hostaš u. F. Vaněk, Soupis památek historických a uměleckých v království českem v politickém okrese sušickém. Prag 1900, S. 63 f.

Bergreichenstein (Kašperské Hory), Böhmerwald-Museum P.V.

27 Entwurf für den Sockel der Nepomukstatue auf der Prager Karlsbrücke

Jean-Baptiste Mathey (um 1630–1695), Prag, um 1681

Feder in Braun, laviert. 37,4:24,5 cm. – Bezeichnet: »Mathey«.

Bei der 1955 erstmals bekanntgemachten Zeichnung des Architekten Jean-Baptiste Mathey dürfte es sich um einen Entwurf für den Sockel, nicht aber für die Figur und den plastischen Schmuck des Denkmals handeln. Die wiedergegebene Figur weicht von dem Bozzetto (Kat. 24) stark ab und ist nicht sehr präzise im Detail, noch weniger sind es die beiden nur flüchtig skizzierten Reliefs. Die Flächen für Wappen und Inschrift wurden sogar leer gelassen. Demgegenüber ist die Form des dreiteiligen Sockels sehr genau und stimmt mit der Ausführung weitgehend überein. Dieses Blatt war geeignet, vom Steinmetz und Bildhauer für ihre Arbeit benutzt zu werden. Abweichend von diesem Entwurf, der eine ornamentale Verbindung von Wappenkartusche und Inschrifttafel vorsieht, wurden die ungerahmte Tafel und das etwas tiefer angebrachte Wappen unverbunden übereinander angeordnet. Auch die Festons wurden in ihrer Form verändert. Die von Mathey vorgeschlagene dreiteilige Basis für die sehr zierliche Figur verstärkte deren Wirkung und ergänzte mit den Reliefs die inhaltliche Aussage. Sie wies den Weg für die aufwendigere Gestaltung der nachfolgenden Statuen und Figurengruppen auf der Karlsbrücke.

Kat. 27

Das Nepomukdenkmal war als Votiv und private Stiftung gleichwohl ein Projekt von allgemeinem öffentlichem Interesse, für das man die führenden Künstler, zu denen damals in Prag auch Mathey gehörte, heranzog. Seine Gesamtkosten sollen gegen 7000 Gulden betragen haben (Wunschwitzisches Gedächtnus-Monument, Kat. 35, o. S.). Die Errichtung im vermeintlichen Jubiläumsjahr 1683 spricht für eine sorgfältig vorbereitete Aktion.

Literatur: Kunst und Kultur in Böhmen, Mähren und Schlesien (Ausstellungskatalog). Nürnberg 1955, S. 114 (Nr. M 4). – Schwarz 1969, S. 109–120. – J. Neumann, Das böhmische Barock. Prag 1970, S. 159 f. (Nr. 147). – Matsche 1971, o. S. – Kat. 1971, Nr. 72, Abb. 82.

Nürnberg, Germanisches Nationalmuseum (Hz. 3830) P.V.

28–30 Zwei Reliefs: Beichte der Königin und Brückensturz sowie Inschrifttafel vom Sockel der Nepomukstatue auf der Prager Karlsbrücke

Modelle von Johann Brokoff (1652–1718)(?), um 1682; Guß von Hieronymus Herold, Nürnberg, 1683.

Bronze, gegossen, mit brauner Patina. Beichte: 65,8 : 53,9 cm, Brückensturz: 65,1 : 54,1 cm, Schrifttafel: 64,7 : 55,6 cm.

Auf der Holztür vom Südportal des Prager Veitsdoms (C. Bechtler, 1639; Abb. S. 82) erscheint die Figur von

Wappenkartusche vom Sockel der Nepomukstatue

Kat. 30

Kat. 29

»S. IOHAN.D.BEICHTIGER« in Verbindung mit einer Darstellung seines Sturzes von der Prager Brücke. »Beichte der Königin« und »Brückensturz« gehören auch zu den ersten bildlichen Darstellungen aus seiner Vita in Georg Berthold Pontanus von Breitenbergs 1602 erschienenen »Hymnorum sacrorum … Libri tres« (Kat. 10). Diese beiden Szenen sind am Sockel der Statue auf der Karlsbrücke wiederum zu sehen. Es fällt dabei auf, daß das eigentliche Thema zurückgedrängt wird

Kat. 28

durch große Figuren im Vordergrund, die die Tyrannei und Grausamkeit König Wenzels besonders hervorheben.
Bei der Beichtszene ist der Beichtstuhl in einem reich gegliederten Interieur schräg gestellt, so daß man die kniende Königin von hinten sieht und der Beichtvater zum größten Teil verdeckt ist. Vorne links steht, durch eine große Vorhangdraperie darüber betont, ein königlicher Leichwächter mit Hellebarde, und vor ihm sitzt einer der Hunde, durch die König Wenzel der Legende nach seine Gemahlin zerfleischen ließ. Beim Brückensturz ragen hinter der Brücke die Häuser der Kleinseite und der Hradschin auf, während vorne ohne erkennbaren Zusammenhang mit dem Hauptgeschehen eine Frau zu sehen ist mit ihrem Kind, das ein Henkersknecht auf Wenzels Befehl mit dem Schwert zu töten im Begriff ist, in Analogie zu König Herodes und dem Bethlehemitischen Kindermord.
Den beiden Kompositionen fehlt die Verbindung zwischen den nach vorne gerückten großen Figuren, die sich in einer schmalen Zone bildparallel bewegen, und der übrigen Szene, so daß keine räumliche Kontinuität entsteht. Die Bewegungen erscheinen vielfach gezwungen, vor allem bei der wie in die Fläche gepreßten Gestalt der Mutter. Die Einzelformen wirken metallisch hart. Es fällt schwer, Johann Brokoff als entwerfenden Künstler dieser Reliefs zu erkennen, dessen Signatur sich an dem Steinsockel findet. Gießer des Sockelschmucks, zu dem außer den hier gezeigten Stücken noch eine Kartusche mit dem Wunschwitz-Wappen gehört, war wohl Hieronymus Herold, der die Nepomukstatue bezeichnet hat: »ME FECIT WOLFF. HIERONIMVS HEROLDT/ IN NVREMBERG/ 1683.«
Die unter dem Wunschwitz-Wappen am Mittelteil des Piedestals angebrachte Schrifttafel weist erhabene Buchstaben in typographisch schöner Gestaltung auf. Der Text besagt, daß Baron Matthias Wunschwitz 1683 dem »divo« (= »göttlichen«) Johannes von Nepomuk, der von dieser Brücke gestürzt wurde, das Denkmal errichtet hat.
Die Inschrifttafel und die Reliefs wurden 1973/74 durch Bildhauer Lumír Klas abgeformt und auf der Brücke durch Nachgüsse ersetzt. Die Originale wurden 1975 von der Galerie der Stadt Prag übernommen.

Literatur: Schwarz 1969, S. 109, 115, Abb. 5, 6. – Neubert 1991, S. 44, 164, Abb. S. 44, 164.

Prag, Galerie der Stadt Prag P. V.

31 Entwurf für die Festdekoration der Nepomukstatue auf der Karlsbrücke in Prag zum Nepomuktag 1727

Mathias Hager (?), Prag, 1727

Papier, Feder in Braun, grau laviert. 28,9 : 33,5 cm. – Nachträglich bez.: »Mathias Hager/ Strahov« (vielleicht von der Hand des Bibliothekars von Kloster Strahov, J. B. Dlabacz).

Ein Künstler Mathias Hager ist nicht bekannt. Der Entwurf zeigt die von der Familie Wunschwitz veranlaßte Dekoration der Brückenstatue zum Nepomukfest des Jahres 1727. Die Bronzefigur erscheint unter einem von einem Pinienzapfen bekrönten Baldachin, an dem drei Kartuschen mit Inschriften angebracht sind, deren lateinische Texte das Chronogramm 1727 enthalten. Vor dem Sockel der Nepomukfigur steht ein Altartisch. Seitlich sieht man dekorierte Wände mit Balustraden als oberen Abschluß. Zum Schmuck gehören ovale Emblemata, Engelfiguren, Vasen und vier mit Sternen bekrönte Obelisken; ein fünfter großer Stern, wohl aus Metall, ist an der Statue selbst befestigt. Das antikisierende Programm zieht Parallelen zwischen Johannes von Nepomuk und Seneca, Pythagoras, Minerva und Herkules. Johannes wird als »zweiter Seneca« bezeichnet, der vom »tschechischen Nero«, Wenzel IV., zu Tode gefoltert worden ist.
Die Familie Wunschwitz ließ jährlich zum Nepomuktag die Statue auf der Brücke festlich schmücken und gab dazu gedruckte Beschreibungen heraus. In den »Wunschwitziana Miscellanea« (Kat. 34) findet sich die Beschreibung der Festdekoration von 1727, die mit der

Kat. 31

Zeichnung übereinstimmt, welche demnach offensichtlich von Gottfried Daniel von Wunschwitz in Auftrag gegeben worden ist.

Literatur: Prahou po stopách baroka (Beiblatt zur Ausstellung). Prag 1970, S. 6.

Prag, Kloster Strahov, Kunstsammlungen (GKF 7228)

J. R.

32 Eigentlicher Entwurf und Vorbildung der Vortrefflichen, kostbaren und Welt berühmten Prager=Brücken …

Prag (J. J. Kamenický) 1716

8°, 276 Seiten.

Dieses, mit Stichen illustrierte Buch gehört zu den ältesten Beschreibungen der Brücke und ihres plastischen Schmucks. Auf S. 158–165 wird die Statue des Johannes von Nepomuk ausführlich behandelt; am Ende steht ein Gebet zu dem Märtyrer. Nach S. 158 folgt eine Stichreproduktion der Medaille mit der Statue, die von Antonio Travani, Rom, 1701 im Auftrag von Baron Gottfried Daniel von Wunschwitz geschaffen wurde.

Privatbesitz J. R.

33 Sanctiora Floralia … Sancto Joanni Nepomuceno … Familiae suae Patrono, ac Tutelari Singularissimo … Ad Aeream ejusdem Statuam … proposuit G.(odefridus) D.(aniel) L.(iber) B.(aro) D.(e) W.(unschwitz)

Prag (J. J. Kamenický) 1719

2°, gedrucktes Einzelblatt.

Das Blatt zeigt die besondere Verehrung des Heiligen durch die Familie von Wunschwitz an, die in jedem Jahr die Dekoration der Brückenstatue am Fest des Heiligen finanziert hat.

Prag, Kloster Strahov, Bibliothek (BB I 20, Anh. 9)

P. P./J. R./V. V.

34 Wunschwitz'sche Sammlung von Drucken mit Nepomukthemen (Wunschwitziana Miscellanea. Anniversariis honoribus sancto Joanni Nepomuceno sacris a Mathia Godefrido L. B. de Wunschwitz ab Anno 1729 usque 1740 in f. editis)

Einband datiert 1732

Papier. Ledereinband mit vergoldeter Prägung auf Vorder- und Rückseite: I.(ohannes) A.(ntonius) C.(ajetanus) L.(iber) B.(aro) D.(e) W.(unschwitz), Wunschwitzwappen und Jahreszahl 1732.

Das Konvolut, das dem Stifter der Brückenfigur, Baron Matthias Gottfried von Wunschwitz, gewidmet ist, wurde von dessen Enkel Johannes Anton Cajetan von Wunschwitz (vgl. Kat. 25) zusammengestellt. Der Inhalt bezeugt die besondere Verehrung des Johannes von Nepomuk durch die Familie, die in ihm den eigentlichen Familienpatron sah. Die meisten Texte behandeln die jährlichen Dekorationen der Brückenstatue (s. Kat. 31). Ein weiteres Zentrum der Nepomukverehrung war die Kapelle im Wunschwitz'schen Haus am Roßmarkt (heute Wenzelsplatz) in Prag, wo auf dem Altar das von Johann Brokoff geschnitzte Holzmodell der Brückenfigur verehrt wurde. Das Konvolut enthält einen Stich, der diesen Altar wiedergibt, bez. »Sysang Sc: Pragae. Anno: 1731.« (20,2 : 13,9 cm) (s. auch Kat. 35).

Literatur: J. B. Dlabacz, Allgemeines historisches Künstler=Lexikon für Böhmen und zum Theil auch für Mähren und Schlesien. Prag 1815, S. 186.

Prag, Kloster Strahov, Bibliothek (AO XI 14)

P. P./J. R./V. V.

Kat. 35

Kat. 36

35 Wunschwitzisches Gedächtnus-Monument ...

Prag, um 1753

Papier, Ledereinband mit vergoldeter Prägung. 36,0 : 23,0 cm. – Prägungen: Wunschwitzwappen, Initialen »I. A. C. F. V. P. H. V. W.« – »1752«.

Der Band enthält Bildnisse von Mitgliedern der Familie Wunschwitz, Ansichten von Schloß Wunschwitz bei Meißen und eine Genealogie der Famile. Ein Stich (fol. 15r u. v.) zeigt ein verschollenes spätgotisches Tafelgemälde der hl. Familie mit einem knienden Kanoniker, den man für Johannes von Nepomuk gehalten hat. Das Blatt ist bez.: »Juxta Originale Thom. Bohacz Universitatis Viennensis Chalcogr. sculpsit Viennae Austriae 1742«. Auf fol. 16r ist ein Stich von J. Chr. Sysang eingeklebt, der den Altar der Prager Familienkapelle zeigt (s. Kat. 34). Dieser Stich ist auch einer kleinen Publikation beigegeben, die Johannes Anton Kajetan von Wunschwitz 1741 unter dem Titel »Triumph Joannis« herausgegeben hat (Prag, Kloster Strahov, Bibliothek; AO XI 14/31). Auf fol. 16v montiert ist ein Stich mit einem über Prag schwebenden Johannes von Nepomuk, bez.: »Johann Christoph Winkler Sc Vien 1748.«

Das Manuskript erschien 1746 auf Kosten von J. A. K. v. Wunschwitz im Druck mit dem Titel »Wunschwitzisches Gedächtniss=Monument ...« (Prag, Kloster Strahov, Bibliothek; AO II 3).

Die Wunschwitziana in der Bibliothek von Kloster Strahov wurden 1775 mit dem Nachlaß des Archivars Johann Joseph Clauser erworben.

Literatur: B. Ryba, Soupis rukopisů strahovské knihovny, Teil 4. Prag 1970, S. 52 f. – I. Kořán, Slovo a obraz v česckých dějinách. In: Kapitoly z českého dějepisu umění, 1. Prag 1986, S. 32, Abb. 9.

Prag, Kloster Strahov, Bibliothek (DH II 22)

P. P./J. R./V. V.

36 Gitter von der Karlsbrücke in Prag

Nach Entwurf von Josef Mocker, Prag, 1894

Schmiedeeisen, 95 : 150 cm; Relief: Bronze, gegossen, 23 : 47 cm

Das schmiedeeiserne Gitter mit einem Relief, auf dem der unter der Brücke schwimmende Heilige dargestellt ist, befand sich an der Ostseite der Karlsbrücke (flußabwärts) an jener Stelle, von der Johannes von Nepomuk der Überlieferung nach in der Nacht vom 20. zum 21. März 1393 in die Moldau gestürzt worden ist. Das Aussehen des vorherigen Gitters ist nicht überliefert, es wurde bei dem Hochwasser von 1890 bis auf Reste zerstört. Dombaumeister Josef Mocker entwarf ein neues Gitter, das 1894 von Heinrich Antel angefertigt wurde. Das kupfergetriebene Relief schuf Professor Franz Sequens. Am 13. Mai 1896 wurde das Gitter angebracht. In den 1960er Jahren wurde das Gitter zweimal von Bildhauer Lumír Klas restauriert (Restaurierungsbericht vom 13. Juni 1967 und 8. Dezember 1969). Dabei wurde auch das Relief durch einen Abguß in Bronze ersetzt. Man hat das Gitter nach der Instandsetzung leider nicht mehr angebracht.

Das vor der weiten Landschaft des Moldautales zart wirkende Gitter behauptete sich sehr gut zwischen den Brückenfiguren (Johannes der Täufer, 1853, und der Dreiergruppe Norbert, Wenzel, Sigismund, 1957, von Josef Max). Auf der Brüstung darunter ist in einen Stein ein Bronzekreuz eingelassen, das in reizvoller Weise die fünf Sterne an den Enden der beiden Kreuzarme und am Ende des Schaftes trägt.

Literatur: A. Šorm, Svatojanská mříška na Karlově mostě. In: Pragensia Svatojanska. Prag 1929, S. 86

Prag, Galerie der Hauptstadt Prag J. v. H

Die Seligsprechung 1721 und die Heiligsprechung 1729

Der Nepomukkult, der sich im 17. Jahrhundert entwickelt hatte, mündete folgerichtig in den Prozeß der Selig- und Heiligsprechung ein. Die Kanonisation war von vielen Seiten über Jahrzehnte hin gefordert worden, und sie legitimierte rückwirkend auch die langjährige Verehrung.
Die Erhebung zum Seligen und vor allem die zum Heiligen durch den Papst war mit prunkvollen Zeremonien verbunden. Den Feiern in Rom folgten Freudenfeste in Prag und an vielen anderen Orten. Eigene Publikationen berichten davon, und die aufwendigen Festgerüste wurden auf Kupferstichen festgehalten. Von den Kanonisationsfeiern in Rom und Prag sind wichtige Teile der gemalten Dekoration und Fragmente von Figurinen erhalten geblieben, die hier zum ersten Mal gezeigt werden können.

Kat. 37

37 Formula et Ritus ... S. Joannis Nepomuceni

Prag-Altstadt (C.J. Hraba), 1721

8°, unpaginiert.

Vor dem Titel ein Stich mit Begleittext (13,5:7,0 cm): Ein Medaillon mit dem Brustbild Johannes von Nepomuks als infuliertem Prälaten bildet das Zentrum eines achtzackigen Sterns. Putten halten die Insignien und die Heiligenattribute. Darunter das Panorama von Prag mit Hradschin und Karlsbrücke, unter der im Wasser fünf Sterne zu sehen sind. Unten in der Mitte findet sich das Wappen der Familie Sternberg mit einem achtzackigen Stern, der dem Stern mit dem Medaillon des Heiligen entspricht. Auf der Rückseite des Blattes eine Darstellung der Nepomukzunge in Wolken, bez. »GF del.« und »Müller Sc:«.

Prag, Kloster Strahov, Bibliothek (ACH III 34)

P. P./J. R./V. V.

38–40 Drei Ansichten des Festgerüstes vor dem Prager Veitsdom zur Seligsprechung Johannes von Nepomuks 1721. – 38: Vorderansicht, 39: Ansicht des rechten Flügels, 40: Ansicht des linken Flügels

Entwurf und Vorzeichnung: Johann Ferdinand Schor (1686–1767), Stecher: Michael Heinrich Rentz (1701–1758) und Johann Daniel de Montalegre (1697–1768), Nürnberg, 1722

Kupferstich. Plattengröße: 39,7:36,9, 27,1:39,0, 26,9:38,7 cm. – 38: unbezeichnet; 39: bez. »J.F. Schor inv: et del:« u. »Renz et à Motalegre fe.«; 40: bez. »J.F. Schor. inv. et del.« u. »J.D. et à Motalegre et M. Renz fe. Norimb: 1722«.

Kat. 37

Die drei Kupferstiche sind vermutlich als selbständige Blätter erschienen, wurden aber auch zeitgenössischen Beschreibungen der dargestellten Festlichkeiten beigebunden (z. B. »Ihren Glantz Der himmlischen und irdischen Glory ...« Prag, Wolfgang Wickhart, o. D.; Prag, Nationalbibliothek, 51 A 21/Anhang 4).
Die Blätter zeigen eine gotisierende Festarchitektur mit zahlreichen Gemälden, Skulpturen und Inschriften, die nach Schors Entwurf aus Holz, Stuck, Leinwand u. ä. errichtet wurde. Auf der Vorderansicht sehen wir eine feierliche Prozession, die sich auf den mittleren Eingang zubewegt. Die Domherren des Metropolitankapitels tragen einen Kristallsarkophag mit den Reliquien des Seligen, dahinter schreitet Erzbischof von Khuenburg und hält das Reliquiar mit der unverwesten Zunge. Unter einem Baldachin sieht man Kaiserin Elisabeth, umgeben von böhmischen Adligen. Die niedrige Mauer, durch deren Öffnung die Prozession zieht, ist geschmückt mit einer Famafigur, mit Engeln und Allegorien der vier damals bekannten Erdteile. Hinter dieser Mauer ragen vier begehbare Türme auf, die mit plastischen Allegorien der vier Elemente bekrönt sind. Die Adalbertkapelle im Zentrum der Anlage ist die Basis für eine Präsentation der sieben Hügel der Stadt Rom und einer Kirche mit den päpstlichen Insignien zur Erinnerung an den Ort der Beatifikation. Im Hintergrund sieht man die provisorische Abschlußwand des unvollendeten Veitsdoms mit dem von Schor für diesen Anlaß gemalten monumentalen Fresko mit Johannes von Nepomuk unter den böhmischen Landespatronen.
Auf den beiden anderen Stichen sind die Flügel der Festdekoration dargestellt. An jeweils einem Brunnen mit Moldau und Tiber als Flußgöttern repräsentieren vier Statuen die böhmischen Stände. In den Nischen der vier Türme stehen Personifikationen von Österreich, Mähren, Schlesien und der Lausitz. Zwölf allegorische Figuren auf den Balustraden verkörpern die böhmischen Landschaften, die dem Seliggesprochenen ihre Gaben bringen. Auf dem großen Bild in der Mitte des rechten Flügels bittet das Kaiserpaar, von Höflingen umgeben, um Fürsprache dafür, daß ihm ein männlicher Nachkomme geschenkt werden möge. Johannes von Nepomuk wird vom österreichischen Adler getragen. Die Mitte dieses Flügels bekrönt ein Baldachin, unter dem eine Frauengestalt kniet, die das Königreich Böhmen symbolisiert. Das Bild auf der Seite gegenüber feiert die böhmische Kirche und zeigt bedeutende Erzbischöfe, Bischöfe, Prälaten und Domherren, die bei St. Veit gewirkt haben. Unter dem Baldachin in der Mitte dieses Flügels kniet der hl. Adalbert, der zweite Bischof von Prag.
Schor, der diese Dekoration entworfen hat, war ein vielseitiger und begabter Künstler. Das Programm stammte jedoch von dem Genealogen und Historiker Michael Adam Frank von Frankenstein. Seine Beschreibung dieses theatrum honoris ist unter dem Titel »Plenitudo gloriae coelestis et terrestris« (Prag 1721) im Druck erschienen.

Literatur: K. Borový, Sv. Jan Nepomucký, mučeník a hlavní patron království českého. Prag 1878, S. 77 ff. – J. Klingenberg-Helfert in: Kat. 1971, S. 63 ff. – Sršeň 1991, S. 155 ff., Abb. 133.

Prag, Kloster Strahov, Bibliothek (GKF 40/65–512, 7216 u. 7217) L. S.

Kat. 39

Kat. 40

Kat. 38

42 Akte zur Kanonisation des sel. Johannes von Nepomuk, abgeschlossen am 22. Juni 1725 (Acta Processus Canonizationis Martyrij Beatus Joannis Nepomuceni … Completa 22 Junij 1725)

1109 Blatt. 36:22 cm, Stärke des Buchblocks: 20 cm.

Original der von der Prager erzbischöflichen Kommission in den Jahren 1723 bis 1725 angelegten Akte zur Kanonisation. Sie enthält Texte in lateinischer, deutscher und tschechischer Sprache, neben Protokollen von Zeugenvernehmungen, Gutachten und Briefe sowie die einzelnen Berichte der Ordens- und Weltgeistlichen über den praktizierten Nepomukskult und seine Formen. Aus diesem Material hat man eine Fassung zusammengestellt, die in Rom der Päpstlichen Kurie überreicht worden ist. Auf Seite 1106 finden sich die Unterschriften der Kommissionsmitglieder mit sechs Siegeln: Erzbischof Ferdinand Khuenburg, Titularbischof von Tiberias, Daniel Josef Mayer von Mayern, Erzdechant Johann Moritz Martini, Kanonikus Joseph Lanckisch, Kanonikus Johann Rudolf Sporck und Kanonikus Georg Libertin.

Prag, Zentralstaatsarchiv, Bestand Erzbistum Prag (APA I B 60/1)

V.V.

43 Teil der Akte zur Kanonisation des sel. Johannes von Nepomuk, 1725 (Jura Compulsata in Processu Canonizationis B. Joannis Nepomuceni … Compulsata 22 Junij 1725)

507 Blatt. 35,8:22,2 cm.

Dieser Teil der Prager Akten zur Kanonisation enthält Texte in lateinischer, deutscher, italienischer und tschechischer Sprache. Es handelt sich um Aufzeichnungen zu Zeugenvernehmungen, Vernehmungsprotokolle und Exzerpte aus Quellen, beginnend mit einer Eintragung des Johannes von Krumau von 1483, hier allerdings in das Jahr 1383 datiert. Nach fol. 499 ist eine Beilage eingeklebt mit einem Schema aller Altäre des Veitsdoms nach den Angaben von Domdekan Caspar Arsenius von Radbuza, 1621. Darunter wird ein Altar genannt mit den Patrozinien Mariä Heimsuchung, Lucia, Ottilie und Clemens sowie sel. Johannes der Bekenner. Auch das Nepomukgrab ist erwähnt.

Literatur: V. Vlnas, Barokní člověk a barokní světec. In: Pocta Josefu Petráňovi. Prag 1991, S. 385–396.

Prag, Zentralstaatsarchiv, Bestand Erzbistum Prag (APA I B 61/1)

V.V.

44 Das Heilige Rom … (Roma Sancta sive Benedicti XIII … et … Cardinalium Viva Virtutum Imago)

Augsburg (J. R. Conlin), 1726

4°, 248 Seiten.

Kat. 44

Das Buch mit einem Porträtstich von Papst Benedikt XIII. als Frontispiz enthält Kurzbiographien und Porträtstiche (insgesamt 87) der Kardinäle, die an dem Konklave vom 29. Mai 1724 teilgenommen haben. Die Stiche im Format 22,0:16,5 cm sind bez.: »Iohn. Christoph Kolb fecit et excud. A. V.«. Die Biographie von Kardinal Michael Friedrich Graf von Althann, dem Postulator im Prozeß der Selig- und Heiligsprechung des Johannes von Nepomuk, findet sich auf den Seiten 144 bis 147.

Prag, Kloster Strahov, Bibliothek (AY XII 29)

P. P./J. R./V. V.

45 Argumente des Postulators im Kanonisationsprozeß (Sacra Rituum Congregatione ... Ab Althann Ponente Pragen. Canonizationis, seu Declarationis Martyrii Beati Joannis Nepomuceni ...)

Michael Friedrich von Althann, Rom (Typis Camerae Apostolicae), 1728

4°, 144+55+54 Seiten. 11,8:9,5 cm.

Vor dem Titel ein Kupferstich mit der Glorifikation des Johannes von Nepomuk (s. Kat. 46), auf Seite 54 ein in Rot gedruckter Kupferstich der Nepomukzunge. Die Publikation enthält von Kardinal Althann als Postulator formulierte Äußerungen, meist Gegenargumente zu den Einwänden des Advocatus Diaboli, Prosper Lambertini, gegen die Wundertaten des Seligen und die Unversehrtheit von dessen Zunge.

Prag, Kloster Strahov, Bibliothek (AO XI 6)

P. P./J. R./V. V.

Kat. 45

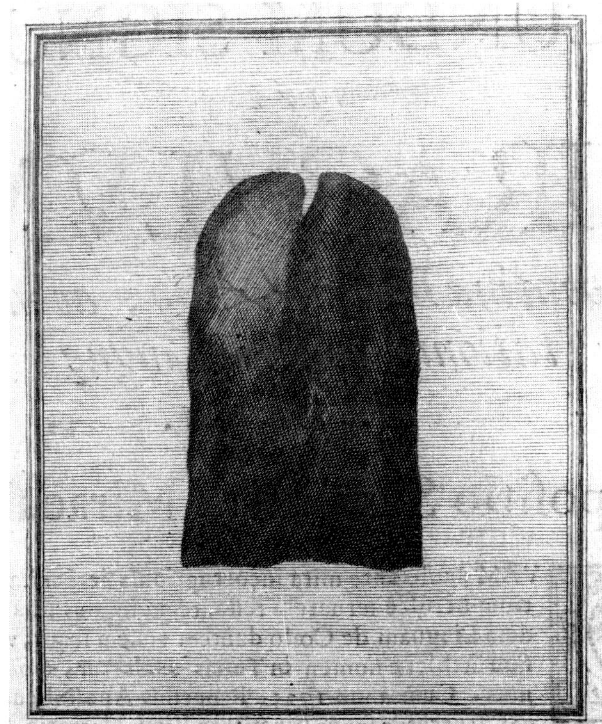

Kat. 46

46 Erklärungen von Kardinal Cienfuegos im Kanonisationsprozeß (Sacra Rituum Congregatione ... Cienfuegos ponente Pragen. Canonizationis, seu Declarationis Martyrii Beati Joannis Nepomuceni)

Alvarez Cienfuegos SJ, Rom (Typis Camerae Apostolicae), 1727

4°, 292+32+11 Seiten.

Gegenüber dem Titel ein Kupferstich mit Johannes von Nepomuk in der Glorie, gestochen von Giovanni Battista Sintes nach Agostino Masucci, Rom 1727 (27,5:19,2 cm).

Der spanische Kardinal Cienfuegos wurde von Papst Benedikt XIII. zum ersten Postulator beim Heiligsprechungsprozeß ernannt und in dieser Funktion 1728 von Kardinal Althann abgelöst. Cienfuegos legte der Kommission einen ausführlichen Auszug aus den Prager Akten vor, ein sog. Summarium, es behandelt vor allem die lange Dauer des Nepomukkultes und behält die ursprüngliche Form der Vernehmungen bei. Auf dem letzten Blatt befindet sich die Unterschrift des Advocatus Diaboli, Giovanni Zuccherini, mit Siegel.

Prag, Kloster Strahov, Bibliothek (AO II 6)

P. P./J. R./V. V.

47 Sammelband von handschriftlichen Notizen und Druckwerken anläßlich der Heiligsprechung 1729

Rom, 1729

Ohne Titelblatt, Rückentitel auf altem Ledereinband: »Canonizatio B. Io. Nepomuceni Martyris & Beatificatio V. S. Dei Fidelis a Sigmaringa Ord: Capucc: peracta in Eccl. Lateranensi Anno 1729, Tom XI, FF XXXV«.

Der Sammelband enthält verschiedene Druckwerke im Zusammenhang mit der Heiligsprechung des Johannes von Nepomuk, darunter auch die Bulle des Papstes »Christus Dominus«, die Vota der Kardinäle, handschriftliche Notizen, die Gebete am 8. März 1729 »De laudibus Beati Joannis Nepomuceni Martyris ... Oratio in consistorio publico«, das »Compendium Vitae, Martyrii et Miraculorum necnon Actorum in Causa Canonizationis B. Joannis Nepomuceni Canonici Ecclesiae Metropolitanae Pragae. Ex Secretario Congregationis Sacrorum Rituum. Romae MDCCXXIX.« Beigebunden sind neun verschiedene Kupferstiche, dazwischen die Vita nach Galluzzi in zwanzig Kapiteln.

Der Kanonikus der Lateransbasilika »Josephus de Nibilibus Vitellescus« gibt die Kupferstiche heraus, die seine Kirche im Festschmuck zeigen: 1. Grundriß, 2. Chor (Kat. 55), 3. Einzug (Kat. 54), 4. Fassade. Am Schluß einer Beilage, die in der »medisima Stamperia, sotto el Palazzo dell' Emo. Caraffa« zu kaufen ist, werden drei Künstler genannt, die einen gewichtigen Anteil am Festschmuck haben: »La FACCIATA di detta BASILICA è pittura Del Signor Francesco Ferrari – E le FIGURE della medesima Del Signor Antonio Bichierari – Li MEDAGLIONI son dipinti à sugo d'Erbe Dal Signor Filippo Evangelista.« (vgl. Kat. 69–77). Ein »BREVE RAGGUAGLIO«, das bei dem böhmischen Buchdrucker Komarek erscheint, bringt Angaben über die 15 Medaglioni, die großen Bilder (Kat. 69–77), zunächst in Latein, dann »E per maggiore intelligenza e consolazione di Persone idiote, s'e pensato bene trascriverli anche in volgare ...«, das heißt, es folgen die kurzen Beschreibungen in italienisch.

Der zweite Teil des Sammelbandes ist mit ähnlichen, wenn auch weniger umfangreichen Akten zur Seligsprechung des Fidelis von Sigmaringen gefüllt, die ebenfalls in der Lateransbasilika eine Woche nach der Heiligsprechung des Johannes von Nepomuk stattfand. Das Sammelwerk schließt mit einem Verzeichnis der Heilig- bzw. Seligsprechungen seit Papst Damasus »privatamente«, es folgen die Feiern »solennemente«, beginnend mit der Heiligsprechung des Bischofs Ulrich von Augsburg, 993, durch Papst Johannes XV.

Der Sammelband ist eine Hauptquelle für die genaue Beschreibung der Kanonisation im Beitrag von J. Polc (S. 51–57).

Rom, San Giovanni in Laterano, Archiv J. v. H.

48 Vita B. Joannis Nepomuceni

Bohuslav Balbín, Kupferstiche von Johann Andreas Pfeffel, Augsburg (J. J. Lotter), 1725

8°, 32 Seiten Text.

Mit gedruckter Widmung an Franz Julian Graf von Braida, Kanonikus und bischöflichen Generalvikar von Olmütz, begleitet von dessen von J. A. Pfeffel gestochenem Porträt.

Die Nepomuk-Vita Balbíns war 1680 zum ersten Mal im Druck erschienen. Eine repräsentative illustrierte Ausgabe mit Stichen des kaiserlichen Hofkupferstechers Johann Andreas Pfeffel wurde anläßlich des Beginns des Kanonisationsprozesses herausgebracht. Einer deutschen Edition von 1724 folgten die hier ausgestellte lateinische von 1725 und eine erweiterte deutsche Ausgabe von 1729 bzw. 1730. Die Beliebtheit des Werkes war so groß, daß zum hundertjährigen Jubiläum der Heiligsprechung 1829 eine Volksausgabe mit Lithographien von Jelínek mit deutschen und tschechischen Beischriften erschien (ein Exemplar in der Bibliothek von Kloster Strahov, EB XIV 67).

Als Frontispiz erscheint Johannes von Nepomuk in der Glorie, umgeben von Seligen und Heiligen mit dem gleichen Namen. Die Ausgaben von 1724 und 1725 enthalten 31 Stiche, bei der Edition von 1729/30 kamen eine Darstellung der Feier der Heiligsprechung in der Lateransbasilika (nach Belling, s. Kat. 53) und der Heilige, der kniend der Muttergottes seine Zunge darbietet, hinzu. Es existiert eine unbezeichnete Folge der szenischen Darstellungen allein ohne begleitende Kartuschen und flankierende Figuren (bereits von 1721?). 1724 sind diese Szenen um bekrönende Kartuschen mit Halbfiguren erweitert, 1725 (unser Exemplar) mit seitlich stehenden Figuren, jeweils Heiligen mit Namen Johannes, die das Geschehen typologisch interpretieren. Die Stiche

Ecce Agnus Dei
S. Ioannes Baptista
S. Ioannes Evangelista
IOANNES est nomen ejus
Luc. 1. 63.
S. Ioannes Damascenus
Ven. Ioannes Sarcander
S. Ioannes Gualbertus
SoL In pareLIIs, DIVVs Ioannes
NepoMVCenVs.
Cum Priv. S. C. M.
I. A. Pfeffel exc. A. V.

Kat. 48

Kat. 52

Pfeffels sind der umfangreichste Bildzyklus zur Nepomuk-Legende und die wichtigste Quelle für seine Ikonographie.

Literatur: B. Balbín, Život svatého Jana Nepomuckého. Stará Říše 1914. – J. Vašica (Hrsg.), Bohuslava Balbína, kněze z Tovaryšstva Ježíšova. Život svatého Jana Nepomuckého. Prag 1940. – Kat. 1971, Nr. 250a–c.

Prag, Kloster Strahov, Bibliothek (BF 697)

P. P./J. R./V. V.

49 La Istoria Della Vita, del Martirio e de'Miracoli di S. Giovanni Nepomuceno Canonico di Praga

Bartolomeo Antonio Passi, Rom (Komárek), 1729

4°, 256 Seiten.

Mit gedruckter Widmung an Kardinal Cienfuegos, begleitet von dessen gestochenem Porträt (14,5 : 9,0 cm; bez.: »Bartholomeus Poli inv. et delin« – »Gaspar Massi sculp.«). Auf dem Titelblatt Vignette: Fama verkündet der ganzen Welt den Ruhm des hl. Johannes von Nepomuk (Kupferstich; 6,4 : 8,0 cm; bez.: »G. Massi Fc.«). Passis Buch wurde von Bischof Sporck in Auftrag gegeben, der es von dem in Rom ansässigen böhmischen Drucker Komárek drucken ließ. Es war vor allem als Gedenkschrift für die Teilnehmer der Feier der Heiligsprechung gedacht und enthält deshalb auch einige wichtige Dokumente, einschließlich der Bulle »Christus Dominus«. Für die Beliebtheit von Passis Text spricht, daß er später sogar von dem österreichischen Dichter F. Scheyb ins Deutsche übersetzt wurde (Wien 1773).

Literatur: A. Kraus, Husitství v literatuře, zvláště německé, 2. Prag 1918, S. 57. – K. Chyba, Jan Jakub Komárek, český tiskař v Římě. In: Ročenka Universitní knihovny 1956, S. 162–184.

Prag, Kloster Strahov, Bibliothek (AO II 22)

P. P./J. R./V. V.

50 Rechnungsbuch für die Kosten der Kanonisation in Rom 1725–1729 (Zeitgenössische Abschrift)

30,4 : 20,0 cm, 26 Seiten, Einband erneuert.

»Berechnung. Waß zu Außführung des Process, und Canonization des Heyl Joannis Nepomuceni zu Rom an Wechßel=Geldern erhoben, und außgegeben worden. ab Anno 1725 Bieß 13. Junij. Anno. 1729.«

Es handelt sich um eine von mehreren Kopien, die nicht nur für die Kurie, sondern auch für das Prager Domkapitel, die erzbischöfliche Verwaltung und für die böhmische Kammer angefertigt wurden. In der Abrechnung wurden u. a. die Ausgaben für die künstlerische Ausstattung der Lateransbasilika zur Heiligsprechung am 19. März 1729 erfaßt. Die Angaben lassen einige Neuzuschreibungen zu (s. Kat. 56, 69–77). – Siehe auch die Beiträge von J. von Herzogenberg und L. Sršeň auf S. 58 ff. und 63 ff. in diesem Katalog.

Literatur: A. Novotný, Praha »Temna«. Prag 1946, S. 268–270.

Prag, Kloster Strahov, Bibliothek (DE II 34)

P. P./J. R./V. V.

Kat. 49

52 Papst Benedikt XIII. (1724–1730)

Pietro Bracci (1700–1773), Rom, wohl nach 1762

Marmor. H. mit Sockel 93,1 cm.

Der Kanonisationsprozeß für den 1721 seliggesprochenen Johannes von Nepomuk war schon 1722 von Papst Innozenz XIII. (1721–1724) eingeleitet worden. Unter dessen Nachfolger Benedikt XIII. wurde er sieben Jahre später, am 19. März 1729, mit der feierlichen Zeremonie in S. Giovanni in Laterano (s. Kat. 53–55) abgeschlossen. Pietro Francesco Orsini (geb. 1649), der auf sein fürstliches Erbe verzichtet hatte und in den Dominikanerorden eingetreten war, setzte sich als Papst besonders für die geistlichen Belange ein. In seinem relativ kurzen Pontifikat hat er erstaunlich viele Kanonisationen vorgenommen, darunter die von Aloysius Gonzaga, Johannes vom Kreuz und Stanislaus Kostka. Er förderte auch den

Prozeß für Johannes von Nepomuk und ließ auf eigene Kosten in der Lateransbasilika eine Nepomukkapelle einrichten mit einem Altarbild, auf dem nach seinem Wunsch der neue Heilige, vor der Muttergottes kniend, dargestellt wurde (s. Kat. 57).

Bei der wohl für einen hervorgehobenen Standort bestimmten Marmorbüste der Slg. Thyssen trägt der Papst auf dem Kopf den Pileolus, eine weiche Kappe, und der große Büstenausschnitt folgt in der Form der Mozetta. Die Reliefs auf der Stola umfassen neben den Papstinsignien, Tiara und gekreuzte Schlüssel, den Hund des Dominikanerordens auf einem Buch vor einer Pyramide und das Familienwappen Orsini-Gravina. Die Skulptur ist ein Werk von Pietro Bracci, einem der führenden römischen Bildhauer des 18. Jahrhunderts, der auch das Grabmal des Papstes in S. Maria sopra Minerva in Rom (1734) geschaffen hat. Im Gegensatz zu Braccis Terrakottabüste im Palazzo Venezia in Rom (Abb. bei Radcliffe a. a. O.), die den Dargestellten mit allen Merkmalen seines hohen Alters realistisch schildert, hat der Künstler bei der Marmorbüste das Individuelle zugunsten einer auf repräsentative Wirkung berechneten Idealisierung zurückgenommen. Er schuf mehrere Büsten des Papstes aus Terrakotta, Bronze und Marmor. Die vorliegende Fassung, wohl aus seinem letzten Lebensjahrzehnt, ist ein postumes Porträt.

Literatur: A. Radcliffe, M. Baker u. M. Maek-Gérard, The Thyssen-Bornemisza Collection. Renaissance and later sculpture. London 1992, Nr. 19.

Lugano-Castagnola, Thyssen-Bornemisza Collection

P. V.

53 Die Heiligsprechungsfeier in San Giovanni in Laterano, Rom 1729

Joseph Erasmus Belling, Augsburg, 1729

Kupferstich. Platte: 45,5 : 38,7 cm. – Bez.: »Jos: Erasm: Belling, Cath: sculps. Aug: Vind:«; Überschrift der Legende unter dem Stich: »BeatVs Ioanes NepoMVCenVs In ECCLesIa LateranensI festo SanCtI IosephI SanCtIfICatVs«
(die hervorgehobenen Buchstaben ergeben als Chronogramm die Jahreszahl 1729).

Das große Blatt zeigt einen Kircheninnenraum, den anstelle eines Gewölbes Wolken abschließen, so daß im oberen Viertel der Darstellung eine himmlische Szene die irdische, festliche Versammlung überstrahlt. In der Mitte sitzt unter dem Zeichen der Dreifaltigkeit, einem umstrahlten gleichseitigen Dreieck, die Madonna mit dem Kind. Rechts zu ihren Füßen kniet Johannes von Nepomuk, dessen Haupt ein Strahlennimbus umgibt, den fünf Sterne schmücken. Er hält mit der Rechten der Madonna seine unversehrte, von Strahlen umgebene Zunge entgegen. Auf der Wolke liegt das Birett. Drei Engelchen begleiten ihn, eines weist den Schweigegestus, das andere trägt die Martyrerpalme und das dritte hält einen Martyrerkranz über seinem Haupt. Zwei große Engel halten ovale Medaillons mit der Inschrift links: »In tentatione inventus est fidelis«; rechts: »Dedit mihi Dominus Linguam mercedem meam et in ipsa laudabo eum. Eccles: C. 21. V. 30.« Unter den Wolken, die teilweise die Emporen der Kirche verdecken, sehen wir in Aufsicht in einen Chor, den der päpstliche Thron mit Benedikt XIII. abschließt. Diese Darstellung des Innenraums der Lateransbasilika ist eine freie Erfindung.

Im Gestühl an den Längsseiten haben hohe kirchliche Würdenträger Platz genommen, die in der Legende des Blattes vorgestellt werden. Unter ihnen wird als Nr. 11 »Cardinalis de Althan, Postulator« (vgl. Kat. 44) namentlich genannt. Die Personen im Vordergrund tragen die bei besonderen Gottesdiensten, wie Bischofs- oder Abtweihe, üblichen Gaben: zwei Brote, eines vergoldet, eines versilbert, sowie zwei Fäßchen, eines mit weißem und eines mit rotem Wein. Auffallend sind auch die großen Kerzen, von deren Gewicht und Preis wir aus der Abrechnung der Kanonisationskosten (Kat. 50) wissen. Auch die Fahne mit dem Bild des Heiligen ist unter Nr. 17 erwähnt (Kat. 56).

Privatbesitz J. v. H.

54–55 Die Heiligsprechung des Johannes von Nepomuk in der Basilika San Giovanni in Laterano, Rom, 19. März 1729. 54: Der Einzug des Papstes, 55: Die Heiligsprechung

Vorzeichnung: Ferdinand Reyff (1690–1750), Stecher: Andrea Rossi (in Rom 1727/75), Rom 1729

Kupferstiche. 54: Platte 49,8 : 57,8 cm, 55: 66,5 : 46,5 cm. – 54: Bez.: »Andrea Rossi incise in Roma con lic. de Sup. 1729./ Ferdinando Reyff invent. e diseg.«; 55: Bez.: »Ferdinando Reyff inven. e disegno. / Andrea Rossi incise in Roma con licenza de Sup.«

54. Der feierliche Einzug des Papstes Benedikt XIII., der auf der Sedia gestatoria unter einem Baldachin, begleitet von zwei flabella (Straussenwedel) getragen wird, führt durch das Mittelschiff der Lateransbasilika zum Chor hin. Dieser ist auf dem folgenden Blatt dargestellt, nachdem alle Begleiter, die in Prozession mit eingezogen sind, Platz genommen haben. Durch die genaue Wie-

In tentatione inventus est fidelis
BeatVs Ioañes NepoMVCenVs In ECCLesIa LateranensI festo SanCtI IosephI SanCtIfICatVs.
1. Benedictus XIII. S. R. E. Pontifex in Throno Papali. 2. Cardinales Diaconi Afsistentes. 3. Cardinales Afsistentes. 4. Collegium Cardinalium. 5. Ministri Principum. 6. Archiepiscopi et Episcopi. 7. Clerus Romanus. 8. Coeremoniarius Pontificis. 9. Honorarii Custodes, vulgo Maciers. 10. Infulati Abbates, Auditores S. Rotæ Romanæ etc. 11. Cardinalis de Althan, Postulator. 12. Duo Nobiles ex ejus Familia, offerentes cereos sexaginta librarum. 13. Alii Nobiles offerentes cereos triginta librarum. 14. Cardinales Sacræ Congregationis Rituum cum Ministris. 15. Duo Panes pro Offertorio, auratus unus, argentatus alter. 16. Duo doliola, cum vino albi et rubri coloris pro oblatione. 17. Vexillum, effigie S. Ioannis Nepomuceni exornatum. 18. Nobilitas Romana, solemnis Actus Spectatrix. 19. Musici Aulæ Pontificiæ. 20. Ministri Pontificis, Satellitium etc.

Kat. 53

dergabe der Architektur, die in ihrem Festschmuck prangt, können wir uns ein recht genaues Bild von der Feier machen. So heißt es auch in der Beschriftung des Blattes: »Apparato interiore della Sacro-Santa Basilica Lateranense per la Solenne Canonizazione di S. Giovanni Nepomuceno. Nel presente disegno delle dieci Archi, che adornano la Gran Nave della Chiesa, se vedono tre, e due delle dodeci Nicchie«.

Man hat die großen Bilder aus dem Leben und mit den Wundertaten des neuen Heiligen über den Öffnungen zum Seitenschiff angebracht, reich gerahmt und dekoriert. Wir erkennen von links nach rechts: die Beichte der Königin, Johannes vor König Wenzel und die Folterung des Johannes. Es handelt sich um jene Bilder, die dann nach Prag gesandt wurden (Kat. 69–77). Wie üppig die Draperien um die Bilder und in den Fensternischen waren, wie prächtig die Leuchter mit den großen Kerzen, das ist genauest, auch im Maßstab, vorgetragen, so daß die personenreiche Prozession fast verschwindend klein unter all der Pracht einherzieht, man vergleiche etwa die Figuren der Apostel Jakobus minor und Johannes in den Nischen. Um die Größe des Kirchenraumes zu betonen, ist sogar die erste Reihe der Kassetten der Decke angeschnitten.

Kat. 54

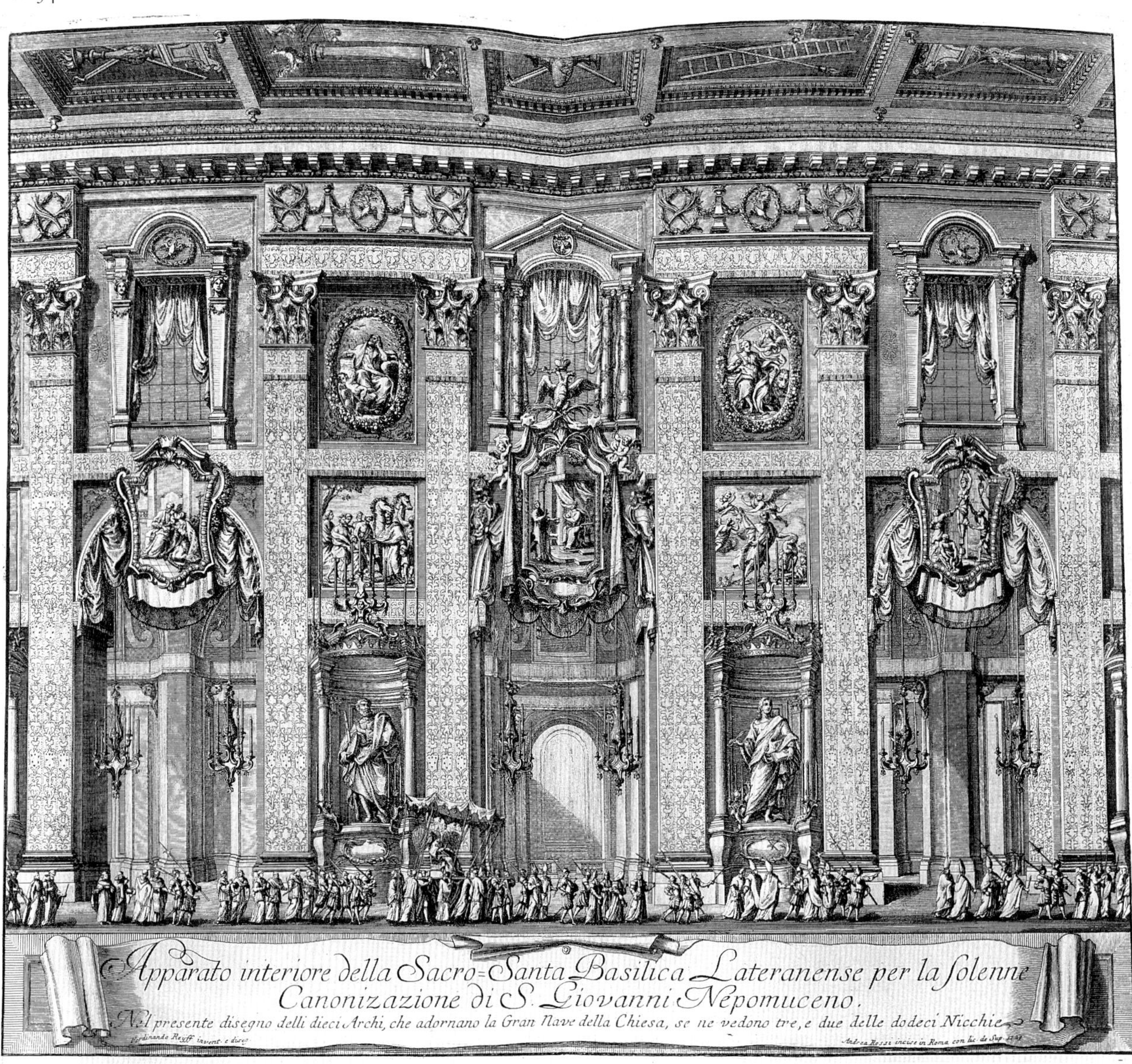

Prospetto del Trono Pontificio elevato nella Basilica Lateranense per la solenne Canonizazione di S. Giovanni Nepomuceno.

1 Sommo Pontefice. 2 Cardinali Vescovi assistenti. 3 Cardinali Diaconi assistenti. 4 Cardinali Vescovi, e Preti. 5 Cardinali Diaconi. 6 Vescovi assistenti. 7 Vescovi non assistenti. 8 Penitenzieri. 9 Governatore di Roma, Protonotarij, et Aggiunti. 10 Prencipe del Soglio. 11 Conservatori. 12 Auditori di Rota, e Chierici di Cam.a 13 Votanti di Segnatura. 14 Abbreviatori, e Camerieri d'onore. 15 Avvocati Concistoriali. 16 Consultori de Riti. 17 Caudatarij de Cardinali. 18 Tavola d' Oblazioni. 19 Credenza Pontificia. 20 Alunni del Germanico. 21 Altare.

Ferdinando Reyff inven., e disegnò

Andrea Rossi incise in Roma con licenza de Sup.

Kat. 55

55. »Prospetto del Trono Pontificio elevato nella Basilica Lateranense par la solenne Canonizazione di S. Giovanni Nepomuceno« heißt hier die Beschriftung. Es öffnet sich ein weiter Blick in den Chor der Basilika, wo unter dem Mosaik der Thron des Papstes aufgestellt ist, der darauf Platz genommen hat um die Zeremonie zu leiten. Die hohe Geistlichkeit hat in zahlreichen Gruppen ebenfalls Platz genommen, diese sind in den verschiedenen Ziffern der Bildlegende genannt, und zwar nur ihre Würden und Funktionen, nicht ein einziger mit Namen. Unter der vorletzten Nummer, 20, finden wir die Alumnen des Germanicum. Auch auf diesem Blatt ist die prachtvolle Ausschmückung des Kirchenraumes zu sehen, und wir finden weitere Bilder, wie an der Seitenwand des Chores das Wunder der Rosalia Hodanek (Kat. 76), die unter einem Mühlrad im eiskalten Wasser ertrunken wäre, hätte sie nicht den Johannes von Nepomuk angerufen. Etwas mißverständlich ist das Bild rechts vorne über der Nische, das als Frauenraub gedeutet werden könnte, doch dürfte es sich um die Darstellung der Bestrafung der Grabschänder handeln (Kat. 74).
Diese beiden Blätter sind auch in dem Sammelband zur Heiligsprechung (Kat. 47) enthalten, um einen Grundriß der Basilika ergänzt, der uns noch einmal die Sitzordnung der Anwesenden zeigt. Alle waren im Chor plaziert und hatten gute Sicht, denn die Feier spielte sich hinter dem Hochaltar ab, der in der Innenansicht einfach nicht dargestellt ist, nur sein Grundriß unter der Nummer 21 »Altare«. Auch der Fassadenschmuck ist durch einen Stich im Sammelband überliefert. Über dem Hauptportal der Lateransbasilika prangte im Giebel eine große Darstellung der Aufnahme des neuen Heiligen im Himmel durch die Titelheiligen von San Giovanni in Laterano, Johannes den Täufer und Johannes Evangelist. Johannes von Nepomuk kniet rechts in Wolken, in der Mitte unten bringen kleine Engel den Kranz mit den fünf Sternen. Die drei Johannes sind seither ein beliebtes Thema, so etwa in der Freisinger Johannes-Kapelle am Dom. Die Fassade wurde außerdem um Figuren der beiden Patrone Böhmens, die hll. Josef und Wenzel, bereichert, auch waren die Wappen Böhmens und des Prager Domkapitels aufgehängt.

Literatur: Kat. 1971, Kat. 100–101.

Wien, Graphische Sammlung Albertina (Historische Blätter, Bd. 8 [1729], 3 a u. b) J. v. H.

56 Brückensturz und Glorie des Johannes von Nepomuk

Öl auf Leinwand, beidseitig bemalt. 288 : 190 cm.

Odoardo Vicinelli, Rom, 1729

Bei dem bisher Agostino Masucci zugeschriebenen Gemälde handelt es sich um eine Fahne, die bei der Heiligsprechung in Rom und später bei der Feier in Prag in der Prozession mitgeführt wurde und beidseitig zu betrachten ist.

Kat. 56

Am 14. März 1729 erhält laut Rechnungsbuch (Kat. 50) der Maler Odoardo Vicinelli »vor 3 verfertigter Standarten a 12 Palmi hoch nemlich 1 Original und 2 Copien, Von beyden Seithen gemahlt, und entworfen die Glorie und daß Martyrium« 370 Scudi. Am 31. Mai 1729 wird das »große Standarten Bild, so nacher Prag gefihrt worden, wohl einzurollen« angeordnet und dafür 1 Scudo, 2 Paoli bezahlt. Am 9. Oktober 1729 beginnen die Prager

Kat. 56

Festlichkeiten im Kloster Strahov früh um 5 Uhr mit Stundengebet und heiliger Messe und um halb 8 Uhr setzt sich der große Festzug in Bewegung, der uns genau beschrieben ist. Als Nr. 17 »ist die von Rom herausgebrachte zehen Ehlen hohe und sieben Ehlen breite roth damaskene Reich von Gold eingelegte Fahne des heiligen Johannis Nepomuceni mit zweyen Haupt-Stangen durch achtzehen Persohnen getragen worden.«

Wie dies ausgesehen hat, wird uns durch zwei Kupferstiche (Abb. S. 61) überliefert, die – natürlich etwas überhöht – je eine der Seiten dieser Fahne und ihre Halterung zeigen. Ein Putto hält die Querstange, die Fahne von einer Bordüre eingefaßt, weht im Wind, ein Band und eine Quaste nehmen diese Bewegung auf. 1730 datiert, sind sie nach F. Hillinger von M. H. Renz in Prag gestochen worden, und dies im Auftrag der Jesuiten, wie die Unterschriften ausführlich mitteilen.

Die Fahne, in kräftigen Farben gemalt und immer wieder nachgestochen, hat wohl schon beim ersten Umtragen gelitten. Sie ist kürzlich restauriert worden, und es gibt dazu eine ausführliche Dokumentation des akademischen Malers Petr Kadlec vom 30. Juni 1990, in der die zahlreichen Schäden aufgeführt sind, welche im unteren Teil auf das freie Tragen der doppelseitigen Fahne zurückzuführen sind. Ein 160 cm langer Riß zieht sich durch die Bildmitte. Die Restaurierung war deshalb so besonders schwierig, weil die Leinwand beidseitig bemalt ist.

Zur Jahrhundertfeier der Heiligsprechung, 1829, ist der jetzige schwere Rahmen geschaffen worden. Damals wurde die Fahne wie ein Bild über dem Hochaltar im Veitsdom angebracht, später über der Treppe zur Krypta an der Südseite des Chorumganges aufgehängt. Sichtbar war die Glorie des Johannes von Nepomuk. Die Komposition folgt Darstellungen von Mariä Himmelfahrt. Ganz eindeutig ist dies bei dem nach Agostino Masucci von Giovanni Baptista Sintes in Rom 1727 gestochenen Blatt, das zahlreichen Veröffentlichungen beigegeben wurde (Abb. S. 129), so daß jene irrtümliche Zuschreibung der Fahne an Masucci begreiflich ist.

Odoardo Vicinelli fügt in das Bild der Glorie den großen, leuchtend rot umhüllten Engel ein, der das Zungenreliquiar in seiner ersten Fassung emporhält. Zahlreiche Putten umgeben den Heiligen, der mit ausgebreiteten Armen empor zum Himmel blickt. – Auf der heute der Wand zugekehrten Seite: Von einem hohen Brükkenbogen haben fünf Folterknechte den in seine schwarze Soutane gekleideten, ungefesselten Johannes in die Moldau geworfen. Er scheint zu fliegen. Über ihm zwei Putten mit Martyrerpalme und Kranz. Die beiden Figuren links unten am Ufer können als Personifikationen von Moldau und Tiber verstanden werden, da es auf dem Kupferstich heißt: »Tiberis et Moldava gratulantur«. Am jenseitigen Ufer, unter dem Brückenbogen steht eine Gruppe von Leuten, die entsetzt dem Geschehen folgt.

Literatur: Podlaha-Hilbert 1906, S. 251, Nr. 15

Prag, Veitsdom J. v. H.

Kat. 58

57 Johannes von Nepomuk vor der Muttergottes

Sebastiano Conca (1680–1764), Rom, um 1729

Öl auf Leinwand, 103 : 69 cm.

Erhöht thront die Muttergottes zwischen Säulen, neben ihr steht das Jesuskind. Beide blicken herab auf den vor

Kat. 57

ihnen knienden Johannes von Nepomuk. Maria weist mit der Linken auf einen Kranz aus fünf Sternen, den ein Engel über das Haupt des Heiligen hält und der diesem in Analogie zu dem Sternenkranz der Muttergottes als besondere Auszeichnung verliehen wird. Der Engel vorne links mit dem Schweigegestus reicht Johannes die Märtyrerpalme, die dieser ergreift. Ein kleiner Engel stemmt mit beiden Armen eine Tafel empor mit der Inschrift »Posuit custodiam ori suo« (= Er hielt seine Zunge im Zaum) in Abwandlung von Ps. 38, 2.
Das delikat gemalte Bild mit seinem pastellartigen Kolorit (schwächere Replik oder Kopie in der Residenzgalerie Salzburg; Kat. 1979, Farbtaf. v) ist wohl der Modello für das von Papst Benedikt xiii. in die Lateransbasilika gestiftete, nicht erhaltene Altarbild (vgl. Kat. 58). Bei seiner Komposition griff Conca auf eigene Formulierungen ähnlicher Themen zurück, besonders auf seine »Muttergottes mit dem hl. Franz von Sales« von 1726, gemalt für die Kirche der ehem. Venaria Reale bei Turin (Kat. Conca a.a.O., Nr. 32b mit Abb.). G. Sestieri (ebd., bei Nr. 58) hält das Bild der Galleria Borghese unter Berufung auf Pascoli für den Modelletto eines vom »Bischof von Salzburg« in Auftrag gegebenen Leinwandbildes.

Literatur: P. della Pergola, Galleria Borghese. I Dipinti, 1. Rom 1955, S. 87 (Nr. 155). – R. Kultzen, in: Kat. 1979, S. 119. – Sebastiano Conca (1680–1764) (Ausstellungskatalog). Gaeta 1981, Nr. 58, Abb. S. 203.

Rom, Galleria Borghese (560) P.V.

58 Johannes von Nepomuk vor der Muttergottes

Johann Rudolf Graf von Sporck (1694–1759), Prag, nach 1729

Eingebunden in einen Sammelband; 35,8:24 cm. – Aufschrift: »QVADRO DI S.GIOVANNI NEPOMVCENO.-MARTI./ESPOSTO NEL ALTARE DI S.GIOVAN LATERANO / FABRICATO. E DIPINTO PER ORDINE DI N.S. / PAPA BENEDETTO XIII. PER DIV. AL SANTO.«

Der kunstsinnige Kanonikus und spätere Weihbischof Johann Rudolf von Sporck, Sproß eines bedeutenden böhmischen Adelsgeschlechts, war als Postulator eine der wichtigsten und auch der rührigsten Persönlichkeiten beim Prozeß der Heiligsprechung Johannes von Nepomuks in Rom. Unter seinen zahlreichen Zeichnungen in Sammelbänden der Strahover Bibliothek findet sich auch die Wiedergabe des Altarblatts, das – so die Beischrift (s.o.) – Papst Benedikt xiii. anläßlich der Kanonisation malen und in der Lateransbasilika aufstellen ließ. Die Komposition stimmt genau mit einem Gemälde von Sebastiano Conca in der Galleria Borghese (Kat. 57) überein und spiegelbildlich mit einem Augsburger Thesenblatt von 1733 (Blažíček 1946, Abb. 13).
Die Pfeffelschen Illustrationen zur Heiligenvita (Kat. 48) überliefern als Stich mit der Nummer 33 eine abweichende Komposition mit der Unterschrift: »Ihro Päbstl. Heiligkeit richtet zu Ehren des H. Ioannis eine Capelle und in selbiger einen Altar auf, in dessen Blat entworffen ist, wie der H. Mann dem Jesus=Kindlein seine Zung aufopfert.« Wenn man nicht von zwei unterschiedlichen Altarbildern als Stiftung des Papstes ausgehen will, bleibt ein Widerspruch bestehen zwischen dieser Darstellung und der durch Weihbischof Sporck bezeugten Version.

Prag, Kloster Strahov, Bibliothek (Delineationum Sporkiano, Liber v, p. 77; D.E.III.21) P.V.

Kat. 59

59 Medaille mit »Vera Effigies« Johannes von Nepomuks und Wappen des Prager Erzbischofs Ferdinand von Khuenburg

Georg Wilhelm Vestner (1677–1740), Nürnberg, 1719

Zinn, geprägt. Dm. 3,8 cm. – Bez. auf der Vs. unter der Büste: »V«.

Vs.: Im Abschnitt: BEATVS IOANNES NEPO/ MVCENVS TACENDO/ INSIGNIS (die hervorgehobenen Buchstaben ergeben als Chronogramm die Jahreszahl 1719) (= Ich, der sel. Johannes von Nepomuk, berühmt durch mein Schweigen) – Umschrift: MVTVS CEV PISCIS MAR-

TYR MERGEBAR IN AMNE. (= stumm wie ein Fisch, wurde als Märtyrer im Fluß ertränkt). – Das im Dreiviertelprofil wiedergegebene Brustbild des bereits als »Seliger« Bezeichneten entspricht dem Typus seiner »Vera Effigies«. Diese war in Druckgraphik und Numismatik weit verbreitet und bildete auch das Zentrum des Prager Festgerüsts zu seiner Heiligsprechung 1729 (s. Kat. 86).

Rs.: Unter Bischofshut und Kreuz das gekrönte Wappen des Prager Erzbischofs Ferdinand von Khuenburg (1713–1731), auf den sich auch die Umschrift bezieht. Das Jahr 1719 spielte beim Seligsprechungsprozeß eine wichtige Rolle. Am 15. April wurde das Grab im Veitsdom geöffnet, und am 29. Mai konnte der erste, informative Teil des Prozesses abgeschlossen werden.

Kat. 59

Literatur: Beschreibung der bisher bekannten böhmischen Privatmünzen und Medaillen. Prag 1852, S. 735, Nr. 711. – Fiala 1889, Nr. 4642 (Rs. mit Kardinalshut). – Přibil 1937/38, Nr. 558. – Kat. 1971, Nr. 137–139.

Prag, Nationalmuseum (H5-161296) J. B.-J.

60 Medaille mit »Vera Effigies« Johannes von Nepomuks und dem Wappen von Papst Clemens XI. (Zwei Exemplare)

Avers von oder nach Georg Wilhelm Vestner, 1720

Silber, geprägt. Dm. 4,4 cm.

Kat. 60

Vs.: Umschrift: IOANNES CANONICVS PRAGENSIS MARTYRIO DIVVS. (die hervorgehobenen Buchstaben ergeben als Chronogramm die Jahreszahl 1720) (= Johannes, der Prager Kanonikus, durch das Martyrium göttlich) – im Abschnitt: PATRONVS FAMA/ PERICLITANTIVM (= Patron der vom Verlust ihres guten Rufs Bedrohten). – Diese Seite der Medaille mit der »Vera Effigies« folgt offensichtlich der Vestners aus dem Vorjahr

Kat. 60

Kat. 61

Kat. 61

(Kat. 59), wobei es offen bleibt, ob sie von Vestner selbst stammt oder nach ihm kopiert wurde.
Rs.: Umschrift: DIVVS ABHAC STELLA MARTYR NOVA STELLA CORVSCAT. (= Der durch diesen Stern göttliche Märtyrer strahlt als ein neuer Stern.) – im Abschnitt: A CLEMENTE XI./ ALBO DIVORVM / INSCRIPTVS. (= von Clemens XI. in das Verzeichnis der »Göttlichen« (= Heiligen) eingetragen). – Wappen von Papst Clemens XI. (1700–1721). Im Entstehungsjahr der Medaille wurde die Seligsprechung erwartet, verzögerte sich jedoch und wurde schließlich erst nach dem Tod des Papstes (19. März 1721) von dessen Nachfolger Innozenz XI. (1721–1724) verkündet. Die Prägung wurde wohl vom Prager Domkapitel für das vermeintliche Festjahr vorbereitet. Sie hat repräsentativen Charakter. Der Ansatz einer Öse bei Inv. H5-161297 zeigt, daß dieses Stück als Schmuck getragen wurde.

Literatur: Přibil 1937/38, Nr. 559.

Prag, Nationalmuseum (H5-161297 u. 161298)

J. B.-J.

61 Medaille auf die Seligsprechung Johannes von Nepomuks (Zwei Exemplare)

1721

Silber bzw. Bronze, geprägt. Dm. 4,9 cm.

Vs.: Umschrift: SIDERE NON VNO IOANNES FVLSIT IN VNDIS. (= Nicht nur durch einen Stern hat Johannes in den Fluten gestrahlt.) – im Abschnitt: INSIGNIS ASYLVS / PERICLITANTIBVS / DE SVA FAMA. (Die hervorgehobenen Buchstaben ergeben als Chronogramm die Jahreszahl 1721) (= Vorzügliche Zuflucht für die vom Verlust ihres guten Rufes Bedrohten). – Unterhalb der Brücke, auf der sich Krieger drängen, schwimmt der Leichnam von Johannes im Wasser, ein Kreuz in der Hand haltend. Er ist von einem Sternenkranz umgeben. Am Himmel erscheint in einer Strahlengloriole die von Sternen umgebene Halbfigur des verklärten Seligen. Ihm zu Seiten zwei Engel, die einen Lorbeerkranz über sein Haupt halten, der linke hat die Märtyrerpalme in der Hand. Die Darstellung vereinigt zwei Bildnistypen, den im Wasser schwimmenden Leichnam und die Apotheose, jeweils durch einen Kranz aus Sternen und nicht durch den Nimbus aus fünf Sternen ausgezeichnet.
Rs.: Umschrift: VNO IS CLEMENTIS SVB SIDERE FVLSIT IN ARIS. (Die hervorgehobenen Buchstaben, auch im Abschnitt, ergeben als Chronogramm die Jahreszahl 1721) (= Unter dem Clemens-Stern hat er auf den Altären gestrahlt.) – im Abschnitt: ROMAE INDVLTA SANCTI VIRI FESTIVA / TRANSLATIONE (= nachdem man in Rom der Übertragung des heiligen Mannes zugestimmt hatte). – Von dem Bild des Sterns in dem von den Papstinsignien bekrönten Wappen der Familie Albani, der Papst Clemens XI. angehörte, fallen Strahlen auf ein Medaillon des neuen Seligen, das auf einer polygonalen Tumba steht. Die allegorischen Figuren zu beiden Seiten verkörpern links das Papsttum und

Kat. 62

Kat. 62

rechts, mit dem gekrönten Löwen, das Königreich Böhmen.
Die Medaille war offensichtlich vorbereitet worden zum Gedenken an die Zeremonie der Seligsprechung, die Papst Clemens XI., der am 19. März 1721 starb, jedoch nicht mehr vornehmen konnte, obwohl alles zur Unterzeichnung des Dekrets vorbereitet war.

Literatur: Fiala 1889, Nr. 4648. – Přibil 1937/38, Nr. 560. – Kat. 1971, Nr. 140.

Prag, Nationalmuseum (H5-115357 u. 115358)

J. B.-J.

62 Medaille auf den Sturz von der Brücke (Zwei Exemplare)

1721

Silber, geprägt. Dm. 4,3 cm.

Vs.: Umschrift: MARTYRIVM B. IOANNIS NEPOMVCENI – im Abschnitt: MCCCLXXXIII. – Zwei Schergen, einer von ihnen in türkischer Tracht mit Turban und langem Schnurrbart, stürzen Johannes von Nepomuk von der Moldaubrücke. Die Figuren sind überproportional groß. Der Priesterrock des Märtyrers ist hochgestreift, so daß das linke Bein entblößt ist. Sein Birett fällt herab. Direkt unter Nepomuk erscheinen im Wasser fünf Sterne. In symbolischer Weise schwimmen sie schon vor dem Sturz im Wasser. Seit 1641 (Plachy-Drauškovius) werden die Lichter, von denen zunächst berichtet wurde, als Sterne konkretisiert. Diese Szene und die Beichte der Königin, werden aus der Nepomuk-Geschichte am häufigsten dargestellt. Die Jahreszahl 1383 ist das seit Balbín allgemein angenommene falsche Datum für das erlittene Martyrium.
Rs.: Die lateinische Inschrift bezieht sich auf den 7. Juni 1721. An diesem Tag bewilligte die Ritenkongregation Feiern für Johannes von Nepomuk mit dem Lesen der Heiligen Messe am 16. Mai.

Literatur: Fiala 1889, Nr. 4647. – Přibil 1937/38, Nr. 561.

Prag, Nationalmuseum (H5-161299 u. 115354)

J. B.-J.

63 Medaille auf die Seligsprechung 1721

Böhmen, 1721

Silber, gegossen. Dm. 7,3 cm.

Vs.: Umschrift: »TU. MIHI DUX SEMPER TU PROVIDUS ERIS! (= Du wirst mir immer ein vorsorgender Führer sein!). – In der gängigen Form ist die Halbfigur des Seligen in Kanonikertracht wiedergegeben mit einem Kreuz in der Hand und mit einem Nimbus aus fünf Sternen. Der Kreuzstamm setzt sich in der Linie des Nimbus fort.
Rs.: Umschrift: LINQUA TUA CHARE! LEX EST CHARISSIMA MIHI. (= Deine teuere Zunge ist für mich das teuerste Gesetz) – im Abschnitt: MDCCXXI. – Über gekreuzten Palmzweigen erscheint die unverweste Zunge in einer Strahlengloriole.

Kat. 63

Die auffallend große Medaille ist ungewöhnlich durch ihre Gußtechnik, mit der die nicht gerade feine Ausführung und eine nicht große Anzahl von Exemplaren zusammenhängt. Wahrscheinlich handelt es sich um eine böhmische Arbeit.

Literatur: Přibil 1937/38, Nr. 562.

Prag, Nationalmuseum (H5-115882) J. B.-J.

Kat. 63

64 Medaille auf die Heiligsprechung in Rom mit dem Bildnis von Papst Benedikt XIII. (Zwei Exemplare)

Hermenegild Hamerani (1685–1744), Rom, 1729

Bronze, vergoldet, und Bronze, geprägt. Dm. 3,9 cm. – Bez. auf dem Büstenabschnitt der Vs.: »HAMERANI.«.

Vs.: Umschrift: BENED.XIII P.MAX.A.VI – Bildnis von Papst Benedikt XIII. (1724–1730) im Profil nach links mit segnend erhobener rechter Hand.
Rs.: Umschrift: APOTHEOSIS [IN] (weggefallen durch die Lochung), LATERANO – im Abschnitt: S. IOAN NEPOM / MDCCXXIX. – Vor einer Ansicht der Lateransbasilika erscheint, auf Wolken kniend, der neue Heilige mit der Märtyrerpalme in der ausgestreckten Rechten. Neben ihm schwebt ein großer Engel mit Schweigegestus und hält eine Krone über sein Haupt.
Die Medaille entstand anläßlich der Heiligsprechung am 19. März 1729 durch Papst Benedikt XIII. in der Lateransbasilika in Rom. Sie ist ein Werk von Hermenegild Hamerani aus der bekannten Medailleursfamilie, die fast zwei Jahrhunderte lang für die päpstliche Münze gearbeitet hat. Aus dieser Werkstatt kommen auch Nepomukmedaillen, die für Böhmen bestimmt waren, oft mit dem hl. Wenzel auf der Rückseite.

Literatur: Fiala 1889, Nr. 4651, 4652. – L. Forrer, Biographical Dictionary of Medallists, 2. London 1904, S. 398. – Přibil 1937/38, Nr. 563.

Prag, Nationalmuseum (H5-161300 u. 161301)

J. B.-J.

65 Medaille auf die Heiligsprechung Johannes von Nepomuks mit dem Bildnis von Erzbischof Ferdinand von Khuenburg

Georg Wilhelm Vestner (1677–1740) vielleicht in Zusammenarbeit mit seinem Sohn Andreas (1707–1754) (Vs.) u. Siegmund Dockler d. J. (Ende 17. u. 1. Hälfte 18. Jh.) (Rs.), Nürnberg, 1729

Silber, geprägt. Dm. 4,9 cm. – Bez.: »VESTNER.F.« auf der Vs. u. »DOCKLER.F.« auf der Rs.

Vs.: Brustbild des Prager Erzbischofs Ferdinand von Khuenburg im Dreiviertelprofil nach rechts (vgl. Kat. 83), auf den sich die Umschrift bezieht.
Rs.: Umschrift: BEATVS IOANNES NEPOMVCENVS IN ECCLESIA LATERANENSI FESTO SANCTI IOSEPHI SANCTIFICATVS (Die hervorgehobenen Buchstaben, jedoch ohne BNEFS, ergeben als Chronogramm die Jahreszahl 1729.). Wiedergabe des verklärten Heiligen, auf

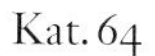
Kat. 64

Kat. 64

den vom Himmel ein Gnadenstrahl herabfällt, in Anlehnung an den Stich von G. B. Sintes (Abb. S. 129).

Literatur: Beschreibung der bisher bekannten böhmischen Privatmünzen und Medaillen. Prag 1852, Nr. 712. – Přibil 1937/38, Nr. 565. – Kat. 1971, Nr. 142.

Prag, Nationalmuseum (H5-161302) J. B.-J.

66 Medaille von Příbram auf die Heiligsprechung Johannes von Nepomuks

Francesco Altomonte (1698–1765), Prag, 1729

Silber, geprägt. Dm. 4,3 cm. – Bez. auf der Rs.: »F. A.«.

Vs.: Umschrift: SILENTEM LOQVVNTUR STELLAE (AE ligiert) IN ASTRIS. – im Abschnitt: SUB UNDIS (Die

Kat. 65

Kat. 65

Kat. 66

Kat. 66

hervorgehobenen Buchstaben ergeben als Chronogramm die Jahreszahl 1729) (= Von dem Schweigenden in den Fluten sprechen die Sterne am Himmel.). – Über der Prager Brücke, unter der in der Moldau an der Stelle des Martyriums ein Kranz aus fünf Sternen zu sehen ist, kniet auf Wolken der verklärte Heilige in Kanonikertracht in Verehrung des Kreuzes. Sein Haupt ist von fünf Sternen umgeben. Vor ihm trägt ein Engelchen auf einem Buch (?) das Birett und eine eiserne Fessel, ein weiteres Engelchen mit Schweigegestus hinter Johannes hält die Märtyrerpalme.

Rs.: Umschrift: SANCTIORI PANDORAE (AE ligiert). – In einer Strahlenmandorla steht Maria mit dem Kind auf einer Mondsichel als Patronin über der Bergwerkstadt Příbram mit dem Heiligen Berg. Zwei Bergleute knien im Vordergrund. Sonne und Mond symbolisieren das hier gewonnene Gold und Silber.

Die Zusammenstellung der beiden Seiten deutet eine marianisch-johanneische Verbindung an und könnte auf eine Kanonisationsfeier in Příbram hinweisen. Die Nepomukseite ist auch in Verbindung mit Text auf der Rückseite bekannt (Přibil, Nr. 564). Diese Medaille ist zur Erinnerung an die Prager Festlichkeiten zur Heiligsprechung – offensichtlich früher – herausgegeben worden. Beide Stücke wurden von der Prager Münze geprägt, wo Francesco Altomonte, früher in Wien tätig, seit 1726 arbeitete.

Literatur: Fiala 1889, Nr. 5079. – Přibil 1937/38, Nr. 195, 564.

Prag. Nationalmuseum (H5-161303) J. B.-J.

67 Ovale Medaille auf die Unversehrtheit der Zunge Johannes von Nepomuks

Italien (?), 1729

Messing, geprägt. 4,4 : 3,8 cm (oval).

Vs.: Umschrift: S. IOAN. NEPOMVCEN. M – Apotheose des Heiligen nach dem Vorbild des Stichs von G. B. Sintes (Abb. S. 129). Auf dem aufgeschlagenen Buch die Inschrift: PRO/SIG(illo) / CON/FES(sionis) (= wegen des Beichtgeheimnisses).

Rs.: Umschrift: L.(ingua) S.(ancti) IOAN.(nnis) NEPOM.(uceni) AB: AN.(no) 1383. INCOR.(upta) – Zwei Engel auf Wolken tragen eine Mandorla mit der unverwesten Zunge des Heiligen, von der Strahlen ausgehen. In den Strahlen fünf Sterne.

Literatur: Fiala 1889, Nr. 4737. – Šittler-Podlaha 1896, Blatt 63/64, S. 15 f. – Přibil 1937/38, Nr. 451. – Kat. 1971, Nr. 141.

Prag, Nationalmuseum (H5-161 304) J. B.-J.

68 Ovaler Anhänger mit dem sel. Johannes von Nepomuk und dem hl. Wenzel

Rom (?), zwischen 1721 und 1729

Messing, geprägt. 3,0 : 2,8 cm (oval).

Vs.: Umschrift: B.(eatus) I.(oannes) NEPOMVC(enus) M(artyr) – Der inschriftlich als Beatus (= Seliger) be-

Kat. 67

zeichnete Johannes von Nepomuk ist in der Art der Brückenfigur von 1683 dargestellt. Im Hintergrund links die Beichte der Königin und rechts der Brückensturz. Rs.: Umschrift: S. WENCELSLAVS PATR.(onus) BOHEM (iae) – Halbfigur des geharnischten Heiligen, den die Beischrift Patron Böhmens nennt.

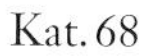

Kat. 68

Kat. 67

Die Nepomukseite begegnet in mehreren Varianten, zum Teil kleiner, auch ohne Nimbus und mit anderen Rückseiten, gelegentlich mit der Beischrift »ROMA«.

Literatur: Fiala 1889, Nr. 4740. – Přibil 1937/38, Nr. 517.

Prag, Nationalmuseum (H5-161 305) J. B.-J.

Kat. 68

69–77 Neun Gemälde von der Dekoration der Lateransbasilika anläßlich der Heiligsprechung Johannes von Nepomuks 1729. – 69: Predigt Johannes von Nepomuks, 70: Beichte der Königin, 71: Johannes vor König Wenzel, 72: Brückensturz, 73: Auffindung des Leichnams, 74: Bestrafung der Grabschänder, 75: Johannes heilt die Hand der Theresia Krebs, 76: Johannes rettet Rosalia Hodánek, 77: Untersuchung der unversehrten Zunge

Werkstatt des Filippo Evangelisti (um 1684–1761) und für Kat. 69, 74 u. 77 vermutlich Marco Benefial (1684–1764), Rom, Februar/März 1729

Leimtempera auf Leinwand. Kat. 69: 324,5 : 222,5 cm, Kat. 70: 324,5 : 225,5 cm, Kat. 71: 349,5 : 225 cm, Kat. 72: 333,5 : 209,5 cm, Kat. 73: 332 : 221,5 cm, Kat. 74: 324,5 : 222,5 cm, Kat. 75: 324,5 : 223 cm, Kat. 76: 334,2 : 210 cm, Kat. 77: 323 : 225,5 cm.

Kat. 73

Kat. 77

69: Johannes war als Prediger in der Teynkirche und später am Veitsdom tätig. Pfeffels Kupferstiche (Kat. 48) Nr. 7 und 19 dienten lediglich zur allgemeinen Orientierung für die Komposition, bei der die Darstellung ausgeschmückt und auch verbessert wurde. Hingewiesen sei auf die Korrektur bei der Kanzel, deren Brüstung ursprünglich zu niedrig war. Sie zeigt, in welcher Eile die Bilder entstanden sind.

70: Angeblich war einer der Gründe für den Märtyrertod Johannes von Nepomuks dessen Weigerung, den Inhalt der Beichte der Königin preiszugeben. Die Komposition wurde auch hier von einem der Pfeffelschen Stiche, Nr. 10, inspiriert. Von allen erhaltenen Bildern weist dieses die meisten Übermalungen aus dem 19. Jahrhundert auf. Die Hände des Heiligen wurden unvorteilhaft verändert, besonders die linke Hand, die ursprünglich mit ihrer ganzen Fläche die linke Schläfe stützte.

71: Das größte Bild zeigt die Szene, wie Johannes die ihm vom König angebotenen Geschenke zurückgewiesen hat, Goldstücke und ein Silbergefäß auf einem reich

Kat. 70

dekorierten Tischchen nahe beim Thron. Der König versucht daraufhin, Johannes mit Drohungen zu zwingen, das Beichtgeheimnis preiszugeben. Dieser weigert sich jedoch standhaft. Die Darstellung nimmt Anregungen aus drei Stichen Pfeffels auf. Aus Nr. 9, auf dem Johannes das ihm angebotene Bistum Leitmeritz und die Probstei Wischehrad ausschlägt, wurde die Gestalt des thronenden Königs übernommen, aus Nr. 12, der Ablehnung der Geschenke, stammen die Goldschmiedearbeiten, bei Nr. 15, mit der Drohung König Wenzels, erscheint der Heilige in einer ähnlich ablehnenden Haltung. Auffallend auf dem Gemälde sind der gemusterte Teppich und das Kissen auf den Thronstufen sowie das Stilleben rechts im Bild. Durch Übermalung im 19. Jahrhundert wurde vor allem die Geste des Königs mit der rechten Hand verändert, die ursprünglich noch kategorischer war.

72: Das Gemälde schildert die dramatische nächtliche Szene, als Bewaffnete des Königs den Domherrn von St. Veit, der in der Rechten ein Kruzifix hält, über die steinerne Brüstung von der Karlsbrücke in die Moldau stürzen. Die Darstellung, von Pfeffels Kupferstich Nr. 22 angeregt, wird bereichert um das naturalistische Motiv des großen Steins, der am Hals des Märtyrers befestigt ist. Ein Putto, der über der Szene schwebt, hält außer der Märtyrerpalme noch eine Krone anstelle des sonst üblichen Lorbeerkranzes. Die Brücke senkt sich auf der linken Seite und ähnelt dadurch italienischen Bogenbrükken. Die Untersicht durch den Bogen zeigt, daß der Maler damit rechnete, daß das Bild noch aufgehängt werden sollte.

73: Das Gemälde erfaßt – ähnlich wie im Mittelalter – simultan zwei aufeinander folgende Ereignisse. Im Vordergrund schwimmt der Körper des Ertrunkenen im Wasser der Moldau, nahe der Brücke, noch im Tode das Kruzifix in Händen haltend und von fünf wundersamen Flammen umgeben. Auf dem gegenüberliegenden, linken Ufer wird der angeschwemmte Leichnam von drei Fischern entdeckt, die ihn in ähnlicher Weise anbeten, wie die Hirten das Jesuskind auf Weihnachtsbildern. Von der Brücke aus sehen einige Leute zu. Das Gemälde variiert Pfeffels Kupferstich Nr. 23. Das Motiv des Kreuzes in der Hand des Toten wird ausgeschmückt, und aus der Gruppe von Menschen am anderen Ufer des Flusses wird die Szene der Auffindung des Leichnams, die sich in Wirklichkeit allerdings am rechten Moldauufer abgespielt hat, unweit des Cyriakenklosters, wo der Leichnam anfangs auch bestattet wurde. Die Ansicht der Brücke entspricht nicht der Realität im Gegensatz zu dem Turm von St. Veit und dem Ludwigsflügel des Hradschin, die naturgetreu wiedergegeben sind. Diese Diskrepanz rührt her von der nachträglichen Korrektur eines Malers und Restaurators im 19. Jahrhundert. Bei dieser Ergänzung sieht man deutlich den unterschiedlichen Farbcharakter der späteren Veränderungen gegenüber der originalen Malerei.

74: Von allen erhaltenen Bildern weist dieses die dramatischste Komposition auf. Der Historiker Tomáš Pešina z Čechorodu berichtet in seinem »Mars Moravicus« (1677) von der Strafe, die den calvinistischen Grabschändern 1619 wiederfahren ist: »Als der englische Pagenmeister König Friedrichs (von der Pfalz) in Begleitung von Berbersdorf die Säuberung des Doms veranlaßte, befahl er auch das Gitter auseinanderzunehmen. Er fiel jedoch zu Boden, schrie laut vor Schmerzen an den Beinen und am Körper und starb. Zwei Arbeiter, zu Boden gestürzt, ließen von der Zerstörung des Grabes ab.« Da im Pfeffelschen Zyklus diese Begebenheit fehlt, holte sich der Maler des Bildes Anregungen, allerdings nur ganz allgemeiner Form, bei Pfeffel Nr. 27, einer Szene, die sich ebenfalls am Grab des Heiligen abspielt, aber den Schutz des guten Rufes von Verleumdeten zum Inhalt hat. Die Ansicht des Grabmals mit dem geflügelten Puttenkopf auf dem Sarkophag entsprach allerdings nicht dem damaligen Zustand.

75: Das Gemälde schildert ein Wunder, dessen Echtheit schon 1715 von der Kommission zur Seligsprechung geprüft, das aber erst kurz vor der Kanonisation anerkannt worden war. Das zwanzigjährige Edelfräulein Theresia Veronika Maria Anna Krebs von Mejnov (1680–1717) hatte sich am 28. Mai 1701 die linke (sic!) Hand so unglücklich gequetscht, daß diese allmählich abstarb. Als sie nach Gebeten zu Johannes von Nepomuk gefastet hatte, erschien er ihr eines Nachts und versprach die Heilung. Nach Theresias Beichte erfüllte sich das Versprechen des Heiligen tatsächlich am 21. November 1701. Das Gemälde schildert das Geschehen als mystische, persönliche Begegnung der Kranken mit dem Heiligen, der vom Himmel in ihr Haus, charakterisiert durch einen Vorhang und einen Hocker, herabgekommen ist. Deshalb sehen wir hinter Johannes Wolken und geflügelte Puttenköpfe. Als Staffage erscheinen im Hintergrund drei zuschauende Männer. Dieses Thema, das in Pfeffels Zyklus von 1724 noch nicht enthalten sein konnte, wurde ohne Vorlage entworfen.

76: Auch dieses Wunder wurde erst im Januar 1729 von der päpstlichen Kommission anerkannt. In den Protokollen heißt es, zu Fastnacht sei am 22. Februar 1718 in Strakonice an der Wottawa ein sechseinhalb Jahre altes Mädchen in den Mühlbach bei der Pětikolský-Mühle gefallen. Verzweifelt habe die Mutter Johannes von Nepomuk um Hilfe angerufen. Etwa nach einer halben Stunde gelang es dann endlich, das Kind aus dem eiskalten Wasser zu ziehen. Rosalia kam zu sich und erzählte,

Kat. 72

Kat. 74

Kat. 69

Kat. 71

Kat. 75

Johannes von Nepomuk sei ihr erschienen und habe ihr versichert, sie werde nicht ertrinken.
Auffallend bei dieser Darstellung sind das breite Mühlrad, eine in Böhmen ungewöhnliche Konstruktion, und der hölzerne Giebel der Mühle. Die im Wasser liegende Rosalia Hodánek ist als erwachsene Frau wiedergegeben. Sie blickt zu dem Heiligen auf, der ihr, von zwei Putten begleitet, in den Wolken erscheint. Diese schwierig darzustellende Szene begegnet verhältnismäßig selten.
77: Ein weiteres der vier am 27. Januar 1725 anerkannten Wunder galt der Feststellung einer Kommission, daß die Zunge des Heiligen, die am 15. April 1719 aufgefunden und seit dieser Zeit in einem eigenen Reliquiar aufbewahrt wurde, unversehrt erhalten geblieben war und sich bei der Untersuchung auffallend gerötet hatte. Die Kommission untersuchte die Zunge in der Wenzelskapelle des Veitsdoms in Anwesenheit von Erzbischof Ferdinand von Khuenburg, Weihbischof Daniel Josef Mayer, der Domherrn von St. Veit und weiterer Zeugen, darunter höchste Würdenträger des Hofes und Ärzte.
Auf dem Gemälde hält der Erzbischof das Reliquiar über die Altarmensa. Er weist auf die Zunge, die von den Anwesenden, die niedergekniet sind, bewegt und andächtig betrachtet wird. Der Himmel öffnet sich, Engelsköpfchen sind zu sehen, so daß der Eindruck eines überirdischen Geschehens entsteht. Aus Mangel an Kenntnis des Originals ist das Reliquiar nicht naturgetreu wiedergegeben, und einige Anwesende erscheinen in zwar kostbaren, aber reichlich bizarren Gewändern. Einer der zuschauenden Domherren, der sich zur Bildmitte wendet, hat – möglicherweise unbeabsichtigt – die von anderen Bildern her bekannten Züge des Johannes von Nepomuk.
Alle neun Gemälde wurden 1984 im Depot der Abteilung für ältere böhmische Geschichte des Nationalmuseums in Prag in sehr schlechtem Zustand und ohne jeden Hinweis auf ihre Herkunft aufgefunden. Nach der Restaurierung und im Laufe der wissenschaftlichen Be-

Kat. 76

arbeitung ergab sich in den folgenden Jahren, daß es sich um den Rest des ursprünglich fünfzehn Bilder umfassenden Zyklus einer Nepomuklegende handelt, der zur Heiligsprechung am 19. März 1729 für die Lateransbasilika in Rom gemalt wurde. Zwölf der Leinwände hingen damals in reich geschnitzten Rahmen in die Arkaden des Mittelschiffs hinein, zwei vermutlich im Querhaus und eines im Chor (vgl. Kat. 54, 55). Vierzehn Bilder wurden nach den Feiern in Rom nach Prag geschickt, das fünfzehnte Bild, dessen Thema wir nicht kennen (Apotheose des Heiligen?), ist offensichtlich verlorengegangen. Die vierzehn Bilder verwendete man bei den Prager Feierlichkeiten als Wandschmuck im Veitsdom. Etwa hundert Jahre später wurden sie dort erneut ausgestellt und blieben jahrzehntelang hängen, bis man sie anläßlich der Fertigstellung der Kirche entfernte. Neun von ihnen gelangten schließlich in ruinösem Zustand auf ungeklärte Weise ins Nationalmuseum.

Nach der Kostenabrechnung für die Heiligsprechung (Kat. 50) lieferte der heute fast vergessene römische Maler Filippo Evangelisti die fünfzehn Gemälde innerhalb von einem Monat und wenigen Tagen. Es ist anzunehmen, daß bei der Ausführung Mitarbeiter seiner Werkstatt geholfen haben. Zu ihnen gehörte auch der begabte Marco Benefial, der seinem Meister weit überlegen war. Offenbar ist er der Schöpfer der drei qualitätvollsten erhaltenen Gemälde (Kat. 69, 74 u. 77).

Außer der souveränen Wiedergabe der Körper und der Gewänder zeichnen sich diese Bilder durch ihre großzügige Komposition aus mit einer meisterhaften Gruppierung der Figuren im Raum. Mit Vorliebe verwendete Benefial Repoussoirfiguren im Vordergrund, die dem Beschauer den Rücken zukehren und ihn in die Szene einbeziehen.

Die meisten Darstellungen orientierten sich an den Pfeffelschen Stichen (Kat. 48). Nur einige Szenen wurden völlig selbständig komponiert. Von der ganzen Folge der vierzehn nach Prag gelangten Stücke kennen wir Kupferstichreproduktionen von Anton Birckhardt (Kat. 78–82), so daß wir über die erhaltenen neun Gemälde hinaus auch die übrigen Szenen erschließen können.

Ähnlich wie bei den Büsten von den Figurinen des Festgerüsts vor dem Veitsdom (Kat. 91–93) kann man auch an diesen Bildern sehen, daß selbst in großer Eile für ephemeren Festschmuck geschaffene Gemälde in der Barockzeit von überraschend hoher künstlerischer Qualität sein konnten.

Siehe auch S. 66 ff.

Literatur: Sršeň 1991, S. 158.

Prag, Nationalmuseum (H2-187776 bis 187784) L.S.

S. IOANNES NEPOMUCENUS CANONICUS PRAGENSIS PROTO=MARTYR.
Quasi ignis effulgens. eccles: c. 50. v. 9.
Birckhart sc: Prag.

Kat. 78

78–82 Fünf Kupferstiche nach Gemälden von der Dekoration der Lateransbasilika anläßlich der Heiligsprechung des Johannes von Nepomuk 1729. – 78: Geburt des Johannes von Nepomuk, 79: Folterung, 80: Der Heilige als Helfer der Bedrängten, 81: Der Heilige als Helfer aller, die hoffen, 82: Auffindung der unversehrten Zunge.

Anton Birckhart (1677–1748), Prag, nach 1729

Kupferstiche. Plattengröße jeweils 13,7:8,1 cm. – Bez. »Birckhart sc: Prag.« (Kat. 78), »Birckhart sc: Prag Vind.« (Kat. 79), »Birckhart sc: Prag Vend« (Kat. 80, 81, 82).

5
S. JOANNES NEPOMUCENUS CANONICUS PRAGENSIS PROTO=MARTYR.
Invocavi Dominum Patrem Domini mei, ut non derelinquat
me in die tribulationis meæ. eccles: c. 51. v. 14.
Birckhart sc. Prag Vind.

Kat. 79

9
S. IOANNES NEPOMUCENUS CANONICUS PRAGENSIS PROTO=MARTYR.
Adjutor in tribulationibus. psal: 45. v. 2.
Birckhart sc. Prag Vind.

Kat. 80

Die vierzehn kleinformatigen Kupferstiche, von denen hier fünf gezeigt werden, waren vermutlich für die Illustration eines Buches über Johannes von Nepomuk bestimmt. Sie weisen neben den Nummern 1–14 auf den oberen Rändern noch dreistellige Zahlen auf, vermutlich Seitenzahlen, 219 ist die niedrigste. Das Buch wurde bisher noch nicht identifiziert. In Strahov hat sich die komplette Serie in Einzelblättern erhalten.

Die Stiche reproduzieren den Zyklus von Nepomukdarstellungen, der für die Feier der Heiligsprechung in der Lateransbasilika hergestellt wurde und von dem neun Gemälde erhalten sind (Kat. 69–77). Fünf weitere Darstellungen sind durch die Stiche überliefert. Allerdings hat Birckhart Details mißverstanden und verändert und die geschwungenen Umrisse in einfache Rechtecke verwandelt. Vor allem korrigierte er einige Motive, die ikonographisch nicht richtig waren oder dem böhmischen Brauch nicht entsprachen.

Prag, Kloster Strahov, Kunstsammlungen (GKF 9884, 9889, 9896, 9898, 9900) L. S.

83 Bildnis des Prager Erzbischofs Ferdinand Graf von Khuenburg

Peter Brandl (1668–1735), Prag, um 1714/15

Öl auf Leinwand. 114:88,2 cm. – Auf der Rückseite Aufschrift: »F. KHUENBURG«.

Unter Erzbischof Ferdinand Graf von Khuenburg (1649–1731) wurde Johannes von Nepomuk selig- und heiliggesprochen. Khuenburg war Bischof von Laibach, als man ihn 1713 nach Prag berief, wo allerdings seine

Kat. 81

Kat. 82

feierliche Inthronisation wegen der Pest erst am 14. April 1714 stattfinden konnte. In diesem oder allenfalls im folgenden Jahr hat Brandl dieses repräsentative und charaktervolle Porträt gemalt. Es zeigt den Fürst-Erzbischof und Primas Böhmens, im Lehnstuhl sitzend, mit dem Brevier in der Linken und die Rechte in einer rhetorischen Geste ausgestreckt. Aufgrund seiner lebendigen und differenzierten malerischen Ausführung gehört es zu den besten Beispielen von Brandls hochgeschätzter Bildniskunst. Das Gemälde wurde mehrmals für verschiedene Zwecke kopiert und von Johannes Kenckel, Nürnberg, als Schabkunstblatt reproduziert.

Literatur: J. Neumann, Petr Brandl (Ausstellungskatalog). Nationalgalerie Prag 1968, Nr. 64 mit Abb.

Prag, Erzbischöfliches Palais — Pr.

84 Bischofsstab des Ferdinand von Khuenburg

Vor 1710

Silber; Metall, versilbert und vergoldet; Edelsteine; Email. H. der Krümme 31 cm, B. 16 cm. – Ohne Marken.

Der Bischofsstab ist aus drei versilberten Teilen zusammengesetzt, die durch vergoldete profilierte Manschetten miteinander verbunden sind. In der Mitte der Krümme, die mit silbernen Filigranranken und Edelsteinen geschmückt ist, befinden sich zwei ovale Medaillons, die von einer doppelten Reihe roter Steine gerahmt werden. Auf den Medaillons sind in Emailmalerei der hl. Veit und Christus als Guter Hirte dargestellt. Am Knauf ist ein Schild angebracht, der ebenfalls von einer doppelten Reihe roter Steine gerahmt wird und das emaillier-

Kat. 83

Kat. 84

te Wappen der Khuenburg, seit 1684 Grafen, unter einem grünen Bischofshut zeigt. Im Inventar des Domschatzes von St. Veit von 1737 ist das Pedum von Erzbischof von Khuenburg verzeichnet.
Die Datierung und die Bestimmung der Provenienz werden dadurch erschwert, daß der Bischofsstab keine Goldschmiedemarke trägt. Als Anhaltspunkt kann jedoch das emaillierte Khuenburg-Wappen dienen, da es mit einem Bischofshut kombiniert ist. Graf Ferdinand von Khuenburg (1649–1731) war zuvor Bischof von Laibach, als er 1710 zum Erzbischof von Prag ernannt wurde. Der Bischofshut über seinem Wappen läßt darauf schließen, daß das Pedum zur Zeit seines Episkopats in Laibach entstanden ist und daß es auch in dieser Region gefertigt sein dürfte.

Archivalien: Prag, Archiv des Domkapitels, Inventar des Domschatzes von St. Veit aus dem Jahr 1737, Ms. Nr. CXVII, CXXI.

Literatur: Podlaha-Šittler 1903, S. 136, 297. – Šittler-Podlaha 1903, S. 152, Nr. 203.

Prag, Veitsdom, Schatzkammer J.D.

Kat. 85

85 Brustkreuz eines Prager Domkapitulars

Prag, 1729 (?)

Silber, vergoldet, Email auf Kupfer. Kreuz: 7,4:6,8 cm; Krone: 2:3 cm; Goldkette 58 cm lang.
Auf der Rückseite des Medaillons die Inschrift: »BENE/DICTUS/XIII/1729«.

Seit dem Jahr der Heiligsprechung des Johannes von Nepomuk hatten die zwölf Mitglieder des Prager Domkapitels das Recht, ein besonderes Brustkreuz zu tragen. Einige dieser Kreuze, die nach dem Tod des jeweiligen Trägers an das Kapitelarchiv zurückgingen, wurden im 19. Jahrhundert verändert, der Kreuzstamm wurde verlängert und das Ganze reich mit Granaten verziert. Seit dem Zweiten Vaticanum werden die Kreuze nicht mehr getragen, da solche Privilegien aufgehoben worden sind.
Dieses Kreuz zeigt im Medaillon die Halbfigur Johannes von Nepomuks, das Birett auf dem Haupt, das Variulum um die Schultern und an einem roten Band das Palladium Bohemiae, die Muttergottes von Altbunzlau.
Seit altersher hatte das Prager Domkapitel besondere Privilegien. So erlaubte Papst Urban v. im Jahre 1364 den Domherren, weiße Mitren zu tragen, und Sixtus iv. 1476, daß die Prager Domherren auf der ganzen Erde (!) bei feierlichen Gottesdiensten die Pontifikalien tragen und den Pontifikalsegen erteilen dürfen. Am Ende dieser Entwicklung, die auch das besondere Brustkreuz von 1729 umfaßt, steht das Privileg von Pius ix. von 1870, die violette Soutane zu tragen, die sonst den Bischöfen vorbehalten ist.

Prag, Archiv des Metropolitankapitels von St. Veit

J.v.H.

Kat. 86

86–89 Vier Ansichten des Festgerüstes vor dem Prager Veitsdom zur Heiligsprechung Johannes von Nepomuks 1729. – 86: Vorderansicht, 87: Ansicht des rechten Flügels (»tempus loquendi«), 88: Ansicht des linken Flügels (»tempus tacendi«), 89: Ansicht des hinteren Teils, des sog. Wassertors

Vorzeichnung: Johann Ezechiel Vodňanský (um 1673–1758), Stecher: Anton Birckhart (1677–1748), Prag, 1729

Kupferstich. Plattengröße: 37,6:45,0, 37,0:41,8, 36,4:41,4, 43,9:28,0 cm. – 86: bez. »A. Birckhart/ Sculp: Prag.«; 87: bez. »A. Birckhart Sculp: Prag.«; 88: bez. »Birckhart Sculp: Prag.«; 89: bez. »I. E. Wodniansky, delin:« – »A. Birckhart Sculp. Prag.«.

Schon im Juni 1729 bestellte das Prager Domkapitel bei Anton Birckhart eine Folge von zunächst fünf Kupferstichen des theatrum honoris für die Prager Feiern zur Heiligsprechung Johannes von Nepomuks. Die schließlich ausgeführten vier Blätter sollten den drei Ausgaben der Beschreibung der Festlichkeiten in lateinischer, deutscher und tschechischer Sprache beigebunden werden, die noch 1729 erschienen sind (Kat. 90). Das beweisen Notizen am rechten unteren Rand von drei Stichen, welche die Druckseiten bezeichnen, auf die sie sich beziehen, und außerdem der Hinweis auf dem zweiten Stich: »NB. Picturae Symbolicae videantur in Descriptione typografica«. Daneben gab es aber auch lose Stiche, von denen einige in andere Bücher eingebunden wurden.

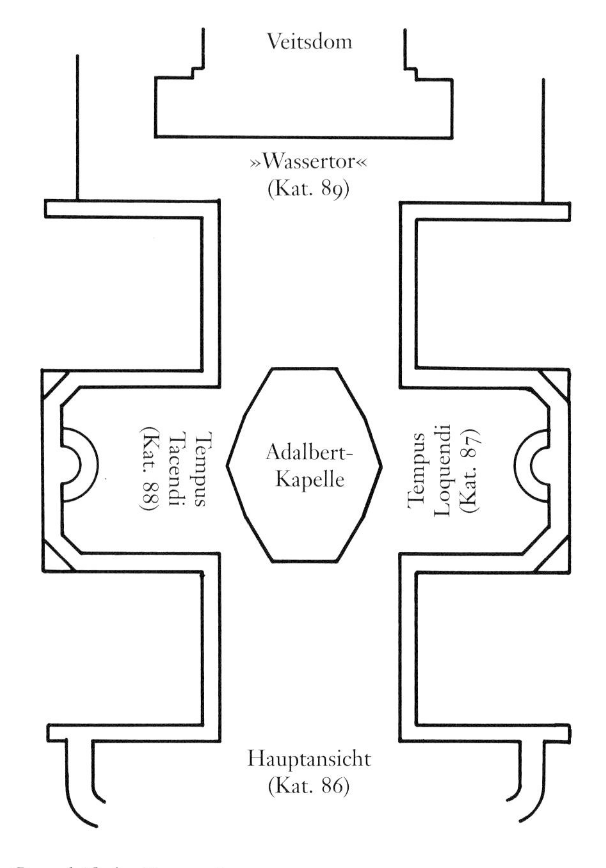

Grundriß des Festgerüsts

Ähnlich wie das Festgerüst von 1721 (Kat. 38–40), auch im Grundriß, war diese Dekoration wieder hauptsächlich aus Holz, Textilien und Gips gefertigt, nur am Wassertor findet sich Stein (»lapidaria inscriptio«). Hinzu kamen Gemälde, kaschierte Figurinen und möglicherweise auch Feuer und Wasser.
Auf dem ersten Stich sehen wir wieder eine niedrige Mauer, diesmal geschmückt mit Figuren kampfbereiter Erzengel, die das Andenken Johannes von Nepomuks verteidigen, und zwei allegorische Gruppen, Beschützer des guten Rufs. Dahinter folgt das eigentliche theatrum honoris mit der völlig umbauten Adalbertkapelle und den vier Türmen, von denen jeweils zwei miteinander verbunden sind. Von den Umgängen aus wurden Ansprachen gehalten. Über der Adalbertkapelle findet sich als ideeller Mittelpunkt des Programms ein ovales Wachsmedaillon mit der Büste des Heiligen im Profil nach links, im Typus der »vera effigies« (vgl. Abb. S. 76). Die Inschrift nennt ihn »Lamm Gottes aus weißem Wachs«, dem Text der päpstlichen Bulle folgend. Darüber sieht man eine Nachbildung seines Reliquiars mit der unversehrten Zunge. Auf dem linken vorderen Turm steht unter einem Baldachin eine Figurine der Jungfrau Maria, darunter findet sich ein ovales Bildnis von Papst Innozenz XIII., der Johannes seliggesprochen hat. Auf dem gegenüberliegenden Turm sieht man unter der Figurine des hl. Joseph das Bildnis von Papst Benedikt XIII., der Johannes heiliggesprochen hat. Hinter dem theatrum ragt die Abschlußwand von St. Veit auf.
Der zweite Stich bildet den rechten Flügel der Anlage ab, von der Adalbertkapelle aus gesehen. Unter dem Motto »tempus loquendi«, Zeit des Redens, wird Johannes als Prediger verherrlicht. Diesem Thema ist das große Bild in der Mitte gewidmet. Auf dem rechten Turm erscheint ein Bildnis des amtierenden Prager Erzbischofs Khuenburg, ein Gemälde darunter zeigt die Feier der Heiligsprechung in Rom. Am linken Turm ist Europa wiedergegeben, die aufschaut zu einem Medaillon mit dem Monogramm des Heiligen, während auf dem unteren Bild Asien, Afrika und Amerika ihre Gaben darbieten. Unter dem Baldachin dieses Turms steht die Figurine des hl. Veit.
Der dritte Stich zeigt die beiden gegenüberliegenden Türme, wieder von der Adalbertkapelle aus gesehen. Auf dem Turm links erinnern Bildnisse und Insignien an Kaiser Karl VI. Ein unteres breites Bild schildert die von einem Feuerwerk begleiteten Nepomukfeiern rund um den Veitsdom. Im Zentrum dieses »Ehrenhofes« zeigt ein großes Gemälde das Martyrium des Heiligen und ein kleineres oben dessen Begegnung mit König Wenzel IV. als Hauptthemen dieses Flügels mit dem Motto »tempus tacendi«, Zeit des Schweigens. Als Gegenstück zur Erdteil-Thematik am rechten hinteren Turm, sehen wir am anderen, dem »böhmischen«, folgende Darstellungen: Böhmen schaut auf zum Palladium Johannes und die zwölf böhmischen Landschaften bringen dem neuen Heiligen ihre Gaben. Unter dem Baldachin oben erscheint die Figurine des hl. Wenzel. Als Bekrönung der vier Türme sieht man vier Sterne.
Den fünften Stern des Johannes finden wir auf dem vierten Stich mit dem »Wassertor«, das unmittelbar vor der Wand der Kirche stand, hinter dem Komplex mit den vier Türmen. Die Stufenarchitektur öffnet sich unten in drei Arkaden, von denen die äußeren zu den Kirchenportalen führen. Unter der mittleren steht ein Altar. Der

Hunc appellit, illa repellit
Benedictio crescit ab Agno
Forti tudo mea
Lapidaria Inscriptio ut infra.
J. E. Wodniansky, delin:
A. Birckhart Sculp. Prag.
THEATRI HONORIS NEPOMUCENI ANTE PROPYLÆUM METROPOLITANÆ ECCLESIÆ PRAGENSIS ERECTI PROSPECTUS POSTERIOR.
Inscriptiones, quas Spatii angustia non capiebat. Inscriptio Lapidaria: Nolim mireris Moldavæ flagrâsse latices, purámque in undis arsisse victimam, Cœlorum flammæ, quæ nascenti olim Joanni diviniores fuêre Lucinæ, Sacratiores à morte factæ sunt Præficæ, & inimica sibi elementa in foedus copulârunt, ut parentarent Illi, cui Rex improbus Lino, aëre, & terrâ interdixit.

Kat. 89

TEMPUS
LOQVENDI
Ecclesiastæ cap. 3. V. 7.
A. Birckhart Sculp. Prag.
PROSPECTUS LATERALIS CONTRA AQVILONEM
Inscriptiones aliæ, qvæ ob Spatiorum angustias suis Locis inseri non potuerunt.
1. XAIPE HAIE 2. Ni movéare movebo. 3. stato sibi tempore vox est. 4. Ruptq. silentia bellum. 5. Lingvis his astra loqvuntur. 6. Ut fructum plus afferat. 7. Et fera corda trahit.
8. Gallus jacentes excitat. 9. Miles Patrem meum referi. 10. Sonus Suavitatis plenus. 11. Verba vitæ. 12. Eloqvia veritatis.

Kat. 87

TEMPUS
TACENDI.
Ecclesiastæ cap. 3. V. 7.
Birckhart Sculp. Prag.
PROSPECTUS LATERALIS RESPICIENS AUSTRUM.
Reliqvæ Inscriptiones, qvas superiores Spatiorum angustiæ non ceperunt.
1. Constantiâ. 2. Fortitudine. 3. Nec Aura. 4. Nec Ignis. 5. Nec Unda. 6. Sine pondere mutum. 7. Tacito volvuntur Sidera cursu. 8. Non indicat horam. 9. S. T. Silentium indicentis. 10. Aqvæ Siloe qvæ vadunt cum Silentio. 11. Munera tua sint tibi, & Dona Domus alteri da. 12. Resonat per omnem gloria mundum. 13. Post mortem vitam loqvitur. 14. Dedit mihi Dominus Lingvam mercedem meam, & in ipsa laudabo eum. 15. In loco pascuæ. 16. Verba Sapientum in Silentio. 17. Verbum absconditum.

Kat. 88

Bogen im ersten Stockwerk gibt den Blick frei auf den unteren Teil von Schors Fresko von 1721 mit der Darstellung der Moldaubrücke und dem im Wasser schwimmenden Leichnam des Heiligen. Die Fontäne oben besteht aus zwei übereinander angeordneten Becken. Das untere wird von den Allegorien des Schweigens und der Hoffnung gestützt, der Dekor besteht aus Tritonen auf Meerrössern. Die Allegorie der Stärke bekrönt das Ganze. Zwei gesondert abgebildete Medaillons wiederholen deutlicher zwei Szenen am architektonischen Aufbau, hinter den Vasen mit Flammen.
Den Entwurf für die reich dekorierte Architektur des theatrum honoris von 1729 schreiben wir Johann Ezechiel Vodňanský zu, dem Zeichner der Vorlagen für die Kupferstiche Birckharts. Von drei der Figurinen auf den Türmen haben sich Holzbüsten erhalten (Kat. 91–93).

Literatur: K. Borový, Sv. Jan Nepomucký, mučeník a hlavní patron království českého. Prag 1878, S. 122 ff. – J. Klingenberg-Helfert in: Kat. 1971, S. 82 ff. – Kat. 1989, S. 144 ff. – Sršeň 1991, S. 156 ff.

Prag, Kloster Strahov, Kunstsammlungen (40/65–7214, 7213, 7215, 7218) L.S.

90 Beschreibung des Festgerüsts vor dem Prager Veitsdom anläßlich der Heiligsprechung Johannes von Nepomuks 1729

Prag, Druckerei der Karl-Ferdinands-Universität im Collegium Clementinum, 1729

2°, unpaginiert.

Die Publikation erschien in lateinischer, deutscher und tschechischer Version mit den Titeln »Agnus Dei e cera virgine ... S. Joannes Nepumucenus ...«, »Ein auß Schneeweissem Wachs Abgebildetes Agnus Dei ... Das ist: Der Heilige Joannes von Nepomuck ...« und »Agnus Dei Gako Wosk bjlý Beránek Božj ... Swatý Jan Nepomucký ...«. Im allgemeinen sind die vier Stiche von Birckhart (Kat. 86–89) beigebunden.
Beschrieben wird das Festgerüst mit allen Figuren, Bildern und Inschriften. Die Einleitung enthält den Text der Bulle zur Heiligsprechung »Christus Dominus«. Beigegeben sind außerdem eine Fassung der Kanonisationsakte sowie zwanzig Festpredigten von Mitgliedern des Domkapitels von St. Veit und anderen Prager Geistlichen.

Prag, Kloster Strahov, Bibliothek (Deutsche Version: BC I 55; tschechische Version: BC I 95) P.P./J.R./V.V.

91–93 Drei Büsten von Figurinen des Festgerüstes vor dem Prager Veitsdom zur Heiligsprechung Johannes von Nepomuks 1729. 91: Hl. Joseph, 92: Hl. Veit, 93: Hl. Wenzel

Zugeschrieben an Johann Friedrich Kohl-Severa (1681–1736), Prag, 1729

Lindenholz, teilweise farbig gefaßt, Eisennägel, Reste von bemalter grober Leinwand und Papiermaché.
H. 52, 60, 51 cm.

Der hl. Joseph, wiedergegeben als Mann mittleren Alters von edlem Aussehen mit Vollbart und langem, in der

Kat. 91

Mitte gescheiteltem Haar, erinnert an Darstellungen von Christus oder Johannes dem Täufer. Den hl. Veit, einen sizilianischen Märtyrer, der schon mit zwölf Jahren gestorben sein soll, zeigt die Büste als bartlosen Jüngling. In Böhmen, wo er zu den Landespatronen gehört, erscheint er häufig als junger Fürst; deshalb trägt er auch hier einen Fürstenhut. Auch der hl. Wenzel ist als Fürst dargestellt, mit Vollbart und langem Haar.

Kat. 93

Die grobe Bearbeitung der unteren Partien, die scharfen Grenzen der farbigen Fassung und vor allem die Nägel mit Stoffresten belegen, daß es sich um Fragmente barocker Figurinen handelt. Sie gehörten zum theatrum honoris vom Oktober 1729 vor dem Prager Veitsdom (vgl. Kat. 86–90). Der hl. Joseph stand unter dem Baldachin auf der Spitze des rechten vorderen Turms und sollte an den 19. März 1729, Josephitag, erinnern, an dem Johannes von Nepomuk in Rom heiliggesprochen wurde. Die auf Birckharts Kupferstich zu sehende Figurine mit freiem Halsausschnitt hielt in der rechten Hand einen Kranz aus Lilien und Rosen zur Versinnbildlichung der Unschuld und des Märtyrertums des neuen Heiligen. Der hl. Veit auf dem hinteren rechten Turm mit Märtyrerpalme und einem Hahn als Attribut kann in einigen Punkten mit Johannes von Nepomuk verglichen werden. Wie dieser erlitt er den Märtyrertod und auch er wurde im Prager Veitsdom bestattet. Beide gehörten zu den böhmischen Landespatronen. Die Figurine des hl. Wenzel auf dem linken hinteren Turm war im Harnisch und mit einer Standarte in der Linken dargestellt. Er präsentierte dem neuen Heiligen, einem Priester, Ähren und Wein, Symbole für das Meßopfer. Von der vierten Figurine, Maria, auf dem linken vorderen Turm ist nichts erhalten.

Barocke Figurinen von Festarchitekturen, selbst Fragmente davon, sind ganz selten auf uns gekommen. Aus dem böhmischen Bereich kann außer diesen Stücken noch eine Christusbüste (um 1720) in der Nationalgalerie Prag genannt werden, vermutlich ein Werk von Philipp Andreas Quitainer. Die drei Büsten von 1729 waren im Veitsdom deponiert, bevor sie 1935 ins Nationalmuseum gelangten, wo sie zunächst unbeachtet blieben. Erst 1981 erkannte man ihre Bedeutung, und im darauffolgenden Jahr wurden sie restauriert.

Die Schnitzarbeiten werden dem Prager Hofbildhauer Johann Friedrich Kohl-Severa zugeschrieben, der für den Veitsdom schon zuvor ähnliche ephemere Architekturen mit Figurenschmuck, z. B. castra doloris, geschaffen hat. Sein Œuvre konnte in jüngster Zeit erheblich erweitert werden. Zu den bereits bekannten Figurengruppen an der Fassade von Maria Loreto in Prag gesellten sich weitere signierte Werke, wie die Steinskulpturen an der Fassade der Spitalkirche in Kukus (1710) und der Kruzifixus aus Prag-Hlubočepy in der Prager Nationalgalerie (1718). Die Fragmente des Figurenschmucks des theatrum honoris zur Heiligsprechung Johannes von Nepomuks in Prag zeigen überdies, daß in der Barockzeit derartige ephemere Festdekorationen ein hohes künstlerisches Niveau erreichen konnten.

Siehe auch S. 65 f.

Literatur: Sršeň 1991, S. 154 ff.

Prag, Nationalmuseum (H2-17565 bis 17567) L. S.

Kat. 92

Das Grabmal im Veitsdom zu Prag

Bald nach dem Tod Johannes von Nepomuks wurden seine Gebeine in den Chorumgang des Veitsdoms überführt. Sein Grab mit der schlichten Marmorplatte wurde zu einem Ort der Verehrung. Erst gegen Ende des 17. Jahrhunderts schuf man einen architektonischen Grabaufbau mit zwei Altären an den Schmalseiten. Nach der Seligsprechung wurde die Anlage erneuert und erweitert. Das heute im Dom befindliche prunkvolle Silbergrabmal stammt von 1736.

94 Das Grabmal des Johannes von Nepomuk im Prager Veitsdom

Andreas Matthias Wolfgang (1660–1736) nach Christian Dittmann (gest. 1702), Augsburg, um 1694

Kupferstich. Ca. 40:30 cm. – Bez.: »Dittmann fecit« – »And. Matth. Wolffgang Sculpsit«.

Inschrift auf dem Schriftband links unten: »Castrum Gloriae super Sepulchrum DIVI JOANNIS NEPOMUCENI, olim Canonici et Concionatoris Cathedralis Ecclesiae Pragensis, nec non Eleemosynarij et Confessarij Reginae Johannae, nunc Gloriosi Martyris Pragae ob sigillum Confessionis ex Ponte in Moldavam Fluvium deiecti, Innumeris Beneficijs et Miraculis Clari in eadem Metropolitana Ecclesia Pragensi Divo Vito Martyri Sacra quiescentis.« Auf dem rechten Spruchband: lateinisches Gebet zu Johannes von Nepomuk.
Auf dem Stich finden sich die Jahreszahlen »1692« auf der Sockelleiste des Tabernakels und »1694« – wohl das Vollendungsdatum – auf dem Antependium.
Die als unantastbar geltende Grabplatte im Fußboden ist von einer Steinbrüstung umgeben mit Öffnungen, durch die man sie sehen kann. An beiden Schmalseiten befinden sich Altäre. Auf den sechs Pfosten der Umfriedung stehen Personifikationen von Tugenden des Märtyrers, südlich (sichtbar): die Hoffnung mit dem Anker und der Taube Noahs, die Tapferkeit oder der Starkmut, gewappnet und mit dem üblichen Säulenstumpf, das Schweigen mit Schweigegestus und Vorhängeschloß. Von den drei Statuen auf der anderen Seite ist links der Glaube mit Kreuz und Kelch zu erkennen, unter den beiden anderen ist die Liebe zu vermuten. Diese Figuren tragen eine laubenartige Kuppel aus Schmiedeeisen, über der auf einer von Engelchen getragenen Wolke Johannes von Nepomuk schwebt. Die Inschrift bezeichnet ihn als »Divus«, hier gleichbedeutend mit »Sanctus«. Die Kuppelrippen werden oben von einer Krone zusammengefaßt, die wie die Krone auf dem Antependium des Altars der Wenzelskrone ähnelt. Damit wird vielleicht Johannes dem hl. Wenzel, dem höchsten böhmischen Landesheiligen »verbrüdert« und gleichgesetzt. Es könnte dadurch aber auch ein Hinweis auf die weitverbreitete Verehrung des Johannes als Patron dieser Länder gegeben sein. Die große landespolitische Bedeutung des Grabmals wird unterstrichen durch den innerhalb der Umfriedung aufgestellten sog. Jerusalemleuchter aus dem Prager Domschatz (vgl. Kat. 11, 17). Über den Tugendstatuen stehen auf Blütentellern Engelchen mit Schriftbändern mit dem Text »Sic Honorabitur Quencumque Volverit Rex Honorare« (Est. 5, 11) (So wird geehrt, wen der König ehren will). Die Akanthusrippen sind mit Rosenranken und anderen Blumen, vor allem Lilien und Tulpen, verziert, die auf den Geruch seiner Heiligkeit, seine Reinheit, seine Liebe und Unschuld anspielen. Oben verschlingen sich Lorbeerzweige zu Kränzen, Siegeszeichen des Märtyrers, die hochovale Schilde mit Psalmenzitaten umschließen. Diese Laub- und Blütenkuppel ist ein symbolisches Abbild des »Himmelsgartens«, in den der Märtyrer durch seinen Tod eingegangen ist.
Personen – meist hohen Standes – umgeben das Grabmal in andächtiger Verehrung. Viele Weihegaben sind um das Grabmal herum angebracht: zahlreiche Ampeln, große Opferkerzen sowie Votivbilder und -gaben in Schaukästen.
Siehe auch S. 38 ff.

Literatur: Šittler-Podlaha 1896, S. 15, Taf. 54/55. – Matsche 1976, S. 98–104.

Prag, Zentralstaatsarchiv (APA 61/1) F. M.

95 Das Grabmal des Johannes von Nepomuk im Prager Veitsdom

Anonym, 1725

Kupferstich. Ca. 40:30 cm.

Inschriften: unten links: »Castrum gloriae super sepulchrum Divi Joannis Nepomuceni, olim Canonici, et Concionatoris ecclesiae Pragensis, nec non Eleemosynarij, et Confessarij reginae Johannae, nunc gloriosi Marty-

Kat. 94

ris Pragae ob sigillum confessionis ex ponte in Moldavam fluvium deiecti, innumeris beneficijs et miraculis clari, in eàdem Metropolitana ecclesia Pragensi Divo Vito Martyri sacra requiescentis, per Decretum S. mems. PP. Innocentii XIII. super ejusdem Sancti cultu publico, Missà et officio etc. auctum, et magis exornatum.« –

Kat. 95

Darunter: »FaVente pIetate BeneDICtI xIII. prIMo pontIfICIs anno« (= 1725). – Unten rechts: lateinisches Gebet zu Johannes von Nepomuk. – Darunter: »Ioannes nepoMVCenVs CanonICVs pragenVs zeLotVs ConfessarIVs« (= 1383). – Unten in der Mitte: »Czechia dat Cunas, flumen mihi Moldava funus, / Caelum animam, mea nunc Lipsana Vitus habet.«
Der Stich ist durch das Chronogramm in das Jahr 1725 datiert. Er zeigt das wie bei Kat. 94 als »Castrum Gloriae« bezeichnete Grabmal so, wie es seit 1721 aussah. Das Zentrum bestand wie bei seinem Vorgänger aus einer brusthohen Umfriedung, auf deren Pfosten sechs Statuen von Tugenden stehen. Die Tugend des Schweigens hält nun eine Nachbildung des Reliquienostensoriums empor, das für die bei der Grabesöffnung 1719 unverwest aufgefundene Zunge des Märtyrers angefertigt worden war (nebenstehende Abb.). Innerhalb der Umfriedung ist nun der Sarkophag mit den Reliquien zu sehen, die in Form eines Leichnams staffiert sind. Darüber ist ein Baldachin mit Vorhängen angebracht, der an den Schmalseiten von Altaraufbauten getragen wird, so daß nur die Langseiten dieses Baldachins offen sind. Der umgitterte westliche Altar zeigt ein Altarbild mit der halbfigurigen Darstellung des Johannes von Nepomuk, der in Andacht versunken ein kleines Kruzifix betrachtet. Diese Darstellung wurde als authentisches Bildnis, als »Vera Effigies«, angesehen. Der Altar war aus Silber gefertigt und bestand, wie sein Pendant, spätestens seit 1721. Das im Giebel angedeutete Allianzwappen Mitrowitz/Waldstein bezieht sich auf den Grafen Christoph Franz Wratislaw von Mitrowitz (gest. 1689) und seine Gemahlin Maria Elisabeth von Waldstein. Auf dem Baldachin kniet auf Wolken Johannes von Nepomuk, der mit ausgebreiteten Armen zum Himmel emporblickt, umgeben von Engeln. Über ihn halten zwei Engel eine Krone in der Form der habsburgischen Kaiserkrone.
Die das Grabmal umgebenden Ampeln, Opferkerzen und Votivgaben haben sich gegenüber der Darstellung von 1694 stark vermehrt. Ein Engel am Chorpfeiler links, der auf das Grabmal zufliegt und Lorbeerkranz und Märtyrerpalme bringt, wendet seinen Kopf zurück auf einen Schild mit dem Wunschwitz-Wappen (Kat. 96) am nächsten Chorpfeiler. Gottfried Matthias von Wunschwitz hatte 1683 die Nepomukstatue auf der Prager Karlsbrücke errichten lassen. Die Figur unter dem Wappenschild ist eine von zwei Figuren von Kuttenberger Bergknappen, die das Grabmal verehren.
Siehe auch S. 42 ff.

Literatur: Šittler-Podlaha 1896; S. 15, Taf. 56/57. – Matsche 1976, S. 106–111.

Prag, Zentralstaatsarchiv (APA 61/1) F. M.

Kat. 96

96 Wappenschild der Familie Wunschwitz, ehem. beim Nepomukgrabmal im Prager Veitsdom

Prag, 1721

Holz, farbig gefaßt. 120:80 cm. – Umschrift: »S.IOHANNI. NEPOMVCENO. ISTVD. HOMAGII. SVI.ANTE. ANNOS. LXXV PRIMVM. NVNCVPATI. AC. NVPER. RENOVATI. MONVMENTVM. POSVIT. FAMILIA. WVNSCHWITZIANA. AN MDCCXXI.«

Der ovale Schild zeigt das Wunschwitzwappen mit einer lateinischen Umschrift, die übersetzt lautet: Dem hl. Johannes von Nepomuk hat die Familie Wunschwitz im Jahre 1721 dieses Monument gesetzt aus einem Gelöbnis heraus, das vor 75 Jahren zuerst ausgesprochen und kürzlich erneuert wurde. Auf der Rückseite sind in einer Inschrift von 35 Zeilen alle im Jahre 1721 lebenden Mitglieder der Familie Wunschwitz aufgezählt. Der Text endet mit einer Anrufung des »Sancte Thaumaturge Martyr JOANNES NEPOMUCENE«, die Familie immer zu beschützen. Der Schild hing an einem Pfeiler der Kirche

Kat. 98

Kat. 99

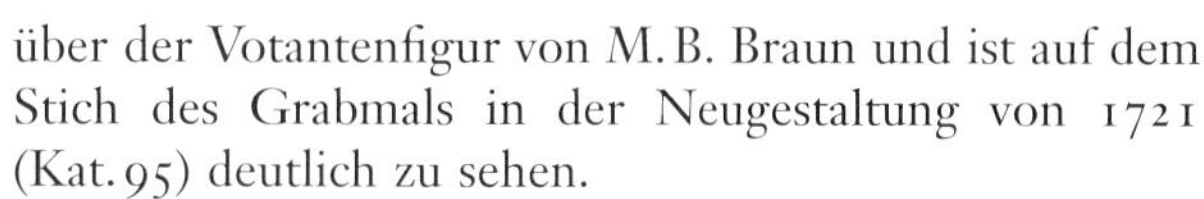

über der Votantenfigur von M. B. Braun und ist auf dem Stich des Grabmals in der Neugestaltung von 1721 (Kat. 95) deutlich zu sehen.
Das »Wunschwitzische Gedächtnus-Monument«, Kat. 35, o. S., berichtet, daß Gottfried Daniel von Wunschwitz mit Einwilligung von Erzbischof Ferdinand von Khuenburg »zu Ehren Seines von dem Jahr 1646. her, Vätterlich=erwehlten Geschlechts Patron, S. Joannis Nepomuceni [...] als Senior Familiae, Anno Beatificationis 1721 zu Ehren, und erneuerung des Vätterlichen Voti in der Präger Duhm Kirchen, unweith der Heiligen Ruhestatt, gegen dem Königl. Oratorio über Sein Wappen Schild aufhangen« ließ.
Siehe auch Beitrag von F. Matsche, S. 42 f.

Literatur: Podlaha-Hilbert 1906, S. 207, Abb. 272.

Prag, Veitsdom P. V.

97 Silberantependium mit der Halbfigur des Johannes von Nepomuk

Johann Georg Heyer (um 1665–1723), Prag-Neustadt, vor 1700

Silber; Kupfer, versilbert und vergoldet. 102 : 175 cm. – Beschauzeichen: Prag-Neustadt; Meisterzeichen: »IGH«

Die gesamte Fläche des Antependiums besteht aus vergoldeten Kupferplatten, denen silberne getriebene Akanthusranken aufgelegt sind. Im oberen Teil und an den Seiten bilden die Ranken, hier um Blüten, Früchte und ein geflügeltes Engelsköpfchen bereichert, breite Streifen. In der Mitte des Antependiums befindet sich die aus Silberblech getriebene Halbfigur des Johannes von Nepomuk, bekleidet mit dem traditionellen Kanonikergewand und umrahmt von Palmzweigen. Zu seiten des Heiligen schweben Cherubim.
Die Halbfigur des Heiligen trägt die Meistermarke und das Beschauzeichen, wobei am Neustädter Beschauzeichen leider die sonst übliche Jahreszahl fehlt. Aufgrund der Stilelemente läßt sich das Antependium in die Zeit vor 1700 datieren. Damit ist die Identifikation mit einem der beiden in den Quellen genannten kostbaren Silberantependien für das Grabmal des Johannes von Nepo-

muk, die Fürst Franz Adam von Schwarzenberg um 1721 gestiftet hat, nicht möglich. Eventuell handelt es sich aber um eines der beiden Antependien für das vorherige Grabmal des Johannes von Nepomuk von 1692/94, das ebenfalls an den Schmalseiten je einen Altar hatte.

Literatur: Podlaha-Šittler 1903, S. 136, 140. – Podlaha-Hilbert 1906, S. 255. – E. Poche, Prahou krok za krokem. Prag 1985, S. 87.

Prag, Veitsdom J. D.

Kat. 97 (Detail)

98–103 Sechs Kartuschen mit Nepomukdarstellungen. 98: Johannes von Nepomuk mit Kreuz und Märtyrerpalme, 99: Beichte der Königin, 100: Folterung, 101: Brückensturz, 102: Johannes von Nepomuk befreit Seelen aus dem Fegefeuer, 103: Die kaiserliche Familie in Verehrung des hl. Johannes von Nepomuk

Jakob Ebner (vor 1710–1778), Prag, um 1743 (?)

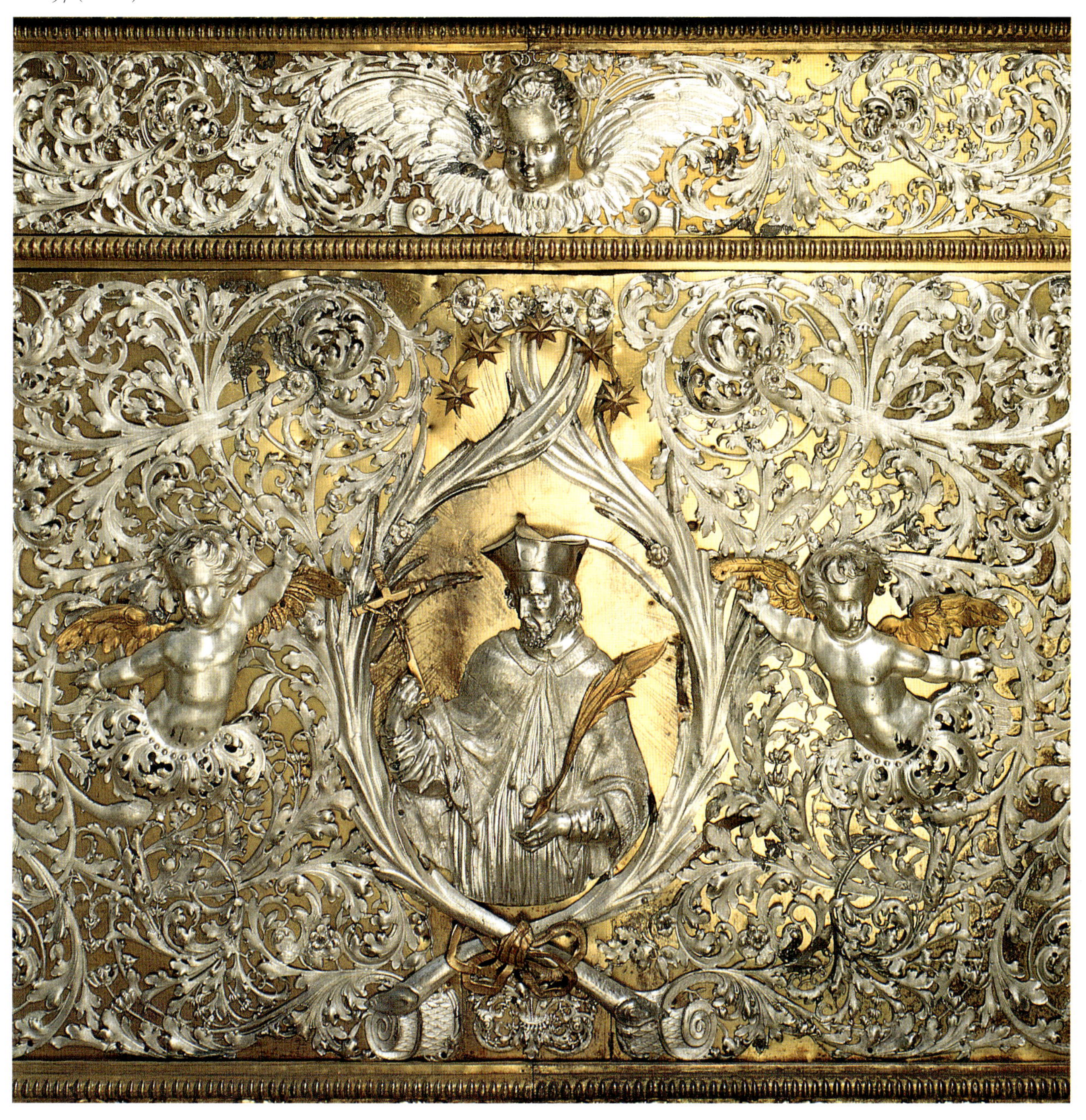

Silber, getrieben; Kupfer, vergoldet. Jeweils 53,5:41 cm. – Beschauzeichen: Prag, stehender Löwe und die Zahl 13; Meisterzeichen: »IE«; Repunze: »C. B.« auf den Rahmen.

Silberne, in Hochrelief getriebene Kartuschen umschließen getriebene Silberreliefs mit Nepomukdarstellungen, die auf vergoldete Kupferplatten montiert sind. Die Rahmen mit schweren Régenceformen sind alle gleich. Sie werden bekrönt von einem geflügelten Engelsköpfchen auf einem geschwungenen Gesimsstück über einer großen Muschelform. Den unteren Abschluß bildet ein Totenschädel, auf dem eine Sanduhr steht.
Die ersten vier Reliefs zeigen herkömmliche Darstellungen und Themen. Ungewöhnlich ist das vierte Relief mit der Wiedergabe des Heiligen als Befreier der Seelen aus dem Fegefeuer. Sie steht vielleicht im Zusammenhang mit der Bewilligung eines Privilegiums durch Papst Clemens XII. für die 1737 gegründete Johannesbruderschaft, das nicht nur Ablässe umfaßt, sondern auch die Befreiung von Seelen aus dem Fegefeuer.
Von noch größerem Interesse ist das Relief mit der kaiserlichen Familie, die betend den Heiligen verehrt. Vermutlich handelt es sich um Franz Stephan von Lothringen und seine Gemahlin Maria Theresia, die die böhmische Krone trägt, während die Kaiserkrone zwischen dem Paar am Boden liegt. Am Gebet nehmen auch alle Kinder teil: Maria Anna (geb. 1738), Joseph (geb. 1741) und Maria Christina (geb. 1742). Die Körperfülle der Königin läßt auf die bevorstehende Geburt eines weiteren Kindes schließen; Maria Elisabeth wurde im August 1743 geboren.
Diese Deutung und die zeitliche Einordnung der Schilde sind allerdings umstritten. Übereinstimmung besteht nur darüber, daß es sich um einen kaiserlichen Auftrag handelt und daß dieser wahrscheinlich mit dem Grab des Heiligen im Veitsdom zusammenhängt. Keine Anhaltspunkte gibt es für eine Zugehörigkeit zum bestehenden Monument von 1736. Die Form und das Ornament der Kartuschen weisen eher in die Zeit um 1720 als in die Jahre vor 1750. Franz Matsche hat 1976 das Paar auf dem »Stifterbild« als Kaiser Karl VI. und seine Gemahlin Elisabeth Christine gedeutet und die Stiftung der Silberschilde vermutungsweise mit Karls Krönung zum Böhmischen König in Prag im Jahre 1723 in Verbindung gebracht. Das würde stilistisch passen und auch erklären, warum die Schilde heute ohne Funktion sind. Sie hätten dann zur Neugestaltung des Grabmals in den Jahren nach 1721 (vgl. Kat. 95) gehört und wären später nicht wiederverwendet worden. Es gibt auch Nachrichten über eine Stiftung Karls VI., doch handelt es sich um fünf (nicht sechs) Silbergegenstände, die nicht näher benannt

Kat. 100

Kat. 101

Kat. 102

Kat. 103

werden. Gegen eine Deutung der Votanten als Familie Kaiser Karls VI., der sehnlichst einen männlichen Nachkommen erwartete, ist einzuwenden, daß hinter dem knienden Vater ein Prinz im Harnisch dargestellt ist.

Literatur: Šittler-Podlaha 1896, S. 15, Abb. 53. – Šittler-Podlaha 1903, S. 158, Abb. 141 f. – Podlaha-Šittler 1903, S. 262. – R. Rouček, Chrám sv. Víta-dějiny a průvodce. Prag 1948, S. 57. – Matsche 1976, S. 110f. – J. Lencová, Šest svatojánských reliéfů z klenotnice katedrály sv. Víta v Praze. In: Umění 38, 1990, S. 556–559. – F. Matsche in diesem Kat., S. 43.

Prag, Veitsdom, Schatzkammer (K 68–K 73) J.L.

104 Modell für das Silbergrabmal des Johannes von Nepomuk im Prager Veitsdom

Giovanni Antonio Corradini (1668–1752) nach Entwurf von Joseph Emanuel Fischer von Erlach (1693–1742), nach 1731

Bronzeguß, feuervergoldet (Figuren u. Ornamente); schwarzer Marmor (Stufen und Mensa); Holz, Sandsteinkern (Podest). H. 86, B. 112, T. 58 cm; ohne Podest: H. 72, B. 84, T. 58 cm.

Um 1731 gab Kaiser Karl VI. den Auftrag, ein neues Grabmal des Johannes von Nepomuk im Prager Veitsdom zu planen, das aus Spenden finanziert werden sollte. Hofbaumeister Joseph Emanuel Fischer von Erlach zeichnete einen Entwurf, Hofbildhauer Giovanni Antonio Corradini verfertigte danach ein Holzmodell. Der Wiener Silberschmied Johann Joseph Würth führte die Figuren aus. Das Modell wurde in einem Kupferstich (Abb. S. 44) verbreitet, um für die Sammlung der erforderlichen Geldmittel zu werben. Vollendet und aufgestellt wurde das Grabmal 1736 (Abb. S. 45, 47).

Modell und Grabmal sind bis auf zwei Details identisch. Abgesehen von dem Holzunterbau, besteht das Modell aus einem querrechteckigen zweistufigen Podest, auf dem der ebenfalls querrechteckige und an den Längsseiten konkav eingezogene Sockel des Grabmals steht. An den Schmalseiten ist je ein Altartisch angefügt. Der Sockel zwischen den Mensen wirkt selbst wie ein Altartisch, zumal auf ihm ein mit Fransen und Eckquasten verziertes Tuch liegt. Darauf knien zwei große Engel, die einen von einer Wolkensäule unterstützten Sarkophag in die Höhe heben. Auf diesem kniet der Heilige, in Betrachtung des Kruzifixes, das er mit beiden Händen vor sich hält. Vor ihm liegt ein aufgeschlagenes Buch und darauf sein Birett. Bei der Ausführung kam auf der Schmalseite

Kat. 104

gegen Westen ein Engelchen mit der Zungenreliquie des Märtyrers hinzu.
Der kleinformatige »Doppelgänger« des Grabmals ist keine verkleinerte Kopie des ausgeführten Monuments, sondern die Replik von Corradinis Modell. Es erhielt durch das kostbare Material den Charakter eines Kabinettstücks. Der Stil und auch die Bronzeausführung sprechen eindeutig für die Autorschaft Corradinis, der auch am Prager Grabmal die Reliefs am Sockel in vergoldeter Bronze ausgeführt hat. Die Prager Reliefs sind leicht geändert, zeigen deutliche gestalterische Verbesserungen gegenüber dem Modell.
An den Breitseiten sind Brückensturz und Folterung, an den Schmalseiten Johannes vor König Wenzel und die Auffindung seines Leichnams dargestellt, beim Modell jedoch die Wallfahrt des Heiligen nach Altbunzlau. An den Langseiten des Sarkophags befinden sich Medaillonreliefs mit der Beichte der Königin und der Almosenspende. Auf den Eckpfosten des Sockels sitzen Engel mit Füllhörnern als Leuchterarme. In die Fronten dieser Pfosten sind vier schmale Reliefs eingesetzt. Sie zeigen Personifikationen von Tugenden des Heiligen, des Glaubens bzw. der Weisheit, der Hoffnung, der Liebe und der Mildtätigkeit.
Die Form dieses Grabmals greift Elemente seiner Vorgänger auf, wie die beiden Altäre an den Schmalseiten. An die Stelle der Grabplatte ist aber nun der Sarkophag mit den Reliquien getreten. Dieser Sarkophag ist, nachdem der Märtyrer 1729 »zur Ehre der Altäre erhoben« worden ist, im wörtlichen Sinn durch Engel über die Altäre emporgehoben. Da der Heilige selbst auf diesem Sarkophag kniet, wird seine Aufnahme in den Himmel anschaulich vorgeführt.

Literatur: Kunst und Kultur in Böhmen, Mähren und Schlesien (Ausstellungskatalog). Nürnberg 1955, Nr. M 14 (E.W. Braun als Arbeit der Werkstatt G.R. Donners). – Bayerische Frömmigkeit (Ausstellungskatalog). München 1960, Nr. 568, Taf. 100. – K.M. Swoboda (Hrsg.), Barock in Böhmen. München 1964, S. 284, Abb. 199. – J. Neumann, Das böhmische Barock. Prag 1970, Nr. 226, S. 191. – Matsche 1976, S. 113–122. – F. Matsche, Die Kunst im Dienst der Staatsidee Kaiser Karls VI. Berlin–New York 1981, S. 208–211.

Passau, Domschatz- und Diözesanmuseum F.M.

105 Sternenkranz für die Silberstatue des Johannes von Nepomuk auf dem Grabmal im Veitsdom

Vor 1736

Gold; Diamanten; Rubine. Dm. 43,1 cm. – Ohne Marken.

Der Kranz für die Statue des Johannes von Nepomuk wird gebildet aus je fünf alternierend angeordneten flammenförmigen und geraden, glatten Strahlen. An den Enden der flammenförmigen Strahlen sind sechszackige Sterne befestigt. Sie sind mit Edelsteinen geschmückt, die in ihrer Anordnung der Sternform folgen: in der Mitte ein Diamant, umrahmt von sechs roten Steinen, vermutlich Rubinen. Die geraden Strahlen enden ebenfalls in sechszackigen Sternen. Die Mitte des Kranzes ist leicht hochgewölbt und mit einem Loch für die eiserne Befestigungsschraube versehen.
Bereits im Inventar der Schatzkammer von 1740, also vier Jahre nach der Errichtung des silbernen Grabmals des Johannes von Nepomuk im Veitsdom, findet sich folgender Eintrag: »An der Statue sind zwei Nimben: einer ist aus vergoldetem Kupfer, der andere aber aus vergoldetem Silber (sic!), geschmückt mit seltenen und kostbaren Steinen, darauf 5 Brillianten, 150 kleinere Steine, 30 Rubine«. Demnach waren für die Figur des Heiligen von vornherein zwei Sternenkränze angefertigt worden, wobei der goldene, mit Edelsteinen geschmückte, für die Festtage bestimmt war. Im Inventareintrag ist für den

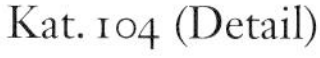
Kat. 104 (Detail)

Kat. 105

Kat. 106

goldenen Sternenkranz die genaue Zahl der Edelsteine angegeben; sie entspricht dem heutigen Zustand. Irrtümlich hielt man damals das Material für vergoldetes Silber. Der Kranz könnte in der Werkstatt des Wiener Goldschmieds Johann Joseph Würth (tätig um 1733–57) entstanden sein, aus der auch das Silbergrabmal im Veitsdom stammt.

Archivalien: Prag, Archiv des Domkapitels, Sign. CLXXVI, 4. Literatur: Podlaha-Šittler 1903, S. 140f. – Podlaha-Hilbert 1906, S. 156, Nr. 211.

Prag, Veitsdom, Schatzkammer J. D.

106 Reliquiar des Johannes von Nepomuk

Um 1720

Gold; Edelsteine; Email. 27:16,5 cm. – Repunze: Prag 1806/1807.

Das schildförmige Reliquiar ruht auf einem polygonalen, profilierten Fuß. Dieser ist vorne und an den Seiten mit einer Reihe von zwölf Diamanten geschmückt, in deren Mitte ein größerer gelber Stein sitzt. Das Reliquiar mit geschweiftem Umriß trägt zwei übereinander angeordnete ovale Reliquienbehältnisse, die von Diamanten gerahmt werden. Im oberen ist unter einer Abdeckung aus geschliffenem Glas auf rotem, mit kleinen Perlen besetztem Stoff die Kniescheibe vom linken Bein des Heiligen mit dünnem gelbem Draht befestigt. Im unteren, kleineren Behältnis befindet sich in gleichartiger Montierung ein Fingerknochen. Das Reliquiar schmücken weitere acht Diamanten sowie getriebenes Bandlwerk. Im unteren Bereich, über dem Fuß, sitzt außerdem ein großer grüner Stein. Bekrönt wird das Reliquiar von einem blau und grün emaillierten, diamantbesetzten Baldachin, unter dem ein Relief mit dem Auge Gottes angebracht ist. Zwei kleine emaillierte Vasen flankieren das Reliquiar. Auf der Rückseite befindet sich ein Griff, der zugleich als Stütze dient, sowie der Deckel der beiden Reliquienbehältnisse mit einem Vorhängeschloß.
Das Reliquiar trägt lediglich die Repunze aus den Jahren 1806/1807, und zwar fälschlicherweise diejenige für Silber. Das Reliquiar ist erst im Inventar des Domschatzes von 1797 eingetragen. Aus stilistischen Gründen ist seine Entstehung um 1720 anzusetzen.

Archivalien: Prag, Zentralstaatsarchiv, Inventar des Domschatzes aus dem Jahr 1797, Ms. Nr. 1504, alte Sign. RKR 2127. Literatur: Šittler-Podlaha 1896, S. 15, Abb. 62. – Podlaha-Šittler 1903, S. 218, Abb. auf S. 217. – Šittler-Podlaha 1903, S. 81, Nr. 62.

Prag, Veitsdom, Schatzkammer J. D.

107 Reliquiar des Johannes von Nepomuk

Salzburg, nach 1730
Entwurf vermutlich von Franz Anton Danreiter (gest. 1760)

Silber, teilweise vergoldet, gegossen, getrieben, ziseliert. H. 30 cm. – Ohne Marken.

Am 4. Oktober 1730 übersandte der Erzbischof von Prag Ferdinand Graf von Khuenburg nach Salzburg »particulam Vertebrae Colli« (ein Stück des Genickbeines) des heiligen Johannes von Nepomuk. Der Salzburger Erzbischof Leopold Anton Eleutherius Freiherr von Firmian ließ für das kostbare Geschenk dieses Reliquiar anfertigen. Vermutlich stammt der Entwurf von seinem Hofgarteninspektor Franz Anton Danreiter.
Da das Stück keine Punze aufweist, dürfte es von einem Hofgoldschmied angefertigt worden sein. Das interessante Objekt steht in der zeitgleichen Salzburger Goldschmiedekunst vollkommen singulär da. Über einem mit Engelköpfchen besetzten Volutendreifuß zeigt die Vorderseite der Basis das Ovalwappen des Stifters, des Salzburger Erzbischofs Firmian, in blauem Glas geschliffen. Der vasenförmige Nodus trägt ein ausladendes Ostensorium mit Baldachin, der seitlich gerafft herunterfällt. Die goldene Kapsel, in der sich die Reliquie befindet, dürfte wohl identisch sein mit jener in der Urkunde aus Prag erwähnten »Capsula aurea ab anteriori parte crystallo munita figurae ovalis«.
Diese Kapsel ist mit der Petschaft des Prager Erzbischofs Graf von Khuenburg gesiegelt. Die zugehörige Pergamenturkunde, die Ferdinand Khuenburg mit Goldtinte unterfertigt hat, liegt im Archiv des erzbischöflichen Konsistoriums in Salzburg.
Die Beziehungen Salzburgs zu Johannes Nepomuk waren schon sehr früh zu großer Bedeutung gelangt. Am 31. Mai 1721 hatte der Salzburger Erzbischof Franz Anton Fürst Harrach die Ehre, den Festgottesdienst anläßlich der Seligsprechung in Prag zu zelebrieren. Als 1866 die preußischen Truppen in Böhmen einfielen, ließ der Prager Kardinalerzbischof Friedrich Fürst zu Schwarzenberg die Reliquien des Heiligen heimlich nach Salzburg bringen, wo sie in Kisten verpackt im erzbischöflichen Palais versteckt waren.
Erst als die Waffen wieder schwiegen, ließ der Salzburger Erzbischof Maximilian Kardinal Tarnoczy die Reliquien öffentlich ausstellen, bevor er sie wieder nach Prag zurückgab.

Literatur: Kat. 1979, Nr. 2.

Salzburg, Erzbischöfliche Mensa J. N.

Kat. 107

108 Kreuz- und Johannes von Nepomuk-Reliquiar

Dresden, 1738

Silber, vergoldet. H. 43,5 cm. – Beschauzeichen: Dresden; Meisterzeichen: unleserlich. Gravierung auf dem Boden des Fußes: zwischen zwei Palmzweigen »MJR« (= Maria Josepha Regina), darüber die Königskrone, darunter Schriftband »ANNO MDCCXXXVIII«.

Auf achteckigem Fuß steht ein sarkophagartiger Sockel. Auf der Vorderseite öffnet sich zwischen zwei Flügeln und einem Muschelmotiv das zungenförmige Behältnis zur Aufnahme der Johannes von Nepomuk-Reliquie, das mit einem geschliffenen Kristall versehen ist. Über dem Sockel eine Kartusche mit Blumen- und Blattwerk und zwei Engelsköpfen. In der Mitte die Öffnung zur Aufnahme einer Kreuzreliquie. Drei plastische Engelsköpfe bekrönen das Reliquiar.

Das Erzbistum Prag und das Bistum Dresden-Meißen verbindet eine über tausendjährige Nachbarschaft. Im 16. Jahrhundert ging der größte Teil des 968 gegründeten Bistums Meißen der katholischen Kirche verloren. Nur in den zu Böhmen gehörenden Markgrafschaften Ober- und Niederlausitz blieb ein kleiner Rest des Bistums erhalten, der durch das Domstift St. Petri in Bautzen als Apostolische Administratur verwaltet wurde. In diesem Gebiet liegen die beiden Zisterzienserinnenabteien St. Marienthal (gegr. 1234) und St. Marienstern (gegr. 1248). In Dresden entstand im 17. Jahrhundert wieder katholisches Leben durch die Konversion der sächsischen Kurfürsten Friedrich August I. (1670–1733) und Friedrich August II. (1696–1763), letzterer war seit 1719 mit der Habsburgerin Maria Josepha (1699–1757), der ältesten Tochter von Kaiser Joseph I. (1678–1711), verheiratet. Die Apostolische Administratur der Lausitz, deren Priester meist in Prag ihre Ausbildung erhielten, sowie die beiden Zisterzienserinnenabteien, deren Seelsorger aus böhmischen Zisterzienserklöstern kamen, und auch die am Dresdner Hof wirkenden Jesuitenpatres, die ebenfalls zumeist der böhmischen Ordensprovinz angehörten, wurden die Träger der Johannes von Nepomuk-Verehrung in Sachsen.

Im ehemaligen Bistum Meißen sah man in Johannes von Nepomuk den Generalvikar jenes Prager Erzbischofs Johann von Jenstein, der zuvor 1376–1379 Bischof von Meißen gewesen war. In der Hofkapelle in Dresden war es bereits 1720 Brauch, am Gedenktag des Johannes von Nepomuk auf einem der Altäre ein Bild des kommenden Heiligen aufzustellen. Für Maria Josepha war der Heilige ein Patron ihres Hauses, aus habsburgischen Landen stammend. Nach der Heiligsprechung wurde sein Fest mit dem höchsten liturgischen Rang gefeiert, und es gehört bis heute zu den Eigenfesten des Bistums Dresden-Meißen. 1737 weilte König Friedrich August II. mit Maria Josepha in Teplitz zur Kur. Bei dieser Gelegenheit schenkte der ebenfalls dort weilende Prager Erzbischof Johannes Moritz Graf von Manderscheid (1733–1763) dem König eine Nepomuk-Reliquie. 1738 besuchte die Herrscherfamilie das Grab des Heiligen in Prag. Im gleichen Jahr wurde das Reliquiar gearbeitet.

Maria Josepha, die das theologische Bildprogramm der 1751 eingeweihten Dresdner Hofkirche mit entwickelte, bestimmte eine der Eckkapellen der Kirche dem Gedächtnis des Heiligen und unter den 76 Heiligenfiguren des Lorenzo Mattielli, die auf der doppelten Balustrade der Kirche stehen, finden wir auch Johannes von Nepomuk. Als im Jahre 1747 der sächsische Kurprinz Friedrich Christian (1722–1763) die bayerische Prinzessin Maria Antonia (1724–1780) heiratete, war das eine weitere Aufforderung zur Gestaltung der genannten Kapelle, die 1754 vollendet wurde und in deren Altarbild (Kat. 117) und Kuppelmalerei (vgl. Kat. 116) Franz Karl Palko die Verehrung des Heiligen zur Darstellung brachte. Schließlich war nach der Auffassung der Zeit Johannes von Nepomuk zum Martyrer des Beichtgeheimnisses geworden, weil er dem böhmischen König Wenzel nicht verraten wollte, was dessen Gemahlin, eine Wittelsbacherin, ihm gebeichtet hatte. Kann es da Wunder nehmen, wenn die an den sächsischen Hof gekommene Wittelsbacherin in der Verehrung des Heiligen mit der Habsburgerin Maria Josepha wetteiferte?

Literatur: S. Seifert, Die Verehrung des hl. Johannes von Nepomuk im Bistum Meißen. In: Kat. 1979, S. 115–118. – S. Seifert in: Ecclesia Triumphans Dresdensis (Ausstellungskatalog). Wien 1988, Nr. 111, Abb. S. 165. – S. Seifert, Domschatzkammer St. Petri in Bautzen. München 1992, S. 23, Nr. 34. – Kostbarkeiten aus den Schatzkammern von Sachsen (Ausstellungskatalog). Dommuseum Salzburg 1992, Nr. 171, Abb. 48.

Bautzen, Domschatzkammer St. Petri, Bistum Dresden-Meißen S. S.

Kat. 108 (Boden)

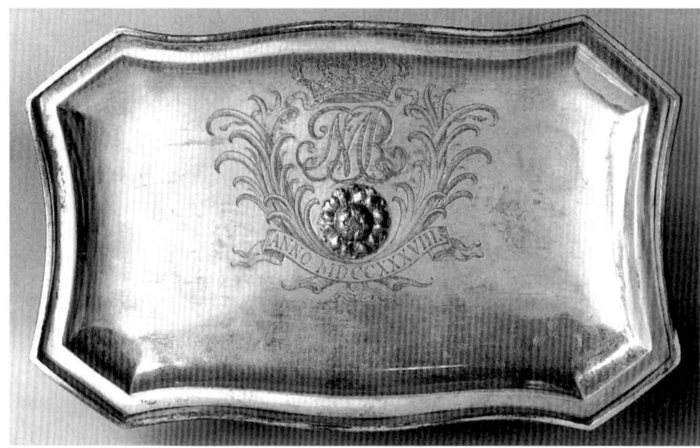

Kat. 108

Die Verehrung des neuen Heiligen

Durch die Kanonisation erhielt die Verehrung des Johannes von Nepomuk überall großen Aufschwung. In Bayern wurde er 1729 vom Kurfürsten zum Landespatron erklärt. Persönlichkeiten aus vielen Ländern und allen Schichten beauftragten die bedeutendsten Künstler mit der Darstellung des neuen Heiligen.

109 Die Muttergottes mit den hll. Johannes von Nepomuk und Michael

Onofrio Avellino (1674?–1741), Rom, um 1732(?)

Öl auf Leinwand. ca. 300:200 cm.

Die Michaelskapelle von S. Lorenzo in Lucina in Rom erhielt am 8. August 1732 mit Johannes von Nepomuk einen neuen, zusätzlichen Patron und wurde zur böhmischen Nationalkapelle. Die Geschichte ihrer Ausstattung ist noch kaum erforscht. Mit zwei großen Marmorinschriften von 1732 lassen sich möglicherweise die Wandverkleidung und der Altaraufbau verbinden sowie das vorliegende Bild. Allerdings steht heute eine Marmorstatue des Heiligen von Gaetano Altobelli (vgl. S. 31, Abb. 5) im Altar, die vielleicht 1737 aus Anlaß der Gründung einer Nepomuk-Bruderschaft als Ersatz für das Altarblatt geschaffen wurde, das heute ohne liturgischen Zusammenhang an der Rückseite des Hochaltars der Kirche hängt.
Es wurde früher Placido Constanzi und auch Sebastiano Conca zugeschrieben, gilt aber inzwischen als charakteristische Arbeit von Onofrio Avellino. Dieser Schüler von Luca Giordano und Francesco Solimena geriet nach seiner Übersiedlung nach Rom im Jahre 1718 unter starken Maratta-Einfluß, der sich auch an diesem Werk deutlich zeigt. Die klar überschaubare Komposition einer Sacra Conversazione aus drei großen, beherrschenden Figuren präsentiert Maria mit dem Kind auf erhöhtem Thron. Tiefer steht rechts St. Michael in antikisierender Rüstung mit dem blanken Schwert in seiner Linken. Mit der Rechten weist er auf den knienden Johannes von Nepomuk, der betend zum Jesuskind aufschaut, das ihm die Märtyrerpalme reicht. Ein schwebender Engel hält einen Nimbus mit fünf Sternen über sein Haupt. Links hinter Johannes sieht man einen Kinderengel, der mit seinem Schweigegestus an die Verschwiegenheit des Heiligen als Beichtvater erinnert. Ein weiterer Putto im Vordergrund hält eine Waage hoch und verweist damit auf die Rolle des Erzengels als Seelenwäger beim Jüngsten Gericht. Die Darstellung macht anschaulich, daß das ursprüngliche Altarpatrozinium durch den 1729 heiliggesprochenen Johannes von Nepomuk erweitert worden ist.

Literatur: R. Kultzen, in: Kat. 1979, S. 120 (Zuschreibung an S. Conca), Abb. 22. – E. Schleier, Opere di Paolo de Matteis in Germania. In: Festschrift R. Causa. Neapel 1989, S. 309 (Anm. 10). – C. Benocci, O. A. In: Saur, Allgemeines Künstlerlexikon 5, 1992, S. 724.

Rom, S. Lorenzo in Lucina P. V.

110 Johannes von Nepomuk in Ketten vor König Wenzel

Paolo de Matteis (1662–1728), Anfang 18. Jahrhundert

Öl auf Leinwand. 67,5:50,0 cm. – Bez.: »Paulus de Matthei«.

Dargestellt ist die Verhaftung Johannes von Nepomuks, der vor König Wenzel IV. geführt und in Ketten gelegt wird. Wenzel, umgeben von seinen Ratgebern, hat sich von seinem Thron erhoben und spricht die Verurteilung aus, auf die Art der Strafe deutet seine ausgestreckte linke Hand. Dort im Hintergrund ist der Brückensturz des Heiligen zu sehen. Vom Himmel schwebt ein Engel herab, der Kranz und Palmzweig für den Märtyrer bringt.
Die Darstellung von Paolo de Matteis geht möglicherweise auf einen seitenverkehrten Kupferstich von Gerard de Groos nach Christian Dittmann zurück (Abb. S. 186). An dieser Komposition orientiert sich ein kleiner Stich von Andreas Matthäus Wolfgang, Augsburg (München, Bayerische Staatsbibliothek, Icon. 129, Nr. 21 u. 229). Das kleine Gemälde von de Matteis stammt aus der kurpfälzischen Galerie in Düsseldorf (Kopie im Museum in Chambéry). Die gleiche Komposition zeigt auch ein Seitenaltarblatt der Pfarrkirche St. Peter in Neuburg an der Donau, das wohl von einem unbekannten einheimischen Künstler nach Vorlage des Münchner Gemäldes kopiert wurde. Wahrscheinlich stammt das Münchner Bild aus ehemaligem Neuburger Besitz. Verbindungen nach Neapel entstanden nach der Heirat von Herzog Philipp Wilhelm von Pfalz-Neuburg (1615–1690) mit Anna Katharina Konstanze von Polen (1619–1651), die die nea-

Kat. 109

G. de Groos nach Chr. Dittmann, Johannes von Nepomuk vor König Wenzel ▷

politanische Baronie Rocca Guglielma sowie Castellamare in die Ehe einbrachte (bis 1759 kurpfälzisch). Über diese Beziehungen kann das Gemälde des damals berühmten neapolitanischen Malers nach Neuburg gekommen sein, um hier von einem unbekannten einheimischen Künstler für den Seitenaltar in St. Peter kopiert zu werden.

Literatur: Kat. 1979, S. 121, 160, Nr. 523. – E. Schleier, Opere di Paolo de Matteis in Germania. In: Festschrift R. Causa. Neapel 1989, S. 305 f. (mit älterer Literatur).

München, Bayerische Staatsgemäldesammlungen, Alte Pinakothek (2254) S. W.

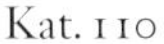
Kat. 110

111 Johannes von Nepomuk in der Glorie, Seitenaltarbild der Schloßkapelle Schönbrunn

Giovanni Battista Pittoni (1687–1767), Venedig, um 1735

Öl auf Leinwand. 355 : 173,5 cm.

Das Altarbild zeigt den von Engeln geleiteten und auf Wolken knienden Johannes von Nepomuk, der mit ausgebreiteten Armen, emporgewandtem Kopf und verklärtem Gesicht die Glorie des Himmels erblickt und damit seine Aufnahme unter die Heiligen erfährt. In der Linken hält er zum Zeichen seines Märtyrertodes den Palmzweig, während sein eigentliches Attribut, das hölzerne Kruzifix, von einem kleinen Engel zu seinen Füßen gehalten wird, der mit vor die Lippen gelegtem Finger den Schweigegestus vollzieht. Die dem Bildtypus einer Himmelfahrt nahekommende Darstellung darf keinesfalls mit der Szene einer leiblichen Aufnahme in den Himmel

Kat. 111

verwechselt werden, sondern gilt der Verdeutlichung der himmlischen Präsenz des nun zur Ehre der Altäre erhobenen Heiligen. Dennoch greift Pittoni mit seiner Darstellung der himmelwärts getragenen Gestalt auf Sebastiano Riccis Altarbild der »Himmelfahrt Mariae« in der Wiener Karlskirche zurück, der wohl machtvollsten Bekundung venezianischer Malerei im süddeutschen Raum vor Tiepolo. Die Komposition Riccis ist 1734 datiert, ein Nachstich des Bildes von Pittoni wurde von Pietro Monaco 1740 verlegt: Zwischen diesen beiden Daten muß das vorliegende Gemälde entstanden sein.

Pittonis Bild schmückt den rechten Seitenaltar der Schloßkapelle in Schönbrunn. Als Auftraggeberin gilt Kaiserin Wilhelmine Amalie (1673–1742), die verwitwete Gemahlin Kaiser Josephs I., der Schloß Schönbrunn als Alterssitz diente. An diesem durch die kaiserliche Residenz besonders nobilitierten Sakralraum des Reiches kommt dem Altarbild eine programmatische Bedeutung zu, hatten doch vor allem Mitglieder des Hauses Habsburg überaus nachdrücklich auf die Kanonisation des Johannes von Nepomuk gedrängt. Anläßlich der Seligsprechungsfeier in Prag 1721 wurde am Festgerüst die Darstellung des auf einem Doppeladler in den Himmel erhobenen Johannes von Nepomuk über der knienden Kaiserfamilie gezeigt (vgl. Kat. 38–40). In der Schönbrunner Schloßkapelle konnte die Ehrung des Heiligen nun mit den zur Meßfeier vor dem Altarbild versammelten Habsburgern zum leibhaftigen Ausdruck der *pietas austriaca* werden. Das Bild Pittonis hat auf die Malerei des süddeutschen Raumes als Vermittler venezianischen Kolorits wie als vorbildhafte Komposition einen nachhaltigen Einfluß ausgeübt. So haben sich etwa Paul Troger und Franz Anton Maulpertsch zu vergleichbaren Darstellungen anregen lassen.

Literatur: F. Zava Boccazzi, Pittoni. Venedig 1979, S. 180–181, Nr. 244, Abb. 333. – Kat. 1971, Nr. 97 (zum Nachstich des P. Monaco).

Wien, Schloß Schönbrunn, Kapelle R. B.

112 Johannes von Nepomuk hört die Beichte der böhmischen Königin

Giuseppe Maria Crespi (1665–1747), Bologna, vor 1743

Öl auf Leinwand. 155 : 120 cm.

In einem aus rohem Holz gezimmerten Beichtstuhl neigt sich Johannes von Nepomuk zu einem Gitter, dessen hölzerne Klappe er mit der Rechten öffnet, um das Sündenbekenntnis der Königin Sophie von Böhmen zu hören. Zwar kann er die schwarz verschleierte Gestalt nicht sehen, die auf der linken Seite des Beichtstuhles kniet, doch es erreicht ihn das gesprochene Wort, das die Königin mit vor die Brust gelegter Rechten bekräftigt, während ihre Linke den Rosenkranz als Hinweis auf die zu erwartende Buße hält. Auf der anderen Seite des Beichtstuhles kniet ein alter Mann; er hat seinen Krückstock an die Wange des Betstuhls gelehnt und wartet mit gefalteten Händen und geschlossenen Augen in Reue und Demut darauf, daß der Priester sich auch ihm zuwendet. Die Szene ist lebensnah und mit Freude am Detail beobachtet, dabei erfüllt von Menschlichkeit und anrührender Einfachheit. Das Licht akzentuiert die Gesichter und Hände der drei in Knien und Sitzen, Sprechen und Hören, Agieren und Warten aufeinander bezogenen Personen. Gemeinsam verkörpern sie den geheimnisvollen Vollzug des Bereuens, Bekennens und Vergebens von Sünden, aus dem die Verpflichtung zum Schweigen erwächst.

Das Gemälde ist ein Alterswerk des etwa fünfundsiebzigjährigen Crespi. Es wurde 1743 in Bologna für die Turiner Residenz des Herzogs Carlo Emanuele III. von Savoyen, König von Sardinien, erworben. Crespi hatte eine vergleichbare Beichtszene schon dreißig Jahre zuvor für den Kardinal Pietro Ottoboni als Teil einer Serie der Sieben Sakramente gemalt, die sich seit 1744 in der Dresdener Gemäldegalerie befindet. Gegenüber diesem frühen Gemälde wird der Beichtiger nun eindeutig als Johannes von Nepomuk charakterisiert: er trägt das für dessen Darstellungen stets gewählte Rochett über der Soutane und ist durch den Nimbus der fünf Sterne ausgezeichnet. Für die Deutung des Bildes ist es bedeutsam zu wissen, daß die nepomucenische Beichtszene in einem Sakramentsbild wurzelt. Hier nun wird der Patron des Beichtgeheimnisses, der für sein Schweigen den Martertod erlitt, zum Inbegriff des Sakraments der Sündenvergebung. Entsprechend sind über dem Kopf des Heiligen am Dach des Beichtstuhls die Worte des Johannesevangeliums verzeichnet: »QUORŪ REMISERITIS PECCATA REMITTVNTVR EIS Joana 20:23« (Wem ihr die Sünden vergebt, dem sind sie vergeben). In der eindringlichen Schlichtheit der Szene im Beichtstuhl werden diese Christusworte in die Wirklichkeit des Lebens übertragen. Damit hat Crespis Bild Teil an dem kämpferischen Festhalten, mit dem die Kirche der Gegenreformation die Ohrenbeichte und den sakramentalen Charakter der Buße verteidigte.

Literatur: M. Pajes Merriman, Giuseppe Maria Crespi. Mailand 1980, S. 269–270, Nr. 133, Farbtafel IV. – Giuseppe Maria Crespi and the Emergence of Genre Painting in Italy (Ausstellungskatalog). Fort Worth 1986, S. 171, Nr. 30. – Giuseppe Maria Crespi 1665–1747 (Ausstellungskatalog). Bologna–Stuttgart–Moskau 1990–1991, S. 484, Nr. 118.

Turin, Galleria Sabauda R. B.

Kat. 112

Kat. 113 (Detail)

113 Vorhersage des Martyriums des Johannes von Nepomuk

Peter Brandl (1668–1735), Prag, wohl 1721

Öl auf Leinwand. 365 : 230 cm.

Das Gemälde ist heute in einer dunklen und sehr engen Kapelle der ehem. Jesuitenkirche in Königgrätz nur schlecht zu sehen. Ursprünglich war es das Hochaltarblatt der Kirche St. Johannes von Nepomuk des Priesterseminars, die unter Bischof Johann Adam Wratislaw von Mitrowitz in den Jahren 1714–1721 erbaut wurde. Zur Weihe kam es im Jahr der Seligsprechung des Märtyrers. Spätestens damals dürfte Brandls Bild vollendet gewesen sein. Der Lokalhistoriker Johann N. Eiselt gibt sogar an, daß es signiert und 1721 datiert sei. Auch die anderen Altarblätter, die der Künstler für drei Königgrätzer Kirchen schuf, sind nicht fest datiert.

Peter Brandl, der Hauptmeister des böhmischen Hochbarock, wurde wiederholt mit Darstellungen des Johannes von Nepomuk beauftragt. Am frühesten entstanden ist wohl die Halbfigur mit schmerzhaftem Gesichtsausdruck und Schweigegestus von 1722 in der Galerie von Stift Klosterneuburg. Von 1725 stammt das Altarblatt mit dem Almosen spendenden Heiligen in der Kirche von Mödling bei Wien, das mit dem ganzen Altar von der Böhmischen Hofkanzlei gestiftet wurde. Das gleiche Thema hat ein Altarbild von 1732 in der Zisterzienserkirche von Grüssau in Schlesien.

Literatur: J.N. Eiselt, Königgrätz in der Vorzeit und Gegenwart. Prag 1860, S. 114f. – A. Cechner, Soupis památek ... v polit. okr. Královéradeckém. Prag 1904, S. 70. – A. Matějček, Petr Brandl. In: Umění 9, 1936, S. 143 (»Anf. 1730er Jahre«). – A. Kubiček-Zd. Wirth, Hradec Králové. Königgrätz 1939, S. 57 (»1721«). – J. Neumann, Petr Brandl (Ausstellungskatalog). Nationalgalerie Prag 1968, S. 27f. (»um 1730«). – I. Kořán, Umění a umělci baroka v Hradci Králové. Část první. In: Umění 19, 1971, S. 52f. (Kirchenbau), 57, 68, Anm. 68 (»1721«).

Königgrätz, Ehem. Jesuitenkirche Himmelfahrt Mariä

Pr.

114 Johannes von Nepomuk als Pilger

Böhmen, um 1722/24

Öl auf Leinwand. Ca. 108:83 cm.

Zur kurzen, aber intensiven Vorgeschichte der Nepomukkapelle bei St. Georg auf dem Hradschin gehörte eine polygonale Kapelle, die am Burgtor vor dem Schwarzen Turm an der Wand des sog. St. Wenzels-Weinberges, damals im Besitz des Grafen Franz Joseph von Schlick, geplant aber nicht ausgeführt wurde. Auch der Bau der Kapelle bei St. Georg begann noch vor der Seligsprechung. Die Weihe fand bereits am 10. Mai 1722 statt, allerdings scheint die Ausstattung erst am 24. August 1724 abgeschlossen gewesen zu sein. Zu ihr gehört das Altarbild von Wenzel Lorenz Reiner, der aber nicht mit dem Kuppelfresko der Apotheose des Heiligen beauftragt wurde, das man ihm gelegentlich irrtümlich zugeschrieben hat, und dessen Autor immer noch unbekannt ist.

Ebenfalls nicht identifiziert ist der Maler der Bilderfolge der Nepomuklegende an den Pfeilern der Kirche. Auf den schmalen Hochformaten zu sehen sind Johannes' Eltern in Sorge über dessen Krankheit, die Szene, in der König Wenzel IV. in Anwesenheit des Generalvikars in seiner Wut anordnet, seinen Koch zu braten, ferner die Folter des Heiligen, ebenfalls in Anwesenheit des Königs, die Wallfahrt nach Altbunzlau und schließlich das Begräbnis des Johannes von Nepomuk mit dem Zug der Kanoniker.

Das Bild mit dem pilgernden Heiligen ist das eindrucksvollste der Serie, vor allem wegen seiner Naturdarstellung. Gerade diese, besonders die Gestaltung des Baumschlags, spricht für einen Maler aus dem unmittelbaren Umkreis von Wenzel Lorenz Reiner.

Prag, St. Georg auf dem Hradschin, Nepomukkapelle

Pr.

Kat. 114

115 Maria mit dem Kind und vier Heiligen

Anton Kern (1709–1747), Prag, um 1735/38

Öl auf Leinwand. 171,5:112 cm.

Bei der »Sacra Conversazione« von vier Heiligen vor der Madonna mit dem Jesuskind fällt die ungewöhnliche Zusammenstellung der Heiligen auf. Am auffallendsten tritt zwar die mädchenhafte hl. Margarethe hervor, die auf das Jesuskind deutet und sich dem Betrachter zuwendet, doch fällt die Hauptrolle dem hl. Johannes von Nepomuk zu, der Maria seine Zunge auf einer Muschel präsentiert. Die Muschel deutet sowohl auf seine heroische Verschwiegenheit hin wie auf seinen Tod im Wasser. Im Hintergrund erscheint der hl. Antonius, der wegen seiner Eloquenz oft dem schweigsamen Märtyrer gegenübergestellt wird. Auf diesem Bild ist eine solche Absicht aber eher nicht zu vermuten. Der im Vordergrund sitzende Fürst und die hl. Margarethe als Ergänzung weisen eher auf einen anderen Zusammenhang hin, daß nämlich die Auftraggeber ihre eigenen Namenspatrone darstellen ließen. Der bärtige, ältere Fürst im Vordergrund, der an den hl. Leopold denken läßt, ist durch den schwarzen Adler auf rotem Schild eindeutig als der hl. Wenzel, der Hauptpatron Böhmens, charakterisiert. Dieser böhmische Heilige weist hin auf die Entstehung des Bildes in Kerns kurzer böhmischer Schaffenszeit in den Jahren 1735–1737/38.

Literatur: K. Garas, Anton Kern (1710–1747). In: Muzeum i twórca ... Museum and Artist. Festschrift für Dr. Stanislaw Lorentz. Warschau 1969, S. 78, 89, Abb. 9. – J. Neumann, Böhmischer Barock. Prag 1970, S. 283, Nr. 354 mit Abb.

Prag, Nationalgalerie (DO 5429) Pr.

116 Die Verherrlichung des Johannes von Nepomuk, Entwurf für das Kuppelfresko der Johannes von Nepomuk-Kapelle in der Hofkirche zu Dresden

Franz Karl Palko (1724–1767), Dresden, nach 1752

Bleistift. 26,6:17,3 cm.

Die Zeichnung gibt Palkos *primo pensiero* für sein Fresko in der Kuppel der Johannes von Nepomuk-Kapelle in der Katholischen Hofkirche in Dresden wieder. Mit wenigen Strichen sind am unteren Rand des Blattes der sechseckige Grundriß der Kapelle und ein Schnitt durch die auszumalende Kuppel festgehalten. In der darüber befindlichen Skizze ist die Apotheose des Heiligen als vielfigurige Himmelserscheinung dargestellt: Mit ausgebreiteten Armen wird Johannes von Nepomuk auf Wolken getragen und von Engeln begleitet. Abweichend von der späteren Freskoausführung Palkos, die der Illusion des ungehinderten Blicks in den Himmel verpflichtet ist, läßt die Zeichnung eine architektonische Gliederung der Kuppel mit Rippen und Kassetten erkennen, über welche die Wolken und Figurengruppen hinweggemalt werden sollten. Das Fresko Palkos, dem diese Zeichnung als erster Entwurf diente, wurde in der Dresdener Feuernacht vom 13. auf den 14. Februar 1945 vollständig vernichtet.

Kat. 116

Ursprünglich hatte Kurfürst Friedrich August II. von Sachsen, als König von Polen August III., für die malerische Ausgestaltung der Johannes von Nepomuk-Kapelle den Römer Gregorio Guglielmi (1714–1773) bestimmt. Nachdem der Grundstein der Hofkapelle 1739 gelegt und der Bau rasch vorangeschritten war, hatte Guglielmi 1752 das Kuppelfresko begonnen. Doch das Werk gefiel nicht und mußte wieder abgeschlagen werden. Als neuer Freskant wurde der gleichfalls in der Hofkirche tätige Bologneser Maler Stefano Torelli (1712–1784) vorgese-

Kat. 115

hen, doch schließlich erhielt Palko wohl kurz nach 1752 den Auftrag. Mit einer Ölskizze (42:50 cm), die sich heute im Musée des Beaux-Arts in Tours befindet, hat der Maler, der hier gezeigten ersten Skizzierung folgend, einen farbigen *modello* angelegt. Dieser läßt erkennen, daß der Gestalt des auf Wolken emporgetragenen Heiligen Personifikationen von Lastern entsprachen, die von diesem überwunden wurden und in die Tiefe stürzten. Palkos Darstellung erweist sich damit der barocken Freskotradition verpflichtet, die ihre Bildprogramme aus der Antithese des Sieges des Lichtes über die Finsternis entwickelte.

Literatur: P. Preiss, Franz Karl Palko als Zeichner. In: Bulletin du Musée Hongrois des Beaux-Arts 45, 1975, S. 90, Abb. 59. – Ders., in: Kat. 1977, S. 281, Nr. 165. – Ders., Die Barockzeichnung. Meisterwerke des böhmischen Barocks. Hanau 1979, S. 164–165, Abb. 53. – Franz Karl Palko (1724–1767), Ölskizzen, Zeichnungen und Druckgraphik (Ausstellungskatalog). Salzburg 1989, S. 74, Nr. 20, Abb. S. 75.

Prag, Nationalgalerie (K 1526) R. B.

117 Die Bergung des Leichnams des Johannes von Nepomuk aus der Moldau, Altarbild der Johannes von Nepomuk-Kapelle in der Hofkirche zu Dresden

Franz Karl Palko (1724–1767), Dresden, nach 1752

Öl auf Leinwand. 517:372 cm.

Die Stelle, an welcher der Leichnam des Johannes von Nepomuk von der Moldau an das Ufer getragen wurde, lag nahe der Prager Kirche zum Größeren Heiligen Kreuz. Dort wurde der Märtyrer vorläufig beigesetzt, bevor er sein eigentliches Grab im Veitsdom fand. Für diese erste Begräbnisstätte hatte Peter Brandl (1668 bis 1735) im Jahre 1699 ein Altarbild mit der Darstellung der Bergung des Leichnams gemalt. Die Komposition des heute nicht mehr nachweisbaren Gemäldes überliefert ein 1707 datierter Nachstich des Johann Mansfeld. Dieses Bild am Ort der Bergung begründete eine Darstellungstradition, auf die Palkos fünfzig Jahre später entstandenes, monumentales Altarblatt zurückzuführen ist. Es zeigt eine nächtliche Szene von verhaltener Dramatik: Herkulische Träger haben den toten Leib aufgenommen und schleppen ihn vom Ufer, an dem ein Nachen festgemacht ist, zur nahen Kirche. Die vielköpfige Gruppe von Augenzeugen wird überragt von der Gestalt des Prager Erzbischofs Johann von Jenstein. In Pontifikalgewänder gekleidet und begleitet von Diakonen mit Vortragekreuz und Bischofsstab leitet er den Leichenzug seines ermordeten Generalvikars unmittelbar an der Seite des Toten, den Blick auf ihn gerichtet, die Hände staunend und schützend erhoben. Mit zurückgesunkenem Haupt, der schlaff zu Boden hängenden Rechten und der leblos auf dem Leib ruhenden Linken ist der Leichnam des Johannes von Nepomuk der unmittelbare Bezugspunkt von Anteilnahme und Trauer. Eine übernatürliche Helligkeit löst das Geschehen mit scharfen Schlaglichtern aus dem Dunkel und überstrahlt selbst den Feuerschein von Fackel und Rauchfaß. Inmitten dieser Himmelsstrahlen schwebt ein Engel mit dem Lohn des Martyriums, Sternenkranz und Siegespalme. Palkos Darstellung der Bergung des Leichnams folgt dem Bildtypus der Grabtragung Christi, wie er sich seit Raffaels Baglioni-Altar von 1507 als vorbildhaft ausgeprägt hatte. Entsprechend der Vorstellung des christlichen Martyriums wird damit der Tod des Johannes von Nepomuk in der Nachfolge der Passion Christi gesehen.

Als überaus eindrucksvolles und allein von seinen Abmessungen grandioses Altarbild war das Gemälde das Herzstück der Ausstattung der Johannes von Nepomuk-Kapelle in der Katholischen Hofkirche zu Dresden. Palko hatte darüber hinaus auch die Ausmalung der Kuppel übernommen (vgl. Kat. 116) und dort die Apotheose des Heiligen als himmlisches Gegenbild zur irdischen Szene der Grabtragung geschaffen. Bei der Zerstörung Dresdens wurde die Ausstattung dieses Kapellenraumes vernichtet, allein das Altarblatt konnte geborgen werden. Es bewahrt heute, wenn auch an anderer Stelle der Hofkirche, die Erinnerung an die einstige Rolle der Nepomuk-Verehrung in Dresden. Diese ist im Zusammenhang der Konzeption der Hofkirche als Bollwerk des Katholizismus im Heimatland der lutherischen Reformation zu sehen. Der Erbauer der Kirche, Kurfürst Friedrich August II. von Sachsen (1696–1763), als König von Polen August III., war zum katholischen Glauben konvertiert und hatte in seiner Gemahlin, Erzherzogin Maria Josepha (1699–1757), eine in religiösen Fragen eifrige Mitstreiterin erhalten. Diese Tochter Kaiser Josephs I. übertrug den Kult des von ihrem Haus so nachdrücklich propagierten Johannes von Nepomuk an die Wettiner Residenz: Wie in der Schönbrunner Schloßkapelle für die habsburgischen Erblande, so wurde in der Dresdner Hofkirche für Sachsen die Verehrung des neuen Heiligen gefördert. Allerdings waren angesichts der überwiegend protestantischen Bevölkerung dem sächsischen Hof Beschränkungen auferlegt. So konnten Prozessionen etwa aus Anlaß von Heiligenfesten nicht in der Öffentlichkeit stattfinden. Auf diese Situation antwortet die Architektur der Hofkirche mit der Bereitstellung eines innerräumlichen Prozessionsweges, dem die Johannes von Nepomuk-Kapelle als eine von vier Stationskapellen diente. Innerhalb der Kirche,

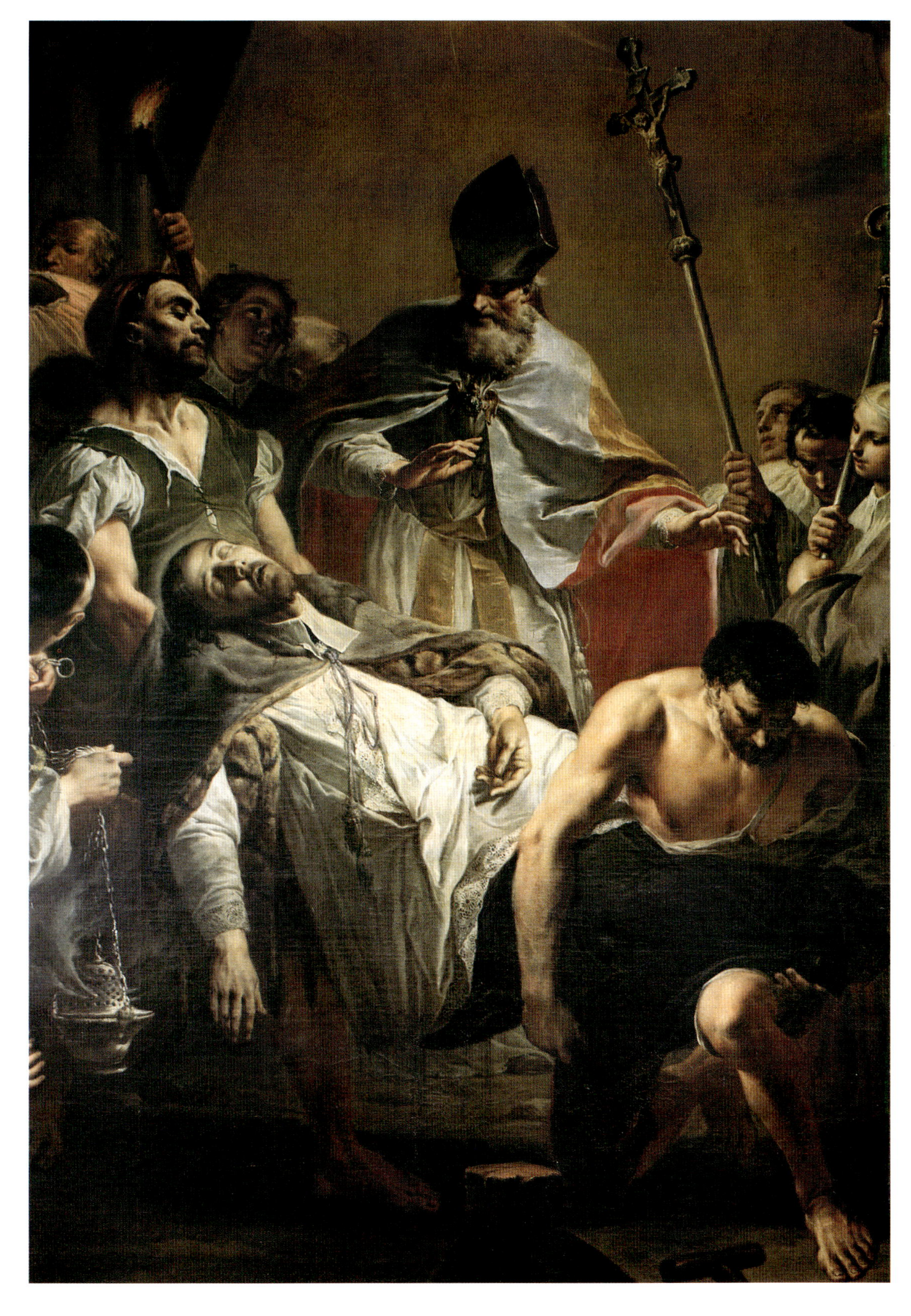

Kat. 117
(Detail)

am nächsten zur Augustusbrücke gelegen, übernahm die Kapelle zudem die Funktion des Schutzes über den Elbübergang, da es zu provokant gewesen wäre, dort ein Heiligenbild aufzustellen. Palkos Altarblatt ersetzt damit die Statue des Brückenheiligen, die an den alten Brükkenwegen Europas einzig in Dresden fehlt.

Literatur: P. Preiss, Franz Karl Palko als Zeichner. In: Bulletin du Musée Hongrois des Beaux-Arts 45, 1975, S. 91–94. – J. Seifert, Das Bildprogramm der Katholischen Hofkirche in Dresden, Kathedrale des Bistums Dresden-Meissen. In: Ecclesia Triumphans Dresdensis (Ausstellungskatalog). Wien 1988, S. 14.

Dresden, Katholische Hofkirche R. B.

Kat. 118

118 Die Bergung des Leichnams des Johannes von Nepomuk aus der Moldau (Entwurf zu Kat. 117)

Franz Karl Palko (1724–1767), Dresden, nach 1752

Federzeichnung, hellgrau und hellbraun laviert. 17,0 : 11,6 cm.

Die Zeichnung bietet einen ersten Entwurf für das Altarbild der Johannes von Nepomuk-Kapelle in der Katholischen Hofkirche in Dresden. Noch skizziert Palko hier die Komposition gegenüber der ausgeführten Version seitenvertauscht mit einer Bewegungsrichtung des Leichenzuges nach rechts. Insgesamt sind die Figurengruppen stärker vereinzelt und die Protagonisten der nächtlichen Szene wie von fiebernder Unruhe erfaßt. Dabei dominiert eine expressive Gebärdensprache. So weist der die Handlung leitende Bischof mit bestimmender Handbewegung auf das gotische Portal der Kirche zum Größeren Heiligen Kreuz, dem Ziel des Zuges. Diesem direkt über dem Haupt des Heiligen hoch erhobenen Gestus antwortet die klagend ausgestreckte Rechte der im Vordergrund knienden Frau. Gegenüber dem erregten Überschwang dieser ersten Skizzierung erreicht das ausgeführte Altarbild durch verhaltene Gestik und kompakte Gruppierung der Gestalten eine beruhigte Monumentalität. Damit gibt die Zeichnung einen wertvollen Einblick in die Entwurfstätigkeit Palkos und erlaubt die Genese des Dresdener Altarblattes, eines der Hauptwerke des Künstlers, nachzuvollziehen.

Literatur: K. Garas, Antonio Galli Bibiena et Franz Karl Palko. In: Bulletin du Musée Hongrois des Beaux-Arts 39, 1972, S. 85, Anm. 35. – P. Preiss, Franz Karl Palko als Zeichner. In: Bulletin du Musée Hongrois des Beaux-Arts 45, 1975, S. 93–94. – Franz Karl Palko (1724–1767). Ölskizzen, Zeichnungen und Druckgraphik (Ausstellungskatalog). Salzburg 1989, S. 76, Nr. 21, Abb. S. 77.

Privatbesitz R. B.

119 Der Leichnam des Johannes von Nepomuk auf der Moldau

Franz Karl Palko (1724–1767), wohl Prag, 1755–1760

Öl auf Blech. 19,8 : 26,3 cm.

Das erste Wunder des Märtyrers – so will es die Legende – geschah unmittelbar nach seinem Tod: Die Wellen der Moldau trugen den Leichnam inmitten eines überirdischen Lichtes, das die Bewohner Prags voller Staunen herbeieilen ließ. König Wenzel hatte für seine Mordtat die Nacht gewählt, nun war sie durch die wundersame Erscheinung erhellt. Noch die Hagiographen des 18. Jahrhunderts verbanden dieses Ereignis mit dem Wort »Aus Finsternis soll Licht aufleuchten« (2. Kor. 4, 6). Das Leuchten der Nacht und der Fluß als Träger einer kostbaren Last sind das Thema des kleinen Bildes von Palko, eines Juwels der Rokokokunst Böhmens. Hatten andere den Heiligen buchstäblich auf den Rükken einer Personifikation des Flusses erhoben (vgl.

Kat. 135–137), so zeigt Palko Johannes von Nepomuk auf den Wassern der Moldau ruhend, in geistliche Tracht von Soutane, Rochett und Variulum gekleidet. Noch in der Todesstarre mit aufgerissenen Augen und geöffnetem Mund, als wäre noch Leben in ihm, hält der Heilige seine Arme über der Brust gekreuzt, in der Hand das Kruzifix. Um sein Haupt erstrahlt der Nimbus der fünf Sterne für jeden einzelnen Buchstaben des Wortes des großen Schweigers: TACVI. Hinter dem schwimmenden Leichnam spannt sich die Karlsbrücke über den Strom, Ort des Martyriums und zugleich Zeichen des Triumphes für den künftigen Heiligen der Brücken Europas.

Palkos Darstellung ist eine Lichterzählung von suggestiver Wirkung. Gegenüber der Dunkelheit der nur von fahlem Mondlicht aufgehellten Nacht läßt der Maler durch das Schimmern des Wassers, das Aufblitzen des weißen Rochetts, das Funkeln der Sterne, das Erglühen der Brückenbogen das Wunder der Auffindung des heiligen Leichnams erahnen. Zugleich ist das kleine Bild in der Zartheit und Empfindsamkeit seiner Darstellungskunst, beispielhaft für die Zeit, in welcher der Nepomukkult, ausgehend von Böhmen, seinen Höhepunkt erreicht hatte.

Literatur: K. Garas, Zu einigen Problemen der Malerei des 18. Jahrhunderts. Die Malerfamilie Palko. In: Acta Historiae Artium 7, 1961, S. 247. – E. Hubala, in: Barock in Böhmen. München 1964, S. 329, Nr. 150. – Kat. 1971, Farbtafel I. – Franz Karl Palko (1724–1767). Ölskizzen, Zeichnungen und Druckgraphik (Ausstellungskatalog). Salzburg 1989, S. 42, Nr. 4, Abb. S. 43.

Prag, Nationalgalerie (O 563) R. B.

Kat. 119

120 Johannes von Nepomuk

Ferdinand Maximilian Brokoff (1686–1731), Prag, 1717

Sandstein. H. 101 cm.

Die unterlebensgroße Figur wurde von Brokoff im Auftrag des Prager Ratsherrn Johannes Friedrich Neumann von Neuberg geschaffen für die Kapelle von dessen bei Mělník gelegenem Schlößchen. Neumann hatte dem Künstler bereits 1706 den Auftrag für die Gruppe der »Taufe Christi« auf der Prager Brücke erteilt. Die Komposition der Skulptur in Mělník geht von dem Rauchmiller-Brokoff-Typus (s. Kat. 24, 26) aus, unterscheidet sich davon aber durch stärkere Bewegung von Figur und Gewand sowie durch die ausdrucksvolle Verbindung zwischen dem geneigten Kopf des Heiligen und dem Kreuz. Er hält es allein mit der linken Hand, während er mit der vom Körper weggestreckten rechten Hand die Märtyrerpalme gefaßt hat. Der blockhafte Kern der Skulptur wird durch die in den Raum vorstoßenden Teile, vor allem das Kreuz und den rechten Arm, aufgelockert.
Die Figur gehört zu einer Anzahl ähnlicher Nepomukfiguren, die zwischen 1710 und 1715, einer sehr schöpferischen Phase in Brokoffs Werk, aus seinem Atelier hervorgegangen sind. Zu nennen sind die Statuen vor Schloß Radíč (Kreis Příbram), an der Kirche der hll. Philippus und Jakobus in Prag-Zlíchov und im Ungelts-Hof in der Prager Altstadt.

Literatur: M. Suchomel, O neznámé brokofovské soše. In: Umění 28, 1980, S. 259–266. – E. Poche u. a., Umělecké památky Čech, 4. Prag 1980, S. 511. – O. J. Blažíček, Ferdinand Brokof. Prag 1986, S. 115.

Mělník, Schloß Neuberg — M. S.

121 Johannes von Nepomuk in schwarzer Soutane

Böhmen, Ende 17. Jahrhundert

Holz, farbig gefaßt. H. 130 cm.

Die Statue steht in der Dreifaltigkeitskirche von Sezemice in einer hölzernen Nische, die mit Eichenlaub und Akanthus verziert ist, in die Kalotte ist eine Muschel gemalt. Der Typus der Figur mit der vorne geknöpften Soutane ist ungewöhnlich. Ein Nimbus aus fünf sechszackigen Sternen umgibt sein Haupt. Blick und ausgestreckter linker Arm sind nach oben gerichtet, die Rechte weist nach unten. Man hat an der Identifizierung gezweifelt, doch steht es außer Zweifel, daß es sich um den Wahrer des Beichtgeheimnisses handelt und nicht um einen in einen Nepomuk umgewandelten Jesuitenheiligen. Der Priesterrock unterscheidet sich von der Kleidung der Jesuiten.
Die auf den ersten Blick seltene Darstellung begegnet durchaus auch sonst in der Ikonographie des Johannes von Nepomuk, besonders auf graphischen Blättern, allein neun Mal bei Pfeffel (Kat. 48). So ist er als Pilger zum Palladium Bohemiae nach Altbunzlau (z. B. Kat. 114) und im Gefängnis stets mit der Soutane bekleidet, und in dieser Kleidung erscheint er beispielsweise auch als Halbfigur auf einem Stich von Anton Birckhart.

Kat. 121

Auf Kanonikertracht ist ebenso bei dem großen Gemälde »Johannes vor König Wenzel« für die Kanonisationsfeier in der Lateransbasilika (Kat. 71) verzichtet wie bei der Lünette von Heintsch mit dem Brückensturz im Kreuzherrenkloster in Prag (Kat. 22) oder auf Vicinellis Fahne von der Heiligsprechung in Rom (Kat. 56). Der Figur in Sezemice, die ein Medaillon mit dem Palladium oder ein kleines Kreuz um den Hals getragen haben könnte, besonders ähnlich ist ein Johannes von Nepomuk als Pilger nach Altbunzlau vom Ende des 17. Jahrhunderts im Nationalmuseum Prag.

Literatur: V. Kotrba, Sezemice. Poklady umění v Čechách a na Moravě. Prag 1944.

Sezemice, Dreifaltigkeitskirche — J. R.

122 Johannes von Nepomuk

Matthias Bernhard Braun (1684–1738), Prag, um 1721 (?)

Lindenholz, erneuerte farbige Fassung. H. 185 cm.

Die bedeutendsten Nepomukdarstellungen der führenden Prager Bildhauer Brokoff und Braun sind für eine Aufstellung im Freien in Stein gehauen. Diese Holzfigur der Braun-Werkstatt, die in der Kirche von Stolmiř isoliert wirkt, stammt aus St. Clemens im Klementinum in Prag und kam erst 1857 als Geschenk an ihren heutigen Standort. In den in einer Geste religiöser Inbrunst vor der Brust gekreuzten Armen hält der Heilige die Märtyrerpalme. Die aufgewühlten Falten sind Ausdruck einer geistigen Erregung, die sich der ganzen Gestalt mitteilt. Aus stilistischen Gründen wird angenommen, daß die Figur mit ihrer für den Künstler so bezeichnenden Expressivität um 1721, also zur Zeit der Seligsprechung Johannes von Nepomuks, entstanden ist.

Literatur: O.J. Blažíček, Matyaš Bernard Braun (1684–1738) (Ausstellungskatalog). Prag 1984, Nr. 23, Abb. 14.

Stolmiř, St. Gallus P.V.

Kat. 122

123 Johannes von Nepomuk als Almosenspender

Lazar Widmann (1699–1769), 1745–51

Holz, ungefaßt, lebensgroß.

Das Thema der Almosenspende ist bei Johannes von Nepomuk vor allem in der Malerei und Graphik (s. Kat. 11) verbreitet, wobei es Parallelen gibt zu entsprechenden Darstellungen anderer Heiliger, vor allem des hl. Karl Borromäus. Die prominenteste plastische Darstellung des almosenspendenden Johannes von Nepomuk ist die Steingruppe von Ferdinand Maximilian Brokoff (um 1725), heute bei Hl. Geist in Prag aufgestellt (Abb. S. 81). In ihrer Nachfolge entstand Lazar Widmanns Holzskulptur in Pořcíč. Der Kanoniker, der zu sätzlich zur üblichen Kleidung noch eine Stola trägt, hält in der linken Hand eine Muschel, aus der er eine Münze genommen hat, die er einem Bettler reicht. Dieser sitzt halbnackt zu seinen Füßen mit übereinander geschlagenen Beinen und blickt händeringend zu ihm auf. Am Sockel liegen neben dem Stock des Bettlers und seinem, in einem Netz verwahrten Bündel noch eine eiserne Fessel. Auf gesondertem Postament steht tiefer ein Putto mit einer Fackel als Attribut des Heiligen, das an die von ihm erlittene Folter erinnert.

Der in Pilsen geborene Lazar Widmann gehört zu den begabtesten Bildhauern seiner Zeit außerhalb von Prag. Die Kunst der Generation von Brokoff und Braun wandelt sich in seinen Werken mit ihren realistisch geschilderten Einzelheiten zu einem zierlicheren Rokokostil, so auch bei Ausstattung der Kirche von Poříč, die er gemeinsam mit dem Schreiner Daniel Pilát im Auftrag des Grafen Wrtba ausführte. Die originellen gotisierenden Formen des ebenso wie die Skulpturen im natürlichen Holzton belassenen Mobiliars sollten vielleicht bewußt altertümlich wirken im Einklang mit der romanischen

Architektur des Gotteshauses. Die Nepomukgruppe und ihr Gegenstück, ein hl. Liborius, stehen am Hochaltar unter offenen Spitzbogenarkaden zu Seiten des großen zentralen Gemäldes.

Literatur: Blažíček 1946, S. 97 f. – Blažíček 1958, S. 224 f.

Poříčí nad Sázavou, St. Gallus P.V.

124 Johannes von Nepomuk im Gebet

Prag, um 1740–1750

Holz, farbig gefaßt. H. 148 cm.

Die qualitätvolle, ganz individuell aufgefaßte Figur stammt aus einem größeren Zusammenhang, angeblich aus St. Jakob in Prag. Der Heilige kniet barhäuptig auf einer Schräge und wendet sich zur Seite. Sein gesenkter Blick ist andächtig auf die betend ineinander verschränkten Hände gerichtet. Diese ausdrucksstarke Skulptur aus der Nachfolge M.B. Brauns tendiert in ihrer differenzierten Gestaltung und ihrer Verfeinerung hin zu den zierlicheren Formen der Rokokozeit.

Literatur: M. Horyna Barokní plastika ve sbírkách Muzea hlavního města Prahy (Ausstellungskatalog). Prag 1973, Nr. 94.

Prag, Museum der Hauptstadt Prag (28 303) P.V.

125 Johannes von Nepomuk

Ignaz Franz Platzer (1717–1787), Prag, um 1750–1760

Lindenholz, weiß gefaßt und stellenweise vergoldet. H. 141 cm.

Der mit seinem linken Fuß auf einer Wasserurne stehende Heilige wendet sich in auffallend starker Körperbiegung nach – von ihm aus gesehen – rechts und blickt herab zu dem Kruzifix, das er zusammen mit der Märtyrerpalme im Arm hält. Mit der Linken stützt er ein Buch, auf dem sein Birett liegt, an die Hüfte. Die unterlebensgroße Skulptur stammt mit ihrem Pendant, einer Figur der hl. Thekla (Prag, Nationalgalerie; Inv. Nr. 2883) von einem Altar der Klosterkirche von Tepl.
Unter Verzicht auf raumgreifende Bewegung ist die Komposition auf einen wirkungsvollen Umriß hin angelegt. Das gilt für alle Nepomukdarstellungen Platzers, für die besonders auch die starke Biegung des Oberkörpers charakteristisch ist. Schon bei der Sandsteingruppe von 1747 vor der Kirche der Ursulinen in der Prager Neustadt ist dieser Typus voll ausgeprägt. In zahlreichen Zeichnungen und Skulpturen unterschiedlicher Größe wandelte der Künstler seine einmal gefundene Lösung immer wieder leicht ab. Umfaßt Johannes beispielsweise bei der Figur von 1747, bei der er das Birett auf dem Kopf trägt, das Kreuz mit beiden Händen, so hält er es bei der vorliegenden Fassung wie auch bei der besonders schwungvoll bewegten Statue von 1752 in der Wenzelskirche von Utery (Blažíček 1958, Abb. 280) nur mit der Rechten und verstärkt die Wirkung seiner Hinwendung zum Kreuz noch durch die Waagrechte des auf die Hüfte gestützten Buches.
Platzer, der in Pilsen geboren wurde und nach einem Studium an der Wiener Akademie 1744 nach Prag kam, wurde dort zu einem der Hauptmeister des Rokoko. In

Kat. 125

Kat. 123

seinen Arbeiten verbinden sich starke Impulse der von Georg Raphael Donner bestimmten Wiener Plastik mit der böhmischen Tradition.

Literatur: Blažíček 1973, Nr. 242. – Kat. 1977, Nr. 53, Abb. S. 108.

Prag, Nationalgalerie (P 2883) P. V.

126 Betender Johannes von Nepomuk mit einem Engel

Ignaz Franz Platzer (1717–1787), Prag, um 1760

Lindenholz, ungefaßt. H. 95 cm.

Bei der steil aufragenden Gruppe des betenden Johannes von Nepomuk mit dem zum Himmel weisenden großen Engel kniet der Heilige auf Wolken. Vor ihm liegt sein Birett, auf das ein Ende seiner Stola herabfällt. Inbrünstig hält er das Kreuz umfaßt und lehnt sein Gesicht an den Körper des toten Heilands. Der über ihm schwebende Engel legt seine Rechte auf das Kreuz und deutet mit der Linken nach oben.
Die ungefaßte Skulptur mit sorgfältig ausgearbeiteten Details ist nicht bezeichnet, doch ist sie in ihrem Stil anderen kleinplastischen Arbeiten von Ignaz Franz Platzer nahe verwandt. Zum Vergleich heranzuziehen sind etwa dessen Darstellungen der hl. Katharina in der Nationalgalerie Prag (Inv. Nr. 5329/1967; bez. »IP«) und in Privatbesitz oder auch die Gruppe des sel. Hermann Joseph vor der Muttergottes im Museum der Hauptstadt Prag (Inv. Nr. P. 15 353).

Wien, Niederösterreichisches Landesmuseum P. V.

Kat. 126

127–128 Zwei Entwurfszeichnungen für das Denkmal des Johannes von Nepomuk am Prager Veitsdom

Ignaz Franz Platzer (1717–1787), Prag, um 1763

127: Feder mit Bister über Graphitvorzeichnung, auf hellockerfarbenem Papier. 40,8 : 17,9 cm. – 128: Feder mit Tusche, mit Pinsel laviert, auf hellockerfarbenem Papier. 19,5 : 15,8 cm.

Im Auftrag des Weihbischofs Zděnek Georg Chřepický von Modliškovic, der 1746 um das Grabmal des Heiligen im Veitsdom die Marmorschranke mit Silbervasen und Silberfiguren von Tugenden hatte errichten lassen, vollendete Platzer 1763 dessen Grabdenkmal an der Außenseite des Prager Veitsdom an der Stelle zwischen zwei Strebepfeilern, wo sich im Inneren das Grabmal des Heiligen befindet (Abb. S. 85).

Der erste Entwurf (Kat. 127) zeigt die ursprüngliche Idee. Geplant war auf einem hohen Sockel ein Sarkophag, auf dem Engel den Leichnam des Johannes von Nepomuk zur Ruhe betten. Dahinter sollte sich eine Steilpyramide erheben, dekoriert mit Wolken und einem weiteren Engel, der einen Finger an den Mund hält und durch diesen Schweigegestus an die Bewahrung des Beichtgeheimnisses durch den Heiligen erinnert. Dieser Entwurf verarbeitete zwei Vorbilder aus der Wiener Barockkunst: Die Figurengruppe entspricht dem ikonographischen Typus einer Engel-Pietà mit dem Leichnam Christi, wobei sich Platzer bei der Haltung des Heiligen (seitenverkehrt) und auch bei dem großen Engel und dem kleinen Putto, der den Fuß des Heiligen hält, an Georg Raphael Donners Pietà im Dom zu Gurk von 1741 orientiert hat, die er von seinem Aufenthalt in

Kat. 124

Literatur: F.X. Jiřík, Ignác Platzer. In: Umění, 5, 1932, S. 272 u. 334. – E. Poche, Sochařské Kresby Platzerů. In: Umění, 15, 1943, S. 236, 237, 239. – O.J. Blažíček, Ignác František Platzer. In: Umění veků, věnováno k 70. narozeninám Josepha Cibulky. Prag 1956, S. 29. – Zd. Skořepová, O Sochařskem díle rodiný Platzerů. Prag 1957, S. 76, 78 mit Anm. 112 u. 114 (S. 134), S. 160, Kat. Nr. 77. – O.J. Blažíček u. P. Preiss, Ignác Platzer. Skici, modely a kresby z pražske sochařske dilny pozdního baroky (Ausstellungskatalog). Prag 1980, Kat. Nr. 109–110. – Kat. 1989, Nr. 20.10 u. 11 mit Abb. – Zum Denkmal selbst: Jiřík, a.a.O., S. 257 ff. u. 333 ff. – Skořepová, S. 76 ff. u. Taf. LVI–LVII. – Blažíček 1958. – J. Neumann, Das böhmische Barock. Prag 1969, S. 193 f. (Text zu Abb. 230).

Prag, Nationalgalerie (K37215, K37216) F.M.

Kat. 128

Kat. 127

Wien her gekannt haben dürfte. Die Gesamtanlage wiederholt den Typus eines Grabmals, das Johann Bernhard Fischer von Erlach für Graf Johann Wenzel Wratislaw von Mitrowitz in der St. Jakobskirche in Prag 1714/16 geschaffen hatte mit Figuren von Ferdinand Maximilian Brokoff. Die im Entwurf rechts neben der Pyramide für sich gezeigte trauernde Frau (Personifikation der Czechia?) sollte wohl vor dem Sockel unten angebracht werden. Sie entspricht genau der trauernden Historia am Grabmal Mitrowitz. Die hohe Pyramide konnte jedoch nicht verwirklicht werden, weil sie das hinter dem Chorfenster liegende Nepomuk-Grabmal weitgehend verschattet hätte.
Im zweiten Entwurf (Kat. 128) ist daher die Pyramide weggelassen, ebenso der große Engel, der den Oberkörper des Heiligen hält. In der Ausführung wurde dann dieser große Engel wieder aufgegriffen und mit etwas veränderter Körper- und Flügelhaltung, kompositionell stärker zentralisiert, mit der Gestalt des Heiligen verbunden, die in der Körperhaltung genau dieser Zeichnung entspricht. Auch das hier entworfene Rokokogitter wurde so ausgeführt.

129 Modell für das Denkmal des Johannes von Nepomuk am Prager Veitsdom

Ignaz Franz Platzer (1717–1787), Prag, 1763

Holz, poliert, ohne Fassung (figürliche Teile Obstholz, Stufenunterbau Nußholz); Holz, dunkelgrün marmoriert (Sarkophag und Pyramide). H. 69,8, B. 37,4, T. 23,3 cm.

Modell für das verändert ausgeführte Denkmal des Johannes von Nepomuk an der Chorausenwand des Veitsdoms (Abb. S. 85). Auf der bei Altären üblichen Zweistufenanlage steht ein mensaartig gebildeter Sarkophag, hinter dem sich eine Steilpyramide erhebt. Über dem Sarkophag wird der Heilige durch Engel aufgebahrt. Er liegt in einem geöffneten Bahrtuch auf Wolken. Ein großer Engel hält seinen Kopf und seinen linken Arm, ein kleiner Engel den linken Fuß. Damit der Leichnam besser gesehen werden kann, ist er in eine zum Betrachter frontale Lage gekippt. Der Heilige trägt die übliche Kanonikerkleidung, zu seinen Füßen liegt ein aufgeschlagenes Buch mit seinem Birett darauf.

Kat. 129

Das Modell entspricht der ersten Entwurfszeichnung (Kat. 127) und auch aus stilistischen Gründen besteht an der Zuschreibung an Platzer kein Zweifel. Die in die Steilpyramide eingelassene Aussetzungsnische für das Zungenreliquiar ist auf der Zeichnung zart angedeutet. Ebenso stimmt die bekrönende Flammenvase mit diesem Entwurf überein. Die übrige Dekoration der Pyramide: ein großer, Posaune blasender Engel, der den Ruhm des Heiligen verkündet, und zwei kleine Engelchen, geflügelte Seraphimköpfchen und Wolkenstreifen, weicht allerdings vom ersten Entwurf ab. Der »Gloria«-Engel ist eine Übernahme aus dem für diesen Nepomuk-Kenotaph vorbildlichen, von J. B. Fischer von Erlach entworfenen Mitrowitz-Grabmal in St. Jakob in Prag.

Erst nach der Anfertigung des Modells ist dem Auftraggeber offenbar aufgefallen, daß die Pyramide das dahinter liegende Chorfenster verdecken und damit das Heiligengrab im Inneren verschatten würde. Daraufhin entstand der zweite Entwurf (Kat. 128).

Literatur: Kat. 1973, Nr. 42, Abb. 10. – F. Matsche, Ein Modell Ignaz Franz Platzers für das Nepomukdenkmal am Prager Veitsdom von 1763. In: Alte und moderne Kunst, 24, 1979, H. 164, S. 22–25. – Kat. 1979, Nr. 436.

Privatbesitz F. M.

130 Johannes von Nepomuk

Würzburg, um 1726

Laubholz, rückseitig gehöhlt, stark beschädigte Fassung, beide Arme fehlen. H. 162 cm.

Der Heilige ist in der üblichen Kanonikertracht wiedergegeben. Er steht im Kontrapost, das rechte Bein vorgestellt, und wendet seinen Kopf nach rechts, wo er wohl ehemals in der Hand ein Kruzifix gehalten hat. Heute fehlen der stark verwitterten Figur beide Arme von der Schulter an sowie die Attribute. Sie wurde im Getrieberaum für das alte Wehr im Brückenpfeiler der Alten Mainbrücke in Würzburg entdeckt und 1950 an das Mainfränkische Museum überwiesen.

Kat. 130

Der Würzburger Fürstbischof Christoph Franz von Hutten (1724–1729) förderte den Kult des Heiligen schon früh. So ließ er noch als Domdechant 1723 für die Pfarrkirche in Steinbach bei Lohr ein Seitenaltarblatt von Anton Clemens Lünenschloß malen, das Nepomuk vor dem Kreuz kniend zeigt. Im Jahr 1726, also ebenfalls noch vor der Kanonisation, veranstaltete er als Fürstbischof zu Ehren des Seligen ein großes Fest in Würzburg. In diesem Zusammenhang sollte Lünenschloß für den Dom einen Zyklus von fünf Gemälden liefern, von denen nur zwei vollendet wurden. Eines davon, themengleich mit dem Steinbacher Seitenaltarblatt, schmückte bis zu seiner Zerstörung im Jahre 1945 den Hochaltar im Dom. Für die Mainbrücke stiftete von Hutten anläßlich dieses Festes eine erste Nepomukstatue, die im Jahre 1729 durch eine Steinfigur der Brüder Becker (vgl. Kat. 131) ersetzt wurde. Für die erste Nepomukfigur schlug man damals verschiedene andere Brücken als neuen Standort vor, doch ist unbekannt, was schließlich mit ihr geschah. Sie ist wohl nicht mit der hier vorgestellten Holzfigur identisch. Dagegen spricht deren Material und die rückseitige Aushöhlung, die sie für eine Aufstellung auf einer Brücke, wo man sie von hinten sehen kann, ungeeignet erscheinen lassen.

Literatur: Richter 1939, S. 15 f., 45 f., 81 ff. – Die Neuerwerbungen des Mainfränkischen Museums 1946–1956. In: Mainfränkisches Jahrbuch für Geschichte und Kunst 8, 1956, S. 33. – Meyer 1971, S. 144 ff. – H. Muth in: J. Lusin, Würzburger Freiplastiken aus zehn Jahrhunderten. Ein Inventar und Wegweiser. Würzburg 1980, S. 43, Nr. 07.14. – Trenschel 1987, S. 44, Nr. 5.

Würzburg, Mainfränkisches Museum (S. 44759)

S. W.

A. C. Lünenschloß, Entwurf für die Nepomukfigur, 1725

131 Bozzetto für die Nepomuk-Statue auf der Alten Mainbrücke in Würzburg

Johann Sebastian Becker (1694–1745) oder Volkmar Becker (?), Würzburg, um 1729

Kat. 131

Lindenholz, rückseitig abgeflacht, beige Fassung, Kruzifix in der rechten Hand verloren. H. 25 cm.

Der nahezu vollrund gearbeitete Bozzetto stimmt mit der ausgeführten Sandsteinfigur des Johannes von Nepomuk auf der Alten Mainbrücke überein. Er zeigt den Heiligen in der für ihn charakteristischen Kleidung eines Kanonikers. Sein rechtes Bein ist vorgesetzt, der Kopf nach rechts, hin zu einem heute verlorenen Kruzifix in der erhobenen Rechten gewendet. Die gesenkte Linke hält ein geöffnetes Buch gegen die Hüfte gestützt.

Als Vorlage für diese Skulptur benutzten die Brüder Becker aus Haßfurt einen Entwurf des Würzburger Hofmalers Anton Clemens Lünenschloß (1678–1763). Die 1725 datierte Zeichnung ist quadriert und trägt links unten den Vermerk: »Statoa per il ponte d' Erbipoli fu terminata nel 1729 per ordine di S.A. de Hutten« (Würzburg, Martin von Wagner-Museum, Hz. 6041; eine

J.S. u. V. Becker, Nepomukstatue, Würzburg, Alte Mainbrücke, um 1729 (Foto um 1895)

zweite, nahezu identische Entwurfszeichnung, ebd., Hz. 7042, ist nicht datiert, signiert und quadriert).
Unter Fürstbischof Christoph Franz von Hutten (1724–1729) begann die Ausschmückung der Alten Mainbrücke mit einem Zyklus von zwölf Steinfiguren. Von Anfang an war im Programm der Heiligen ein Johannes von Nepomuk vorgesehen, dessen Kult von Hutten besonders förderte (vgl. Kat. 130). Mit den Entwürfen für einen Großteil der Figuren wurde der Hofmaler Anton Clemens Lünenschloß seit 1725 beauftragt. Neben Skizzen von ihm, die Heilige zu Gruppen zusammenschließen, sind auch Entwürfe für Einzelfiguren erhalten. Aber nur für den Johannes von Nepomuk existiert noch der quadrierte Ausführungsentwurf, der den Bildhauerbrüdern Becker als Vorlage für ihren Bozzetto und die Statue diente. Gegenüber dieser Zeichnung von 1725 zeigen der Bozzetto sowie die ausgeführte Steinfigur (die Originale auf der Brücke wurden zwischen 1853 und 1926 durch modifizierte Kopien ausgetauscht) statt des großen Standkreuzes ein kleines Kruzifix.

Literatur: Richter 1939, S. 81 ff. – Kat. 1971, S. 139, Nr. 2 a. – Trenschel 1987, S. 44, Nr. 5, Abb. S. 5. – Kat. Würzburg 1989, S. 309, Nr. 317.

Würzburg, Mainfränkisches Museum (H. 14359)

S. W.

132–133 Zwei Ansichten der Alten Mainbrücke in Würzburg. 132: Von Norden, 133: Von Süden

Vorzeichnung: Anton Joseph Högler (1707–1786), Würzburg, 1727

Kupferstiche. 33:42,5 cm; 33,2:42,2 cm. – Bez.: »Anton Högle. del. Herbip:«; »Anton Högler. del: Herbip:«; Kartuschen mit langer Inschrift.

Der Text in den Kartuschen besagt, daß der Rechtskandidat Joachim Leonhard Schüll aus Würzburg im Jahre 1727 die beiden Stiche für Fürstbischof Christoph Franz von Hutten anfertigen ließ. Unter dem Episkopat von Huttens wurde der Skulpturenschmuck der Alten Mainbrücke in Würzburg geplant und begonnen. Sein Wappen schmückt die beiden Ansichten.
Die zwei Stiche geben das Figurenprogramm wieder, wie es 1727 in Planung war. Von den insgesamt zwölf Heiligenstatuen waren damals von den Figuren der Südseite bereits fünf ausgeführt, (Totnan, Kilian, Immaculata, Colonat, Burkhard, Bruno), während auf der Nordseite (der Stich zeigt Arn, Karl Borromäus, Johannes von Nepomuk, Joseph mit dem Jesuskind, Christophorus, Franz von Sales) noch keine Figur aufgestellt war. Als Vorlage für den Skulpturenschmuck der Nordseite dienten Anton Högler wahrscheinlich Entwürfe des Anton Clemens Lünenschloß, für die Figur des Johannes von Nepomuk wohl eine erhaltene Zeichnung (Abb. S. 206). Sowohl die Entwurfszeichnung von Anton Clemens Lünenschloß als auch der Stich zeigen Johannes von Nepomuk mit großem Standkreuz, das bei der Ausführung durch ein kleines Kruzifix ersetzt wurde. Die Nepomukfigur entstand zwar unter von Hutten, konnte aber erst am 19. Oktober 1729, nach dessen Tod, aufgestellt werden. Ihr Sockel erhielt deshalb bereits das Wappen des neuen Landesherrn, Fürstbischof Friedrich Karl von Schönborn (1729–1746).
Alle unter von Hutten entstandenen Heiligenfiguren fertigten die Haßfurter Bildhauerbrüder Johann Sebastian und Volkmar Becker nach Entwürfen von Lünenschloß. Nach dem Tode seines Vorgängers setzte von Schönborn das Projekt fort, änderte aber das Programm ab und übertrug die Ausführung der noch fehlenden Figuren dem Bildhauer Claude Curé (1685–1745).

Literatur: Meyer 1971, S. 144 ff., Taf. 20, 21. – Kat. Würzburg 1989, S. 303 ff., Nr. 314, Abb.

Würzburg, Mainfränkisches Museum (S. 20490; S. 20491)

S. W.

134 Johannes von Nepomuk in Verehrung des Kreuzes

Ägid Quirin Asam (1692–1750), München, vor 1746

Stuck, vollrund ausgearbeitet, farbig gefaßt, H. 198 cm.

Der Heilige in der für ihn üblichen Kleidung hält sein Birett in der Linken, mit der er Chorhemd und »Varilum Canonicale«, den kurzen Umhang des Kanonikers, leicht hochrafft. Er neigt sich nach rechts, wo ein großes Standkreuz zu ergänzen ist, dem er sich zuwendete. Von der Gruppe gibt es weitere Fassungen in der Pfarrkirche Vilshofen (aus der Kirche des ehem. Augustinerchorherrenstifts St. Nikola in Passau) und der Friedhofskirche St. Nikolai in Neustadt an der Donau. Bei der ersteren ist die originale Anordnung erhalten.
Die Gruppe in Vilshofen wurde 1746 von dem Salzbeamten Paur gestiftet. Es dürfte sich bei ihr um die erste Version handeln, von der die anderen beiden Exemplare vom Künstler abgeformt wurden. Die Münchner Gruppe stand bei Asams Tod offenbar ungefaßt in der Werkstatt und wurde erst 1773 gefaßt und in einer offenen Kapelle im Garten des Asamhauses aufgestellt. 1913 versetzte man sie in den Innenhof und ergänzte die

Kat. 132

Kat. 133

rechte Hand mit einem kleinen Kruzifix. Das ursprüngliche Aussehen kannte man damals offenbar nicht mehr. 1967 übergab man die Figur, um sie zu schützen, als Leihgabe dem Bayerischen Nationalmuseum, wo ihr die heutige rechte Hand angefügt wurde. Als Ersatz im Hof des Asamhauses steht seitdem ein Zementabguß. Von dem eindrucksvollen, von Rubens inspirierten Corpus des Standkreuzes sind außer in Vilshofen Exemplare im Treppenhaus des Asamhauses und in der Klosterkirche von Osterhofen erhalten.

Die Gruppe des Heiligen mit dem großen Standkreuz erinnert an Darstellungen des hl. Bernhard von Clairvaux. Entsprechende Kompositionen sind selten, begegnen etwa bei dem Entwurf für die Statue auf der Würzburger Mainbrücke von A. Cl. Lünenschloß, 1725 (Abb. S. 206). In Asams Œuvre gibt es in der überlebensgroßen Stuckfigur des sel. Abtes Ramwold an der Hochschiffwand von St. Emmeram in Regensburg, 1731/33, (Lehmbruch-Sauermost a. a. O., Abb. 3) einen unmittelbaren Vorgänger.

Literatur: A. Feulner, Die Asamkirche in München. München 1932, S. 46 f., Abb. 13. – H. Lehmbruch u. H. J. Sauermost, Die Johann-Nepomuk-Gruppe Ägid Quirin Asams. In: Oberbayer. Archiv 102, 1978, S. 18–31. – Volk 1980, S. 51 f., 156 f., Abb. 47.

München, Bayerisches Nationalmuseum, Leihgabe der Priesterbruderschaft St. Johannes von Nepomuk München (L 67/42) P. V.

Ä. Q. Asam, Johannes von Nepomuk, Vilshofen, Pfarrkirche,

Kat. 135

135 Der tote Johannes von Nepomuk in den Armen der Moldau

Johann Baptist Straub (1704–1784), München, um 1751

Laubholz, ungefaßt. H. 11,5 cm.

Der kleine, rundplastisch angelegte Bozzetto wurde schon immer mit Straubs Brunnengruppe (vgl. Kat. 136) in Verbindung gebracht. Der muskulöse, bärtige Flußgott birgt aus dem Wasser den Leichnam des im Vergleich zu ihm zerbrechlich wirkenden Kanonikers, der in seiner Hand ein Sterbekreuz hält. Da die Komposi-

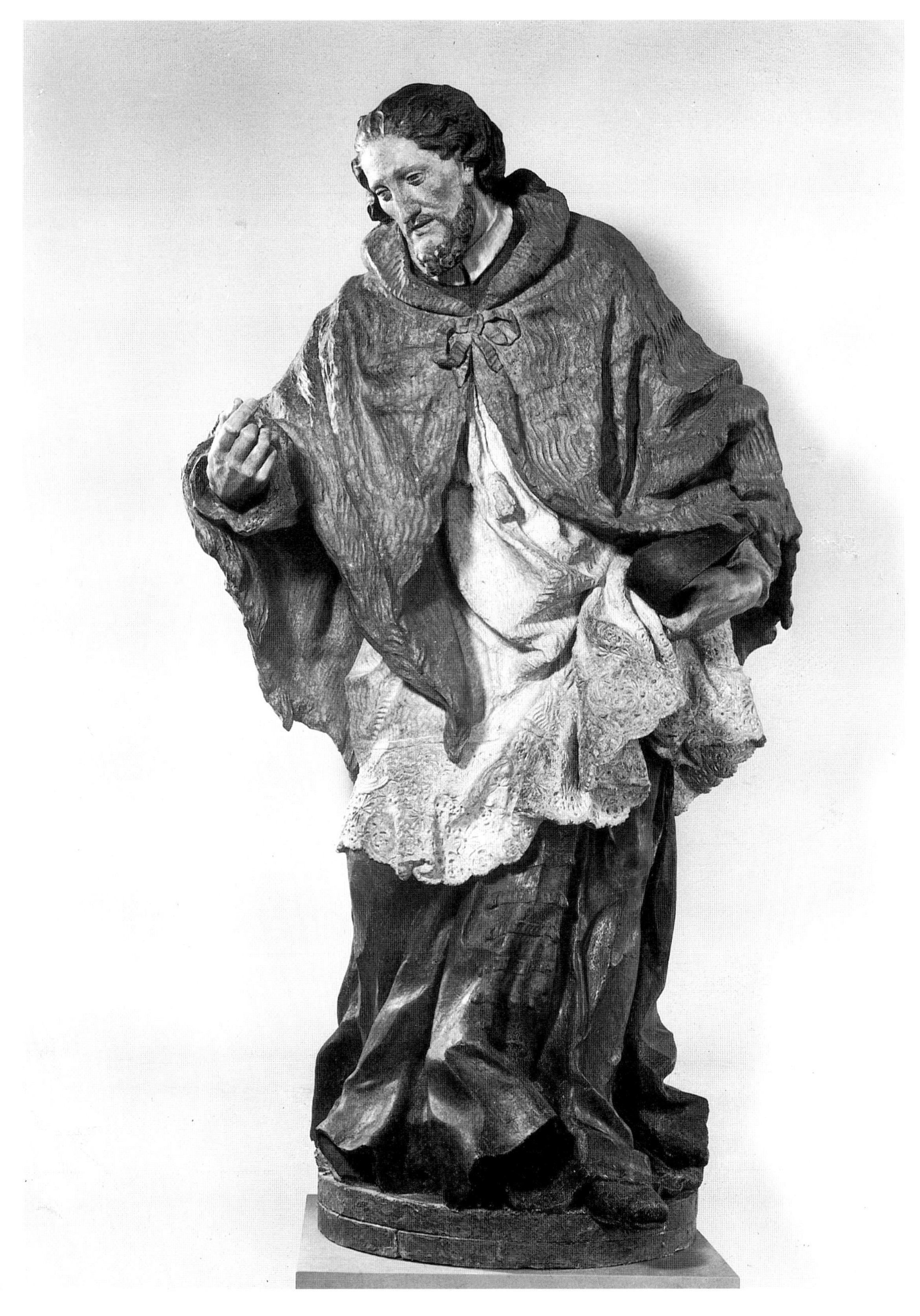

Kat. 134

Kat. 136

136 Entwurf für den ehem. Nepomukbrunnen vor dem Münchner Jesuitenkolleg

Johann Baptist Straub (1704–1784), München, um 1751

Feder in Schwarz, grau laviert und aquarelliert; gerändert. 42,4:28,9 cm. – Unten ein Maßstab und die Bezeichnung: »I. ST.« (ST ligiert), für Johann Straub.

Der Bildhauer Johann Baptist Straub schuf 1751 für die Stadt München vier Brunnen mit Eichenholzskulpturen, darunter einen Brunnen vor dem Jesuitenkolleg mit dem »Heil. Johann von Nepomuk mit dem Fluß Moldau grupirt« (Lippert, 1772). Für ihn hat sich diese aquarellierte, wohl für den Auftraggeber bestimmte Entwurfszeichnung erhalten. Sie zeigt ein fünfeckiges Becken mit einem Rocaillegitter, dessen fünf Sterne, von denen der vorderste der Übersichtlichkeit wegen weggelassen

Kat. 137

tion sich von der ausgeführten Version stark unterscheidet, handelt es sich wohl um eine verworfene Variante. Das rasch und sehr sicher geschnitzte Holzfigürchen, das trotz seiner Skizzenhaftigkeit eine sehr präzise Formvorstellung vermittelt, ist ein besonders schönes Beispiel für einen ersten plastischen Bildhauerentwurf, der dazu dient, eine Bildidee dreidimensional zu entfalten.

Literatur: A. Feulner, Die Sammlung Hofrat Sigmund Röhrer im Besitze der Stadt Augsburg. Augsburg 1926, S. 32 (Nr. 52), Abb. 63. – Woeckel 1964, S. 12–14, Abb. 5, 9, 14f. – Volk 1984, S. 193, Abb. 116. – Woeckel 1984, S. 65ff., Abb. 5–7. – Kat. 1985, Nr. 170 mit Abb.

Augsburg, Städtische Kunstsammlungen (6269) P.V.

wurde, wohl als verglaste Laternen gedacht sind. Die hohe Brunnensäule ist mit wasserspeienden Fischen besetzt. Die bekrönende Gruppe entspricht einem Modell, das auf B.A. Albrechts Straubporträt von 1763 (Volk 1984, Farbtaf. 1) wiedergegeben ist (siehe auch Kat. 137). Vorgänger von Straubs Nepomukbrunnen war ein Brunnen von Andreas Faistenberger aus dem Jahr 1717 mit einer Figur des Neptun. Möglicherweise hat diese Darstellung die Gruppe des Heiligen mit dem großen, dreizackbewehrten Flußgott beeinflußt.

Literatur: Woeckel 1964, S. 9–17 mit Abb. – Kat. 1971, Nr. 75, Abb. 83. – Volk 1984, S. 193 f., Abb. 117. – Woeckel 1984, S. 64 ff., Abb. 8. – Kat. 1985, Nr. 171 mit Abb.

München, Staatliche Graphische Sammlung (32 210)

P.V.

137 Kleinplastische Kopie der Gruppe vom ehem. Nepomukbrunnen vor dem Münchner Jesuitenkolleg

I. Berger nach Johann Baptist Straub, München (?), 1758

Laubholz, ungefaßt, vollrund angelegt. H. 20,0 cm. – In die Standfläche eingeschnitten: »I: Berger/Zien:/ 1758«.

Die ungefaßte kleinplastische Gruppe des Flußgottes Moldau mit Johannes von Nepomuk, auf die uns O.J. Blažíček 1985 mündlich hingewiesen hat, ist von dem sonst nicht bekannten Bildhauer I. Berger aus einem Ort, der in der Signatur »Zien:« abgekürzt ist, bezeichnet und 1758 datiert. Sie entspricht genau der Gruppe J.B. Straubs auf dem ehem. Brunnen vor dem Münchner Jesuitenkolleg von 1751 (vgl. Kat. 136). Das wohl zu Studienzwecken geschnitzte Figürchen könnte auf der Gesellenreise während eines Münchenaufenthaltes entstanden sein. Es kopiert entweder den ausgeführten Brunnen selbst oder auch ein Modell Straubs dafür.

Im Unterschied zu der nicht ausgeführten Version (Kat. 135) ragt bei der endgültigen Fassung die Zweifigurengruppe, ihrer Bestimmung angemessener, auf kleinerer Standfläche steiler auf. Die höher emporgehobene Gestalt des aufblickenden, demnach nicht mehr als Toter wiedergegebenen Heiligen wurde gegenüber der Trägerfigur des Flußgottes stärker betont und dominiert nun eindeutig.

Literatur: P. Volk, Ergänzungen und Korrekturen zum Ausstellungskatalog (=Kat. 1985). In: P. Volk (Hrsg.), Entwurf und Ausführung in der europäischen Barockplastik, Bayerisches Nationalmuseum, München 1986, S. 282, Abb. S. 283.

Prag, Nationalgalerie (P 4504) P.V.

Kat. 138

138 Johannes von Nepomuk

Ignaz Günther (1725–1775), München, um 1765–70

Lindenholz, ungefaßt. H. 27,5 cm.

Dieser detailliert ausgeformte Modello könnte nach Woeckels Vermutung ein plastischer Entwurf Günthers für eine Nepomukfigur sein, die Johann Baptist Straubs Gruppe auf dem Brunnen vor dem Münchner Jesuitenkolleg von 1751 (siehe Kat. 136) ersetzen sollte. Günthers Kostenvoranschlag für seine Skulptur vom 30. August 1768 (Woeckel 1984, S. 87) spricht von einer »Statua sambt dem beihabenten Kindl«, das dem Nürnberger Bozzetto allerdings fehlt, und nennt an Zubehör »Cruzifix, Palmzweig und Sternschein«. Den Auftrag für die neue Brunnenfigur erhielt schließlich Roman An-

tos Boos, dessen 1770 nach eigenem Entwurf ausgeführte Marmorstatue (Woeckel 1984, Abb. 38f.) im 19. Jahrhundert auf den Mariahilfplatz der Vorstadt Au versetzt und farbig gefaßt wurde. Sie ist dort 1944 zerstört worden.
Günthers Kleinplastik ist spiegelbildlich zu der Silberfigur von 1766 (Kat. 140) angelegt und war dieser ursprünglich noch ähnlicher, bevor man ihr das Birett, das sie in der linken Hand hielt, auf den Kopf setzte.

Literatur: Schönberger 1954, S. 64f., Abb. E 27. – Woeckel 1984, S. 85–88, Abb. 36f.

Nürnberg, Germanisches Nationalmuseum (2884)

P.V.

139 Johannes von Nepomuk und Florian

Ignaz Günther (1725–1775), München, um 1760

Grau lavierte Federzeichnung über Stiftvorzeichnung. 23,5 : 18,0 cm.

Das 1986 im Kunsthandel aufgetauchte Blatt zeigt auf großen, mit Rocailleornament geschmückten Wandkonsolen Statuetten der hll. Florian und Johannes von Nepomuk als Gegenstücke. Die vom Künstler vorgesehene Figurengröße von etwa 65 cm läßt sich aus dem unten eingezeichneten Maßstab erschließen. Günther hat wiederholt derartige Statuetten aus Holz oder auch aus Silber paarweise konzipiert. Seine silberne Nepomukstatuette in Aschau (Kat. 140) hat ebenfalls einen hl. Florian als Pendant.
Dem volkstümlichen Patron gegen Feuersgefahr, einem römischen Krieger mit einer Fahne in der erhobenen Rechten, der ein Wasserschaff über einem brennenden Haus ausgießt, ist der in Betrachtung des Kreuzes versunkene Priester Johannes von Nepomuk gegenübergestellt. Als Kanoniker gekleidet, neigt er sich mit Hingabe über das Kruzifix, das er mit beiden Händen festhält, und er setzt den rechten Fuß auf eine ornamentale Muschel, aus der Wasser fließt. In ihr erscheint der Kranz mit den fünf Sternen, denen man die fünf Buchstaben von »tacui«, ich habe geschwiegen, zuordnet.
Während von der Floriansdarstellung keine plastische Ausführung Günthers bekannt ist, gibt es zwei Nepomukstatuetten des Künstlers, in Privatbesitz (Abb. S. 32) und im Württembergischen Landesmuseum Stuttgart (Volk 1991, Abb. S. 179), die dem Entwurf folgen. Die Stuttgarter Figur wandelt allerdings die Haltung des Kruzifixes etwas ab, läßt es stärker als dem Betrachter vorgewiesenes Attribut erscheinen und nicht mehr ausschließlich als Gegenstand der Meditation des Heiligen.

Literatur: G. Woeckel, Der kurbayerische Hofbildhauer Franz Ignaz Günther (1725–1775). In: H. Schindler (Hrsg.), Bayern im Rokoko. München 1989, S. 56 mit Abb. – Volk 1991, S. 178 mit Abb.

München, Staatliche Graphische Sammlung (1986 : 15)

P.V.

Kat. 139

140 Johannes von Nepomuk. Silberstatuette aus der Kapelle des Palais Preysing in München

Ausführung in Silber: Ignaz Franzowitz (Meister 1765, gest. 1813), Modell: Ignaz Günther (1725–1775), München, 1766

Silber, getrieben und gegossen, schwarz gebeizter Holzsockel mit Silberappliken, H. 69 cm. – Meisterzeichen: IIF in Dreipaß (R 3567; Klein 1989/90, Nr. 168, 179), Beschauzeichen: Münchner Kindl und Ziffern 6 und 6. (R 3458).

Der Heilige ist in Kanonikertracht wiedergegeben mit dem Birett in der gesenkten rechten Hand. Zur Betonung seines Priesteramtes trägt er unter dem Schulterumhang eine Stola. Er blickt herab zu einem Kruzifix, das er in seiner Linken hält. Die fein nuancierte Bewe-

Kat. 140

gung der schlanken Gestalt entwickelt sich aus dem Kontrapost, der ausgeht von dem auf einen Felsbrocken gestellten rechten Fuß. Der leichte, räumliche S-Schwung gipfelt in dem zur Seite gewandten Haupt. Unter dem Felsen fließt Wasser heraus als Hinweis auf die Moldau, in der er den Tod fand.
Die Statuette und ihr Gegenstück, ein hl. Florian (Volk 1991, Abb. 164), wurden, den ausführlichen, mit Wappen versehenen Inschriften auf der Rückseite zufolge, 1766 von Johann Maximilian V. Graf von Preysing und seiner Gemahlin Theresia, geb. Gräfin von Seinsheim, in die Kapelle ihres Münchner Stadtpalais gestiftet. Nach dem Aussterben der Familie gelangten sie als Vermächtnis in die Pfarrkirche von Aschau. Günthers vergoldete Lindenholzmodelle in der Größe der Edelmetallversionen (Privatbesitz. – Schönberger 1954, Abb. 110f.; Kat. 1985, Nr. 70 mit Abb.) stammen ebenfalls aus der Kapelle des Münchner Palais Preysing und wurden dort wohl an den Werktagen aufgestellt, während man die kostbaren Silberexemplare nur an Sonn- und Feiertagen präsentierte. In der Brust der Nepomukstatuette gibt eine verglaste Öffnung mit einer Strahlengloriole den Blick auf eine Reliquie frei. Die Kartusche im Sockel umschließt eine Abbildung der unversehrt erhaltenen Zunge des Heiligen. Lorbeerzweig und Palmwedel der Rahmung werden durch ein Vorhängeschloß zusammengehalten.

Literatur: Schönberger 1954, S. 63f., Abb. E 21. – P.v. Bomhard, Die Kunstdenkmäler der Stadt und des Landkreises Rosenheim, 2. Teil. Rosenheim 1957, S. 338f., 397f. – Woeckel 1984, S. 72–74 (Zuschreibung an J. Götsch), Abb. 18f. – Kat. 1985, Nr. 70f. mit Abb. – Volk 1991, S. 164 mit Abb., 261.

Aschau, Pfarrkirche »Darstellung des Herrn« P.V.

141 Johannes von Nepomuk. Bozzetto

Ignaz Günther (1725–1775), München, 1761

Lindenholz, vollrund ausgeführt, farbig gefaßt. H. 13 cm. – Auf der Sockelunterseite mit schwarzer Tinte bez.: »Ignati Günter fec. 1761.«.

Eine Ausführung Günthers nach diesem kleinen Bozzetto, dessen Einzelformen durch die Fassung verunklärt werden, ist nicht bekannt. Der Komposition entspricht jedoch eine etwas unterlebensgroße Figur im Bayerischen Nationalmuseum, die Christian Jorhan d.Ä. zugeschrieben wird (Kat. 142).

Literatur: Schönberger 1954, S. 37, Abb. E 14. – Kat. 1971, Nr. 16. – Volk 1980, S. 56, 156, Abb. 46. – Woeckel 1984, S. 76, Abb. 23. – Kat. 1985, Nr. 238 mit Abb.

Privatbesitz P.V.

142 Johannes von Nepomuk

Christian Jorhan d.Ä. (1727–1804), Landshut, um 1761–1770

Lindenholz, Rückseite ausgehöhlt, farbig gefaßt. H. 172 cm.

Der Heilige ist barhäuptig und in der üblichen Kanonikertracht wiedergegeben. Auf einer Volute, die neben seinem Körper aufwächst, ruht ein geöffnetes Buch.

Kat. 141

Darauf liegt das Birett, auf das er die rechte Hand gelegt hat, mit der er sein Attribut, die unverweste Zunge, präsentiert. Im linken Arm hält er die Märtyrerpalme. Ein Kranz von fünf Sternen umgibt sein Haupt.
Die überschlanke, zerbrechlich wirkende Gestalt ist etwas unterlebensgroß und steht auf einem schmalen, geschwungenen Rocaillesockel, der der Figur bewußt keine feste Basis gibt und die Vertikalität verstärkt. Die Komposition entspricht einem Bozzetto Ignaz Günthers

(Kat. 141), allerdings mit charakteristischen Abweichungen, die auf eine andere Künstlerpersönlichkeit schließen lassen. Bei Günthers Bozzetto entwickelt sich die vollrund angelegte Skulptur organisch aus der Bewegung des Körpers, der auch das stärker in den Raum ausgreifende Gewand mit seinen Schattentiefen bestimmt. Die Haltung des Kopfes und die Geste der Devotion mit dem linken Arm wirken spontan. Bei der Statue sind Räumlichkeit und Bewegung zurückgenommen und die Komposition erhält stark dekorative Züge, zu denen auch die ornamentale Gestaltung des Sockels beiträgt. Unter anderem sind es diese Eigenschaften, die für eine Zuschreibung an den Landshuter Meister Christian Jorhan d. Ä. sprechen. Es war der führende Bildhauer einer ganzen Region, zu der auch Altfrauenhofen (Lkr. Vilsbiburg), der Herkunftsort der Figur, gehört.

Literatur: Schönberger 1954, S. 37, Abb. E 15. – Kat. 1971, S. 145. – Volk 1980, S. 56, 159, Abb. 62. – Kat. 1985, Nr. 239 mit Abb.

München, Bayerisches Nationalmuseum (55/114)

P. V.

Kat. 142

143 Antependium mit Darstellung des Johannes von Nepomuk

Johann Caspar Lutz (Meister 1716, gest. 1748), Augsburg, 1731

Silber, getrieben, gegossen, teilweise vergoldet; Kupfer, vergoldet. H. 97 cm, Br. 352 cm. – Beschauzeichen: Pyr (Seling ähnlich Nr. 194); Meisterzeichen: »ICL« im dreipaßförmigen Schild (Seling Nr. 2086).

Die äußere Einfassung des querrechteckigen Antependiums, die aufwendigen Laub- und Bandelwerkdekor zeigt, umschließt ein langgestrecktes Mittelfeld mit profilierter Rahmung, dessen seitliche Flächen ebenfalls reichen Zierat mit Blütengittern und -ranken sowie Akanthuszweigen im Régence-Stil aufweisen. Das Zentrum wird von der annähernd im Format eines Querovals gehaltenen Darstellung des Johannes von Nepomuk eingenommen, die üppiges Rahmenwerk mit kräftigen Volutenspangen umzieht. Der Heilige, der mit Talar, Chorrock und Variulum bekleidet ist, kniet auf einer Stufe. Die erhobene Linke hält das Kreuz, die gesenkte Rechte weist auf die Moldaubrücke als den Ort seines Martyriums. Das Haupt ist von der Strahlenglorie mit fünf Sternen umgeben. Vor dem Heiligen erscheinen zwei Cherubim in Wolken, von denen Strahlen auf den Heiligen niedergehen. Hinter der Gestalt des Johannes von Nepomuk erblickt man einen auf Wolken ruhenden Putto mit einem Buch, dessen als Chronogramm abgefaßte Inschrift die Jahreszahl 1731 ergibt: nVnC In Isto CognoVI, qVonIaM VIr DeI es tV. 3. Reg. 17. V. 24. (= daran erkenne ich nun, daß du ein Mann Gottes bist), sowie einen von einer großen Draperie hinterfangenen Putto, der mit der Rechten einen Schweigegestus andeutet. Um die Rahmung des Bildfeldes winden sich vier Schriftbänder, die – mit Schriftstellen aus der Bibel – auf das Martyrium des Johannes von Nepomuk Bezug

Kat. 143

nehmen. Links oben: ARGENTUM ELECTUM / LINQUA JUSTI Proverb: 10. V. 20. (= Auserlesenes Silber ist die Zunge des Gerechten); links unten: AQUAE MULTAE NON POTUERUNT / EXTINQUERE Charitatem. C. 8. V: 7. (= Viele Wasser sind nicht im Stande, die Liebe auszulöschen); rechts oben: DE TORRENTE IN VIA BIBET / PROPTEREA EXULTABIT / Caput. Ps: 109. vers. 7. (= Aus dem Bache am Wege wird er trinken, darum wird er das Haupt erheben); rechts unten: EXULTABIT LINQUA MEA / IUSTITIAM TUAM Psal. 20. V. 16. (vielmehr Ps. 50, V. 16 = Meine Zunge wird mit Freuden Deine Gerechtigkeit preisen). Unter der Kartusche findet sich das Pienzenau-Wappen.

Nach Aussage der Sitzungsprotokolle des Regensburger Domkapitels wurde das großformatige Antependium zum Osterfest 1731 vom Domherrn Johann Sigismund von Pienzenau gestiftet, der seit 1690 dem Domkapitel angehörte; er starb 1747 im Alter von fast 92 Jahren (K. Hausberger: Gottfried Langwerth von Simmern. In: Beiträge zur Geschichte des Bistums Regensburg 7, 1963, S. 119). Nach der Form des Augsburger Beschauzeichens muß die Silberarbeit wohl schon 1730 begonnen worden sein. Es erscheint bemerkenswert, daß bereits ein Jahr nach der Kanonisierung des Johannes von Nepomuk für das Antependium des Hochaltars des – unter dem Patrozinium des hl. Petrus stehenden – Regensburger Doms die dominierende Darstellung des böhmischen Heiligen gewählt wurde; die Entscheidung erklärt sich möglicherweise aus dem ersten Vornamen des Stifters. Das von Johann Caspar Lutz, einem namentlich auf kirchliches Gerät spezialisierten Goldschmied, mit hoher Virtuosität gearbeitete Relief bildete den Ausgangspunkt der anspruchsvollen Silberverkleidung des Hochaltars, die erst 1785 ihren vereinheitlichenden Abschluß fand. Damals wurde das 1731 gestiftete Antependium in die Werkstatt des Augsburger Goldschmieds Georg Ignaz Bauer verbracht und dort nochmals überarbeitet.

Literatur: F. Mader: Die Kunstdenkmäler der Oberpfalz, Bd. 22: Stadt Regensburg, Teil 1. München 1933, S. 97/98. – A. Hubel: Der Regensburger Domschatz. München-Zürich 1976, S. 53, 58, 62, Farbtaf. I, Abb. 1, 3. – A. Hubel: Funktion und Geschichte des Hochaltars im Regensburger Dom. In: Beiträge zur Geschichte des Bistums Regensburg 10, 1976, S. 354.

Regensburg, Domkirche St. Peter Se.

144 Büste des Johannes von Nepomuk

Franz Christoph Mäderl (Mederle, Meister 1729, gest. 1765), Augsburg, 1752/53

Silber, getrieben, gegossen, teilweise vergoldet; Holz. H. gesamt 93 cm, H. Figur (ohne Nimbus) 66 cm. – Beschauzeichen: Pyr mit K (Seling Nr. 231); Meisterzeichen: FCM im Herzschild (Seling Nr. 2219).

Der in Halbfigur dargestellte hl. Johannes von Nepomuk blickt mit leicht geneigtem Haupt andächtig auf das Kruzifix, das er – zusammen mit dem Märtyrerpalmzweig – in der rechten Hand hält; die Linke umfaßt das Attribut der Zunge. Der bärtige Heilige trägt über der Albe das Amikt und die pelzverbrämte Almutia. Der niedrige, leicht vorgewölbte Sockel, der mit durchbrochenen Rocailleranken belegt ist, zeigt in der Mitte eine hochovale Plakette mit der gravierten Kursivinschrift: »S. Johann Von Nepomuck«. – Die Strahlenglorie des hl. Johannes von Nepomuk war ursprünglich mit fünf Sternen besetzt, von denen nur noch drei erhalten sind. Allein der verschraubt eingesetzte Kopf ist vollrund gearbeitet. Auf der unverschlossenen Rückseite werden die Eisenstangen der Stützkonstruktion sichtbar.

Die Nepomuk-Verehrung hatte in Konstanz sogleich nach der Heiligsprechung eingesetzt. So schuf der Maler Jacob Carl Stauder bereits 1729 für das Münster eine Festdekoration anläßlich der Feierlichkeiten zu Ehren des böhmischen Heiligen (Zinsmaier 1957, S. 65; Th. Onken: Der Konstanzer Barockmaler Jacob Carl Stau-

Kat. 143 (Detail)

der. Sigmaringen 1972, S. 241). Auf Bitten des Konstanzer Domkapitels übersandte der Erzbischof von Prag im Jahr 1751 ein Reliquienpartikel des Heiligen. Freiherr von Sickingen, Präsident zu Freiburg und Erbe des 1750 verstorbenen Fürstbischofs Casimir Anton von Sickingen, stiftete 1752/53 für die im nördlichen Langhaus gelegene Nepomuk-Kapelle den aufwendigen Altaraufsatz, dessen Zentrum die von Franz Christoph Mäderl geschaffene Halbfigur bildete; die ursprüngliche Erscheinung des Altars wird in dem Stich Klaubers (Kat. 145) wiedergegeben. 1755 ließ Dompropst Johann Anton Münch von Münchenstain gen. von Lewenburg den Nepomukaltar verändern und seitlich auf seine heutigen Maße verbreitern. Damals wurde auch der Sockel der Halbfigur modifiziert.

Der in Stein in Niederösterreich geborene Franz Christoph Mäderl zählt zu den bedeutendsten Augsburger Goldschmieden auf dem Gebiet der sakralen Silberplastik. Insbesondere fertigte er zahlreiche Halbfiguren von Heiligen, die stets durch die ausdrucksvolle Haltung – verbunden mit starker innerer Bewegtheit – charakterisiert sind. Der hervorragenden plastischen Durchbildung entspricht die hohe Qualität der sorgfältigen Ziselierung und Gravierung, die namentlich auch die stoffliche Erscheinung der unterschiedlichen Oberflächen akzentuiert.

Kat. 144

Literatur: M. Rosenberg, Der Goldschmiede Merkzeichen. 3. Auflage, Bd. 1. Frankfurt a. M. 1922, S. 220, Nr. 928a (Meistermarke auf Friedrich Konrad Mittnacht bezogen). – Reiners 1955, S. 326–328, Abb. 289. – Zinsmaier 1957, S. 71. – M. Hering-Mitgau, Barocke Silberplastik in Südwestdeutschland. Weißenhorn 1973, S. 20, 50, 74, Anm. 145, S. 266, Nr. 81. – Kat. 1981, Bd. 1, S. 288, unter Nr. C 28 (Johann Michael Fritz).

Konstanz, Münster Unserer Lieben Frau, Nepomuk-Kapelle Se.

145 Aufsatz des Konstanzer Johannes von Nepomuk-Altars im ursprünglichen Zustand

Joseph Sebastian (um 1700–1768) oder Johann Baptist Klauber (1712–nach 1787), Augsburg, zwischen 1753 und 1755

Kupferstich. H. 69,8 cm, Br. 46,5 cm.

Der mit der Unterschrift »ALTARE Confraternitatis S. Ioannis Nepomuceni In Ecclesia Cathedrali Constantiensi Auro argentoque splendens« versehene Kupferstich Klaubers, dessen originale Druckplatte sich gleichfalls noch im Konstanzer Münster befindet, zeigt den 1753 errichteten Silberaufsatz des Altars der Johannes von Nepomuk-Bruderschaft vor der 1755 vorgenommenen Veränderung. In der anfänglichen Gestalt, wie sie das Blatt überliefert, ist der äußerst klar komponierte Altaraufsatz eindeutig vertikal orientiert; es dominiert entschieden die von zwei Reliquienpyramiden flankierte Heiligenbüste Franz Christoph Mäderls (Kat. 144). Zumindest in den beiden Reliquiaren sind vermutlich die »auf einige 100 fl. geschäzte von gold und silber garnirte, auch mit kostbar gefasten reliquiis versehenen 2 pyramiden sambt einem anderen reliquiarium« (zu ergänzen: des Johannes von Nepomuk) zu erkennen, die – nach Aussage der Protokolle des Konstanzer Domkapitels (Zinsmaier 1957, S. 71) – Dompropst Johann Ferdinand Truchseß von Waldburg-Wolfegg offensichtlich für den maßgeblich aus Mitteln des Freiherrn von Sikkingen errichteten Johannes von Nepomuk-Altar stif-

Kat. 145

Kat. 146

tete. Der besonderen Verehrung, die der Dompropst dem böhmischen Heiligen entgegenbrachte, entspricht die Tatsache, daß er außerdem 1761 das große Reliquiar mit der Verklärung des Johannes von Nepomuk (Kat. 146) schenkte. Die Bestellung der Reliquiare 1753 erfolgte über den Augsburger Silberhändler Benz, der wegen des Vertragsabschlusses Anfang 1753 nach Konstanz kam (Zinsmaier 1957, S. 70/71); Benz vertrat die Firma Klaucke und Benz, die zu den führenden Silberhandlungen Augsburgs zählte (Seling, a.a.O., S. 463, Nr. 2920). Im Zuge der 1755 vorgenommenen Umarbeitung wurden außen die beiden Seitenteile angefügt und z.T. auch die silbernen Beschläge verändert. Zugleich verringerte man offensichtlich die Höhe des Aufbaus; dabei fiel wohl das Gewölk fort, das ursprünglich – wie es noch Klaubers Stich zeigt – Mäderls Heiligenbüste über dem Sokkelansatz umgab. Ob auch bereits 1755 der obere giebelförmige Aufsatz – möglicherweise mit Rücksicht auf das unmittelbar darüber befindliche Gemälde Franz Ludwig Hermanns mit der Verklärung des Heiligen – entfernt wurde, muß offen bleiben. Zumindest resultierten schon 1753 erhebliche Aufstellungsprobleme aus der Größe des aus Augsburg für die Konstanzer Johannes von Nepomuk-Kapelle gelieferten Altaraufsatzes (Zinsmaier 1957, S. 71).

Literatur: Reiners 1955, S. 328, Abb. 290.

Konstanz, Münster Unserer Lieben Frau Se.

146 Reliquiar des Johannes von Nepomuk

Franz Thaddäus Lang (um 1693–1773) und Josef Tobias Herzebik (Meister 1756, gest. 1788), Augsburg, 1761

Kupfer, getrieben, vergoldet; Silber, gegossen, getrieben, ziseliert; Holzkern. H. 109 cm, Br. 49,5 cm (oben). – Beschauzeichen: Pyr mit O (Seling Nr. 241/42); Meisterzeichen: FTL im Herzschild (Seling Nr. 2118) und ITH im Querrechteck mit abgerundeten Ecken (Seling Nr. 2437).

Das tafelförmige Reliquiar zeigt im Sockel das gravierte Wappen des Stifters, des Konstanzer Dompropstes Johann Ferdinand Truchseß von Waldburg-Wolfegg, mit der Inschrift »Johann. Ferdinand: Com = Truch: de Wolfegg Cathed: Constant. praepos:«. Der von schräggestellten Voluten eingefaßte hohe Mittelteil trägt das mit einer geschweiften Rahmung versehene große Relief, das die Erscheinung des Reliquiars dominiert. Unten sind kniend der Stifter und drei Laien (ein vornehm gewandeter Kavalier, ein eher bürgerlich gekleideter Herr und ein Bauer) versammelt, die – wohl als Vertreter der vier Stände – Johannes von Nepomuk verehren. Der verklärte Heilige, der schwebend auf Wolken kniet, hält in der Rechten den Märtyrerpalmzweig; die ihn umgebenden Engel tragen das Kruzifix, das Birett und die von einer Glorie umgebene Zunge des Heiligen. In dem geschweift eingezogenen Aufsatz des Reliquiars, der von einer agavenartigen Pflanze in einer Vase bekrönt wird, findet sich die Nepomuk-Reliquie in kostbarer Umhüllung mit Stickerei, Steinen und Perlen.

Der besondere Reiz der Goldschmiedearbeit resultiert aus der kontrastierenden Farbigkeit der Rahmung, die in vergoldetem Kupfer gearbeitet ist, und des Reliefs wie der Ornamente, die in Silber gefertigt sind. Einen spezifischen Akzent bildet die bekrönende Pflanze mit den in kalter Bemalung grün gefaßten Blättern. Ursprünglich wies das Reliquiar, nach Aussage verschiedener Befestigungslöcher, wohl auch farbigen Steinbesatz auf.

Laut Eintrag im Kapitelprotokoll stiftete Dompropst Graf Wolfegg das zum Schmuck des Hochaltars des Konstanzer Münsters bestimmte Reliquiar am 22. Januar 1761. Die Ausführung geht auf zwei bedeutende Augsburger Goldschmiede katholischer Konfession zurück, die auf kirchliche Arbeiten spezialisiert waren. Franz Thaddäus Lang (siehe auch Kat. 151) schuf das durch die virtuose Treibarbeit charakterisierte Mittelrelief, das in der gestreckten Komposition höchst geschickt die Gestalten der irdischen und der himmlischen Sphäre zu einer homogenen Komposition verbindet. Der aus Böhmen stammende Josef Tobias Herzebik, der einer jüngeren Generation angehört, ist der Goldschmied der langgestreckten Ornamente, die dünnes, ausgezehrtes Rocaillenwerk mit vereinzelten Blütenzweigen kombinieren.

Literatur: Reiners 1955, S. 541, Abb. 483. – Zinsmaier 1957, S. 73. – Kat. 1981, Bd. 1, S. 288, Nr. C 28 (Johann Michael Fritz). – Glanz der Kathedrale. 900 Jahre Konstanzer Münster (Ausstellungskatalog). Konstanz 1989, S. 147, Nr. 1.3.16.

Konstanz, Münster Unserer Lieben Frau, Münsterschatz Se.

Kat. 148

147 Kelch

Franz Michael Raedelmayer (1689–1749), Prag-Kleinseite, um 1723

Silber, getrieben, ziseliert, vergoldet. H. 24 cm. – Am Fuß Beschauzeichen: Böhmischer Löwe im Oval; Meisterzeichen: FMR.

Kat. 147

Sechspassiger Fuß mit Blumendekor und drei Reliefs mit Darstellungen des gefangenen hl. Johannes von Nepomuk, des Todes der hl. Ludmila und der Ermordung des hl. Wenzel. Die Cuppa zeigt in ornamentaler Rahmung das Martyrium des hl. Adalbert, den hl. Prokop, der den Teufel überwindet, und den hl. Veit unter den Löwen. Es handelt sich um sechs böhmische Landespatrone.
Für die Szenen mit Ludmila, Wenzel, Adalbert und Prokop hat der Goldschmied wohl auf ältere Vorbilder zurückgegriffen, während die Wiedergabe des hl. Veit einen moderneren, barocken Charakter aufweist. Ungewöhnlich ist die Nepomukszene. Es wird nämlich nicht sein Sturz von der Brücke wiedergegeben, sondern der Heilige ist zusammen mit einem Schergen unmittelbar vor dem Martyrium, auf der Brücke kniend, dargestellt. Raedelmayer hat wiederholt nach Modellen von Bildhauern, meistens von Brokoff, gearbeitet (z. B. in St. Thomas in Prag). Die Vorbilder für die Reliefs auf dem Kelch konnten bisher aber noch nicht ermittelt werden. Dessen Form und dessen Bandlwerkdekor lassen sich mit Kelchen und Monstranzen Raedelmayers im Kunstgewerbemuseum und in Maria Loreto in Prag sowie in Karlsbad in Verbindung bringen, die in die Jahre 1721–1725 datiert sind. (Vgl. zu Raedelmayer: J. Hráský, Zlatníci pražkého baroka, Acta UPM, Supplementa XVII-D5. Prag 1986, Nr. 114.)

Literatur: L. Urešová, Barokní zlatnictví ze sbírek Uměleckoprůmyslového muzea v praze (Ausstellungskatalog). Prag 1974, Nr. 19, Abb. 18.

Prag, Kunstgewerbemuseum (67.725) D. St.

148 Kelch mit Liegefigur des Johannes von Nepomuk

Prag, um 1710–20

Silber, gegossen, getrieben und vergoldet. H. 26,4 cm. Dm. des Fußes 16,6 cm. – Beschauzeichen: Böhmischer Löwe mit der Ziffer 13; Meisterzeichen: »TD« in Rechteckrahmen; Repunze: Prag 1806.

Am sechspassigen, gewölbten Fuß befinden sich zwischen Blumenranken drei Medaillons mit Szenen aus der Vita des Johannes von Nepomuk: Wallfahrt nach Altbunzlau, Folter und Brückensturz. Der Nodus wird aus vier gekrümmten Bändern gebildet, die die vollplastische Liegefigur des Heiligen umschließen. Der Cuppakorb weist ebenfalls drei Medaillons mit Darstellungen aus dem Leben des Johannes von Nepomuk auf: Geburt, Beichte der Königin, Johannes im Gebet.
Der Kelch wurde der St. Gallus-Kirche in der Prager Altstadt von einem bisher unbekannten Stifter geschenkt. Dort war Johannes von Nepomuk zwischen 1380 und 1390 Pfarrer. Aufgrund der Ornamentik und seines Stils läßt sich der Kelch wohl um 1710–1720 datieren. Aus diesem Grund kann mit den Initialen TD der Marke nicht der Kleinseitner Goldschmied Thomas Drexel in Verbindung gebracht werden, da dieser erst 1727 das Bürgerrecht erwarb und 1729 heiratete.

Prag, St. Gallus J. D.

Kat. 149

149 Kelch, sog. »Polnischer Kelch«

Vor 1747

Gold; Edelsteine; Email. H. 29 cm, Dm. des Fußes 17,5 cm. – Ohne Marken.

Der im Grundriß leicht ovale Fuß des Kelchs wird durch drei Felder gegliedert, die jeweils Täfelchen mit Emailmalereien enthalten: den hl. Stanislaus, den hl. Kasimir und das Czartoryski-Wappen mit Krone. Die Täfelchen sind von Diamanten und farbigen Steinen gerahmt. Der Fuß geht in einen balusterförmigen, dreiseitigen Schaft über, der mit getriebenen Trauben und Blättern geschmückt ist. Die Cuppa ist in einen reich ornamentierten Korb eingesetzt, in den wiederum drei Täfelchen mit Darstellungen des hl. Johannes von Nepomuk, des hl. Adalbert sowie des hl. Wenzel in Emailmalerei eingelassen sind. Die Täfelchen sind auch hier von Diamanten und farbigen Edelsteinen gerahmt.

Laut Inventar des Domschatzes von 1740 wurde der Kelch zum Gedächtnis des hl. Johannes von Nepomuk von Königin Katharina Opalinska (1680–1747), Gemahlin des polnischen Königs Stanislaus Leszczynski, gestiftet, wobei der Zusammenhang mit dem Czartoryski-Wappen ungeklärt ist. Der Eintrag wurde nachträglich, und zwar mit dem Datum 1747, von anderer Hand eingefügt. Im Inventar von 1737 erscheint der Kelch noch nicht. Man darf also annehmen, daß er vor 1747 gefertigt wurde. Zu dieser Datierung paßt der Aufbau des Kelchs mit dem balusterförmigen Schaft und Nodus und auch die Ornamentik mit Elementen des frühen Rokoko, insbesondere am Korb der Cuppa.

Archivalien: Prag, Archiv der Prager Burg, Inventar des Domschatzes von 1740, KA Ms Nr. CCIX.

Literatur: Šittler-Podlaha 1896, S. 15, Nr. 61. – Šittler-Podlaha 1903, S. 138, Nr. 180. – Podlaha-Šittler 1903, S. 298, Taf. 72.

Prag, Veitsdom, Schatzkammer J.D.

150 Kelch und Patene mit Lederfutteral

Abraham (Antonius) Hussl (gest. 1753), Bozen, vor 1753

Silber; vergoldet, getrieben, gegossen, ziseliert, punziert. H. 30,4 cm. – Meisterzeichen: »AH« in einem Oval (R_3 7351); Beschauzeichen: Bozen, Mitte 18. Jh. (R_3 7343); versteckte Inschrift im Bereich des Übergangs vom Schaft zur Cuppa: »Al: Ant : Sicher; Trid : Cano : R : L : S : Micha : ad. Ath : Paro : Margretti 1798« (Ori e Argenti a. a. O., S. 228)

Der zur Mitte hin stark hochgewölbte Fuß mit passig gebildetem Umriß sitzt auf einem mehrfach getreppten glatten Rand auf und ist reich mit Rocaillen überzogen. Die stark bewegte Oberfläche gliedern drei große Kartuschen im Wechsel mit drei kleinen. Der Bilderzyklus in den drei großen Feldern zeigt Szenen aus dem Leben Johannes von Nepomuks: Die Bestechung des Heiligen durch König Wenzel, die Beichte der Königin und die Folterung des Heiligen. Die Putti mit den Attributen der »Fortitudo« in den drei kleinen Kartuschen verweisen auf dessen Standhaftigkeit. Der Schaft des Kelchs wird aus Rocailleformen gebildet. Der Cuppakorb nimmt etwa zwei Drittel der Cuppa ein und wiederholt die Dekoration des Fußes. Drei große Kartuschen zeigen die »Predigt Johannes von Nepomuks«, seine »Gefangennahme« und seinen »Leichnam auf der Moldau treibend«. Dazwischen eingefügt sind über illusionistischen Architekturen und eingerahmt von muschelförmigen Aureolen die Personifikationen der christlichen Kardinaltugenden Glaube, Hoffnung und Liebe. Die Lippe der Cuppa ist leicht nach außen gewölbt.

Das originale Futteral für den Kelch und die zugehörige schlichte Patene ist mit rotbraunem Ziegenleder bezogen und an den Konturen mit einem punzierten vergoldeten Ornamentband verziert.

Kelch und Patene fertigte der Goldschmied Abraham (Antonius) Hussl aus Brixlegg, der 1743 in eine Bozener Goldschmiedefamilie einheiratete. Sein äußerst qualitätvoller Kelch weist in seinen nervösen, stark bewegten Rocailleornamenten Augsburger Einfluß auf. Das ikonographische Programm ist ausschließlich dem Leben des hl. Johannes von Nepomuk gewidmet und wird wohl auf den besonderen Wunsch des Auftraggebers zurückzuführen sein, der leider nicht bekannt ist.

Literatur: M. Rosenberg, Der Goldschmiede Merkzeichen, 3. Aufl., Bd. 4. Berlin 1928, S. 362. – W. Koeppe u. M. Lupo in: E. Castelnuovo (Hrsg.), Ori e Argenti dei Santi. Il tesoro del duomo di Trento. Trient 1991, S. 228 ff., Nr. 53, Abb.

Trient, S. Maria Maggiore S.W.

151 Kelch

Franz Thaddäus Lang (um 1693–1773), Augsburg, um 1769–1771

Silber, getrieben, ziseliert, vergoldet; Granaten; Email. H. 28 cm, Dm. Cuppa 10,2 cm, Dm. Fuß 18 cm. – Meisterzeichen: FTL im Herzschild (Seling Nr. 2118); Beschauzeichen: Pyr mit T (Seling Nr. 254).

Der mit Rocaillen und Blüten gezierte Fuß des Kelches, der im Grundriß stark fassoniert ist, trägt drei mit Granaten eingefaßte Emailplaketten von verschliffen vierpaßförmigem Umriß. Die Kompositionen zeigen folgende Szenen aus dem Leben des Johannes von Nepo-

Kat. 150

muk: die Beichte der Königin, Johannes von Nepomuk vor König Wenzel und die Folterung des Heiligen. Auch der Überfang der Kelchcuppa, die sich über dem balusterförmigen Nodus des Schafts erhebt, trägt drei entsprechende Emailmedaillons in identischen Einfassungen mit den Szenen: Johannes von Nepomuk im Kerker, sein Leichnam auf der Moldau treibend und die Verklärung des Heiligen.

Der Kelch stammt wahrscheinlich aus der 1803 zum Wohnhaus umgewandelten Nepomuk-Kapelle in Ettal an der Straße nach Oberammergau, die um 1754/55 erbaut, von Johann Jakob Zeiller mit Szenen aus der Legende des Heiligen ausgemalt und 1758 geweiht wurde. Vielleicht gehen auch die äußerst fein gemalten Emailmedaillons auf Entwürfe Zeillers zurück; somit könnten sie eine Vorstellung von den verlorenen Fresken Zeillers in der Ettaler Nepomuk-Kapelle vermitteln.

Der dem ausgehenden Rokoko angehörende Kelch ist das späteste bekannte Werk des aus Schwaz in Tirol stammenden Goldschmieds Franz Thaddäus Lang, der in großem Umfang kirchliches Gerät für katholische Auftraggeber schuf (siehe auch Kat. 146).

Literatur: R. Hoffmann, Das Marienmünster zu Ettal im Wandel der Jahrhunderte. Augsburg 1927, S. 130. – Kat. 1971, S. 177/78, Nr. 118, Abb. 101/02. – Kat. 1973, S. 144, Nr. 187. – H. Seling, Die Kunst der Augsburger Goldschmiede 1529–1868. München 1980, Bd. 3, S. 335, Nr. 2118bb.

Ettal, Kloster- und Pfarrkirche Mariä Himmelfahrt

Se.

Kat. 151

152 Kelch

Franz Xaver Leismiller (1735–1810), München, 1775

Silber, vergoldet, Gold, Almandine, Amethyste, Granaten, Topase, Perlen. H. 30 cm, Dm. Cuppa 10,5 cm, Dm. Fuß 19 cm. – Beschauzeichen: Münchner Kindl in geschweiftem Schild mit Ziffern 7 und 5 (ähnlich R³ 3459; Klein 1989/90, S. 367, Nr. 171); Meisterzeichen: XL im Querrechteck mit abgerundeten Ecken (R³ 3561; Klein 1989/90, S. 366, Nr. 158).

Der kräftig fassonierte Fuß, der über dem profilierten Stehrand und der hohen Kehle mit Ähren und Trauben – als Hinweis auf die Eucharistie – aufsteigt, zeigt drei geschweift konturierte Bildfelder; sie tragen Reliefs des Johannes von Nepomuk (als Brustbild mit Sternenkranz und Almutia) sowie des hl. Benno, Patron der Haupt- und Residenzstadt München, und des hl. Karl Borromäus, die beide jeweils in der Glorie, auf Wolken kniend, dargestellt sind. Die Einfassungen der in Gold gearbeiteten Bildfelder und die drei dazwischenliegenden Volutenstege sind mit Edelsteinen und Perlen besetzt, wie sie sich auch am Schaft und an der Cuppa finden. Der gestreckte Nodus des Schafts trägt einen hochovalen Blutjaspis mit der vertieft eingeschnittenen Szene des Ecce Homo sowie eine unter Glas liegende Miniatur mit dem Wappen des Stifters. Die formal weitgehend dem Fuß entsprechende Cuppa weist in den drei Bildfeldern die ganzfigurigen Darstellungen des Schutzengels, des hl. Michael und der Immaculata auf. Mit Johannes von Nepomuk, dem hl. Benno und der Muttergottes sind demnach auf den Reliefs drei Patrone des Landes Bayern wiedergegeben.

Kat. 152

Der äußerst aufwendig in verschiedenen kostbaren Materialien gearbeitete Kelch mit der ungewöhnlichen Nodusform, der die bereits beruhigte Formensprache des späten Rokoko vertritt, wurde nach Aussage des Wappens von Karl Anton Ignaz Alois Edlen von Vacchiery auf Castelnuovo (1702–1781) gestiftet, der dem Kollegiatstift Unserer Lieben Frau seit 1730 angehörte, seit 1756 als Dechant (Mayer 1868, S. 201; M. Hering-Mitgau u. J. H. Biller, Asams verlorene Silbermaria der Frauenkirche in München. In: Zeitschrift für Schweizerische Archäologie und Kunstgeschichte 45, 1988, S. 225, Anm. 23). Nach Mayer 1868, S. 357 erfolgte die Stiftung 1775 auf Grund des Jubiläums v. Vacchierys (vielleicht des 45jährigen Jubiläums als Stiftsherr?). Wohl nicht zufällig zeigt das Relief der Muttergottes gewisse Übereinstimmungen mit der 1732 vom Kollegiatstift Unserer Lieben Frau – unter maßgeblicher finanzieller Beteiligung v. Vacchierys – gestifteten Silberfigur der Maria Immaculata, die Johann Georg Herkommer nach Cosmas Damian Asam schuf; v. Vacchiery beschrieb die Statue um 1770–1780 in seiner Chronik des Münchner Kollegiatstiftes (Hering-Mitgau/Biller 1988, u. a. S. 207 und 246).

Literatur: A. Mayer, Die Domkirche zu U. L. Frau in München. München 1868, S. 357. – M. Frankenburger, Die Alt-Münchner Goldschmiede und ihre Kunst. München 1912, S. 235, Abb. 116. – M. Rosenberg, Der Goldschmiede Merkzeichen. 3. Auflage, Bd. 2, Frankfurt a. M. 1923, S. 347, Nr. 3561 d. – Kirchliche Kunstschätze aus Bayern (Ausstellungskatalog). München 1930, S. 51, Nr. 289. – Goldschmiedekunst des 18. Jahrhunderts in Augsburg und München (Ausstellungskatalog). München 1952, S. 42, Nr. 153, Abb. 16. – Europäisches Rokoko. Kunst und Kultur des 18. Jahrhunderts (Ausstellungskatalog). München 1958, S. 199/200, Nr. 568. – Kat. 1971, S. 178, Nr. 119. – P. Pfister u. H. Ramisch, Die Frauenkirche in München. Geschichte, Baugeschichte und Ausstattung. München 1983, S. 252, Abb. 154.

München, Frauenkirche — Se.

153 Entwurf für eine Nepomuk-Monstranz für Saaz

Böhmen, 1728

Federzeichnung, goldgelb und grau laviert.
59,0 : 39,3 cm.

Der herkömmliche Typus der Sonnenmonstranz ist um Motive des Johannes-Sterns bereichert. Architektonische Formen wurden unterdrückt. Auf sternförmigem Fuß steht eine Statuette des Märtyrers in Kanonikertracht als Träger des Monstranzkörpers, zu dessen Strahlenkranz acht Zacken eines Sterns gehören.
Die Inschriften beziehen sich auf die Stiftung durch Johann Heinrich Giesel, »Senator Senior« von Saaz, und seine Gemahlin und auf die Ratifizierung des Entwurfs durch die Auftraggeber am 16. Mai 1728. Der Preis sollte 100 Gulden betragen. Diese Monstranz ist im Zusammenhang zu sehen mit der starken Nepomuk-Verehrung in Saaz, wo der Heilige der Legende nach in die Schule gegangen sein soll; in Wirklichkeit war er dort Erzdiakon. Im Saazer Pfarrhof gibt es Wandbilder mit einer Nepomuk-Legende von Siardus Nosecký. Es haben sich auch Entwürfe für eine Dekoration zu einer

Kat. 153

Feier zu Ehren des Märtyrers aus dem Jahr 1729 erhalten (Prag, Kloster Strahov, Kunstsammlungen; KKF 338–339).

Prag, Kloster Strahov, Kunstsammlungen (KKF 340)

J.R.

154 Monstranz mit dem Palladium Bohemiae, dem Gnadenbild von Altbunzlau

Jakob Matthias Luix (1693–um 1758) und Rinaldo Ranzani (1671–1737), Prag–Neustadt, 1729

Silber, vergoldet; Gold, gegossen und getrieben; Edelsteine; Glas; Email; Filigran. H. 104 cm. – Meisterzeichen: Rinaldo Ranzani; Jakob Matthias Luix.

Aus dem ovalen Fuß, der mit getriebenem Bandlwerk, Cherubim und einem emaillierten Schildchen mit der Jahreszahl 1729 geschmückt ist, erhebt sich der Schaft, den zwei Engelfiguren bilden. Sie tragen den zum Teil blau und weiß emaillierten Strahlenkranz der Monstranz. In der Mitte des Strahlenkranzes befindet sich der verglaste Hostienschrein, darunter eine verkleinerte goldene Kopie des Palladium Bohemiae, des Gnadenbilds von Altbunzlau. Maria mit dem Kind wird von zwei emaillierten Putten begleitet, sechs weitere befinden sich am Strahlenkranz, von denen vier die Arma Christi tragen. Eine große blaue Glaskugel trägt das bekrönende Kreuz, ebenfalls aus blauem Glas und mit Edelsteinen besetzt. Das Kreuz flankieren zwei Putten.

In der böhmischen Goldschmiedekunst stellt die Monstranz eine Ausnahmeerscheinung dar, sowohl aufgrund ihres üppigen und außergewöhnlich kostbaren Schmucks, als auch in künstlerischer Hinsicht. In Böhmen bevorzugte man im ganzen 18. Jahrhundert bei Monstranzen und bei Kelchen den balusterförmigen Schaft. Nur in Ausnahmefällen, wie bei der Waldstein-Monstranz in der Schatzkammer der Prager Loreto-Kirche, wurde der Schaft nach südeuropäischen bzw. süddeutschen Vorbildern figürlich gestaltet.

Kat. 154 (Etui)

Kat. 154 (Detail)

Kat. 154

Die Entstehung der Altbunzlauer Monstranz ist archivalisch sehr gut dokumentiert: Am 16. Oktober 1727 übergab Dekan Johann Frick dem Altstädter Goldschmied Franz Zwigolt (Zwigal) 187 Golddukaten, 9 Pfund und 16 Lot Silber sowie 740 Diamanten, 540 Rubine, 82 Smaragde, 1 Saphir, 2 Amethyste, 16 Türkise, insgesamt also 1443 Edelsteine zur Anfertigung einer Monstranz. Nach der am Fuß angebrachten Jahreszahl war sie 1729 vollendet; 1730 folgte die Schlußabrechnung. Der Gesamtaufwand belief sich auf 1400 Golddukaten; im Verlauf der Arbeit hatte man noch mehrfach Metalle und Edelsteine hinzugekauft. Das entsprechende Dokument belegt eindeutig, daß sämtliche Verhandlungen mit dem Goldschmied Franz Zwigolt geführt wurden und daß auch nur ihm die wertvollen Materialien übergeben wurden. Am Fuß der Monstranz finden wir jedoch Marken, von denen eine eindeutig dem Neustädter Goldschmied Rinaldo Ranzani zuzuordnen ist; die andere stammt mit hoher Wahrscheinlichkeit von dem Goldschmied Jakob Matthias Luix, der ebenfalls in der Prager Neustadt ansässig war. Diese Unstimmigkeit klärt sich, wenn man in Zwigolt einen Unternehmer sieht, der Aufträge an andere Handwerker vergab. So wissen wir auch, daß einige der Silberschmiedearbeiten von Johann Michael Gaysl ausgeführt wurden, daß die Zurichtung der Edelsteine dem Steinschneider Anton Zubekh oblag, der für drei Golddukaten auch die blaue Glaskugel lieferte, und daß der Glasschneider Johann Josef Wildtner, der 1725 aus Eisenbrod nach Prag gekommen war, das blaue Kreuz als Bekrönung der Monstranz aus Glasfluß (»Flusz«) anfertigte. Der Bildhauer, dem über Zwigolt 26 Golddukaten für die Modelle zu etwa zehn Putten und den zwei Engeln ausgezahlt wurden, wird leider nicht namentlich genannt. Ebensowenig erscheinen in dem Dokument die Namen der beiden erwähnten Goldschmiede, die die Edelmetalle tatsächlich verarbeitet haben und die sich mit ihren Marken für die Qualität der Legierung zu verbürgen hatten. Unsere Vermutung über die Funktion von Franz Zwigolt als Unternehmer wird dadurch gestützt, daß er in den Stadtbüchern als Juwelier geführt wird.

Die Altbunzlauer Monstranz wurde schon immer als herausragendes Werk betrachtet. Im Gedenkbuch des Dekanats findet sich ein Eintrag der besagt, die Monstranz sei in Frankreich angefertigt worden, und diese Fehlinformation ist in der zweiten Hälfte des 19. Jahrhunderts sogar in die orts- und regionalgeschichtliche Literatur eingeflossen.

Literatur: Památký archeologické 3, 1858, S. 15. – Soupis památek historických a uměleckých 5, 1901, S. 89–93, Abb. 91, 92. – F. Zuman, Staroboleslavské památky. In: Časopis přatel starožitností českých 56, 1948, S. 54ff. – L'Arte del Barocco in Boemia (Ausstellungskatalog). Mailand 1966, Nr. 240, Farbabb. IV. – Kat. 1977, Nr. 250, Abb. 116.

Altbunzlau, Wallfahrtskirche St. Marien J. D.

155 Monstranz mit einer Figur des Johannes von Nepomuk

Anton Goller (gest. um 1786/90), Innsbruck 1756

Silber, vergoldet; Edelsteine. H. 75 cm. – Keine Marken.

Die Monstranz vertritt den seit der zweiten Hälfte des 17. Jahrhunderts vorherrschenden Typus der sog. Sonnenmonstranz. Der hohe, geschweifte und mehrfach abgetreppte Fuß weist Muschelwerkdekor auf. Über dem balusterförmigen Schaft, unterhalb des geschweiften Schaugefäßes, kniet auf Wolken eine Figur des Johannes von Nepomuk. Der Rahmen des Schaugefäßes ist reich mit Steinen besetzt. Vor einen großen äußeren Strahlen-

Kat. 155

kranz legt sich ein breiter, durchbrochen gearbeiteter und steinbesetzter Rahmen. Er ist aus reichem Muschelwerk und Rocaillemotiven gebildet, vor denen mehrere Putten schweben. Oberhalb des Schaugefäßes thront Gottvater, zu seinen Füßen die Taube des hl. Geistes. Überhöht wird die Darstellung von einem Baldachin mit zwei seitlich herabhängenden Schabracken und einem mit Steinen besetzten Kreuz als bekrönendem Abschluß. Der Goldschmied ist durch einen Eintrag im Archiv der Johannes von Nepomuk-Kirche in Innsbruck bekannt, wo die Monstranz verzeichnet wird als: »... mit schen getriebener Arwaith so mit figuren au + geziert mit 606 Stain besözet ... 240 fl Antoni Goller Goldschmidt in ynsprugg den 15. Juny 1756« (Kat. Innsbruck a.a.O., S. 51).
In Innsbruck, wo man Johannes von Nepomuk zu Ehren schon 1721 eine Kapelle am Innrain errichtet hatte, legte man unmittelbar nach seiner Heiligsprechung den Grundstein für eine größere Kirche nach Plänen von Georg Anton Gumpp (1682–1754). Zur reichen Ausstattung dieser frühen und künstlerisch bedeutenden Johannes von Nepomuk-Kirche gehört die Monstranz.

Literatur: Die Johannes von Nepomuk-Kirche am Innrain und die Baumeisterfamilie Gumpp in Innsbruck (Ausstellungskatalog). Innsbruck 1985, S. 32 ff., S. 51, Nr. 2.42, Abb. S. 52.

Innsbruck, Universitätskirche St. Johannes von Nepomuk S. W.

156 Fahne der Nepomukbruderschaft an der Frauenkirche München

München 1741

Roter Samt mit silberner Reliefstickerei, Pailletten, Silberborten und Quasten. 190:138 cm

Die Fahne ist beidseitig bestickt, die Halbfigur des Johannes von Nepomuk in einer Kartusche mit Seidenfäden. Er wird in Kanonikertracht dargestellt, das Birett auf dem strahlenumfangenen Haupt. In der Rechten hält er Kreuz und Palme. Er wendet sich den Gläubigen zu, denen er mit der Linken ein Gebetbuch zu reichen scheint. Diese Darstellung in Halbfigur finden wir auch auf dem kostbaren Altaraufsatz, den die Bruderschaft gestiftet hat (Abb. S. 73), sowie auf dem rechten Türflügel am Portal der Frauenkirche auf dem Medaillon, das I. Günther 1770 schuf.
Die Rückseite der Fahne trägt in einem Medaillon die Inschrift: »Confraternitas Sancti Joannis Nepomuceni Martyris MDCCXXXXI«, die bestätigt, daß die Fahne zum zehnjährigen Jubiläum der Approbation dieser Bruderschaft durch Papst Clemens XII., 1731, gestiftet worden ist. Als freiwillige Vereinigung hatte sie bereits seit 1724 bestanden. (s. Beitrag Pörnbacher, S. 70.)

Literatur: Kat. 1971, Nr. 125, Abb. 128.

München, Frauenkirche J. v. H

157 Die wunderbare Heilung der Theresia Veronika Krebs

Wenzel Lorenz Reiner (1689–1743), Prag

Lavierte Federzeichnung. 14,3 : 19,3 cm.

Das Blatt zeigt die selten dargestellte Szene der Heilung der gelähmten Hand der Bürgermeistertochter Theresia Veronika Krebs aus Brüx im Jahre 1701. Während ihres Aufenthalts im Ursulinerinnenkloster auf dem Hradschin in Prag betete sie zu Johannes von Nepomuk, der ihr nachts im Traum erschien und sie zur Beharrlichkeit aufforderte. Am folgenden Tag kam es während einer Messe in der benachbarten Loretokirche bei der Kommunion zur plötzlichen Heilung der Hand. Dieses Wunder wurde im Kanonisationsprozeß anerkannt.

◁ Kat. 156 (Detail)

Die Szene stimmt mit einer von vier Darstellungen von Nepomukwundern als illusionistische Tapisserien im Freskenensemble der Ursulinenkirche auf dem Hradschin überein. Sie steht als wichtigste Szene im Zentrum des Ensembles. Die erst kürzlich identifizierte Zeichnung ist jedoch kein Entwurf für das Gemälde, sondern sie reproduziert es samt der gemalten Bordüre. Es dürfte sich um die Vorlage für eine geplante, aber offenbar nicht realisierte graphische Reproduktion handeln, denn die Zeichenweise begegnet ganz ähnlich im Duktus auf zwei Entwürfen Reiners für kleine Andachtsbildchen (Prag, Nationalgalerie, und Brünn, Mährische Galerie).

Literatur: P. Preiss, Václav Vavřinec Reiner (1689–1743). Skici, kresby a grafica (Ausstellungskatalog). Nationalgalerie Prag 1991, Nr. 16 mit Abb. – P. Preiss, in: Kunst des Heilens. Aus der Geschichte der Medizin und der Pharmazie. Niederösterreichische Landesausstellung Kartause Gaming, 1991, Nr. 2.22.

Prag, Nationalgalerie (K 39 897) Pr.

Kat. 157

Kat. 158

158 Glorie des Johannes von Nepomuk. Entwurf für die Schloßkapelle von Ettlingen

Cosmas Damian Asam (1686–1739), München, 1732

Federzeichnung in Grau, schwarze Kreidevorzeichnung, laviert, hellblau aquarelliert. 33,2:20,7 cm.

Bei der Zeichnung handelt es sich um den Entwurf für die zentrale Partie des Deckenfreskos der Schloßkapelle von Ettlingen. Auftraggeberin war Markgräfin Sibylla Augusta von Baden-Baden (1675–1733), Witwe des Markgrafen Ludwig Wilhelm, des »Türkenlouis«. Sie ließ sich in ihren Alterssitz eine Johannes von Nepomuk-Kapelle einbauen, deren Fresken Szenen aus dem Leben des Heiligen sowie dessen Glorifikation zeigen. Für diesen Auftrag ist der Kontrakt mit dem Maler vom Sommer 1732 samt einem ausführlichen Programmtext erhalten. Im Zentrum des Deckenfreskos ist zu sehen, so dieser Text, »wie der Heyl(ige) Joannes Nepomucenus von der H(eiligen) Dreyfaltigkeit und der allerseeligsten Jungfrauen in die Glorie der Martyrer aufgenom(m)en wirdt, ...« (Kat. Asam a.a.O., S. 320f.). Der Entwurf kam mit geringfügigen Änderungen zur Ausführung.
Markgräfin Sibylla Augusta, eine geborene Prinzessin von Sachsen-Lauenburg, war im katholischen Böhmen der Gegenreformation aufgewachsen und pflegte eine große Verehrung für Johannes von Nepomuk. 1729 hatte sie vom Prager Erzbischof Graf von Khuenburg eine Reliquie des Heiligen erhalten, unter der Bedingung, sie öffentlich auszustellen. Aus diesen Gründen lag die Wahl des 1729 kanonisierten Heiligen als Patron ihrer 1729–33 erbauten Schloßkapelle nahe. In den Fresken taucht mehrfach das Bildnis der Markgräfin auf, die auf diese Weise ihre enge Verbundenheit mit dem böhmischen Märtyrer demonstrierte.

Literatur: Kat. 1971, S. 159, Nr. 68. – B. Bushart u. B. Rupprecht (Hrsg.), Cosmas Damian Asam 1686–1739. Leben und Werk (Ausstellungskatalog). München 1986, S. 320f., Nr. Z 45 mit Abb. (mit älterer Literatur). – H.L. Zollner, Johannes von Nepomuk zu Ehren. Die Ettlinger Schloßkapelle und die Fresken von Cosmas Damian Asam. Karlsruhe 1992, S. 24.

München, Staatliche Graphische Sammlung (8214)

S.W.

159 Wiedergabe der Fassade der Nepomukkirche in München

Ignaz Günther (1725–1775), München, 1761

Feder in Braun über Stiftvorzeichnung, grau laviert. 33,6:20,5 cm. – Bezeichnet u.l.: »Ignati Günter Fec: 1761:«. Weitere Beschriftungen: o.r.: »Fides Spes, charitas, / in Joanne Vnitas«, u.: »Faciata Von der Vortref Vnd Künstlichen Kirch S: Joan v: Nebomuckh zu München/ welche der Kunstlriche Her Egidi Assam Stuckator Vnd Mahler, auf seine Kosten Erbauet, / Eingeweiht 1746.«.

Der Bildhauer Egid Quirin Asam erwarb in den Jahren 1729 bis 1733 vier Häuser und Grundstücke an der heutigen Sendlinger Straße in München, auf denen das Wohnhaus des Künstlers, eine dem hl. Johannes von Nepomuk geweihte Kirche und ein Priesterhaus errichtet wurden. Der Grundstein für die Kirche, die der Pfarrei St. Peter inkorporiert ist, wurde am 16. Mai 1733 gelegt, die Weihe erfolgte 1746, doch war das von Asam selbst finanzierte Gotteshaus bei seinem Tod im Jahre 1750 immer noch nicht ganz vollendet.
Schon die geschwungene, dreigeschossige Fassade ist ungewöhnlich. Sie erhebt sich über einem Felssockel, den der Künstler noch mit »springendem Wasser« bele-

ben wollte. Die Eingangstür ist geziert mit Reliefs des Heiligen im Kerker und seiner Folterung sowie mit zwei Darstellungen seines vergitterten Grabmals im Prager Veitsdom, vor dem einmal die grabschändenden Calvinisten abgewehrt werden, zum anderen betende Pilger, Gefangene und Leidende Tröstung erfahren. Über dem Portal erscheint der verklärte Heilige auf Wolken, begleitet von zwei Engeln, der eine mit Schweigegestus und einem Kruzifix, der andere mit geöffnetem Buch und einem Lorbeerkranz. Über dem großen Fenster sind die christlichen Kardinaltugenden Glaube, Hoffnung und Liebe personifiziert mit einer Beischrift (s. o.), die besagt, daß sich diese Tugenden in dem Heiligen vereinen. Die Kapitelle der Kolossalpilaster rechts und links tragen Reliefbildnisse Papst Benedikts XIII., der den Kirchenpatron wenige Jahre zuvor heiliggesprochen hatte, und des damals regierenden Fürstbischofs von Freising, Kardinal Johann Theodor, Herzog von Bayern.

Kat. 159

Auf Günthers Wiedergabe ist die Kirchenfassade aus der Häuserzeile hervorgehoben und von dem Helm des Glockentürmchens auf dem Dachfirst gekrönt. Der Grundriß wurde gesondert herausgezeichnet. Die ausführliche Beschriftung mit den Bezeichnungen »vortreff- und künstlich« (=kunstvoll) für die Fassade und »kunstlrich« (=kunstreich) für Asam gehört zu den schönsten Würdigungen, die ein Künstler des 18. Jahrhunderts einem unlängst verstorbenen Kollegen, den er noch gekannt hatte, zuteil werden ließ. Das bildmäßig angelegte Blatt ist wohl lediglich zu Studienzwecken entstanden und gibt einen guten Begriff von Günthers überragenden Fähigkeiten als Zeichner. Die abgebildete Münchner »Asamkirche« mit ihrer reichen malerischen und plastischen Ausgestaltung ist das künstlerisch bedeutendste Denkmal der Nepomuk-Verehrung in Bayern.

Literatur: Kat. 1971, Nr. 71, Abb. 84. – Woeckel 1975, S. 351 f. (mit älterer Lit.), Abb. 55, 282. – N. Lieb, St. Johann Nepomuk die Asamkirche in München. München–Zürich 1983, S. 4, 12, 14, Abb. S. 10. – Kat. 1985, Nr. 32 mit Abb.

München, Staatliche Graphische Sammlung (32 070)

P. V.

160 Johannes von Nepomuk als Patron der Verschwiegenheit. Thesenblatt des Paulus Vodicka (Wodiczka) aus Pilsen

Johann Kaspar Sing (1651–1729) und Elias Christoph Heiss (1660–1731), 1707

Mezzotinto von zwei Platten. 111,7:74,5 cm. – Bez.: »Joh Caspar Sing pinx. Monachii, Elias Christophorus Heiss sculps. et excud. Aug. Vind.«.

1707 verteidigt »SUB GLORIOSISSIMIS AUSPICIIS« Paul Vodicka aus Pilsen an der Prager Universität seine Thesen. Er wählt zur Anzeige dieses akademischen Ereignisses ein in Augsburg verlegtes Blatt, von dem Münchner Maler Caspar Sing entworfen, das Johannes von Nepomuk darstellt, der damals noch nicht kanonisiert war. Ein Vorhang ist aufgezogen und wir sehen ihn in großzügiger Darstellung in einer Studierstube hinter einem Betpult knien, auf dem Bücher und sein Birett liegen. Links geht der Raum in eine offene Landschaft über, in der eine hohe Brücke die Moldau überquert, im Wasser schwimmt sein Leichnam, von Sternen umgeben. Johannes, von dessen Haupt Strahlen ausgehen, ist von zwei großen Engeln begleitet. Der linke weist ihm drei Schlüssel, der rechte hält eine Lilie und überreicht Jo-

hannes die Märtyrerpalme. Mehrere Putten schweben über ihm. In seiner Rechten hält er ein Kreuz. Auf den Stufen, die die Darstellung von den Inschriftkartuschen trennen, liegen aufgeschlagene Bücher, rechts spielt ein grimmiger, großer Löwe mit einer Krone, die des Königs Wenzel, der Johannes vergeblich zum Reden zwingen wollte.
Das qualitätvolle große Blatt zeigt, daß bereits zu Beginn des 18. Jahrhunderts die Ikonographie des Johannes weitgehend ausgeformt war und daß es offensichtlich sehr lebhafte Beziehungen gab zwischen München, Augsburg und Prag.

Literatur: Blažíček 1967–1972.

Prag, Nationalbibliothek J. v. H.

161 Johannes von Nepomuk und das Kaiserpaar Karl VI. und Elisabeth Christine. Thesenblatt

Gottlieb Heuss (1684–1740) nach einer Zeichnung von Franz Georg Hermann (1692–1768), Augsburg, 1724

Schabkunstblatt auf vier Platten gedruckt. 219:148 cm. – Bez.: »Franc. Georg Hermann pinxit – Gottlieb Heuß sculpsit. Aug. Vind.«.

Am 4. November 1724 hat der nachmalige Domherr von Salzburg und Bischof von Lavant, Johann Baptist Graf von Thurn, Valsassina und Taxis, an der Ritterakademie zu Ettal seine Thesen »sub sacratissimis auspiciis« Kaiser Karls VI. verteidigt und so sein Studium abgeschlossen. Als kaiserlicher »Commissarius« war Johann Georg Sebastian, Reichsgraf von Künigl, Landeshauptmann und Erbland-Truchseß der fürstlichen Grafschaft Tirol, erschienen, »welches dann freylich bey vielen grosse Augen gemachet; ja gantze Gymnasia, gantze Lycea & c. veranlasset, die Methode und Instruction hiesiger Academie nicht allein vollkommentlich zu approbiren, sondern ebenfalls durch einen Löblichen Nach-Eifer nebst denen gewohnlichen Studien, auch die Historiam, Geographiam &c. in eigens hierzu herausgegebenen Wercklein zu tradiren.«
Damals gehörte unter Abt Placidus Seitz (1710–1745), der die Ritterakademie gegründet und zu hoher Blüte geführt hatte, Ettal mit zu den besten Ausbildungsstätten im Reich. So kann man es erklären, daß ähnlich wie etwa an der Universität zu Prag auch hier mit großen Blättern angekündigt wurde, wer sein Studium feierlich und öffentlich abschloß. Daß Graf Thurn-Valsassina eine so ungewöhnliche Darstellung und Huldigung drucken ließ, in deren Mitte Johannes von Nepomuk dem einherschreitenden Kaiserpaar die Erdkugel, das Zeichen für die Weltherrschaft, entgegenbringt, hat verschiedene Gründe. Zum ersten ist Karl VI. für die Heiligsprechung des Johannes von Nepomuk eingetreten, seine Gemahlin hatte bereits an der Seligsprechungsfeier in Prag 1721 teilgenommen, und in Ettal selbst gab es eine besondere Verehrung des böhmischen Heiligen, der auf diesem Thesenblatt schon fünf Jahre vor seiner Kanonisation erscheint. Wir wissen, daß Kaiserin Elisabeth Christine auf die Fürbitte dieses Heiligen vertraute, als sie flehentlich um einen Thronerben bat. (vgl. Kat. 98–103, und die Darstellung am Prager Festgerüst von 1729, Kat. 86–89). F. Matsche hat eine ausführliche Darstellung der Rolle des Kaisers bei den Bemühungen um die Heiligsprechung gegeben. (F. Matsche, Die Kunst im Dienst der Staatsidee Kaiser Karls VI. Berlin–New York, 1981, S. 205 ff.)
Von ihm stammt auch die genaue Beschreibung des Blattes in Kat. 1971, S. 169. Ettal besitzt noch drei Exemplare des Kupferstiches, weitere befinden sich in den Benediktinerklöstern Metten, Niederbayern, und Michelbeuren bei Salzburg.

Literatur: E. Pock OSB, Historisch Chronologisch-Geographische Tabellen ..., Augsburg 1736. – Kat. 1971, Nr. 95, Abb. 88.

Ettal, Benediktinerabtei J. v. H.

162 Bohemia in Verehrung des hl. Johannes von Nepomuk. Thesenblatt des Johann Christl

Gottlieb Heiss (Heuß) (1684–1740) nach Entwurf von Johann Evangelist Holzer (1709–1740), Augsburg, 1736

Schabkunst. 163,9:93 cm. – Bez.: »Ioann. Holzer del.« – »Gottlieb Heuss sculps. et excud Aug. Vindel.«.

Patron des Defendenten Johann Christl aus Prag war Adam Philipp Graf Losy von Losinthal. Den Vorsitz führte P. Johann Palaček SJ.
Wie ein großes Altarbild komponiert ist dieses steile Hochformat mit der Darstellung des Johannes von Nepomuk in der Glorie, dessen Obhut Bohemia die Stadt Prag angesichts von Kriegsgefahr anvertraut.
In der oberen Zone thront Johannes, als Kanoniker gekleidet und durch den Sternenkranz ausgezeichnet. Er hält ein Kreuz in der erhobenen Linken und weist mit der Rechten auf das Reliquiar mit seiner unverwesten Zunge, das von einem Puttenengel getragen wird. Drei weitere Puttengestalten präsentieren als Attribute noch

Kat. 160

die Märtyrerpalme, einen großen Schlüssel und ein Vorhängeschloß. Johannes blickt huldvoll herab auf die kniende Bohemia, die von der mädchenhaft schönen Gestalt der Minerva (?) mit Lanzenstandarte und einem Ovalschild mit dem böhmischen Löwen begleitet wird. Sie soll Böhmen mit ihrer Weisheit und Macht beistehen. Die Kniende, die Krone und Zepter trägt, weist mit der Linken auf das vor ihr im Schatten liegende Kriegsgerät, hinter dem am linken Bildrand der Blick frei wird auf Prag, gesehen vom Laurenziberg über die Kleinseite zur Karlsbrücke und zur Altstadt.
Der obere Teil der Darstellung wurde kopiert für einen kleinen Andachtsstich mit der Szene der Beichte der Königin, bez. »K. Winkler Sc.« (Kat. 1971, Abb. vor S. 53).

Literatur: Blažíček 1967–1972, Teil 6, Bl. 10, Nr. 511. – Fechtnerová 1984, Teil 3, S. 665 f. – E. W. Mick, Johann Evangelist Holzer (1709–1740). München–Zürich 1984, S. 48, 51, 101, Abb. S. 49.

Prag, Nationalbibliothek (Cim Za 216 ř. 2 2./6.) J. R.

163 Der hl. Johannes von Nepomuk widersteht König Wenzel, Thesenblatt

Gottlieb Heiss (Heuß) (1684–1740) nach einer Zeichnung von Johann Evangelist Holzer (1709–1740), Augsburg, 1735/36

Schabkunstblatt. 97 : 70 cm. – Bez.: »Ioann Holzer ping. – Gottlieb Heuß sculp et excud. Aug. Vindel.«.

Johannes von Nepomuk steht in der Mitte zwischen einem Podest mit grotesker Fratze, auf dem Folterinstrumente liegen und einem Tisch, auf dem ein Geldsack sowie Bischofsinsignien liegen. Wie die Aufschrift besagt, handelt es sich um die Pfründe der Propstei von Wischehrad und des Bistums Leitomischl. König Wenzel, der vor seinem Thron steht, will von Johannes den Inhalt der Beichte seiner Gemahlin erfahren, auf deren Porträt er mit weit ausholender Geste weist. Ihr ovales Bildnis wird von zwei bayerischen Löwen gehalten. Die Worte aus des Königs Mund fordern Johannes auf, zwischen Folter oder geistlichen Würden zu wählen. Dieser hat seine Rechte auf einen schweren Stein gelegt und wählt damit sein Martyrium, wie auch im Ausblick rechts hinten der Brückensturz zu sehen ist. Geld und Bischofswürden wehrt er mit der Linken ab. Oberhalb seines Kopfes ist ein Relief mit der Verurteilung von Johannes dem Täufer durch König Herodes dargestellt, ein Verweis auf den ungerechten Richter als der sich auch König Wenzel erweist.

Thesenblätter, die Johannes von Nepomuk in den Mittelpunkt stellen, waren recht beliebt und erschienen sogar vor seiner Heiligsprechung (Kat. 18). Das sehr anschauliche und durch seine Architektur und Draperie auffällige Thesenblatt nach einer Zeichnung von J. Ev. Holzer hebt die bayerische Herkunft der böhmischen Königin besonders hervor. Dort wurde Johannes von Nepomuk 1729, kurz nach seiner Heiligsprechung, von Kurfürst Karl Albrecht zum Patron Bayerns und Münchens erklärt.

Literatur: E. W. Mick, Johann Evangelist Holzer (1709–1740). München–Zürich 1984, S. 46 ff., Abb. S. 47 und S. 101, Nr. 37

Coburg, Kunstsammlungen der Veste Coburg (III, 44, 8) S. W.

Kat. 161

Kat. 162

unum, quod volueris ex his
Ioann Holzer ping.
Cum Gratia et Privil. Sac. Caes. Cathol. Maj.
Gottlieb Heiss sculp. et excud. Aug. Vindel.

Kat. 163

Kat. 164

164–171 Acht Neujahrsblätter der Nepomukbruderschaft an der Piaristenkirche Maria Treu in Wien.

164: Als Almosenspender, 165: Gefangennahme, 166: Folterung, 167: Brückensturz, 168: Der Leichnam, auf der Moldau schwimmend, 169: Bergung des Leichnams, 170: Auffindung der unverwesten Zunge, 171: Als Patron der Sterbenden und Verleumdeten.

Jakob Matthias Schmutzer (1733–1811) und Clemens Kohl (1754–1807) (nur Kat. 167) nach Franz Anton Maulpertsch (1724–1796), Wien, zwischen 1754–1775

Kat. 164: 37 : 28,5 cm; Kat. 165: 42 : 25,5 cm; Kat. 166: 41 : 25,5 cm; Kat. 167: 38,4 : 23,6 cm; Kat. 168: 32,5 : 23,5 cm; Kat. 169: 36,7 : 27,5 cm; Kat. 170: 42,6 : 25,9 cm; Kat. 171: 38,2 : 29,3 cm.

Künstlerisch ist dies die hervorragendste Reihe unter den graphischen Blättern zur Vita des Heiligen. Wann die einzelnen Blätter genau zu datieren sind, und ob es noch einige andere gegeben hat, ist noch nicht geklärt. Auf einigen Blättern sind die sogenannten »Ansager« der Nepomukbruderschaft genannt, die für den Auftrag und dessen Bezahlung verantwortlich waren, und dann das jeweilige Blatt als Neujahrsgabe an die Mitglieder verteilten, welche ihrerseits für die Kasse der Bruderschaft spendeten. Diese wurde von den Ansagern verwaltet. So heißt es bei Kat. 165: »Von Einer Hochlöbl. Bruderschafft von der Barmhertzigkeit genand under dem schutz des H. Johannes von Nepomuck bey denen W. E. P. Piarum Scholarum in der Josephstat. Wünschen und verehren zu einer Neuen Jahrs gab, wier darzu bestelte ansager Paul Siltzl und Anton Weisser«. Die Bruderschaft war am 13. Juni 1723 gegründet worden.

164: In einem zierlichen Rahmen spielt vor einem Brükkenbogen die Szene der Almosenverteilung. Ein Knabe hält einen großen Teller, von dem Johannes einzelne

Kat. 165

Münzen nimmt und an Bittsteller verteilt: Bettler, Krüppel, und eine Frau mit Kind. Neben dem Heiligen, dessen Haupt ein Strahlenkranz umgibt, ein begleitender Wachsoldat. Eine in der Vita des Johannes beliebte Szene (vgl. Kat. 11, 123).

165: Eine dramatische nächtliche Szene, erhellt durch eine Ampel und die Mondsichel. Aus dem Hellen wird Johannes in das Dunkel gezerrt, an dem Torbogen lehnen die bischöflichen Insignien, Stab und Mitra, mit denen der König den Generalvikar verlocken wollte. Der weiße Bluthund des Königs begleitet die Schergen. Am Boden liegt Foltergerät (vgl. Kat. 166).

166: Die Folterszene zeigt Johannes am Streckgalgen, das Haupt von fünf Sternen umgeben, der Körper deutlich an die Darstellung Jesu am Kreuz erinnernd. Zwei Schergen brennen den Heiligen mit Fackeln, auf einer Empore ein Zuschauer. Ein Knecht spannt das Seil des Galgens.

Kat. 166

Kat. 167

167: Acht Männer stürzen den ungefesselten Johannes, der in seiner Domherrentracht, mit einem Kreuz in der Linken, dargestellt ist, von der Brücke herab. Die fünf Sterne umgeben sein Haupt bereits, in Wolken links drei Putten, einer mit dem Schweigegestus, ein großer Engel oben rechts mit dem Siegeslorbeer des Martyriums. Unten rechts: »Clemens Kohl fecit 1775«

168: Mit der einfachen Unterschrift »S. Joannes Nepomucenus. M.« ist die Darstellung des in den Wellen schwimmenden Leichnams bezeichnet. Zwischen Himmel und Wasser ist genialisch der Übergang vom Leben zum Tod und zur Glorie dargestellt. Aus den wirbelnden Wolken brechen Lichtstrahlen, vier Putten schauen herab, wo die fünf Sterne leuchten und Johannes, in der Rechten ein kleines Kreuz, dahintreibt.

169: Die Bergung des Leichnams, gerahmt und mit einer ausführlichen Beschriftung, ist wiederum eine Nachtszene. Vier Männer heben den Toten aus dem Wasser, sein Chorrock leuchtet weiß, über seinem Haupt die Sterne und die Helligkeit himmlischer Sphären, ein

Kat. 169

großer Engel und ein Putto. Rechts am Bildrand unter einem Baldachin ein Bischof, der vorweg schreitet. Das Blatt trägt auf der Rückseite eine alte Datierung, 1754. Die Ansager hießen damals »Johanes Platzer und Antony Gregosch und Paul Siltzl«.

170: Das wichtigste Wunder für die Kanonisation war die Auffindung der unverwesten Zunge des Johannes. Am 15. April 1719 wurde das Grab in Anwesenheit des Erzbischofs von Khuenburg (Kat. 83) geöffnet, und die Gebeine von einer Medizinerkommission geprüft. Aus dem Schädel fiel ein Gewebe, das nach einem Einschnitt anschwoll und sich rot färbte. Die Anwesenden hielten es für die Zunge. Auf dem Blatt wird die Szene im Veitsdom dargestellt. In vollem Ornat weist der Erzbischof die wunderbare Reliquie. Vor ihm ein Tisch auf dem auf einem Kissen der von Sternen umgebene Schädel ruht. Daneben liegt das Skalpell. Ehrfürchtig bewundern die Anwesenden, Priester und Laien, diese Reliquien.

171: Zwischen zwei Torpfeilern wird in einer figurenreichen Szene Johannes als Patron der Sterbenden und Verleumdeten dargestellt. Über Wolken in der Glorie wendet Johannes seinen Blick nach oben, seine Geste empfiehlt die Bittflehenden auf der Erde dem Herrgott. Engel umgeben den Knienden, einer hält hinter ihm ein Kreuz, ein anderer legt den Finger an die Lippen, eine Palme im Arm, neben einem großen Buch, auf dem zwei Schlüssel liegen, Zeichen der Verschwiegenheit. Um einen Sterbenden in der unteren Bildmitte sind weitere fünf Personen versammelt, darunter links ein Jüngling in zerrissenem Gewand, eine kleine Schlange an der Brust – ein Verleumdeter. Ein Pilger mit Stab, Kürbisflasche, Hut und Muschel, eine vornehme Dame, ein Mann mit einem versiegelten Bittbrief.

Literatur: K. Garas, F. A. Maulbertsch. Wien 1960, Kat. Nr. 193; Kat. 1971, Nr. 104–111. – E.-M. Triska, Eine Serie von Szenen aus dem Leben des heiligen Johannes von Nepomuk, gestochen nach Franz Anton Maulbertsch. In: Mitteilungen der Österreichischen Galerie 21, Nr. 65, 1977, S. 114–157.

Wien, Graphische Sammlung Albertina (Ö. K. Maulpertsch 23–29, 40) J. v. H.

Kat. 170

Kat. 168

Von Einer Hoch löbl: Bruderschafft von der Barmhertzigkeit genandt unter dem schutz des H. Johannis von
Nepomuck bey denen W. E. P. Piarum Scholarum in der Josephstadt. Wünschen und verehren zu einem Neuen
Jahre gab. mir darzu bestelt ansager Paul Sitzl und Antoni Weisser

Kat. 171

Fotonachweis

O. Anrather, Salzburg: S. 181
Archiv des Metropolitankapitels von St. Veit, Prag: S. 95
Bayerisches Hauptstaatsarchiv, München: S. 77
Bayerisches Landesamt für Denkmalpflege, München: S. 35
Bayerisches Nationalmuseum, München: S. 34, 210 (links), 211, 216, 217
Bayerische Staatsbibliothek, München: S. 42, 61, 71
Bayerische Staatsgemäldesammlungen, München: S. 186 (links)
Bildarchiv der Österreichischen Nationalbibliothek, Fonds Albertina, Wien: S. 44, 72, 136, 137, 244–248
Alfred Burkholz, Würzburg: S. 207 (links)
Bundesdenkmalamt, Wien: S. 233
Soňa Divišova, Prag: S. 163, 164
Vladimir Fyman, Roztoky u Prahy: S. 37
Germanisches Nationalmuseum, Nürnberg: S. 213
Marianne Haller, Perchtoldsdorf: S. 187
Dr. Georg Himmelheber, München: S. 196
Jiří Kopřiva, Prag: S. 171, 172, 174, 175
Kunstsammlungen der Veste Coburg: S. 243
Landesdenkmalamt Westfalen-Lippe, Münster: S. 176, 205
Mainfränkisches Museum, Würzburg: S. 206 (links), 207 (rechts), 209
Martin von Wagner-Museum, Würzburg: S. 206 (rechts)
Wolf-Christian von der Mülbe, München: S. 73
Nationalgalerie Prag: S. 102, 107, 109, 115, 116, 192, 193, 197, 199, 200, 204, 212 (rechts), 235
Nationalmuseum, Prag: S. 142–149
Werner Neumeister, München: S. 28, 29, 31, 45, 47, 76, 81, 84–86, 103–105, 108, 110, 111, 114, 118, 119, 122, 131, 135, 138, 139, 150, 151, 153, 154, 158–161, 165–167, 170, 173, 177–179, 182, 183, 185, 190, 191, 195, 201, 203, 215, 218–221, 223, 225, 230 (rechts), 231, 232, 234, 241
Ernani Orcorte, Turin: S. 189
Památkovy Ustav, Pardubitz: S. 198
Milan Posselt, Prag: S. 80, 83, 106, 120, 126, 127, 155, 156, 157, 169, 186 (rechts), 230 (links)
Rheinisches Bildarchiv, Köln: S. 32
Mario Ronchetti, Florenz: S. 227
Staatliche Graphische Sammlung, München: S. 212 (links), 236, 237
Stadtmuseum, München: S. 43, 70
Dr. Johannes Steiner, München: S. 74
Thyssen-Bornemisza Collection, Lugano-Castagnola: S. 132
Gabriel Urbánek, Prag: S. 112, 224
Giorgio Vasari, Rom: S. 141
Biblioteca Vaticana, Rom: S. 97
Dr. Peter Volk, München: S. 30, 33, 100 (rechts), 101, 121, 124, 125, 128, 129, 133, 140, 210 (rechts)
Kamil Wartha: S. 100 (links)
Außerdem Archiv des Bayerischen Nationalmuseums, München: S. 202, 214 sowie Repro aus Kat. 1971: S. 82, 117; aus Polc-Ryneš 1972: S. 99; aus Blažíček 1967–1972: S. 239, 242

Abgekürzt zitierte Literatur:

Birke 1981 = V. Birke, Mathias Rauchmiller. Leben und Werk. Wien 1981

Blažíček 1946 = O.J. Blažíček, Pražská plastika raného rokoka. Prag 1946

Blažíček 1958 = O.J. Blažíček, Sochařství baroku v čechách. Plastika 17. a 18. věku. Prag 1958

Blažíček 1967–1972 = O.J. Blažíček, Theses Universitate Carolina Pragensi disputatae. Prag 1967–1972

Blažíček 1973 = O.J. Blažíček u.a., Barock in Böhmen. Prag 1973

Fechtnerová 1984 = A. Fechtnerová, Katalog grafických listů univerzitních tezí uložených v Narodní knihovně ČSR, Bd. 1–3. Prag 1984

Fiala 1889 = E. Fiala, Beschreibung der Sammlung böhmischer Münzen und Medaillen des Max Donebauer. Prag 1889

Horyna 1973 = M. Horyna, Barokní plastika ve sbírkách Muzea hl. města Prahy (Ausstellungskatalog). Prag 1973

Kat. 1971 = Johannes von Nepomuk (Ausstellungskatalog München, Passau, Wien). Passau 1971

Kat. 1973 = Johannes von Nepomuk. Variationen über ein Thema (Ausstellungskatalog Corvey). München–Paderborn–Wien 1973

Kat. 1977 = Kunst des Barock in Böhmen (Ausstellungskatalog Essen). Recklinghausen 1977

Kat. 1979 = 250 Jahre hl. Johannes von Nepomuk (Ausstellungskatalog). Salzburg 1979

Kat. 1981 = Barock in Baden-Württemberg (Ausstellungskatalog Schloß Bruchsal). Karlsruhe 1981

Kat. 1985 = Bayerische Rokokoplastik. Vom Entwurf zur Ausführung (Ausstellungskatalog Bayerisches Nationalmuseum). München 1985

Kat. 1989 = Prager Barock (Ausstellungskatalog Schallaburg). Wien 1989

Kat. Würzburg 1989 = Kilian. Mönch aus Irland – aller Franken Patron, 689–1989 (Ausstellungskatalog Würzburg). Würzburg 1989

Klein 1989/90 = M. Klein, Eine Markentafel der Münchner Goldschmiede. In: Jahrbuch des Zentralinstituts für Kunstgeschichte 5/6, 1989/90, S. 351–377

Matsche 1971 = F. Matsche, Zur Entstehung der Nepomuk-Statue auf der Karlsbrücke in Prag. In: Mitteilungsblatt des Adalbert Stifter-Vereins 19, 1971, Nr. 1 u. 2, o.S.

Matsche 1976 = F. Matsche, Das Grabmal des hl. Johannes von Nepomuk im Prager Veitsdom. In: Wallraf-Richartz-Jahrbuch 38, 1976, S. 92–122

Meyer 1971 = O. Meyer, Religion und Politik um die Alte Mainbrücke. In: Mainfränkisches Jahrbuch für Geschichte und Kunst 23, 1971, S. 136–170

Neubert 1991: K. Neubert, I. Kořán u. M. Suchomel, Die Karlsbrücke. Prag 1991

Podlaha-Hilbert 1906 = A. Podlaha u. K. Hilbert, Metropolitni chrám sv. Vita v Praze (Soupis památek historických a uměleckých v královstvi českem). Prag 1906

Podlaha-Šittler 1903 = A. Podlaha u. E. Šittler, Chrámový poklad u sv. Vítas v Praze. Prag 1903

Polc-Ryneš 1972 = J.V. Polc u. V. Ryneš, Svatý Jan Nepomucký. Rom 1972

Přibil 1937/38 = B. Přibil, Soupis československých svatostek, katolických medailí a jetonů, 2. In: Numismatický časopis československý 13/14, 1937/38 (Sonderdruck)

Reiners 1955 = H. Reiners, Die Kunstdenkmäler Südbadens, 5: Das Münster Unserer Lieben Frau zu Konstanz. Konstanz 1955

Richter 1939 = D. Richter, Der Würzburger Hofmaler Anton Clemens Lünenschloß (1678–1763). Würzburg 1939 (zugl. Diss. Würzburg 1939)

Schönberger 1954 = A. Schönberger, Ignaz Günther. München 1954

Schwarz 1969 = M. Schwarz, Der hl. Nepomuk auf der Karlsbrücke in Prag. In: Anzeiger des Germanischen Nationalmuseums 1969, S. 109–120

Šittler-Podlaha 1896 = E. Šittler u. A. Podlaha, Album Svatojanské. Prag 1896

Šittler-Podlaha 1903 = E. Šittler u. A. Podlaha, Poklad svatovítský (Soupis památek historických a uměleckých). Prag 1903

Sršeň 1991 = L. Sršeň, Příležitostné dekorace pražských barokních slavností. In: Barokní umění a jeho význam v české kultuře. Národní Galerie v Praze. Prag 1991

Trenschel 1987 = H.-P. Trenschel, Die Bozzetti-Sammlung. Kleinbildwerke des 18. Jahrhunderts im Mainfränkischen Museum Würzburg. Würzburg 1987

Volk 1980 = P. Volk, Münchener Rokokoplastik (Bayerisches Nationalmuseum, Bildführer 7). München 1980

Volk 1984 = P. Volk, Johann Baptist Straub 1704–1784. München 1984

Volk 1991 = P. Volk, Ignaz Günther. Regensburg 1991

Woeckel 1964 = G. Woeckel, Die Brunnenanlagen vor dem Münchener Jesuitenkloster im Wandel der Jahrhunderte, 1. In: Alte und moderne Kunst 76, 1964, S. 9–17

Woeckel 1975 = G. Woeckel, Ignaz Günther. Die Handzeichnungen. Weißenhorn 1975

Woeckel 1984 = G. Woeckel, Ignaz Günthers »Johannes von Nepomuk« in Stuttgart und die Münchener Darstellungen des Heiligen im 18. Jahrhundert. In: Jahrbuch der Staatlichen Kunstsammlungen in Baden-Württemberg 21, 1984, S. 57–96

Zinsmaier 1957 = P. Zinsmaier, Beiträge zur Kunstgeschichte des Konstanzer Münsters. In: Freiburger Diözesan-Archiv 77, 1957, S. 5–88

Inhalt